우리는 더 많은 민주주의를 원한다

희망제작소 프로젝트
우리 시대 희망 찾기

01

우리는 더 많은 민주주의를 원한다

| 유시주·이희영 지음 |

창비

'현장의 목소리'에서 희망을 찾다

민간 싱크탱크 희망제작소의 '우리시대 희망찾기' 연구 프로젝트는 민주화 이후 한국사회 현실을 심층적으로 진단하고, 이를 바탕으로 새로운 사회개혁의 전망을 모색하고자 하는 하나의 시도이다. 이 프로젝트가 같은 문제를 고민하는 다른 노력들과 구별되는 점이 있다면, 일상세계로 들어가 '현장의 목소리'를 듣고, 그 목소리가 들려주는 '아래로부터의' 경험과 지혜를 체계화하여 우리사회의 문제와 애로가 형성된 역사적·문화적·제도적 조건을 해명하고, 그러한 구체적이고 풍부한 이해 속에서 희망의 단서를 찾고자 한다는 것이다. '현장의 목소리'에서 출발해 사회 현실을 그려보고자 하는 '우리시대 희망찾기'의 문제의식은 이 연구 프로젝트의 연구방법론이자 사회 현실을 이해하는 태도이기도 하다.

이 연구 프로젝트를 기획한 것은 우리 두 사람이지만, 이 기획을 현실화시킨 것은 우리의 문제의식에 공감해 재능과 열정을 모아준 연구자들이다. 2006년 1월 희망제작소 내에 꾸려진 연구위원회는 집중 토론을 통해 모두 14개의 주제 영역을 설정하였고, 이후 주제별로 관련 '현장'에서의 활동 및 연구경험을 가진 전문가들로 연구팀을 구성했다. 각 연구팀은 독자적인 방식으로 연구를 수행하면서, 필요할 때는 연구팀 사이의 공통의 문제의식을 확인하고 토론했다. 연구의 전 과정에서 연구자들은 섣부른 주장보다는 현장 속에 유형무형으로 녹아 있는 다양한 목소리를 그려내고, 어렴풋하게나마 형성되고 있는 새로운 실천의 지향과 가능성을 드러내고자 노력했다.

주제별 연구자들에 대한 소개와 연구과정은 순차적으로 발간될 책에서 하기로 하고, 전체 프로젝트 진행에 참여하였던 분들을 간단히 소개한다. '우리시대 희망찾기' 첫권의 저자이기도 한 유시주 희망제작소 객원연구위원은 작가 특유의 지적 감수성과 깨어 있는 시민으로서의 사회의식을 바탕으로 '우리시대 희망찾기' 씨리즈의 주요 편집인으로서 연구내용을 감수했을 뿐 아니라 프로젝트 전체를 실질적으로 이끌었다. 이희영은 연구기획 이외에 연구방법론 전공자로서 모든 주제 연구가 '현장의 목소리'에 기초하여 재구성될 수 있도록 전체 연구내용을 감수하고 자문했다. 강현선 연구원은 섭외, 조직, 예산집행을 포함한 연구진행 실무를 책임졌다. 또 삼성은 '우리시대 희망찾기'의 연구가 실현될 수 있도록 연구기금의 지원을 아끼지 않았고, 창비는 경제적 효과를 기대하기 힘든 연구보고서의 출판을 기꺼이 맡아주었다.

생활세계의 구체성과 풍부함에 주목하고자 하는 우리의 문제의식이 기존의 연구방법에 대한 아쉬움에서 말미암은 게 사실이지만, 그렇다고 해서 이 연구가 지금까지의 다양한 이론적·경험적 연구결과들과 무관한 것은 아니다. 오히려 기존의 다양한 연구성과들은 현장의 목소리를 재구성하기 위한 분석과 해석 과정에서 중요한 자원이 되었음을 밝힌다.

'우리시대 희망찾기'의 연구결과에 대한 평가는 독자들의 몫이다. 우리는 독자들과의 다면적인 소통을 통해 연구결과가 평가되고 재해석되는 과정이야말로 이 연구의 마무리라고 생각한다. 독자들의 날카로운 질책과 비판을 기대한다. 마지막으로, 낯선 연구자들에게 마음을 열고 '나의 이야기'를 들려준 구술자들이야말로 이 프로젝트의 기본 동력이었음을 밝히며, 귀한 시간을 내어 경험과 지혜를 나누어주신 그분들께 진심으로 감사드린다.

2007년 6월

박원순(희망제작소 상임이사)

이희영(대구대학교 교수·사회학)

차 례

일러두기

1. 구술자의 이름은 가명으로 하되, 독자의 이해를 돕기 위해 구술 당시(2006년 3~6
   월)의 직업과 나이를 본문 뒤 '구술자 소개'에 밝혀두었다.
2. 구술자 인용은 연구팀에서 작성한 녹취록을 바탕으로 했고, 해당 녹취록의 면수를
   각 인용문 뒤에 밝혀두었다.
3. 구술자 인용은 녹취록을 그대로 따르는 것을 원칙으로 하되, 가독성을 지나치게 해
   치는 부분만 일부 빼거나 가다듬었다. 인용문 가운데 일부를 중략한 곳은 (…)로 표
   시했으며, 인용자의 설명이 필요할 때는 〔 〕 안에 넣었다.
4. 구술자 인용문에서의 강조는 인용자의 것으로, 구술 내용을 이해하는 데 중요하다
   고 여겨지는 부분을 강조 처리했다.

시민들의 일상체험
한국 민주주의를 이해하는 또 하나의 경로

연구의 출발점

모든 연구는 현실의 삶에서 느끼는 의문에서 시작된다. 이 연구 역시 우리 사회의 민주주의에 대한 의문에서 시작되었다. 위계와 명령이 아니라 소통과 합의에 기초한 관계, 자신의 잣대로 타인을 섣불리 심판하지 않는 다원주의, 견해가 다르다고 해서 다른 사람을 적대하지 않는 관용, 사회적 약자와 소수자에 대한 배려, 내가 어렵더라도 남을 도울 수 있는 연대의 정신, 때로는 물질적 이해관계나 사적인 친분을 넘어설 줄 아는 인간적 위엄…… 민주주의는 그런 것들을 지지하고 북돋워주는 가치체계요 제도이며, 따라서 민주화란 우리 사회가 더 합리적이고 더 따뜻하고 더 품격 있는 사회로 변하는 걸 의미한다. 그렇다면 민주화 이후 한국 사회는 과연 더 합리적이고 따뜻해졌는가? 안타깝게도 그렇지 못한 것 같다. 일방적인 명령과 횡포, 우리 편이 아니면 적이라는 사고방식, 견해가 다른 이들에 대한 공격성과 적의, 사회적 약자와 소수자들에 대한 모욕과 차별을 우리는 아직도 너무나 자주 체험한다. '민주화가 되었다는데, 왜 일상에서는 그것을 느끼기가 힘들까?' 이것이 연구를 시작할 때 우리 연구팀이 품은 의문이었다.

인간은 빵 없이 살 수 없는 생물학적 존재이면서 동시에 세계 속에서의 자신의 의미와 가치, 타인과의 관계와 소통 없이는 살아갈 수 없는 사회적 존재이기도 하다. 그래서 배고픔이 고통을 일으키듯 가치의 충돌, 관계의 폭력성, 소통의 가로막힘도 고통을 일으킨다. 우리가 일상적으로 겪는 고통, 혹은 가장 아프게 느끼는 고통의 근원과 구조를 생각해보면 뜻밖에도 그것은 실존적 고통이라기보다 사회적 혹은 정치적 고통인 경우가 많다. 사실 실존의 범주와 사회·정치의 범주를 분별하는 것은 세계의 진실에 이르기 위한 사유의 방편일 뿐, 생활인으로서 우리에게 그 두 범주는 거의 구분이 불가능하다. 우리는 관계 속에 실존한다. 빈곤과 실업, 경쟁에서의 낙오와 실패로 말미암는 고통뿐만 아니라 불공정한 인사나 승진, 못생긴 얼굴이나 뚱뚱한 몸매, 가족 내의 폭력이나 불화, 심지어 스스로에 대한 불만족조차도 사회적·정치적 근원을 가진다. 우리 연구팀은 이러한 일상의 사회적·정치적 고통을 들여다보는 것이 앞서 말한 의문, 곧 '민주화가 되었다는데 왜 일상에서는 그것을 느끼기가 힘들까?' 하는 물음에 답을 찾아나가는 길일 수도 있다는 생각으로 이 연구를 시작했다. 요컨대 시민들의 일상체험을 통해 한국 민주주의의 구체성을 재구성함으로써 민주화 이후의 한국사회를 이해하고 싶었다.

이 연구는 질적 연구방법의 하나로 분류되는 구술면접을 주된 방법으로 삼고 있다. 구술면접을 통한 연구란 간단히 설명하면 연구주제와 관련된 체험을 가진 사람들을 만나 이야기를 들은 다음 녹취록을 분석하고 재구성하여 새로운 이해와 결론에 이르고자 하는 접근방식을 말한다. 이 방법을 선택한 것은 우리가 가진 문제의식에서 나온 자연스러운 결과였다. '민주화가 되었다는데 왜 일상에서는 그것을 느끼기가 힘들까?'를 탐구하기 위해서는 일상의 구체적 경험세계로 들어가는 것이 가장 좋은 방법일 것이다.

'북한을 바라보는 관점'은 우리 사회에서 가장 연원이 깊고 민감한 '갈등의 축'으로서 중앙정치 무대에서뿐만 아니라 지하철이나 택시, 인터넷에서도 그것을 둘러싼 격렬한 언쟁이 일상적으로 벌어지곤 한다. 그런데 민주주의와 관련된 수많은 주제들을 농축한 이 뜨거운 대립은 흔히 '대북 지원정책에 찬성하십니까?'라는 설문조사로 수치화되거나 '냉전 반공주의의 미시적 결과'로 환원된다. 그에 견주어 구술면접은 이를테면 언쟁의 당사자들과 마주앉아 직접 이야기를 듣는 방식이다. 그 이야기들은 '냉전반공주의의 미시적 결과'로 추상되거나 설문조사로 계량화되기 이전의 구체적인 체험과 주장을 담고 있다. 이와같은 방법을 택한 것은 그 이야기 속에 거시적 접근이나 계량적 방법이 놓쳐버린 것이 있을지 모른다는, 그리고 어쩌면 그것들이 현실을 이해하는 새로운 인식틀과 방법을 가르쳐줄지도 모른다는 기대 때문이다.

덧붙이자면, 현실의 삶에서 부딪히는 의문과 고통을 성찰하고 해결하고 싶어하는 시민들에게 그동안 한국사회의 이론과 연구는 너무 삶과 동떨어져 있거나 불친절하게 느껴졌다. 다시 말해 시민들이 일상에서 체감하는 문제를 잘 다루지 않거나, 다룰 경우에도 지나치게 '학구적'이거나 '전문적'이어서 시민들로서는 도움을 받거나 이해하고 공감하기가 어려웠다. 이론과 현실이 상호작용에 실패할 경우 이론은 공허해지고 현실은 성찰 없는 맹목의 상태에 놓이게 된다. 이런 문제의식에 근거해 우리 연구팀은 가능하다면 많은 시민들이 일상에서 체감하는 문제를 다룸으로써 우리의 연구가 현실을 성찰하고 이해하는 데 보탬이 되기를 바랐다. 구술면접은 '아래로부터'의 구체적 경험에서 출발하는 연구, 곧 연구의 구체성과 현장성을 높이자는 우리의 의도와 잘 어울리는 방법이었다.

연구과정

이 연구는 성공회대 이희영 선생, 희망제작소의 이지연, 강현선 연구원, 그리고 필자가 함께 진행했다. 우리 연구팀은 이 연구를 시작하기에 앞서 2006년 1월 '우리시대 희망찾기' 연구 프로젝트 전체의 방향과 주제, 일정을 검토하는 회의에 참여했다. '민주주의'는 당시 제안된 열 몇 개의 연구주제 가운데 하나였고, 회의가 대강 마무리된 2월 초순에 우리 팀이 '민주주의'를 맡기로 결정됐다. 우리는 2월 한 달 동안 세 차례의 모임을 가지면서 연구의 방향과 방법, 일정 등을 논의한 뒤, 3월에서 6월 초순에 걸쳐 구술자들을 면담했다. 이후 7월까지 여섯 번에 걸쳐 녹취된 구술 텍스트를 분석했고 8월부터 재구성 및 집필 작업을 시작했다.

구술자를 선정할 때는 가족, 직장, 학교, 마을, 모임이나 단체 등 시민들이 생활 속에서 쉽게 접하거나 속하게 되는 '일상적 공간'을 파악하고, 그 위에 '우리시대 희망찾기' 연구 프로젝트 회의 때 우리 사회 민주주의와 관련하여 나온 주제어들(권위주의, 관료주의, 시민의식과 시민교육,

상생·타협·토론의 문화, 공공성, 차별, 소수자 존중, 선거와 대표성, 정당구조, 지방자치, 지역구도, 정치의식, 언론, 권력분립, 재산권, 자유와 책임 등)을 참고했다. 예를 들어 학교라는 공간의 일상성과 '시민의식'이나 '공공성'이라는 주제어를 함께 고려하여 학교운영위원회 위원과 교사를 선정하거나, 상생·타협·토론문화라는 주제어와 운동단체나 공공기관이 지닌 공간적 특성을 함께 고려하여 경찰과 노동운동가를 선정하는 식이었다. 의미있다고 여겨지는 직업이나 활동 분야, 즉 구술자가 자리한 '공간'을 설정하는 것 이외에 구술자 선정에서 우리가 가장 중요한 기준으로 삼은 것은 '풍부한 체험'이었다. 따라서 우리와 면접한 구술자들은 관련 주제나 영역에서 풍부한 체험을 가졌다고 여겨져 선정된 개인일 뿐 특정한 직업이나 연령, 성별, 성향을 '대표'하지는 않는다. 그러나 이는 양적 연구에서 말하는 '대표성'이나 '전형성'에 얽매이지 않았음을 말하는 것일 뿐, 구술자들의 체험이 지닌 의미를 제한하거나 축소하지는 않는다. 구술자들의 체험은 '나에게 문제가 되는 것'을 이야기함으로써 '우리 모두에게 문제가 되는 것'을 드러내는 구체적 일반성을 지닌다.

적합한 구술자를 찾아내고 섭외하는 일은 해당 구술자를 직접 면접할 연구자가 맡았는데, 연구자 선에서 섭외가 어려운 몇몇 경우에는 희망제작소 내 다른 연구원들의 도움을 받았다. 이는 구술자 선정이 우리 연구팀, 좀더 넓혀서는 희망제작소 연구원들의 관계망 안에서 이루어진 것을 말하며, 어떤 식으로든 이 관계망의 특성이 연구에 반영되었음을 뜻한다. 우리는 모두 30명의 구술자를 면접했다. 책임연구위원인 필자가 대부분을 면접했으며, 이희영 선생이 2명, 두 연구원이 각각 1명을 면접했다. 면접은 길게는 6시간까지 이어지기도 했지만 대개 3시간 남짓 걸렸다. 필요한 경우 2차 면접을 했으며, 따로 2차 면접을 하진 않더라도 구술 내용을 정확히 확인하거나 더 물어봐야 할 것이 있을 땐 전화로 구술

자와 이야기를 나누었다. 구술자의 '조건'이 곧 '체험의 풍부함'을 보장하
는 것은 아니어서 다소간의 우여곡절도 있었다. 내부고발적인 측면이 있
는 민감한 분야에서는 구술자를 섭외하기가 어려웠고, 1차로 섭외를 했
으나 면접을 거절하기도 했으며, '조건' 혹은 우리가 기대했던 것과는 다
른 구술이 나오기도 했다. 누군가에게는 '말하기' 자체가 자유롭지 않을
수 있고, '조건'과 '체험'이 기계적으로 조응하는 것이 아님을 말해준 그
어긋남 역시 일상의 한 모습일 것이다.

구술 텍스트 분석은 네 명의 연구자가 개별 텍스트를 몇개씩 나누어
맡아 각자 분석한 다음 한자리에 모여 함께 토론하는 방식으로 진행되었
다. 여섯 번에 걸쳐 텍스트를 분석한 뒤, 8월부터 책임연구원인 필자가
재구성과 집필을 시작했다. 대강의 구성과 1, 2장의 초고를 끝낸 9월 중
순에 연구팀이 모여 글의 전체 구성과 독자를 고려한 글쓰기 등에 대하
여 의논했다. 이후에는 필자가 쓴 일정한 분량의 원고를 이희영 선생과
함께 가능한 한 '낯선 눈'으로 다시 읽으며, 원고의 해석방식과 한계, 새
로운 독해의 가능성 등에 대하여 토론하고 수정하는 방식으로 진행했다.
그리고 초고가 완성된 12월 중순에 이희영 선생과 함께 전체 원고를 좀
더 '거리'를 두고 검토하면서 결론에 관한 의견을 나누었다. 이 과정에서
구술자들의 다양한 체험과 목소리가 엮어내는 일상의 민주주의는 어떤
모습이며, 구체화된 주장의 이면에서 '언술화'되지 못한 채 드러나는 요
구와 희망이 무엇인지를 동시에 읽어보려 했다.

연구과정과 관련해서 우리 연구팀의 구성상의 특징을 특별히 밝혀두
어야 할 것 같다. 생활현장에서의 구체적인 경험에 기초해 한국 민주주
의의 현실을 조명해본다는 문제의식을 공유한 위에서 연구팀 안에서는
일정한 역할분담이 이루어졌다. 이희영 선생은 질적 연구방법론을 전공

한 학자로서 방법론적 측면에서 지도적인 역할을 했고, 필자는 책임연구위원으로서 구술자들을 면접하고 텍스트 분석결과를 재구성하여 집필하는 역할을 맡았으며, 이지연, 강현선 연구원은 연구지원 업무를 주로 맡았다. 문제는 이희영 선생을 빼고 나머지 세 연구자는 질적 연구를 해본 경험이 없었다는 점이다. 더욱이 책임연구원인 필자는 질적이건 양적이건 도무지 연구라는 것을 본격적으로 해본 적이 없는, 희망제작소가 아니라면 연구에 투입시킬 가능성이 전혀 없는 경력의 소유자였다. 모든 연구가 그렇겠지만, 특히 우리의 경우는 이와같은 사정 때문에 연구과정이 곧 깨닫고 배우는 과정에 다름아니었다.

우리 '용감한' 세 초보 연구자들은 이희영 선생에게서 텍스트 분석방법을 배우면서 텍스트를 분석했다. 구술 텍스트를 '분석'하는 것은 구술된 이야기의 '요지를 이해하는 것'과는 질적으로 다른 것이다. 담화가 아니라 연구로서의 텍스트 분석은 '연구자 자신의 해석'을 비판적으로 바라볼 수 있는 두터운 '해석학적' 과정을 요구하며, '가설추론(abductive) 방식'으로 요약되는 그 과정은 학문적 훈련을 필요로 한다. 텍스트 분석의 숙련된 전문가인 이희영 선생 덕분에 나름대로 분석을 하기는 했지만 우리의 분석 수준이 과연 요지를 이해하는 수준에서 얼마나 더 나아갔을지는 자신할 수 없다.

질적 연구에서는 텍스트를 향해 '열린' 자세가 아주 중요하다. 연구자가 '닫혀' 있으면, 구술 텍스트는 연구자의 가설이나 주제를 입증하는 사례나 논거로 '동원'되기 쉽다. 구술자의 이야기 속에 드러나는 생활체험과 생각, 판단, 행위지향, 정서 등을 복합적으로 이해하고 텍스트 전체의 맥락 속에서 그것이 드러내거나 가리키는 의미를 파악하지 못하면, 다시말해 연구자가 구술자의 이야기 속으로 들어가는 게 아니라 이미 가지고 있는 해석과 평가의 체계 속으로 이야기를 끌어들이면 구술 텍스트는 어떤 새로운 것도 말해주지 않는다. 이와 관련해서 우리는 연구 내내 '이렇게 진행하는 연구가 이제껏 나온 여러 연구결과를 분석하여 내리는 결론과 어떻게 다를까? 무엇이 다를까? 어떻게 달라야 하는 걸까?' 하는 물음을 여러 번 되새기지 않을 수 없었다. 구술자들의 이야기가 기대한 만큼 새롭지도, 또 많은 것을 말해주지도 않는 것처럼 느껴질 때도 있었고, 텍스트 분석과정에서 어딘가가 분명 가려운데 그것을 자신의 손으로 속 시원히 긁지 못하는 안타까움을 느끼기도 했다.

이는 텍스트 분석능력이 달려서이기도 했고 해석의 자원이 모자라서이기도 했지만, 세계관의 문제로 말미암은 것이기도 했다. 예를 들면 필자의 경우, 텍스트를 분석하고 재구성하는 과정에서 스스로의 세계관이 텍스트의 '경계'와 부딪히는 느낌을 자주 받았다. 이 이야기와 저 이야기 사이에서 인과관계를 찾으려 하고, 이 체험과 저 체험 가운데서 어떤 것이 본질이고 어떤 것이 현상인지를 구분하려 하고, 이 주제와 저 주제를 중요한 것과 주변적인 것으로 서열화하고, 이 생각과 저 생각을 올바른 것과 올바르지 않은 것의 잣대로 평가하고, '이것을 이렇게 해석하면 이러저러한 비판을 받지 않을까' 하며 스스로를 검열하는 습관 같은 것들이 텍스트와 부딪치며 모습을 드러내곤 했다. 거시적 접근이나 계량적 방법이 놓치기 쉬운 것을 찾겠다며 선택한 방법론은 거꾸로, 아마도 '80년대적'이라고 해야 할 연구자의 '닫힌' 세계관을 비춰주고 돌아보게 했다.

글의 구성

이 글은 모두 9개의 장으로 구성되어 있다. 민주주의가 무엇일까에 대한 구술자들의 생각을 정리한 1장은 일종의 '말 꺼내기'이다. 2장에서

7장까지는 장의 제목에 요약된 주제와 관련한 구술자들의 체험을 모았다. '제도와 사람' '사익과 공익' '다수자와 소수자'처럼 흔히 대립되거나 길항하는 것으로 여겨지는 가치를 조합해 장의 제목으로 삼은 까닭은 과연 그 가치들이 대립과 길항의 관계에 놓여 있는지를 생각해보자는 뜻에서이다. 8장과 9장은 특정한 공간에 대한 이야기들을 담고 있는데, 8장은 제도정치, 9장은 기업과 교회를 다루고 있다.

특정한 구술자의 체험이 집중적으로 인용된 장도 있지만, 대부분의 구술자들의 이야기는 연구자의 문제의식과 재구성 기준에 따라 이리저리 '찢어져' 있다. 한 구술자의 이야기를 하나의 텍스트로 놓고 분석할 때와 전체 텍스트의 재구성 관점에서 볼 때는 물론 차이가 있다. 개별 텍스트 분석에서는 중요했던 부분이 전체 텍스트를 놓고 재구성할 때는 잘려나갈 수도 있고, 개별 텍스트 차원이라면 나란히 놓는 게 좋을 체험이 재구성 차원에서는 분리되기도 한다. 문제는 이 과정에서 특정한 체험이 그것을 포함하고 있는 텍스트 전체의 맥락과 상관없이 연구자에 의해 자의적으로 '찢어지고 동원될' 위험이 있다는 것이다. 우리 연구팀은 이런 위험을 늘 염두에 두었으며, '찢어져' 인용된 것이라도 개별 텍스트의 전체적인 맥락 속에서 해석된 이후의 것임을 밝혀두어야 할 것 같다. 그럼에도 불구하고 재구성은 개별 텍스트가 품고 있는 풍부함과 내적 연관성을 그대로는 다 보여줄 수 없는 '안타까운' 과정이다. 본문에서 짧게나마 소개한 구술자들의 이력이 '인용된' 이야기를 둘러싼 '인용되지 않은' 더 많은 이야기, 곧 구술자들의 전체적인 삶의 모습을 이해하는 데 보탬이 되었으면 한다.

우리는 구술자들의 '주장'이 아니라 '체험'을 주로 듣고자 했고, 주장을 들을 경우에는 그 밑에 놓인 체험과의 관계에 주목하고자 했다. 그러나 밑에 놓인 체험은 잘 드러나지 않은 채로 견해와 주장이 구술된 경우도 있었다. 아쉽기는 하지만 서로 다른 주장을 비교할 필요가 있을 때만큼은 이 책 속에도 그런 대목이 일부 인용되어 있다.

성과와 한계

이 연구는 한국 민주주의가 지금 당면한 문제의 '본질'을 짚어낸다거나, 그것을 타개해나갈 새로운 비전을 '제시'하려는 목표를 감히 가지지 않는다. 우리의 목표는 '이해'하는 것이다. 지금 여기를 함께 살아가고 있는 우리의 이웃 시민들이 일상의 공간에서 체험하는 민주주의가 어떤 모습인지, 무엇이 문제인지, 문제의 원인은 무엇이며 문제들은 서로 어떻게 연관되어 있는지, 어떤 방향으로 문제를 풀어나가야 할지, 어디서 시작해야 할지를 고민하고 성찰하고 탐색하는 것, 거기까지가 이 연구의 목표이다. 그러므로 이 연구가 거둘 수 있는 최대의 성과는, 보통의 상식을 가진 시민들이 여기에 실린 동료 시민들의 이야기를 통해, 일쑤 화젯거리 중심으로 성급히 문제를 기술하고 분석하는 일간지에서는 제공하지 못하는, 술자리에선 비분강개와 단편적 성토 사이로 흩어져버리는, 인터넷 게시판에서는 지나친 격렬함에 묻혀버리는 민주주의에 대한 진지한 고민과 성찰의 기회를 가질 수 있게 되는 것이다. 만약 이 연구가 그러한 목표를 조금이라도 이룰 수 있다면 그것은 전적으로, 귀한 시간을 내서 생생한 이야기를 들려준 구술자들 덕분이다.

그러나 구술자들의 이야기는 그 자체로 진실이거나 해답인 것은 아니다. 이야기 속으로 들어가 그것이 품고 있는 단서와 잠재성을 발견하고 해석하고 표현하는 것은 연구자의 몫이다. 연구자가 '해석의 자원'을 많이 가지고 있을수록 구술자의 이야기가 품은 가능성은 더 많이 발견되고 더 올바른 표현을 얻는다. 그런 점에서 이 연구는 연구자들의 한계를 넘지 못한다. 특히, 앞서도 말했듯이 책임연구원인 필자는 '민주주의자가 된다는 것의 실천적 의미'를 고민하지 않을 수 없었던 세대의 일원으로서 민주주의를 고민한 이력이 제법 된다는 것이 거의 유일하다고 할 수 있는 자원이다. 두말할 것도 없이, 해석의 자원이 빈약하다는 것은 연구자로서는 치명적인 한계이며, 이는 이 연구보고서에 분석의 빈약함으로 나타나 있을 것이다. 이희영 선생과의 '낯설게' 읽기와 토론을 통해 원고의 '안과 밖'을 보고자 노력하긴 했으나 책임연구원의 한계가 그것으로 다 가려질 수는 없을 것이다. 그러므로 이 연구의 한계는 책임연구원인 필자의 한계에서 주로 비롯된 것임을 밝혀둔다. 사실 필자는 연구자라기보다는 시민의 한 사람으로서 이 연구에 참여했다. 구술자들을 포함해 한국 민주주의를 여기까지 끌고 온 시민들이 진지한 고민과 성찰을 통해 이 '연구'의 한계를 '실천'으로 채워주리라 의심치 않는다.

연구팀을 대표하여
유시주

1장

민주주의란 무엇일까?

한 사회의 민주주의 발전은 민주주의를 이해하는 수준과 같이
간다.　—최장집 『민주화 이후의 민주주의』(후마니타스 2005).

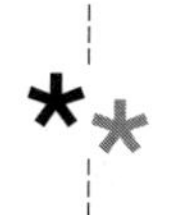

'민주주의'는 똑같지 않다

"민주주의와 경제발전 중에 어느 것이 더 중요하다고 생각하십니까?"

국회운영위원회가 2005년 실시한 '국민의식 여론조사'에 나온 질문이다.[1] 응답자의 84.6%가 '경제발전'을 선택했다. 민주주의가 더 중요하다고 답한 사람은 15.3%였다. 두 가지 가운데 하나를 선택하라는, 경제발전과 민주주의를 서로 대립하는 가치로 보는 듯한 이분법적 질문 구도가 마음에 좀 걸리긴 해도 조사 결과는 우리가 직시해야 할 어떤 '현실'을 보여주는 데는 부족함이 없다. 그 '현실'의 연원을 따져 올라가는데 노래 한 구절이 불편한 마음을 가로지른다. 이십 몇년 전 많은 사람들이 부른 노래, 그러나 이제는 아무도 부르지 않는 노래.

"(…) 오직 한 가닥/타는 가슴 속 목마름의 기억이/네 이름을 남 몰래 쓴다/타는 목마름으로/타는 목마름으로/민주주의여 만세"[2]

군사독재 정권 아래서 "타는 목마름으로" 함께 그 노래를 불렀던 사람들이 그린 '민주주의'와, 한국정당학회의 조사에서 '경제발전'의 대립항으로 놓인 그 '민주주의'는 같은 것일까 다른 것일까? 같은 것이라면, 그 민주주의는 다른 민주주의, 이를테면 고대 그리스와 로마의 민주주의, 근대 서구의 부르주아 민주주의, 사회주의 국가가 내세운 인민민주주의, 김대중 정부 이래 우리 사회 보수진영이 그 안위를 걱정해 마지않는 자유민주주의와는 또 어떤 관계일까? 만약 두 민주주의가 서로 다른 것이라면 무엇이, 어떻게, 왜 다른 걸까? 그 밖에도 대의민주주의, 참여민주주의, 정치적 민주주의, 사회경제적 민주주의 등 우리는 수많은 '민주주의'를 듣는다. 머리에 그처럼 다양한 수식어를 달고 있는 세상의 그 모든 '민주주의'에는 과연 공통된 본질이라든가 핵심, 원리나 기준이 있는 것일까? 대체 민주주의란 무엇일까?

> *****　제가 어저께 제 처한테 "민주주의가 뭐라고 생각하냐?" 물었더니, 제 처가 굉장히 뜨악해하더라고요. 답변을 못해요. 아무 거나 생각나는 대로 해보라고 했는데, 못하더라고요. (신진수, 24면)

손꼽히는 대기업의 과장인 신진수 씨가 희망제작소 연구원과의 면접을 앞두고 아내에게 그런 질문을 던진 이유는 자신이 그 질문에 뭐라고 대답해야 할지 알 수 없었기 때문이었다. 그러나 이 질문에 대답하기 어렵기는 민주주의를 평생 연구해온 로버트 달(Robert Dahl) 같은 석학도 마찬가지이다. 달에 따르면 "25세기 동안 민주주의가 토의되고, 논의되고, 주장되고, 공격받고, 무시되고, 도입되고, 실행되고, 파괴되고, 그리고 때로 재도입되었으나 민주주의에 관한 가장 기본적인 의문들에 대한 합의는 이루어지지 못"했는데, "이는 '민주주의'가 상이한 시간과 상이한 장소에서 상이한 사람들에게 상이한 의미를 지녀왔기 때문"이다.[3]

그렇다면 한때 타는 목마름으로 민주주의를 갈망했으나 어느덧 "민주주의와 경제발전 중 어느 것이 더 중요하다고 생각하느냐?"는 질문을 받기에 이른, 지금 이 순간 나날의 경험을 공유하며 살아가는 우리 대한민국의 시민들에게 민주주의는 어떤 의미를 지니고 있을까? 우리가 경험하고, 이해하고, 기대하는 민주주의란 어떤 것일까?

많은 구술자들이 면접 전에 면접의 주제를 전해 듣고는 신진수 씨와 같은 반응을 보였다. "민주주의요?" 하고 되묻고는 잠시 말이 없거나, "할말이 없는데요"라며 냉소적 '피로감'을 보이거나, "오랜만에 듣는 말이네요"라면서 피식 웃거나, "난해한 주제"라며 곤혹스러워했다. 그래서 우리의 질문은 이런 식으로 해체되었다. "87년 이후 우리 사회가 민주화되었다는데, 예전과 비교해서 어떤 점이 그렇다고 생각하세요?" "'민주주의' 하면 뭐가 제일 먼저 떠오르세요?" "민주주의에서 제일 중요한 가치나 덕목이 무엇이라고 생각하세요?" "우리 사회가 성숙한 민주주의 사회가 되려면 어떤 점이 아직 모자란다고 생각하세요?" "앞으로 우리 사회의 민주주의가 더 발전하려면 어떤 문제들을 해결해야 할까요?" 물론 이런 질문에 답하는 형식이 아니라 자신의 활동 분야에서 느끼는 답답함이나 어려움, 혼란을 이야기하다가 자신도 모르게 "사실 민주주의란 게……" 하며 견해를 밝힌 경우도 많다. 체험적 이해와 당위적 기대가 뒤섞인 구술자들의 이야기 가운데서 경험을 통해 느끼는 민주주의, 다시 말해 87년 이후의 민주화가 가져온 변화는 다음과 같은 것들이다.

돌이킬 수 없는

＊ 우리나라〔방글라데시〕 비해서, 민주주의 엄청 많고요. (…) 다른 권리
가 없어도 말할 수 있어요. (…) 우리나라나 필리핀이나 인도네시아나, 말하
는 것도 힘들어요. 무서워서 말도 못하는 사람들이 엄청 많고. 그거에요. 말
하는 권리가 있어요. 정치 문제 가지고, 인터넷이나 뭐 이런 것이 너무 발달
되어 있기 때문에 글도 올릴 수 있고, 정치하는 사람들이 잘못하는 것은 "니
가 잘못했다" 그렇게 말하는 것을 할 수 있기 때문에. 그런 건 좀 우리나라에
서는 되게 힘들어요. (안와르 하산, 14면)

＊ 저는 시민의 한 사람으로서 민주주의 진짜 발전했다고 그럴 때가 우리
가 성역이라고 여겼던 모든 일에 대해서 일반 대중들이, 권력이나 경제력을
갖지 않은 일반 대중들이 칼을 휘두를 수 있다는 거. 비판을 하고, 그 비판이
굉장히 이렇게 인터넷을 통해서 빠르게 확산되고. 그게 다시 대중의 힘이잖
아요. 사실은 대중의 힘으로 전파 속도가 엄청 빠르잖아요. 그럴 때 아, 민주
주의가 진짜 발전했구나…… (임주희, 43면)

안와르 하산 씨는 한국에 온 지 만 10년이 넘은 방글라데시 출신 이주
노동자이다. 하산 씨가 보기에 한국은 이주노동자들에게는 더없이 배타
적이고 인색하지만, 분명히 "민주주의가 많은" 나라이다. "다른 권리가
없어도" 적어도 "말할 수 있는 권리", 즉 '표현의 자유'만큼은 동남아시아
의 다른 나라들에서 상상하기 힘든 수준으로 보장되어 있기 때문이다.
하산 씨는 외국인인 까닭에 다른 구술자들과 달리 '관찰자의 눈'을 가지
고 있는데, 그의 눈이 정확히 포착한 대로 구술자들은 87년 이후의 변화
를 말하면서 '표현의 자유' '언론의 자유'를 가장 많이, 또 앞서서 언급했
다. 전업주부인 임주희 씨가 지적하다시피 우리는 "〔예전에는〕 성역으

로 여겼던 모든 일들"에 대해 "권력이나 경제력을 갖지 않은 일반대중"들이 마음껏 비판을 하고, 영향을 미칠 수 있게 되었다. 알다시피 언론·출판·집회·결사의 자유는 일반적으로 민주주의의 '유무'나 '진전' 정도를 판단하는 주요한 척도로 일컬어진다. 이 부분에 관한 한 우리 사회는 '돌이킬 수 없는' 수준으로 진전했다고 볼 수 있다.

국민, 헌법적 지위를 자각하다

권력에 대한 비판과 감시가 가능해지면서 국가와 개인의 관계도 변화했다.

* 민주화됐는 거는, 보면 각 구청이나 이런 데 공무원들이 변화가 제일 많은 것 같아요. 좀 써비스라든가……. 옛날에는 가면 인상도 팍팍거리고 그랬는데 요즘에는 자기 앞에다가 이름을 붙여놔서 그런가 조금 상냥해지고 조금 친절해지고. 그게 좀 많이 변한 것 같아요. (…) 시민들을 다소 두려워하고. (…) 옛날에는 권위의식이 많았거든요. 잘못하고 그러면 막 뭐라고 했는데, 요즘에는 좀 많이 좋아진 것 같습니다. (김종수, 29면)

* 옛날보다는 통제라는 게, 국가가 통제한다든가 관이 통제하는 것도 되게 심했잖아요. 옛날 하던 업무를 보면 그게 다 통제를 하기 위해서 만든 거더라구요. (…) 옛날에 보면 관에서 되게 많은 자생단체들을, 지금도 많지만, 거느리고 있었잖아요. 그 자생단체들을 통해서 자신들이 요구하는 걸 관철을 시키고, 홍보하고, 이런 것들이 많았는데 요새는 그런 거는 아니니깐. 그런 자생단체나 관변단체 많이 없어졌으니까. 그런 통제받고 감시, 감시까지

는 좀 그렇지만, 조정하고 통제하고 이런 거는 많이 없어진 것 같아요. (성희
경, 16면)

　김종수 씨는 자동차회사의 생산직 사원으로 "법을 좀 강하게 하고 그
속에서 민주주의도 되어야 한다"는 견해를 가진 분인데, '민주화된' 예로
제일 먼저 행정기관 공무원들의 태도 변화를 꼽았다. 성희경 씨는 10년 경
력의 7급 공무원으로 현재 광역시의 한 구청에서 일하고 있다. 성희경 씨
는 민주화투쟁 시기에는 중고등학생이었기 때문에 '억압'의 직접적인 경
험이 없다. 그런데도 마치 본인이 겪은 것처럼 "옛날에는 국가와 관의 통
제가 매우 심했다"고 말하는 것은 민원실에 근무하면서 주민들을 "감시
하고 통제하는" 업무와 관련된 예전 서류를 엄청나게 많이 보았기 때문이
다. 권위주의 시절, 행정기관은 '국가'의 지시와 명령을 국민에게 하달하
고 집행하는 '창구'였다. 시민들에게 '관'은 '국가'의 다른 이름이었고, 일
방적 복종 이외에 다른 관계는 불가능했다. 그런데 이제 그 관계는 "시민
들을 다소 두려워하는" 양상으로 변화되었을 뿐 아니라 때로는 오히려 그
반대의 양상까지 벌어지고 있다. "안되는 거를 큰소리 내면 해주는 줄 알
고" 민원인이 더 큰소리를 내는 경우도 많고, 민원실에 근무하는 하급(그
중에서도 특히 여성) 공무원을 함부로 대하는 민원인도 적지 않다고 한다.
　무소불위 거대한 '국가'에 "몸과 마음을 바쳐 충성을 다할 것을 맹세"
해야 했던 미력한 '국민'들은 민주화 이후 헌법 1조가 부여한 지위, 즉
'대한민국에 존재하는 모든 권력의 원천'으로서의 스스로를 인식하게
된 것으로 보인다. 해방 이후 우리 사회를 특징짓는 근본적인 구도의 하
나인 '명령하는 국가'와 '복종하는 국민'의 관계가 비로소 헌법이 명시한
관계, 즉 '주권자 국민'과 그로부터 '권력을 위임받은 통치체계'의 관계로
접어든 것이다.

냉전반공주의의 약화, 풀뿌리 민주주의의 등장

＊ 한 마을 같은 데서 보면 옛날에 없던 동대표도 있고, 나름대로 부녀회도 조직돼서 사업해서 결산보고 하고 (…) 동 대표 선출한다고 그래도 게시판에 붙이고. 가깝게는 그런 것, (…) 사회 전체적으로 보면 그래도 과거사도 규명한다 그러지, 나름대로 이데올로기였던 부분들이 그런 대로 약화돼가지고 애기도 나오지. 요즘에 드라마도 보니까, '서울, 1945년' 해가지고 나온 거 보니까 그래도 이것저것 해가지고 역사적인 사람들이 꽤 그런 대로 나오대? 그래서 저런 것이 그래도 별 소리 없이 방영되고 있고, '친일파 청산한다'고 말이라도 나오고. (…) 어쨌거나 저런 것이라도, 말이라도 뻥끗 나오고 있구나, 그런 것. 그리고 대통령이라도 옷도 좀 편하게 입고 나오고 뭐 그런 거. (최태경, 31면)

＊ 가령, 저희가 하는 학교의 미디어 교육, 제가 학교를 뚫기까지가 참 힘들었어요. 그런데 시민단체에서 이렇게 미디어 교육 한다고 그러면 학교에서는 시민단체, 이런 운동하는 곳은 다 빨갱이라는……. 그렇게 생각하는 곳들도 있기도 하고. (…) 그렇게 하면서 선생님들하고, 학교 교장 선생님이나 학교의 특활을 맡고 있는 특활부장, 이렇게 해서 계속 접촉을 하게 되거든요. 그렇게 하면 분명히 예전보다는 훨씬 더 우호적이죠. 그런 것이 달라진 것이라면 달라졌죠. (김경진, 33면)

최태경 씨나 김경진 씨는 이데올로기적 금압이 약화된 것을 민주화의 주요한 예로 들고 있다. 이는 두 사람이 그런 금압의 고통을 직접적으로 당해보았기 때문일 것이다. 최태경 씨는 전교조 창립 멤버로 오랫동안

교사운동을 해왔고, 김경진 씨는 학생운동과 노동운동을 거쳐 현재 시민
운동을 하고 있다. 대한민국 정부 수립 이후 지배권력에 저항하는 모든
사회운동은 '빨갱이' '친북 좌파'라는 이데올로기 공격을 피해갈 수 없었
고, 그 공격 앞에서 방어적으로 자신을 해명하지 않으면 안되었다. 최태
경 씨가 느끼듯이 냉전반공주의는 국가주의와 더불어 우리의 "과거사"
즉 현대사를 특징짓는 근본적인 틀이었다. '이것이 아니면 저것'이라는
냉전반공주의의 야만적인 흑백논리는 사회의 모든 공간에서 미시적으
로 재생산되어 다른 가치들을 필터링하고 억압했다. 완전히 무력화되지
는 못했지만 그래도 최태경 씨가 보기에는 그에 대해 "말이라도 뻥끗 나
오는" 상황은 분명히 큰 변화이다. 김경진 씨는 미디어 교육을 위해 학교
선생님들과 접촉하면서 그러한 변화의 일단을 체감했다.

　최태경 씨는 그 밖에 자신이 살고 있는 아파트의 입주자대표회의와
부녀회, 곧 마을 단위로 주민자치조직이 결성되어 활동하는 것을 민주화
의 성과로 꼽고 있다. 민주화는 시민사회[4]를 확장했고, 주거지역이나 학
교처럼 생활세계와 밀착된 단위에까지 새로운 공적 공간을 만들어냈다.
아파트의 입주자대표회의와 학교운영위원회가 대표적인 예이다. 또한
동정자문위원회가 주민자치위원회로 바뀐 데서 볼 수 있듯이 관변조직
이 자치조직으로 탈바꿈하기도 한다.

나의 민주주의, 우리의 민주주의

**　그때 생각으로는 하여튼 '우리가 민주주의국가를 표방하고 있고, 헌법
에서 민주주의를 하게 되어 있는데 못하고 있다' 그것이 제일 큰 억압이었던
같아요. (…) 그래서 그때보다 달라진 것이라면, 과거에는 제일 큰 것이 단순

한 딱 한 가지였죠. 83~84년 그때만 해도 다른 것보다는 "대통령을 우리 손으로 못 뽑는다. 체육관에서 한다." 그렇게 얘기했지 않습니까. 그리고 운동도 딱 구호로 내세울 때는 "직선제 쟁취!", 6·29선언 나기 전까지만 해도 "호헌철폐!" 그렇게 했지 않습니까. (박희철, 29면)

＊ 어떻게 보면 민주화된 사회라고 하는 것은 가장 소외된 사람들에 대해서, 남녀관계에서 여자이고, 전체적으로 뭐 몸이 불편한 사람이라든지, 아니면 이제 뭐 없는 계층이라든지 이런 경우들이 어떻게 잘 보완이 된 사회냐라는 생각이 들거든요? (김영미, 19면)

국회입법조사관인 박희철 씨와 대학강사인 김영미 씨는 '민주주의'는 똑같지 않다는 사실을 다시 환기시켜준다. 박희철 씨에게는 "대통령을 우리 손으로 뽑는 것"이 민주화의 핵심이지만 김영미 씨에게는 사회적 약자와 소수자들을 얼마나 배려하느냐가 민주화를 재는 척도이다. 이 두 가지 척도를 단순히 '무엇이 더 올바른가'의 관점으로 평가해서는 안될 것이다. 박희철 씨는 쉽게 비분강개에 빠지지 않는, 어떤 포퓰리즘적 선동에도 섣불리 흥분하지 않을 것 같은 개성의 소유자로 모든 문제에 대단히 현실적인 자세를 견지했다. 가령 음주·성추행 스캔들을 두고 국회의원의 자질을 성토하는 것에 대해서 그는 우리 사회의 평균적인 수준을 반영하는 현상이지 특별히 국회의원만의 문제가 아니라고 여긴다. 그런 현실주의적인 자세가 '가장 분명한 최소한의 기준'에 입각해 민주주의를 이해하게 한 것이라 여겨진다. 반면 김영미 씨는 자신이 기대하는 것에 준거를 두고 민주주의를 이해하고 있다.

'자유' '공정한 기회' '평등' '합리성' '효율성'…… 구술자들이 '민주주의는 이러이러해야 하지 않을까' 하는 기준으로 이야기한 것들을 다

모으면 민주주의는 이제껏 인류가 성취해온 모든 공적 가치의 총합이라고 할 수 있을 것이다. 민주주의의 잠언이랄 수 있는, "인간은 자유롭게 그리고 평등한 권리를 가지고 태어났다"는 멋진 선언(1789년 선포된 프랑스 인권선언 제1조)이 나온 시대에도 일정 수준 이상의 재산을 가진 극히 일부의 성인 남성들만이 투표권을 가졌던 사실[5]을 상기하면 우리가 이런 차이를 어떻게 받아들여야 할지 알 수 있을 것이다. 우리는 민주주의를 말할 때 흔히 '기대하는 이상'으로서의 민주주의와 '실제로 작동하고 있는' 민주주의를 뒤섞어 말한다. 박희철 씨와 김영미 씨의 차이는 '현실'과 '이상', '이미 이룬 것'과 '앞으로 이루어가야 할 것'의 차이라고도 볼 수 있다.

그런데 중앙일간지 기자인 강석현 씨와 영화제 프로그래머인 한성호 씨는 우리 사회의 민주주의를 제대로 이해하기 위해서는 우리가 흔히 '이상'과 '현실'을 섞어서 이야기한다는 일반적 사실 이외에 또다른 역사적 맥락을 고려해야 함을 알려준다.

***** 미국에 가서 물건을 사면 제품 값이 얼마, 세금이 얼마, 딱 영수증에 나오잖아요. 우리는 영수증 보면 대충 그냥 삼만오천원 딱 이렇게 떨어지지요. 미국은 이거〔물건값〕얼마, 세금 얼마, 딱 나오잖아요. 살 때마다 내가 세금을 내고 있다는 것을 자각한다는 거죠. 그런데 우리는 맥주 한 병 먹으면서도 내가 세금을 내는지 안 내는지 모르는 거죠. 그러니까 맥주 한 병 값만 내는 걸로 알고 있죠. 실제로는 세금을 내는데 그걸 모르는 거죠. 그러니깐 나는 세금을 내는 것을 시민들이 인식할 때, 우리 민주주의가 바로 설 수 있다는 거죠. 그래야지만 도로에 보도블록을 깔 때, 멀쩡한 것을 파헤치는 일이 없죠. (…) 예를 들어서 시청에서 뭐 흥청망청할 때 "아, 저게 내 돈"이라는 생각이 들고 "모든 것이 사실 내 주머니에서 나간다"는 생각도 하게 되는 겁니다. 저는 그게 민주주의의 중요한 것이 아닌가. "내가 주인이다. 내 돈을 쓴다."

이것을 생각해야 한다는 것입니다. 그리고 세금 안 내는 사람에 대해서는 진짜 응징을 해야죠. (강석현, 42면)

***** 가장 많이, 개인의 어떤 권리, 이런 것들이 많이 나아졌다고 생각을 해요. '개인주의 바람', 이런 거는 아니구요. 전에 같은 경우에는 개인은 거의 무시당하고 집단, 단체로만 봤었는데 개인들에 대한 세세한 배려들, 그런 것들은 저는 굉장히 나아졌다고 생각해요. 그 다음에 문화적인 콘텐츠들이 굉장히 전에 비해서는 훨씬 나아졌다고 생각하고. 정말 많이 다양해졌고……. (한성호, 28면)

우리 사회는 근대화를 '압축적으로' 이루었을 뿐만 아니라 민주화도 그렇게 했다고들 말한다. 서구의 근대화와 민주화 과정에 비추어서 그렇다는 말인데, 두 사람의 이야기는 '압축된 역사'를 살아온 우리 사회만의 '압축된 한 풍경'을 보여준다.

강석현 씨는 시민들이 "세금이 어디에 쓰이는지를 스스로 자각"하는 것이 민주주의의 요체라고 생각한다. 국가를 움직이는 데 드는 "모든 것이 사실 내 주머니에서 나간다"라는 주인의식이 있어야 '집행기구'로서의 국가를 제대로 감시할 수 있다는 것이다. 그는 세금과 주권의식의 관계를 강조하다가 급기야 "내는 세금에 비례해서 투표권을 주자는 그런 생각이 들 정도"라고까지 덧붙였다. 그 모습은 독단적으로 세금을 징수하지 말 것을 요구한 권리청원* 시대의 영국 시민계급, 혹은 재산 소유

---

* 1628년 영국의회는 국왕 찰스 1세에게 청원하는 형식을 빌려 '의회의 동의 없이는 세금을 부과하거나 공채를 발행하지 말 것' '법에 의하지 않고는 누구도 체포·구금하지 말 것' 등을 주요 내용으로 하는 사실상의 권리선언을 했다. 주권이 국왕에게서 의회로 이동해가는 흐름을 만들어낸 역사적 계기로 평가된다.

자들의 동의 없이 세금을 부과하는 데 격분한 혁명 시기의 프랑스 부르주아의 모습을 연상시킨다.

한성호 씨는 '집단' '단체'에 묻혀 있던 '개인'을 볼 수 있게 된 것을 민주화 이후의 큰 변화로 꼽는다. 그가 말하는 '개인'은, 본인도 토를 달듯이 "신세대들에게 부는 개인주의 바람" 같은 언설에 나오는 '개인'과는 다른 의미를 지니고 있다. 그가 말하는 개인은 '집단의 구성원'이 아니라 '집단을 구성하는 출발점'으로서의 개인, 집단이 부여하거나 강요하는 생각에 무력하게 지배당하는 개인이 아니라 '세상에 단 하나뿐인 나의 고유성'을 인식하는 주체적 개인이다. 그리고 '고유한' 개인들의 '다양한' 목소리는 "문화적 콘텐츠들"을 풍부하게 한다. 한성호 씨의 이야기는 우리로 하여금 봉건적 속박에서 벗어나 '근대적 개인'이 탄생한 시기를 추체험하게 한다.

'압축된 근대화'가 많은 문제들을 다음 시대로 넘겼듯이, '압축된 민주화'도 한국사회만의 특별하고 어려운 숙제를 우리에게 요구한다. 예컨대 우리 사회에서는 자리를 양보하지 않는 젊은이를 향해 할아버지가 "너는 에미 애비도 없냐?"고 호령하거나, 무자비하게 학생을 때리는 교사를 아이들이 휴대폰으로 경찰에 신고하거나, 머리를 노랗게 물들인 전문직업인이 정부의 정책에 항의해 시위 현장에서 할복하는 따위의 일이 종종 벌어진다. 그리하여 신체적 약자를 배려하는 시민적 윤리를 결여한 젊은이는 봉건적 윤리에 기초한 비난 앞에서 "나이 먹은 게 뭐 자랑이야?"라며 침해당한 '인격'을 욕설로 보복하고, 신고당한 폭력교사는 '폭력'이 아니라 '아이들을 바로잡겠다는 의욕이 넘쳐 물의를 일으킨' 것에 대해 사과하고, 노란 머리로 표현된 '개성'이 '할복'이라는 군국주의적 방법과 공존하는 기괴한 상황이 전개된다. 전근대와 근대, 탈근대가 '압축된' 우리의 역사를 이해하지 않으면 누가, 무엇을, 어떻게 잘못했고, 무엇을 성찰하고 어디서부터 이야기를 시작해야 할지 올바로 이해하거나 분석하기가 쉽지 않다. 해결하기는 더 어렵다. 우리 사회의 민주주의적 숙제들을 풀어나가는 데는 '일반론'을 넘어서는 특별한 숙고와 배려가 필요하다. '압축'을 풀어야 하기 때문이다.

'보이는' 민주주의와 '보이지 않는' 민주주의

민주주의가 우리가 생각하는 것처럼 자명하거나 단순한 것이 아님에도 불구하고 민주주의가 무엇인가에 대한 최소한의 이론적 합의는 물론 존재한다.

***** 아직 미흡하지만 법치주의 중심으로 간다. (…) 그러니까 그동안 많이 부족했던 것들을 법과 제도를 통해서 실체화하는 부분들……. (조영훈, 47면)

***** 민주주의라고 하면, 80년대 사람들에게 물어봤으면 어느정도 일치된 견해를 말하지 않았을까……. 그런데 지금은 아닌 것 같은 생각이 들어요. (…) 예를 든다면 그 두 정당이 치고받고 싸워도, 어떻게 보면 우리 사회가 어느정도는 굴러갈 수 있는 그런 사회가 된 것 같고. 오히려 그런 민주주의가 유비쿼터스, 도처에 산재해 있는 시대이지 않은가 생각이 좀 들고. 저는 요즘 가정 내 민주주의, 경제 민주주의, 뭐, 직장 내 민주주의, 이런 것처럼 '거대 권력을 향한 주권이 누구에게 있는가', 이런 것도 중요하겠지만 일상생활 속에서의 권리, 그런 권리가 모든 사람에게 있다, 그리고 그런 권리가 자유롭게 이야기될 수 있고, 논의되고, 결정과정에서 참여하고, 이런 것으로 좀 바뀌고 있는 게 아닌가. (신진수, 25면)

'민주주의에 대한 최소한의 이론적 합의'는 조영훈 씨가 "법과 제도를 통해서 실체화하는 부분들", 그리고 신진수 씨가 "80년대에 민주주의를 외칠 때 사람들이 생각했던 것"이라고 지칭한 것과 거의 일치한다. 또한 구술자들이 '민주화'의 예로 든 것들도 대체로 여기에 속하는 것들이다. 이는 이른바 '최소정의적 관점'에 입각해 '민주적 경쟁의 규칙을 확립하는 절차적 최소요건을 갖춘 정치체제'로 민주주의를 파악하는 것이다. 최소정의적 관점에서 민주주의 이론을 정립한 로버트 달은 민주적 절차를 위한 이상적인 기준 다섯 가지[6]를 제시하고, 20세기에 존재한 민주적 국민국가의 정치제도를 분석해 그러한 기준을 충족하는 제도를 여섯 가지로 정리해냈다.[7] 다시 말해 우리가 어떤 나라를 민주주의국가라고 말할 수 있으려면 그 나라는 다음과 같은 내용을 충족하는 제도를 가지고 있어야 한다.

첫째, 시민에 의해 선출된 공직자들이 정부의 정책결정을 통제해야 한다. 둘째, 그 공직자들은 자유롭고 공정하며 정기적으로 실시되는 선거에 의해 선출되어야 한다. 셋째, 시민들은 공직자, 정부, 정권, 사회경제질서, 지배이데올로기에 대한 비판을 포함하여 모든 정치적 문제들에 대하여 자신들의 의사를 자유롭게 표현할 수 있어야 한다. 넷째, 시민들은 신문, 잡지, 서적, 통신, 다른 시민이나 전문가 등 다양한 경로와 방식으로 필요한 정보를 접할 수 있어야 한다. 다섯째, 시민들은 자신의 권리를 지키기 위해 정당이나 이익집단을 포함하여 다양한 결사체와 조직을 구성할 수 있어야 한다. 여섯째, 모든 시민들이 앞서 말한 다섯 가지의 권리들을 평등하게 누려야 한다.

절차적 최소요건을 갖춘 이런 민주주의를 우리는 흔히 '절차적 민주주의' '형식적 민주주의' '제도적 민주주의'라고 부른다. 민주주의에 대한 이런 정의는 (이상으로서가 아니라) 실제로 존재하는 정치체제들이 민주적인가 아닌가를 판별할 수 있는 기준을 제시했다는 점에서, 또 그런 기준에 의거해 서로 다른 정치체제들을 비교·분석할 수 있도록 한다는 점에서 의의를 평가받는다.

그러나 이 개념은 신진수 씨가 말하는 "도처에 산재해 있는 민주주의", 즉 "가정 내 민주주의, 경제 민주주의, 직장 내 민주주의" 같은 것들은 포괄하지 못한다. 신진수 씨가 "유비쿼터스 민주주의"라는 말로 표현하고자 하는 것들을 다른 학자들은 '민주주의의 사회화' '사회민주화'[8] '사회적 민주화'[9] '실질적 민주화'[10] '민주주의의 공고화 과정'[11]같은 개념으로 설명한다.

다소간의 차이는 있지만 이런 개념들이 강조하는 것은 절차뿐만 아니라 실질적인 내용, 정치뿐만 아니라 사회 전 영역, 권력과 시민사회의 관계뿐만 아니라 시민사회 내부의 관계, 제도뿐만 아니라 행위규범, 관행, 가치관, 의식과 태도 같은 비가시적인 부분으로까지 민주주의의 관점을 넓혀야 한다는 것이다. 이런 관점이 제기하는 문제의식의 핵심에는 '중앙정치 수준에서 제도화되어 객관적으로 그 유무를 판단하고 비교·분석할 수 있는 민주주의'는 '시민사회 내부의 다양한 공간과 시민 개개인에게 스며든 민주주의'로 숙성되지 않으면 언제든 퇴행할 수 있다는 주장이 들어 있다. 가령 '표현의 자유'를 명시한 법률이 '보이는 민주주의'라면, 자신과 다른 의견을 내놓는 사람에게 '빨갱이'라는 딱지를 붙이는 것을 용납하지 않는 사회적 분위기는 '보이지 않는 민주주의'이다. '보이지 않는 민주주의'는 정치적이고 형식적인 기회의 평등에 만족하지 않고 경제적이고 실질적인 평등을 향해 나아가려 하고, 사회의 모든 공간에 민주주의적 정신과 가치를 작동시키며, 스스로를 민주주의의 구현자로 인식하는 자유롭고 능동적인 시민을 요구한다. 이렇게 될 때 비로소 민주주의는 '공고화'된다.

민주주의는 '끝없이 나아가는 것'

우리 사회가 상당한 정도의 정치적·절차적 민주주의를 성취했다는 점에 대해서는 모든 구술자들이 의견을 같이했다. 그러나 구술자 가운데는 '성취'를 기꺼이 인정하면서도 자랑스러워하거나 행복해하는 사람, 한국 민주주의 미래를 낙관하는 사람은 많지 않았다. 이는 아무래도 최근 한국사회가 처한 상황이나 분위기에 영향을 받은 때문일 것이다.

민주주의에 관한 최소정의적 접근은 민주주의를 향한 출발점에 불과하다.[12] 그렇다고 해서 우리가 성취한 정치적·절차적 민주주의를 지나치게 과소평가해서는 안될 것이다. 정치적·절차적 민주주의는 "단지 그것에 그치지 않고 그것을 넘어서는 경향"[13]이 있기 때문이다. 절차적 민주주의는 그것을 가능하게 했던 힘, 좀더 정의롭고 합리적이며 평등한 사회를 향한 시민들의 열망과 의지에 의거해 더 넓고 더 깊은 민주주의로 나아간다. 민주주의는 명확한 기준에 따라 어느 싯점에서 완성 여부를 따질 수 있는 것이 아니라 공동체의 성원들이 좀더 평화롭게 공존할 수 있는 사회를 향해 더 넓어지고 더 깊어지며 '끝없이 나아가는' 그 무엇이다. 그래서 민주주의는 언제나 '진행중'이다.

지금까지는 "민주화 이후에 어떤 점이 좋아졌다고 느끼세요?"라는 질문에 대한 구술자들의 답변을 주로 정리했다. 다음에는 '민주화가 되었는데도 별로 좋아지지 않았거나 오히려 나빠졌다고 느끼는 게 무엇인가?' '우리 사회가 성숙한 민주사회가 되려면 아직 어떤 점이 모자라다고 생각하는가?'에 대한 이야기를 들어볼 차례이다. 우리가 아직 성취하지 못한 것들을 이야기한다는 점에서 어쩌면 지금부터의 이야기가 '진짜 이야기'인지도 모른다. 그 이야기를 시작하기 전에 "민주주의 하면 무엇이 가장 먼저 떠오르느냐?"는 질문에, 자신이 꿈꾸어온 '네트워크형 정당'을 만들기 위해 정당 활동에 뛰어든 김정희 씨의 대답을 들어보자. 남의 이야기를 들을 때, 우리가 가동해야 할 '보이지 않는 민주주의'가 머릿속에 떠오르게 될 것이다.

> ***** 저는 다원주의, 그게 제일 먼저 떠올라요. 최소생활이 서로 보장되는, 그러니까 의견이 다르거나 성향이 다르거나 경제적인 지위가 달라도 최소한이 보장되는 게 민주주의라고 생각해요. 그래야 공존할 수 있으니까요. 그게 존재해야만 민주주의라 할 수 있을 것 같아요. (…) 어쩔 땐 이런 생각도 들어요. '가장 다수의 의견으로 여기까지 왔다. 인류가. 수십 세기를 거쳐서. 그것 말고는 지금으로선 방법이 없다.' (…) 저는 지금이 다 이루어진 상태라고는 물론 생각 안해요. 하지만 다원주의를 바탕으로 해서 어떤 방법을 찾지 않으면 여기서 더 나아가는 것은 힘들지 않겠느냐는 생각을 하는 거죠. (김정희, 52면)

김정희 씨의 설명에 따르면 다원주의란 "의견이 다르거나 성향이 다르거나 경제적인 지위가 달라도" 그 차이를 서로 인정하고 "공존"하는 체제를 말한다. 서로 다른 것들은 불가피하게 갈등과 싸움을 불러일으키지만, 그 속에서 "가장 다수의 의견"을 모아 나아가는 수밖에 없다고 그는 생각한다. 물론 다수의 의견 또한 시행착오를 피해갈 수는 없다. 그래도 "그것 말고는 지금으로선 방법이 없다"는 것이 그의 생각이다.

인간이 불완전하듯, 완벽한 사회도 존재하지 않는다. 인간이 죽는 날까지 사는 법을 배워야 하듯이, 한 사회도 틀린 것은 고치고 부족한 것은 보충하며 조금씩 끝없이 나아갈 수 있을 뿐이다. 민주주의란 서로 다른 이해관계와 의견을 가진 불완전한 인간들이 서로의 지혜를 모아 더 나은 사회를 향해 나아가는 거의 유일한 방법이다.

2장

민주화와 양극화

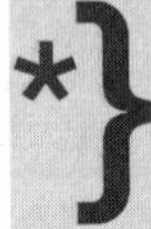

인간의 존엄과 사회정의는 경제의 민주화를 요구한다. 경제민주주의는 정치적 민주주의를 안전하게 하고 완성하기 때문에 그 자체로 하나의 목적이다.

—독일 사회민주당 강령
(1989년 당대회에서 개정한 '베를린 강령') 4장 4절 9항.

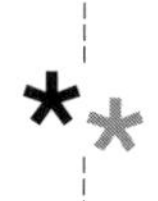

삐뚤어지고, 부서지고, 날카로워지는

민주화 이후에도 별로 좋아지지 않았거나, 오히려 나빠졌다고 느끼는 것들에 대해 구술자들은 그 반대의 질문에 '표현의 자유'를 꼽았던 만큼이나 분명하게 '1순위' 생각을 밝혔다. 양극화, 분배정의, 상대적 박탈감, 앞날에 대한 불안감이 그것이다.

민주화가 이만큼 진행됐는데도 불구하고 (…) 우리의 미래가 과연 행복한가. 아니면 적어도 예측할 수 있을 만큼, 우리가 마음의 준비를 할 수 있을 만큼 제대로 우리가 아는 리듬으로 가는가. 이거에 대해서 많은 사람들에게서 설명할 수 없는 분노, 그게 제일 많이 느껴지는 것 같아요. (…) 모든 사람이 너무 위한에 차 있고, 저도 그렇겠지만, 저도 건드리면 어느 날 그럴 것도 같지만, 길에서 만나는 너무나 많은 사람들이 예전과 달리 너무 이렇게 응축된 분노를 갖고 있다고 할까요? (…) 그런 사고들은 굉장히 많이 나왔잖아요. 뭐, 지하철에서 그냥 너무 원한에 차서 남을 밀어서 떨어뜨린다거나, 통제 안 되는 슬픔, 이런 것들이. 그게 안타까워요. 보여요. (…) **저 혼자도 취직을 못 하는데, 학생들의 취직을 걱정해주는……. 학생들한테 '그렇게 열심히 하면 잘 될 거'라고 말할 수 있는가.** 그래서 학생들이 가지고 있는 슬픔이 어떨 때는 굉장히 심하게 전이가 되면서 힘들 때가 있어요. 그러니까 취직을 못할 거라는 불안. 특히나 지방대 학생들, 지방대 인문계 졸업생 생각할 때 우울한 거는 거의 말할 수가 없어요. (서영선, 26~27면)

인문학 전공자인 서영선 씨는 미국에서 박사학위를 받고 98년에 돌아 왔다. 시간강사, 강의전담교수를 거쳐 지금은 한 사립대학 지방 캠퍼스 의 비정년 전임교수[1]이다. 비정년 전임교수는 대개 전임교수 급여의 50 ~80% 수준의 급여를 받고, 임용된 지 최대 6년이 지나면 퇴직해야 하는 '계약직'이다. 스스로를 '비정규직'이라 일컫는 서영선 씨의 어조에는 자조(自嘲)와 냉소가 짙게 배어 있었다.

그는 민주주의가 진전되었음에도 불구하고 "길에서 만나는 너무나 많은 사람들이 예전과 달리 응축된 분노를 갖고 있다"고 느낀다. 그리고 그 원인을 사회가 "우리가 마음의 준비를 할 수 있을 만큼 우리가 아는 리듬으로" 가고 있지 않다는 것, 다시 말해 "열심히 하면 잘될 거라고" 확 신할 수 없는 불확실성과 불안감 때문이라고 해석한다. 그가 보기엔, 알 지도 못하는 사람을 떠밀어 죽게 하는 '지하철 사고' 같은 것도 그러한 "원한"에 기인한다. 특히 자신이 가르치는 지방대 인문계 졸업생들을 생 각하면 슬픔이 "전이"되어 더욱 우울하다. '이십대 태반이 백수'라는 청 년실업의 현실 가운데서도 지방대 인문계 학생들은 최악의 처지에 놓여 있기 때문이다.

그는 학생들에게서 자신에게로 슬픔이 "전이"된다고 하지만, 앞뒤 맥락을 살피면 사실 그 반대의 방향으로 전이가 일어났음을 알 수 있다. 2년짜리 계약직으로 머잖아 그마저도 그만두어야 할지 모르는 처지에 대한 좌절감과 무력감이 "취직을 못 할 거라는 〔학생들의〕 불안"으로 '투사(投射)'된 것이다. 나아가 그가 길에서 만나는 너무나 많은 사람들에게서 "설명할 수 없는 분노"와 "통제 안되는 슬픔"을 느끼는 것도 어떻게 보면 똑같은 '투사'의 과정이다. 자신 안에 있는 것을 남을 통해 느끼는 것이다.

서영선 씨가 유학을 떠나던 90년대 초반만 해도 인문학의 경우, 미국에서 박사학위를 받고 오면 교수임용은 떼놓은 당상이었다. 그러나 넉넉지도 않은 형편에 모든 힘을 쏟아 학위를 받고 돌아와보니 "아이비리그에서 박사학위를 받아도 취직을 못하는, 바닥을 치는 경쟁" 상황이 기다리고 있었다. 난다 긴다 했던 선배들도 취직을 못해 낙오자가 되어 있는 현실, 그리고 임용을 둘러싼 불합리한 관행 앞에서 그는 "건드리면 폭발할 것" 같은 분노를 응축했고, 그런 그의 눈에는 길에서 만나는 너무나 많은 사람들이 분노와 원한과 슬픔을 간직하고 있는 것처럼 보인다.

열심히 살았는데도 미래가 "우리가 알 수 없는 리듬으로 가"버리는 데 대한 좌절감과 분노와 슬픔…… 서영선 씨가 느끼는 이런 정서는 외환위기 이후에 우리 사회의 중산층, 그 가운데서도 '20 대 80의 사회'에서 80 부분으로 '떨어지고' 있다고 느끼는 층이 광범위하게 공유하는 정서로 볼 수 있다. 통계청의 주관적 계층의식 조사[2]에 따르면, 자신을 중간층이라고 생각하는 사람이 1994년까지도 60%를 넘었으나, 1999년에는 54.9%, 2006년에는 53.4%로 줄어들었다. 반면 자신을 하층이라고 대답한 사람은 1994년 38.2%에서 1999년 44%, 2006년 45.2%로 늘어나 둘 중한 명 꼴로 자신을 하층이라고 생각하는 것으로 나타났다. 외환위기 이후 대규모 구조조정과 조기퇴직으로 많은 중산층들이 고용불안 상태에 놓이고, 그나마 살아남은 사람들은 격심한 경쟁에 시달리며, 일부 전문직을 빼고는 모든 분야에서 비정규직이 늘어나 그 비율이 55%에 이르렀다.

* 우리 한국사회가 삐뚤어져가고, 이렇게 부서져가고, 날카로워지고, 나름대로 있는 그 정조차도 없어지고 이런 게 우리 해직될 때 그때, 올림픽 끝나고 부동산 뛰기 시작하면서부터 시작해서 극치에 달해요. 그전까지는 사람들이 빚도 없이 살았어. 작은 집에 살고 지하방에 살아도 빚 없이 정말 마음 편히 살았는데, 그 이후에 이것이 뛰면서 대출 내는 식으로의 구조 속에 우리가 들어가면서 우리 한국사람들이, 사회가 완전히…… 우리 친구들 만나고 그러면 "그때가 좋았다" 그래. 차라리 못살던 그때가 더 인간적으로 마음 편하게 잘 살았다고 그러지. 지금 "살기 행복하다"라고 그 누구도 말하지 않아. (…) 특히 그게 생겼다고 봐요. **그냥 빈부 차는 상관이 없는데, 노력하지 않고 갑자기 벌어버리는 그런 것들은 너무 너무 사람들을 정말 피곤하게 만들어요. "어떻게 그럴 수가 있어?"** 그 사회 속에서 배우는 것이, 애들이 거칠어지고 똑같이 그런 것 배우고. 전체적으로, 자본을 그런 식으로 막 불려버리는 그런 사람들에 의해서 아래가 다 휘둘린 거야, 지금. 아래가 다 하나같이 휘둘렸잖아. (최태경, 33~34면)

최태경 씨는 교육대학을 졸업하고 1978년 첫 발령을 받은 초등학교 교사이다. 신입교사 시절부터 학교 민주화에 관심을 가지고 참교육, 전교조 운동에 오랫동안 열성적으로 참여해왔다. 4년 반에 걸친 해직 기간을 포함하면 30년 가까이 초등학교 교사로 재직하고 있다. 멀지 않은 장래에 도시를 떠날 계획을 가진 그는 서울 인근의 도농 경계 지역에 살면서 서울로 출퇴근을 한다. 자본주의적 가치에 휩쓸리지 않고, "나름대로의 삶, 느리게 사는 삶"을 살아가는 사람들이 늘어나는 데서 우리 사회의 희망을 찾는 그는 "한국사회가 삐뚤어져가고, 부서져가고, 이렇게 날카로워지"는 것이 "올림픽 끝나고, 부동산 뛰기 시작하면서부터 시작해서" 지금은 극치에 달했다고 본다. 예전엔 "지하방에 살아도 빚 없이 정말 마음 편히 살았는데" 대출 내서 아파트 사는 식의 흐름이 대세가 되면서 사회가 완전히 황폐해졌다는 것이다.

그는 "노력하지 않고 갑자기 벌어버리는" 경제적 부정의가 사람들을 이렇게 "휘둘리게" 했다고 지적한다. "그냥 빈부차"야 있을 수 있는 일이지만, 불로소득으로 "자본을 막 불려버리는" 불평등이 사람들로 하여금 너도 나도 그 길로 휩쓸리게 했다는 것이다. 그래서 민주화가 되었는데도, 삶의 질은 오히려 더 떨어졌다고 느낀다. 민주주의는 부동산투기로 앉아서 돈을 버는 부정의를 막아주지도 못했고, 상대적 박탈감 때문에, 혹은 상위 '20'으로 올라서기 위해 휩쓸려다니느라 삶이 피곤해지는 것도 막아주지 못한 것이다.

우리 사회의 분배정의가 악화되는 현실은 여러 지표에서 쉽게 확인할 수 있다. 소득불평등을 나타내는 대표적 지표인 지니계수(소득 및 자산 분배의 불평등을 나타내는 수치로 0에 가까울수록 평등하고, 1에 가까울수록 불평등하다)는 97년까지 0.28~0.29 수준을 유지하다가 외환위기 이후인 98년부터 0.31~0.32 수준으로 급격히 높아졌고, 2003년부터는 0.34 수준으로 더 악화되었다. 그리고 소득 가운데서도 근로소득에 견주어 자산소득의 불평등이 매우 심한 것으로 나타나고 있다. 소득별 지니계수를 보면 근로소득 지니계수는 0.37인 데 비해 부동산소득은 0.66, 금융소득은 0.64에 이른다.[3] 또다른 통계에 의하면 상위 10% 가구의 근로소득은 전체의 26.5%를 차지하나 부동산소득은 전체의 52.4%, 금융소득은 전체의 48.3%를 차지한다. 부동산과 예금, 주식 등에서 벌어들이는 자산소득, 즉 "노력하지 않고 벌어버리는" 돈이 소득격차를 더욱 벌린다는 뜻이다. 자산소득 격차가 크다는 말은 곧 자산의 소유 자체가 심하게 편중되어 있다는 걸 뜻한다. 2004년 기준 우리나라 총인구의 상위 5%가 전체 사유지의 82.7%(금액으로는 67.9%)를 소유하고 있다.[4] 또 2002년 기준 저축성 은행계좌 가운데 1억원 이상 계좌는 전체 계좌의 0.3%에 불과하지만 전체 예금액의 41.9%를 차지하고 있다.[5]

최태경 씨의 이야기에서 알 수 있듯이, 경제적 불평등 가운데서도 자산불평등 문제, 그중에서도 특히 부동산 문제는 우리 사회에서 체감지수가 아주 높은 민감한 사안이다. 20년에 걸친 개발독재 시대에 기업이나 특권층들이 부동산투기로 자산을 축적했던 '역사적 원체험'을 많은 사람들이 기억하고 있기 때문이다. 부동산투기는 불평등과 부정의에 대한 시민들의 감각을 극도로 자극한다. 권위주의 시대에 횡행한 이런 부정의가 사후적으로라도 심판을 받기는커녕 '강남 불패 신화'로 이어지는 현실은 민주적 가치와 사회정의에 대한 신뢰를 근본적으로 위협하는 것이다. 이런 상황에서 '보통 사람들'은 어떻게 행동할까? 한편으로는 부정의를 성토하면서 다른 한편으로는 손해 보지 않기 위해 입석으로라도 '동승'하려고 한다. 최태경 씨의 표현을 빌리면 "휩쓸리고" "휘둘리는" 것이다. 강남에서 발원해서 수도권 전역으로 확산된 '아파트값 담합'은 이러한 휩쓸림의, 아닌 게 아니라 극치라고 할 수 있을 것이다.

  * 방학 때는 나도 애기를 위해서, 영어를 위해서, 외국에 한두 달을 보내야 하지 않을까. 아니면 그냥 외국으로 이민을 가야 되지 않을까. 이런 생각까지 할 정도로. (…) 그런데 저는 솔직히 IMF 때도 공무원이었기 때문에 그런 거를 피부로 막 느끼지는 못했죠. 그런데 상대적 박탈감 이런 거는 느끼죠. 공무원이 박봉이잖아요. 물론 내가 비교하는 대상이 진짜 사기업 월급 많이 주는 데일지는 모르겠지만 아무튼 상대적 박탈감을 느끼죠. 사실 저는 먹

고살 만하죠. 남편하고도 맞벌이하고, 안정적인 직업 가지고 있고. 그리고 여태까지는 그렇게 고생 안하고 살았고 이러니까 **진짜 빈곤층에 대해서 제가 모를지도 모르죠. 그런데 저조차도 그런 박탈감을 느낄 때도 있다는 거죠.** (성희경, 19면)

공무원인 성희경 씨는 남편과 맞벌이를 하고 있고, 직업도 안정적이어서 객관적으로는 자신이 "먹고살 만"한 계층에 속한다고 생각한다. 그러나 그조차도 상대적 박탈감을 느낀다고 토로한다. 특히 사교육 열풍을 듣다 보면 가만히 있으면 안될 것 같은 불안감에 휩싸여, 이제 세살밖에 안된 아이를 두고 "그냥 외국으로 이민을 가야 되지 않을까" 하는 생각까지 든다. 상대적 박탈감, 나만 뒤떨어지는 게 아닐까 하는 불안과 두려움은 감염력이나 전염성이 매우 강해서, 자신의 박탈감 앞에서 "진짜 빈곤층"을 떠올릴 줄 아는 소박한 이들의 이성까지도 잠식하는 것이다.

민주주의 '밖에' 있는 사람들

조영훈 씨는 1984년 대학에 입학하면서 바로 노동운동에 뛰어들어 지금까지 20년 넘게 현장을 지키는 노동운동가이다. 20대 초반 울산에서 활동하다가 수배되어 군대를 다녀왔고, 제대 후 다시 울산으로 돌아가 현장 지원 업무를 하다 93년부터 지금 일하는 직종의 조직에 몸을 담았다. 지금 소속된 조직은 민주노총 산하 연맹의 하나로 그는 조직·교육·쟁의 등 거의 모든 분야를 아우르며 한 달에 거의 20일을 지방 출장으로 보낸다. 그가 만나는 노동자들은 비정규직이거나, 그와 비슷한 문제를 안고 있는 특수고용직[*] 노동자들이다. 늘 현장노동자들 속에 있었기 때문에 그들과 강한 정서적 유대감을 가지고 있는 그는 '민주화 이후에도 변하지 않은 현실'의 일단을 이렇게 전한다.

*＊ 　조합원들이 뭐 다 50～60대 노가다예요. ○○시청에서 전체 연행이 되면서 거기서 380명의 조합원들이 다쳤어요. 노인들이 머리 터지고 갈비뼈 부러지고 병원에 한 명도 못가고 그대로 다 연행됐어요. (…) 공권력에서 어쨌든 그야말로 무자비한 부분들이 있다보니까. 조합원들 사이에서 '파출소 털자'라는 얘기들이 나왔어요. "차라리 이럴 바에는, 억울해서 못 살겠다. 차라리 내가 맞아죽는 한이 있더라도 파출소 털어가지고 그냥 한판 붙자." 그래서 심지어 공기총 갖고 나온 사람도 있어요. (…) "쇠파이프 무조건 들어야 된다. 우리가 아무리 구속되는 한이 있더라도." 화염병 들고 나가고. 여태 교육을 그것〔폭력시위〕을 전제로 해요. 조합원들이 더이상……〔통제가 안돼요〕. 안 그러면 집에서 공기총 들고 나오니까. 공기총 사가지고 나오니까. 막말로 총싸움 그 자체만으로 〔큰일이 날 텐데〕, 조합원들 거기까지 판단 못한다는 거죠. 너무 울분에 차 있다보니까. "이게 도대체 말이 되는 소리냐." 그런데 실제 이러다보니까 그 속에서도 느끼는 게 "도대체 이놈의 자본주의체제 하에서……" (…) "야, 사회구조가 어디까지 왔고, 80년대 상황도 아니고 **밖에 민주주의 계속 이렇게 발전해나가고, 발전할 수밖에 없는데, 그럼 우리 어떻게 하냐. 뭐가 진짜 대안이냐.** 그러면 사회민주주의로 가야 되는 거냐." 그러면 자본주의가 아니면, 그것도 공산주의로 가야 된다는 놈도 있고……. (조영훈, 44～45면)

＊사실상 회사의 지휘와 명령을 받고 있지만, 형식적으로는 개인사업자로 등록되어 있어 노동법의 보호를 받지 못하는 노동자들을 일컫는다. 골프장 경기보조원, 학습지 교사, 레미콘·덤프·화물차 운전자, 보험모집인 등이 대표적이다. 2005년 통계청 자료에는 71만여 명으로 집계되어 있지만, 노동계는 200만 명이 넘을 것으로 추산한다.

조영훈 씨가 전해주는 이야기는 실로 '80년대적'이다. 특수고용직인 까닭에 사용자 측이 교섭을 회피하자 노동자들은 시청 앞에서 시위·농성을 하고, 공권력은 "무자비"하게 연행을 하고, 아무도 귀를 기울여주지 않자 울분에 찬 노동자들은 "파출소 털어가지고 한판 붙자"는 자포자기의 상태에 이른다. "80년대의 과정을 그대로 밟고 있는" 이런 상황을 여러 번 체험하면서 조영훈 씨는 "이놈의 자본주의체제 하에서" 과연 개선·개량이라는 것이 가능할까라는 근본적인 회의로 다시 돌아간다. 그러면서 그는 노동자들이 주고받는 이야기를 전한다. "밖에 민주주의는 계속 이렇게 발전해나가고, 발전할 수밖에 없는데" 우리의 처지는 나아지지 않으니, 80년대처럼 싸울 수도 없고 "뭐가 진짜 대안이냐"는 이야기를 그들은 주고받는다. 적어도 이 이야기에 등장하는 노동자들에게 민주주의는 자신들의 "밖에" 있는 어떤 것임을 알 수 있다. 민주주의는 저만큼 "밖에" 있어서 자신들의 요구를 대변해주지도, 보호해주지도 못하는 것이다.

조영훈 씨가 느끼는 것처럼 자본주의는 근원적으로 민주주의에 반(反)하는 속성을 가진다. 자본주의에서는 '자본'이 많을수록 더 많은 '기회'를 가진다. '기회의 불평등'은 '결과의 불평등', 곧 경제적 불평등을 낳을 수밖에 없고, 경제적 불평등은 필연적으로 정치적 불평등으로 이어진다. 경제적으로 평등하지 않은 사람은 정치적으로도 평등하기 어렵다. 물론 역사적으로 볼 때 자본주의는 민주주의에 적대적인 것만은 아니다. "부르주아 없이 민주주의 없다"[6]는 말이 보여주듯 현재의 민주적 정치체제는 서구의 시민계급이 봉건제를 자본주의로 대체하는 과정에서 수립된 것이다. 또한 자본주의의 어떤 속성들은 민주주의에 우호적인 조건을 만들어준다고 볼 수 있다.[7] 그럼에도 불구하고 자본주의가 안고 있는 근원적 불평등성은 어느 지점에서는 반드시 평등을 지향하는 민주주의적

이상이나 가치와 충돌할 수밖에 없다.

민주주의와 자본주의는 "서로를 수정하고 제한하는 지속적인 갈등 관계"[8]에 있다. 알다시피 서구에서는 국가가 개입하여 '보이지 않는 손'이 초래하는 심각한 불평등과 부정의를 '제한'하고 '수정'했다. 북구의 복지국가 모델이나 서유럽의 '사회적 시장경제' 개념은 그러한 '제한'과 '수정' 속에서 탄생한 것으로 18, 19세기의 고전적 자본주의가 지닌 폭력성과 비민주성을 상당 부분 완화했다. 그런데 우리의 경우에는 국가가 이러한 역할을 하기는커녕 오히려 '보이지 않는 손'을 진두지휘했다. 국가가 '근대화', 즉 자본주의 발전을 주도하면서 민주적 요구를 철저히 억압했던 것이다. 박정희 군사정권은 '성장'과 '개발'을 위해서라면 평등이라든가 인권이라든가 노동3권 같은 것은 얼마든지 유보할 수 있다고 생각했고, 냉전 반공주의와 물리력을 동원해 그러한 요구들을 효과적으로 제압했다. 이러한 권위주의적 산업화의 가장 큰 희생자는 저임금 장시간 노동으로 '한강의 기적'을 떠받친 노동자들이었다. 1987년 7~9월 사이 전국을 휩쓴 노동자들의 투쟁은 역설적으로 그 사실을 증명해준다.

***** 군사정권 시절에는 노동운동 자체가 전혀 인정이 되지 않았고, 합법적인 노조마저도 인정이 안됐었잖아요. 그런데 투쟁의 힘으로 실제 사회가 일정율로 변혁이 되면서 최소한 합법적인 노조 자체를 부정하는 것들은 없어졌잖아요. (…) 대공장 중심으로는 노동조합이 어느정도 인정이 되면서, 또 자체적인 투쟁의 동력으로 인해서 임금이나 근로조건들을 계속 쟁취를 해왔단 말이에요. (…) 그런데 결정적인 문제가, 그 싯점이 결국은 IMF라고 봐요. 그러니까 IMF 사태 때, 실제로 깡드쉬가 와가지고 대선 후보 3명한테 노동시장 유연화, 그 담에 자본규제 철폐 각서 받아내면서, DJ 집권하면서 '노사정위'라는 틀을 만든 계기가 있었잖아요. **그런데 '노사정위'를 IMF라는 특수한 시기**

에 만들면서 실제 자본이나 권력 입장에서는 노동진영에다가 어떻게 보면 **항복 문서를 요구했고**, 안해주면 결국은 IMF 사태가 국가부도로 이어져서 망하게 된다는 논리였고, 밀어붙이다보니까 운동 진영 내부에서도 정리해고를 동의 해주고, 그게 '노사정위'라는 틀, 구조 속에서 어떻게 보면 **항복할 수밖에 없었 죠**. (조영훈, 5~6면)

조영훈 씨는 87년 대투쟁으로 그나마 성취한 것들을 IMF 사태 때문에 모두 몰수당했다고 느낀다. 민주화는 "노동운동 자체가 전혀 인정이 되지 않았"던 현실을 "최소한 합법적인 노조 자체를 부정"하지는 않는, 그리고 대공장 노조 중심이긴 해도 "자체적인 투쟁의 동력으로" 임금이나 근로조건들을 향상할 수 있을 만큼 변화시켰다. 그러나 "IMF라는 특수한 시기"는 다시금 노동자들에게 "항복 문서"를 요구했다. 노동시장 유연화라는 대명제에 동의하지 않으면 국가부도 사태의 책임이 몽땅 노동자들에게 돌아갈 것 같은 분위기에서 노사정위에 참여한 노동자 대표들은 정리해고제 도입에 동의할 수밖에 없었다. 곧바로 대규모 정리해고가 이어졌고, 기업들은 파견근로나 기간제근로, 사내하청, 불법하도급 등 여러 가지 방식으로 노동시장을 "유연화"했다. "일반 사회, 일반 법률들은 어쨌든 조금씩 개선되고 해서 제도 내에 편입이 됐지만 최소한 노동법만큼은 계속 후퇴가 되어왔다. 그러니까 실제로 제도개선이라는 부분들이 노동법 내에서는 이루어진 게 하나도 없다"고 조영훈 씨는 생각한다. 노동자들은 민주화 이후의 민주주의에서도 또다시 배제되었다고 느끼는 것이다.

* 외환위기로 촉발된 1997년의 경제위기에 대처하기 위해 1998년 1월 15일 대통령 자문기구로 발족했으며, 1999년 5월 '노사정위설치및운영에관한법률'이 제정되었다. '사회적 합의'를 이끌어내기 위한 협의기구로서 노동자 대표로 민주노총과 한국노총, 사용자 대표로 경총과 대한상의가 참여하여 정부의 중재로 1998년 2월 '노사정 대타협'을 이루어냈으

'노사정위원회'[*]는 유럽의 사회적 대타협 모델을 가져온 것이었다. 그러나 이 모델을 우리 사회에 이식하려는 것은 역사를 건너뛰려는 시도에 가깝다. 유럽은 노동조합 조직률이 우리의 두 배가 넘고[9], 사용자나 정부가 노동조합을 파트너십으로 인정해주고, 일단 협약을 맺으면 그걸 지킨다는 사회적 신뢰가 있다. 게다가 사회안전망이 우리와 비교할 수 없을 만큼 잘되어 있다.[10] 이는 유럽 노동자들이 한국 노동자들보다 조직적이어서도 아니고, 유럽의 정부나 자본가들이 한국의 자본가들보다 너그러워서도 아니고, 유럽시민들이 한국시민들에 비해 세금 내는 걸 좋아해서도 아니다. 그들은 2,3백년에 걸쳐 '역사적 비용'을 치르고 그러한 체제를 만들어냈다. 국가가 명령해서 그렇게 된 것이 아니라 자본가와 노동자, 국가와 시민사회가 오랜 기간에 걸쳐 서로를 '제한'하고 '수정'하면서 그러한 모델에 이른 것이다. 이는 서로 다른 이해관계가 빚어내는 갈등과 불신, 투쟁의 집단적 경험을 거쳐 이르게 되는, 불완전하지만 가능한 한 최선의 수준으로 서로를 조절하는 지난한 과정이다.

우리 사회는 그러한 역사적 과정조차 '압축'할 수 있을까? 국가 주도의 산업화가 가져온 가장 큰 폐해의 하나로 지적되는 '노동의 배제'를 극복하지 못하는 한, 다시 말해 노동자는 자본주의 구조 속에서 사회적 약자일 수밖에 없으며, 국가와 시민사회는 민주적 가치에 근거하여 자본주의의 근원적 불평등성을 '제한'하고 '수정'할 책임이 있다는 생각을 공유하지 못한다면 우리 사회는 '실질적'으로 민주주의에 도달하기 어려울 것이다. 실질적 민주주의는 '이익의 평등' '결과의 평등'을 핵심적인 내용으로 하기 때문이다.

나, 민주노총은 '정리해고제'가 도입되자 1999년 2월 노사정위를 탈퇴했다. 이후 노사정위원회는 이렇다 할 합의를 이루지 못하고 유명무실해졌으며, 2004년 5월에는 노사정위의 복원을 위한 한시적 기구로 '노사정 대표자회의'가 구성됐다.

불안, 상대적 박탈감의 정치적 행로

시민단체에서 시민교육 분야를 담당하고 있는 오원식 씨는 회원들에게 교육 프로그램에 참여할 것을 권유하면서 느끼는 요즘의 세태를 이렇게 전해준다.

* 오면 재미있어하시는데 오기까지가 너무 힘들어요. (…) "내용은 참 좋다. 근데 여유가 없다." 그런 얘기를 하시는데, 그 얘기는 시간적 얘기가 아니라 저는 마음의 여유라 생각하거든요? 그것을 하고 싶은 욕구는 있는데 그것이 항상 4순위, 5순위, 6순위쯤 되는 거예요. 앞에는 항상 무엇이 차지하고 있냐면 요새는 물질적인, 경제적인 어떤 그런 욕구가 차지를 하고 있는데, 그것이 제가 보기에는 절제되고 자기한테 적절하고 적당한 경제적 욕구가 설정이 되지 않고, **막연한 불안함과 두려움으로 끊임없이 그것을 계속 고민하고 하시는 거예요.** (…) 대학생들은 "영어 학원 왜 다니니?" "불안해서 다닌다"는 거예요. 영어 배우고 싶어서 다닌다고 하는 사람은 아무도 없고. 그런 것을 보면서 요사이 정말 문제다. **인권이니 정치개혁이니 이런 것은 말도 못 꺼내보는 거예요.** 왜냐하면 이 마음에 받아들일 그 자체가 안되어 있으니까. (오원식, 8~9면)

프로그램 내용을 들으면 참 좋다고 하는데, 또 어렵게나마 교육에 참여하고 나면 하나같이 재미있어하는데 참여하게 만들기까지가 너무 힘들다고 그는 말한다. 회원들은 "경제적인" 문제 때문에 마음의 "여유가 없다"고 대답한다. 그런데 그가 보기엔 그것이 "적절하고 적당한" 선에서 이루어지는 것이 아니라 "막연한 불안함과 두려움"에 강박되어 그런 것처럼 느껴진다. 가령 대학생들에게 영어 학원을 왜 다니는지 물어보면 당장의 구체적 필요나 이유를 대는 게 아니라 "불안해서 다닌다"고 한

다. 그래서 그는 원래 하려고 했던 이야기, 인권이나 정치개혁을 주제로
한 교육 프로그램에 참여해보라는 권유는 "말도 못 꺼내 보고" 돌아선다
는 것이다. 오원식 씨가 접하는 사람들에게 "경제적인 욕구"는 "인권이
니 정치개혁이니" 하는 것들과 대립하는 위치에 있다. 1순위와 4순위, 5
순위, 6순위는 '순차'의 관계가 아니라 사실상 양자택일의 관계로 볼 수
있기 때문이다.

신문기자인 강석현 씨는 한국사회의 '시민의식'을 평가하면서 공중도
덕, 공공적 예절을 잘 지키지 않는 행태를 강하게 비판했다. 식당에서 아
이들이 떠들고 뛰어다녀도 내버려두고, 지하철역을 나오며 담배꽁초를
아무 데나 휙 던지고, 먼저 세워둔 사람이 겪을 어려움은 생각지도 않고
아무렇게나 주차를 해놓는 따위의, 타인의 불편에 무신경한 행위를 보면
"카메라를 항상 갖고 다니고 싶은 욕망을 막 느낄" 정도로 화가 난다는
것이다. 또한 그는 사회적 약자와 소수자들을 대하는 우리 사회의 태도
를 두고 "여유가 있는 사람들이 좀더 노력해야 한다"는 견해를 밝혔다.
"배운 사람들, 있는 사람들의 인식 전환"이 있어야 한다는 것이다. 그런
이야기를 하던 중에 면접자가 장애인 시설이 집 근처에 들어오는 걸 반
대하는 주민시위를 예로 들어 '중산층의 시민의식'을 거론하자 그는 문
제의식에 공감한다면서도 이런 이야기를 덧붙였다.

***** 지금 그렇잖아요, 월급쟁이들이. '아, 내가 50 되면 잘리는데 집값이라
도 오르고, 뭐라도 해가지고, 로또라도 뭐 돼가지고…….' 이게 안전판을 마
련해야 된다는 어떤 그런 게 있기 때문에 (…) **자기 동네에 혐오시설 들어오는
걸 반대하는 것도 참, 비난하기도 어려울 것 같아요. (…) 그건 어떻게 보면 생존
본능하고 비슷하다고 저는 보거든요?** (…) 중산층이다 하는 사람들도 그렇게
해서 자기들은 또 절박한 거야. 그러니까 예를 들어서 양극화되어가고 있다

하지만, 그래프로 봤을 때 예를 들면 이쪽이 뭐 있는 집단이고, 이쪽이 없는 사회, 없는 집단이라고 그랬을 때 이쪽 사람〔'없는 집단'을 가리킴〕들은 이쪽 〔'있는 집단'을 가리킴〕의 절박함을, 상황이 다른 것을 또 이해를 못하는 거죠. 여기〔'있는 집단'을 가리킴〕 있는 사람들은 여기 있는 대로 또 절박함이 있는데. (강석현, 23~24면)

강석현 씨는 '혐오시설'을 반대하는 집단시위가 생존본능에서 비롯된다고 생각한다. '혐오시설'이 들어오는 걸 반대하는 주된 이유는 집값이 떨어지기 때문인데, 집값에 대한 집착은 "50 되면 잘리는" 상황에서 그 전에 어떻게든 "안전판을 마련해야 된다"는 절박함에서 온다는 것이다. "여기 있는 사람들은 여기 있는 대로 또 절박함이 있다"는 그의 말은 '시민의식'이나 '공동체 정신'을 들어 그것을 비난하는 것은 상황적 요인을 고려하지 않은 '도덕주의적 횡포'일 수도 있다는 뜻을 담고 있다. 그래서인지 '혐오시설'을 반대하는 집단시위에 대한 그의 어조는 공중도덕을 지키지 않는 행태를 비판할 때처럼 강하지 않다.

두 구술자의 이야기는 외환위기 이후 밀어닥친 '신자유주의적 상황', 즉 정리해고와 조기퇴직, 비정규직의 양산, '20대 80'으로의 사회양극화, 더욱 치열해진 생존경쟁이 민주주의를 약화하는 방향으로 작용하고 있음을 보여준다. 민주화란 '나의 집값'을 장애인들의 '시민적 권리'보다 앞세우는 사회에서 그 반대, 다시 말해 보편적 시민권을 개인의 이익에 앞서는 공공선으로 인정하는 방향으로 사회가 변화하는 것을 가리키는 말일 것이다. 그런데 경쟁에서 살아남아야 하고, 80으로 떨어지지 않아야 한다는 "생존본능"은 민주적 가치를 4순위, 5순위, 6순위로 밀어내고, 잘리기 전에 "안전판"을 확보하려는 "절박함"은 장애인의 기본권을 침해하는 이기적 집단시위를 합리화한다. '먹고사는 문제'가 급할 때 '어떻게 살아야 할 것인가' 하는 가치판단의 문제는 유보될 수밖에 없다는 이런 생각은 사실 '생존이데올로기'라고 해도 좋을 만큼 한국사회에서는 연원이 깊은 것이다. 내가 "절박"하면 장애인 시설을 반대하는 집단시위를 할 수도 있다는 생각은 '잘살 수만 있다면 민주적 가치 따위는 아무래도 좋다'는 생각과 그리 멀리 떨어져 있지 않다.

오원식 씨가 접하는 '회원', 강석현 씨가 보는 '월급쟁이'들은 특별히 "있는 사람"이라기보다 중산층에 속하는 사람들이라고 할 수 있다. 87년의 승리는 중산층이 움직인 덕분에 가능했던 것이라고들 한다. 또 그것을 '박정희식 경제개발의 모순적 결과'라고도 한다. 경제개발이 가져온 고도성장의 결과로 중산층이 형성되었는데, 그들이 민주주의를 선택함으로써 군부 엘리뜨에 의한 박정희식 강권통치를 무너뜨렸다는 것이다. 다른 한편, 중산층의 보수성이 87년 이후 민주주의를 제약했다는 견해도 있다. 맹목적 반공주의로 말미암아 한국 민주주의가 안게 된 근본적인 취약점, 즉 노동자들의 요구를 위험시하고 배제하는 보수성이 중산층으로 하여금 87년의 민주화투쟁을 '대통령 직선제'라는 제한된 수준에서 멈추게 했다는 것이다. 6월 항쟁이 '6·29' 선언으로 소강상태에 접어든 직후 터져나온 노동자들의 투쟁이 중산층의 지지를 받지 못한 것도 그런 까닭 때문이라고 볼 수 있다.

미래에 대한 불안, 상대적 박탈감은 중산층 안에서도 중상층과 중하층으로 양극 분화가 일어나는 현실을 반영한다. 이 "절박함"은 쉽게 "민주주의가 밥 먹여 주나?"라는 냉소로 이어질 수 있다. '양극화'는 공적 가치에 대한 무관심, 또는 다른 시민의 권리를 제약하는 이기적 행위를 경쟁에서 이기거나 살아남기 위한 "생존본능"으로 합리화할 수 있는 물질적 토대로 작용한다. 요컨대 '양극화'는 '민주화'가 삶의 질을 높여줄 것이라는 기대를 무산시킴으로써 민주주의의 토대를 잠식한다. 구술자들의 이야기는 지금 우리 사회의 민주주의가 시민들로부터 그 효능을 심각하게 의심받고 있음을 보여준다.

위기에 대처하는 두 가지 방법

김종수 씨는 전문대학을 졸업한 뒤 스물다섯살 때 대기업 자동차회사에 입사했다. 1991년 입사할 때부터 지금까지 15년 동안 줄곧 같은 부서에서 일하고 있다. 입사하던 해 결혼해서, 부동산 중개업소에서 일하는 아내와의 사이에 딸(16세)과 아들(14세)을 하나씩 두었다. 여행을 좋아해서 혼자 일본 배낭여행을 다녀오기도 했으며, 앞으로도 다른 나라를 여행할 계획을 가지고 있다. 그는 시간을 쪼개 야간대학원을 다니고 있는데, 그 이유를 "위기감을 탈출"하기 위해서라고 밝혔다.

***** 저희들 입장에서 봐서는 위기거든요, 위기. 왜 위기냐 하면 (…) 미래형 자동차는 곧 나오거든요. 내년 지나면 나오는데, 그거는 엔진이 필요없어요. 미래형 자동차는 변속기도 필요없어요. 전자씨스템으로 하고 모터 이렇게 돌려서 가기 때문에. 그렇게 되면 그걸 만드는 사람들이 다 필요없게 되는 거예요. 그럼 그 사람들이 다 어디 가야 됩니까? 나가야 돼요. 그런 위기감. 게다가 또 새로운 자동차가 만들어져 나오게 되면 모듈화가 되거든요. 이렇게 한 묶음씩 만들어져서 들어오기 때문에 사람들이 필요없어요. 사람들이 하기 싫어하는 공정은 또, 차창 이런 데나 유해공정이나 이런 데는 로봇이 다 해요. 그러니까 사람이 자꾸 필요가 없는 거예요. 그러니 지금 4만 얼마니, 4만 2천이니 뭐 이렇게 얘기를 해도 이거는 제가 볼 때는 반도 필요없을 것 같은 그런 생각이 들더라고. (…) 정년퇴직하신 분들은 참 행복한 분들이라, 어

찌 보면. 그래도 회사를 끝까지 다닐 수 있다는 게. 우리는 아마 정년퇴직 때까지는 못 가지 않나 이런 생각이 한번씩 들어요. (…) 98년 그때처럼, 대량해고가 있을 때처럼 그런 일이, 만약에 하이브리드 카나 아니면 미래형 자동차가 나와서 인원이 필요없을 경우에 과연 지켜줄 수 있느냐? 못 지켜주거든요. 누군가는 나가야 돼요. 다 나가야 돼요. 누가 나가느냐 하면 결국은 조합활동 한 사람은 남아 있겠죠. 나머지 사람들이, 힘없고 나이 많고 이런 사람들이 나가야 되는 게 맞는 게, 회사 측에 봐서도 나이 많은 사람들은 비용이 많이 드니까……. (김종수, 21~22면)

김종수 씨가 느끼는 위기감의 근원에는 "98년 그때"의 기억이 자리잡고 있다. 그것의 핵심은 일자리에 대한 불안이다. 그리고 그 불안은 막연한 것이 아니라 자동차산업 정보를 논리적으로 분석해서 나온 구체적인 것이다. 내년쯤이면 미래형 자동차가 나온다는데, 미래형 자동차는 엔진도, 변속기도 필요없다. 또 새로운 자동차가 나오면 부품이 모듈화된다. 게다가 단순하거나 유해한 공정은 점차 로봇으로 대체된다. 그가 느끼기에 이 모든 변화는 한 가지 방향을 가리키고 있다. "사람들이 필요없는" 생산공정으로 가는 것이다. 이것은 필요없어진 공정에 있던 사람들이 "다 나가야" 되는 상황으로 귀결된다. 더구나 그는 그런 변화가 10년 안에 일어날 것으로 예감한다. "98년 그때처럼" 대량해고 사태가 일어나면 어떻게 될 것인가? 누가 남고 누가 나갈까? 그때가 되면 자신도 "힘없고, 나이 많은" 사람이 되어 있을 것이다. 그런 일이 일어나기 전에 위기를 탈출할 방법을 강구해야 한다. 뭔가를 하긴 해야 하는데, 이전의 퇴직자들이 했듯이 자동차 정비를 배우는 것도 대비책이 못 된다. 미래형 자동차는 정비가 필요없기 때문이다. 그래서 그는 대학원을 선택했다.

　　김종수 씨는 '개인적인' 방식으로 위기에 대처하고 있는 셈인데, 이는 그의 성향과 관련이 있는 것으로 보인다. 자동차산업에 관한 정보를 부지런히 파악하는 데서 알 수 있듯이, 그는 자신의 삶을 주체적으로 꾸려가려는 책임감이 강하고 성실하다. 그런데 지역경제를 잘 아는 대학원 교수님도, 민주노총도, 노동조합도, 직장 동료들도 "모르는 건지, 알면서도 얘기를 안하는 것인지" 조만간 닥칠 위기에 대해서 말을 안하고 있어 그는 "참 답답하다." 다들 자기만큼 위기감을 느끼지 못하고 있는 것으로 생각되는 것이다. 특히 그는 노동조합이 자신을 보호해줄 것이라는 생각을 하지 않는다. 그에게 노동조합은 비민주적으로 조합원을 지배, 동원하는 일종의 '권력기관'처럼 느껴진다.

***** 조합간부라는 게 되면, "나는……"〔으스대는 몸짓〕 특권이라고 그런 생각을 갖고 함부로 이렇게 하는 것 같아요. 그것도 벼슬이라고. 안에서 일할 때도 보면 빨간 조끼만 입고 다니고. 조끼 자체를 대의원이나 내주잖아요. 일할 때는 같이 섞여가지고 같이 일하면 되는데, 티를 좀 내. 빨간 옷을 입고 일을 하고 그래요. 일년 내내 입고 있는 사람들도 있는데요, 뭐. (김종수, 20면)

　　일반 조합원들은 공장 안에 차를 가지고 들어오지 못하는데 소의원, 대의원은 차를 가지고 들어오는 "특권"을 누리고, 조합간부는 징계를 먹어도 "금의환향 하듯이 꽃다발까지 받고 사진도 찍고" 재입사를 한다. 또 비정규직이라든가 회사와 직접 관련이 없는 다른 이슈들을 가지고 파업을 하는 것은 민주노총 선거 때 표를 얻기 위한 정치적 행위로 보이고, 파업할 때 "못 나가게 문마다 다 지키는" 것은 "집에 가고 싶은 사람까지 강제적으로 다 끌고 가는" 비민주적인 횡포로 느껴진다. 따라서 그는 위기가 닥칠 때 "조합활동 한" 사람은 남을지 몰라도 조합이 자신을 지켜줄 것이라고는 생각하지 않는다. 오히려 조합은 대량해고를 줄일 수 있는 사전조치도 회피할 것이라는 게 그의 생각이다. 나이가 차서 나가는 자연 퇴직자를 보충하지 않으면 따로 해고를 하는 경우도 줄어들 텐데, 조합측에서는 "일단 조합원들이 많아야 힘도 생기고 하니까" 그렇게 하지 않을 것이라고 본다.

그는 노조의 '비정규직 투쟁'도 냉소적으로 평가했다.

** 비정규직 관련해가지고 파업을 하면 진짜 비정규직을 위해가지고 일을 해야 되는데, 나중에 인원배치라든가 이런 관련된 일 나오게 되면 또 비정규직이 범퍼라는…… 이중잣대라니까, 이중잣대. 말로는 비정규직 챙기니 막 데모하고, 밖이 보기에는 막 이래 끌고 나가고 하니까 그래 보이는데 실질적으로 인원배치라든가, 만약에 공장 하나가 잘 안되어서 이쪽으로 옮긴다든가 이래서 인원감원이라든가 아니면 내보내야 된다든가 이래 했을 경우에 그때는 또 **'비정규직이 범퍼 역할을 한다'고 이래 생각하고 있다고.** (…) 일반 조합원들도 대부분이 어쨌든 정규직이 많이 있는 것보다는 비정규직이 조금 있어가지고 어느정도 범퍼 역할을 해주는 게 오히려 자기한테는 낫다고 이래 생각하고 있지요. 전부 다. 정규직 같은 경우에는. 어째 보면 이중성격을 가지고 있는 거지. (김종수, 15면)

그가 보기에 노조는 비정규직과 관련해서 파업도 하고 하지만, 실제로 인원감축이나 정리해고를 해야 할 상황이 벌어지면 비정규직을 '범퍼'처럼 여기는 것 같다. 비정규직을 우선적으로 감축함으로써 정규직이 받을 충격을 완화한다는 뜻이다. 말과 행동이 다르다고 노조의 '위선'을 비판하면서도 그는 자신을 포함해 사실상 대부분의 정규직들이 그런 생각을 공유하고 있다고 밝힌다. 그는 정규직들의 "이중성격"을 "사람이라는 게 한 계단이 건너가버리면 좀 신경을 안 쓰지 않냐"는 인지상정의 논리로 설명했다.

5·31 지방선거를 한 달 반쯤 앞두고 김종수 씨를 만났기 때문에 정당이나 정치인을 선택하는 기준에 대해서도 물어보게 되었는데 그의 대답은 분명했다.

＊＊ 지금 〔울산〕 동구 같은 경우에 정몽준 국회의원이 하고 있지 않습니까? 계속 하고 있잖아요. 그 동구, 얼마나 개발됐습니까? 그 사람들은 다른 사람 찍으라고 해도 안 찍어요. 개발이 됐는데! **이 사람이 안되면 개발이 안되는데 다른 사람 찍으려고 하겠습니까?** 생각을 해보세요. 정몽준 씨가 만약에 "내 밑에 구청장 이 사람 시켜야 된다." "이 사람 시켜야 개발 좀 시키겠다. 이 사람 좀 찍어줘." 이러면 동구에 있는 사람 열 명을 붙잡고 물어보세요. 이 사람 안 찍을 사람이 누가 있겠나. 다 찍습니다. 그 지역이 개발이 되는데 왜 안 찍겠어요. (김종수, 28면)

김종수 씨는 "동구에 있는 사람들"의 생각을 전해주는 형식으로 자신의 생각을 밝히고 있다. 그가 '개발'을 이처럼 중요하게 생각하는 이유는 지역이 개발되어 지역경제가 활성화되면, 위기에 처한 자신과 같은 사람들에게 위기탈출의 기회가 더 많이 생긴다고 생각하기 때문이다. 그는 객관적으로 보아서 자신과 똑같은 불안감을 안고 있을 다른 노동자들, 혹은 노동조합에 자신의 요구를 투영하는 것이 아니라 지역을 개발할 능력이 있다고 보이는 사람과 정당에 자신의 요구를 투영한다.

그러나 노동운동가 조영훈 씨는 이와는 다른 방식으로 희망을 찾는다.

***** 정부나 자본은 계속 이런 것들을 악화시켜오는데 이것에 대해서 내 문제로 인식하지 않고 (…) 어쨌든 '임금이나 근로조건만 해결하면 내 문제는 해결이 다 된다.' 이렇게 하다 보니까, 과거와 같이 법과 제도를 개선할 때 이쪽에서 받아치는, **진짜 연대투쟁을 통해서 이것들을 돌파해내는 그런 것이 아니라 개별화 투쟁으로 가다 보니까 계속 노동법은 후퇴가 되는 거죠.** (…) 비정규직 보호법안이라는 것도 결국은 뭐냐면 정규직 노동자를 비정규직 노동자로 전환하는 문제인데, 결국은, 궁극적으로 봤을 때는 정규직 노동자도 이게 언젠가는 화살이 돼서 돌아올 수밖에 없는 거죠. 그런데 이런 구조임에도 불구하고 이런 것들에 대해서 단절이 되다보니까 (…) 집행부는 조합원들이 움직이기 싫다고 하니까, "알았어." 그래서 회사하고 일정 정도 선에서 타협하게 되고 그러면서 이런 부분들이 갈수록 고착화된다는 거죠. (조영훈, 7~8면)

조영훈 씨는 외환위기 이후 정부나 자본은 전체 노동자와 관련된 법이나 제도를 악화하는데 민주노총의 주력인 대기업 노조들이 그것을 "내 문제로 인식하지 않고" 자신들의 임금이나 근로조건 향상에만 촛점을 맞춰 "개별화 투쟁"에만 몰두했다고 비판한다. 비정규직 문제는 결국 "정규직 노동자에게도 언젠가는 화살이 돼서 돌아올 수밖에 없는"데 전체 노동자의 관점에서 그 문제를 바라보는 연대의식을 잃어버림으로써 노동법이 후퇴하는 걸 막지 못했다는 것이다. 조합원들은 상대적으로 높은 임금과 근로조건에 만족해 "움직이기 싫다고" 하고, 집행부는 교육하고 설득해야 할 지도적 책임을 회피한 채 조합원들의 요구를 핑계 삼아 "일정 정도 선에서 타협"을 하는 구조가 만들어졌다.

이런 상황은 필연적으로 상급단체인 민주노총 내부 민주주의의 위기로 이어지고(7장에서 따로 논의함), 민주노총은 '딜레마'에 빠지게 된다.

"최근 5년간 민주노총의 핵심 투쟁은 전부 다 비정규직 노동자들의 투쟁"
인데 민주노총 내부의 의사결정 구조는 정규직 중심인, 상층과 하층의
분리 현상이 벌어진 것이다. 조영훈 씨는 "모든 활동가들이 이제 정규직
중심의 노동운동은 끝났다는 것들을 거의 공언하다시피 하고 있다"고 말
한다.

> ***** 비정규직 노동자들 조직 비율은 계속해서 증가를 하고 있어요. 모순이
> 커지다 보니까 노동자 숫자나, 그 다음에 사회 문제가 되는 경우〔도 늘고〕.
> 결국은 갈수록 비정규직 노동자들의 조직 비율은 증가할 수밖에 없는 거고,
> 그리고 이런 힘들이 민주노총 내부의 의사결정 구조도 바꿀 수 있는 거고. 그
> 게 워낙 시간도 많이 걸리고 품도 많이 들다 보니까…… 〔단시간에 되진 않
> 겠지만〕. 그래도 어쨌든 전망은 이 속에 있다보니까. 그게 점차 조직화되고,
> 확대되고 하다보니까 그거 하나 희망을 걸고. (조영훈, 33면)

시간도 걸리고 품도 많이 들지만 비정규직 노동자들이 스스로의 요구
를 조직하는 것이 유일한 희망이라고 조영훈 씨는 생각한다. 그리고 아
래로부터 조직된 그런 힘들이 민주노총 내부의 의사결정 구조도 바꿀 수
있다고 믿는다. 김종수 씨가 혼자서 부지런히 '위기탈출' 방법을 강구하
고 있다면, 조영훈 씨는 조직적으로 연대해서 함께 위기를 돌파할 방법
을 찾고 있다.

그런데 조영훈 씨가 전해준 비정규직 노동자들의 모습, 가령 노동가
요도 한번 불러본 적이 없어서 "민주노총 깃발 들고 애국가 불렀던 사람
들이 7개월 파업 끝나고 나니까 노동조합 요구는 하나도 없이 아침 시작
부터 해가지고 저녁 끝날 때까지 'ㅇㅇㅇ정권 타도'를 외치는" 과정은 그
의 말대로 대기업 노조가 민주화 이전에 걸어온 길을 그대로 되밟는 것

처럼 보인다. 대기업 노조의 조합원들은 "공장의 담을 넘으려 하지 않고", 비정규직 노동자들은 80년대식 경로를 밟고 있는, '방법론의 양극화'라고도 부를 수 있을 이 상황을 보면, '그러면 대체 민주화 이후의 20년은 노동운동에 어떤 의미를 지니고 있단 말인가?'라는 의문이 들지 않을 수 없다.

민주화가 한 사회의 진전을 의미한다면, 민주화 이후의 노동운동도 이전의 노동운동과는 달라야 할 것이다. 대기업 노조는 80년대의 경험을 통해 확보한 경험과 지혜(이것은 대기업 노조에 의해 전유될 수 없는 한국 노동운동의 '역사적 자산'이요 '지성'이다), 이를테면 투쟁의 방향과 방법, 조합원들의 단결과 연대를 강화할 수 있는 교육과 문화 프로그램 같은 것들을 비정규직 노동자들에게 가르쳐주고, 더 나아가서 법과 제도, 고용구조 같은 사안에 대해서는 사업장 단위를 뛰어넘어 연대할 수 있어야 한다. 그러나 비정규직 노동자들은 노동운동의 '역사적 자산'과 '지성'으로부터 어떤 도움도 받지 못한 채 80년대를 복기하고 있다.

그런가 하면 조영훈 씨는 정규직 노동운동에 대한 기대를 접었다고 말한다. 노동운동의 대의에 충실한 그의 눈으로 보면 아마도 김종수 씨는 계급적 정체성을 잃어버린, '보수화된' 전형적 대기업 정규직 노동자일 것이다. 실제로도 김종수 씨의 판단과 행위를 결정짓는 정체성은 계급으로서의 정체성이 아니라 위기 앞에서 최선을 다해 가장 이익이 되는 방법을 모색하는 '합리적 개인'으로서의 정체성이다. 조영훈 씨가 강조하듯이 노동자 계급은 자본주의 사회의 구조적 약자이며 노동운동은 자본주의의 근원적 불평등성에 저항하는 '존재론적' 의의를 지니고 있다. 그러나 그것이 곧 노동자들이 저절로 계급적 정체성이나 민주적 가치를 내면화한다거나 노동운동이 언제나 올바르다는 것을 뜻하지는 않는다. 그런 점에서 대기업 정규직 노동자와 비정규직 노동자 사이의 균열에 대한 가장 큰 책임은 노동운동의 역사적 자산을 상속받은 대기업 노조와 민주노총에 있다고 할 수 있다. 노조에 대한 김종수 씨의 냉소는 대기업 노조가 이른바 '경제투쟁' 이외에는 다른 민주적 가치를 조합원들에게 제시하지도 설득하지도 못하고 있음을 보여준다. 요컨대 '합리적 개인' 으로서의 김종수 씨가 노조, 나아가 비정규직을 포함한 전체 노동자들과 연대하는 것이 위기를 예방하는 합리적 대안일 수 있음을 공감하게 하는 데 실패한 것이다. 내부의 시민들인 조합원들에게 '나의 당장의 이익'을 넘어 '우리의 장기적 이익'을 위해 연대해야 함을 설득하지 못하면서, 노동자의 투쟁을 당연한 권리로 받아들이지 못하는 시민사회를 설득하기는 불가능하다. 노동자의 권익을 보호하는 것이 장기적으로 한국 민주주의의 질을 높인다고 시민사회를 설득할 수 있는 힘은 대기업 노조가 '공장을 담'을 넘을 때 확보된다. 그리고 그러한 노력은 조합원 김종수 씨와 노조 사이의 균열, 활동가 조영훈 씨와 민주노총 중앙지도부 사이의 균열, 그리하여 김종수 씨의 성실성과 조영훈 씨의 헌신성이 서로 만나지 못하게 된 현실을 직시하고 성찰하는 데서부터 시작되어야 할 것이다.

3장

제도와 사람

성심과 성의가 없는 곳에 제도와 법이 기능할 수는 없는 것이다.

— 김우창 『정치와 삶의 세계』(삼인 2000).

제도개혁의 공허함
─제도는 변했는데 사람은 왜 변하지 않을까?

오원식 씨는 대학 때 기독학생운동을 하다가 2000년 졸업하면서 선배들의 권유로 역사가 오래된 한 시민단체에 몸을 담았다. 3년 정도 정치개혁과 분권·자치 분야에서 활동하다가 2003년 들어 활동 분야를 시민교육 분야로 바꾸었는데, 그 이유는 이렇다.

우리 사회에서 어떤 민주주의, 내용적 민주화가 진정으로 되기 위해서는 제도가 바뀌는 것만 가지고는 안 되겠다 이런 생각이 들었죠. 그래서 이게 아무리 법이 많이 바뀌고, 시민단체들 활동하고 언론에도 많이 나오고 그러지만 뭐 멀리 볼 것 없이, **여전히 우리 가족이나 친구들의 생각이나 삶의 태도나 양태나 이런 것은 바뀌지 않고, 법과 제도, 법과 사람들의 생활들이 따로 놀고 이**

런 것을 목격을 하게 되다보니까 자연적으로 그런 것 같아요. 두번째는 (…) 운동이라는 것을 하는 사람으로서 **제도개혁이나 이런 것이 굉장히 공허하다는 생각을 했어요.** 필요하고 의미있는 일이고 보람은 있는데, (…) 정치제도개혁 같은 운동을 하다보면 만나는 사람들이 평범한 시민들이 아니거든요. 정치인이나 교수님들이나 시민들 중에도 굉장히 정치의식이 높거나 토론을 좋아하거나 이런 사람들을 만나는데, 저의 어머니 같은, 동생 같은, 또 제 고등학교 때 동창들 같은 사람들이 이런 것을 조금씩이라도 느낄 수 있고, 이런 것의 필요성을 느끼고 그렇게 하는 것이 재미도 있겠고 보람이 있겠다……. (오원식, 4면)

오원식 씨는 제도를 개혁하면 "평범한 시민들의 생각이나 삶의 태도"가 바뀔 것이라 기대했다. 제도의 변화는 궁극적으로 삶의 변화를 위한 것이고, 어머니나 동생, 친구나 직장동료, 지하철과 술집에서 마주치는 평범한 이웃들의 생각이나 태도, 행동에서 마침내 표현되어야 하는 어떤 것이다. 그가 생각하기엔 그것이 "진정한 민주화"이다. 그러나 제도개혁에도 불구하고 "법과 제도, 법과 사람들의 생활이 따로 노는" 현실을 목격하고 그는 "공허함"을 느꼈다. 제도가 바뀌어도 "사람들은 그게 있는지도 잘 모른다." 그래서 그는 시민들과 직접 만나고 소통할 수 있는 분야로 활동을 옮겼다. 제도의 변화가 사람의 변화로 이어지는 과정은 결코 자동적인 것이 아님을 깨달았기 때문이다. 어떤 훌륭한 제도가 만들어져도 "사람들이 하지 않으면 소용이 없으니까", 당장 성과가 안 나더라도 사람들을 변화시키는 일에 더 많은 노력을 기울여야겠다고 마음을 먹게 된 것이다.

민주화운동기념사업회는 2002년 말 '한국사회의 민주주의 발전 정도를 어떻게 진단하고 평가해야 할 것인가' '민주주의를 더 발전시키기 위한 방법은 무엇인가'를 찾아내기 위한 연구와 조사 작업에 착수해 2006년 7월 그간의 결과를 『민주발전지수 2004~2005 ─ 평가와 전망』으로 묶어냈다.[1] 정치·경제·사회·문화 등 각 부문과 정부·기업·사회단체 등 각 조직의 민주화 정도와 민주주의 실천 정도를 계량화된 지수로 평가하고 분석한 이 연구결과에 따르면, 현단계 우리 사회 민주주의의 가장 큰 특징은 제도/실행 부문과 태도/의식 부문의 점수 차이가 매우 크다는 점이다.

두 부문 가운데 태도/의식 부문은 제도/실행 부문에 대한 주관적인 평가(예를 들어 '외국인 노동자의 고용차별을 시정하기 위한 제도가 잘 갖추어져 있는가?')와 해당 사안에 대한 평가자의 실제 태도(예를 들어 '외국인 노동자에게 주택을 임대할 생각이 있는가?')가 함께 반영되어 있다. 따라서 두 부문 간의 점수 차이가 크다는 말은 실제 제도가 도입되었음에도 시민들이 그 제도의 효과를 느끼지 못하고 있거나, 그 문제에 관한 의식의 발전이 제도의 발전을 따라잡지 못하고 있다는 뜻이 된다. 예를 들어 '소수자 집단의 정치적 대표성'을 평가하는 문항의 경우, 제도 부문에선 100점 만점에 58.25점을 받았지만 의식 부문에선 25.25점을 받았다. 장애인·이주노동자 같은 소수자 집단을 대표하는 제도는 개선되었지만, 소수자들을 대하는 시민들의 의식이나 태도는 제도가 좋아진 만큼 나아지지 않았다는 뜻이다. 오원식 씨가 느낀 '공허함'은 바로 이 간극에서 발생한 것으로 볼 수 있다.

제도개선의 효과가 어느정도 수준에서 제한되는 현상은 민주주의가 공고화되는 과정, 다시 말해 정치적·제도적 민주화가 사회적·실질적 민주화로 심화되는 과정에서 일반적으로 나타나는 '지체 현상'으로 일컬어진다. 즉 민주적인 제도가 도입되더라도 한동안은 과거의 비민주적인 습속이나 관행, 예컨대 '연줄'이나 '빽' 같은 것들이 여전히 강력하게 작용해서 제도를 무력화할 수도 있고 특정한 집단에 유리한 방향으로 작용할 수도 있다. 제도가 안착하는 데는 어느정도 시행착오와 혼란이 불가피하다는 뜻인데, 이러한 '지체'가 모두 행복한 결말로 이어지는 것은 물론 아니다. 지체의 수준이나 내용에 따라 민주주의는 공고화될 수도 있고, 퇴행할 수도 있다.

우리가 만나본 구술자들은 예외 없이 제도의 취지와 그것이 운용되고 있는 현실 사이의 불일치, 즉 '지체' 현상을 언급했다. 그리고 그 사례는 국가나 정치사회 같은 거시적인 단위가 아니라 그보다 훨씬 구체적인 생활세계, 즉 직장이나 학교, 사회활동 공간 등에서 벌어지는 일에 집중되어 있다. 이는 시민들이 민주주의의 효과를 체감하고 판단하는 공간이 국가나 의회, 정당 같은 다소간 추상화된 공간이 아니라 나날의 일상이 이루어지는 생활공간임을 말해준다. 구술자들에게 국가나 정치사회의 문제는 '논평'이나 '비판'의 '대상'으로 '언급'되었으나, 자신의 직장이나 활동 분야는 '체험'을 통해 '경험적 진실'을 깨닫는 '현장'으로 '이야기'되었다.

공무원인 성희경 씨는 "여자들은 항상 가장 꼴찌로" 승진하는 현실에서 '사회문화적 지체'를 느낀다.

*＊　　그러니까 일단 승진을 하는데 동기가 여러 명 있잖아요. 여자들은 항상 가장 꼴찌로 돼요. 제가 볼 때는 그래요. 제가 7~8년 경험하면서 남자 동기 제치고 승진하는 사람 못 봤어요. 한 7급까지는 그래도 순서대로 가는데 7급에서 6급 갈 때는 로비도 해야 되고 진짜 인간적인 관계도…… 〔잠시 침묵〕 이래야지 된다는 얘기를 하더라고요. 물론 나는 아직까지는 요원한 얘기기 때문에 그냥 그런가보다 그렇긴 하는데 아무래도 이렇게 보면……. 뭐 때문인지는 저도 아직 모르겠어요. 진짜 빨리 승진되는 사람은…… 〔고개를 저음〕 하나도 없진 않겠죠. 드물다는 거죠. 사기업에서 볼 때는 일년씩 육아휴직 내고 이런 걸 되게 부럽게 보더라고요. 제 친구들을 보면. 그런 거에 비하면 여자들이 직장생활 하기에는 편하죠. 그런 거 눈치 안 보고 낼 수 있고 그런 분위기. 그런데 아무래도 육아휴직을 일년 냈다, **그게 원래는 인사상의 불이익이 없어야거든요. 그런데 그게 있어요.** 눈치도 봐야 되고 쫌 그렇더라고요. 저희가 일년에 두 번씩 근평〔근무성적평정〕을 하는데 일단 근평에서 점수를 못 받으니까. **사실상 불이익이죠.** 관리자 입장에서도 "육아휴직 가 있는 동안 너 일 안하지 않았냐? 그런데 무슨 점수냐." 이렇게 말하겠죠? 그러니까 그게 떨어지는 수밖에 없어요. (성희경, 12~13면)

성희경 씨는 여성 공무원들이 승진에서 차별받는 현실을 이야기하다가 육아휴직제* 문제를 꺼냈다. 그런 차별이 "뭐 때문인지 모르겠다"고 조심스레 말하지만 사실 그는 그 구조를 알고 있다. "로비도 해야 하고

---

* 남녀고용평등법에 의거하여 2001년 11월부터 도입되었다. 만 1세 미만의 영아를 둔 노동자가 신청할 수 있으며, 휴직기간은 최대 1년이다. 휴직기간 동안 월 40만원의 급여가 지급된다. 2006년 관련법이 개정되어 2007년부터는 대상 자녀의 연령이 만 3세로 높아지고, 급여도 50만원으로 인상된다.

진짜 인간적인 관계도……이래야지 된다"는, 성정치학이 작동하는 그 구조의 본질을 정확하게 표현하기 힘들기 때문에 자신의 경험에 근거해 설명이 가능한 '육아휴직제' 이야기로 화제를 옮긴 것이다. 육아휴직제는 일하는 여성이 육아 때문에 겪는 어려움을 덜어주기 위해 도입된 국가 차원의 제도이다. 그러나 민간기업에 다니는 친구들이 부러워하는 그 제도가 현실이라는 맥락 속에 놓이자 승진에서 여성 공무원들이 받는 불이익을 정당화하는 알리바이로 작동한다. 육아를 여성 개인이 알아서 해결해야 할 사적인 일로 바라보고, 사적인 일 때문에 직장이나 사회적인 공간에서 부여된 역할을 제대로 수행하지 못했다면 불이익을 받는 게 당연하다는 가부장적 현실이 제도를 압도한 것이다. 행정자치부의 2005년 통계에 따르면 육아휴직 대상자 가운데 실제로 육아휴직을 이용한 사람의 비율은 3.47%에 불과하며, 육아휴직제 신청을 어렵게 하는 원인으로는 '상사, 동료의 눈치'(37.4%)가 가장 많이 꼽혔다.[*]

관행, 혹은 "기존의 권력"이 보이지 않게 작용해 제도의 취지를 제한하는 경우도 많다.

신호철 씨는 화가이면서 미술대학 교수이다. 그는 '순수미술'에 대한 지원제도, 즉 문화예술위원회나 서울문화재단, 경기문화재단 같은 지자체 소속 문화재단이 주는 지원금, 또는 공공미술관이나 공공기관의 소장품 구입 등과 관련된 제도개선의 수준을 이렇게 평가한다.

[**] 형식적으로 보면 지금 있는 제도도 어느 정도는 많이 연구를 해가지고 한 거죠. 그런데 실제 시행되는 데 있어서 격차가 있는 거예요. 그 격차야 뭐

---

[*] 그밖에 '지원금액이 적어서'(33.4%), '원직복직이 되지 않을까 두려워서'(30.3%), '복직시 업무에 적응할 수 있을지 두려워서'(20.3%), '주위에 신청하는 사람이 없어서'(16.1%), '승진 등 인사상 불이익이 두려워서'(15.8%) 등이 꼽혔다(중복응답 분석).

어떡하겠어요. 거기에 눈에 보이지 않는 기존의 권력이 행사가 되는 거죠. 그**런데 요즘에는 독식이야 어렵지. 이제는. 말 나니까. 어느정도 배분을 해야 돼요.** 말하자면 미술계의, 디자인은 좀 다르고, 순수미술 같으면 학맥, 인맥으로 보자면 서울대 인맥, 홍익대 인맥. 50년 된 거니까. 그게 있으니까 뭘 하는데 "홍대 누구 인맥에서 이런 일을 하는데 자기들끼리 독식을 했다." 그러면 금방 말 나지. 그러니까 이제 그중에 한두 개는 서울대 누구한테도 좀 친하면 떼주고. 그런 정도는 하는 거예요. (신호철, 15면)

지원금을 주거나 작품을 사려는 기관에서는 예외 없이 '심의위원회'를 구성하여 대상 작품을 심의하는 절차를 둔다. "서울에 있는 조형물, 공공 조각을 누가 다 싹쓸이 하던" 예전에 비하면 이는 분명히 개선이다. 그런데 이 제도는 누가 심사에 들어가느냐에 따라 "팔이 안으로 굽는" 결과까지 막지는 못한다. 학맥에 따른, 50년 묵은 "기존의 권력"이 개입되는 것이다. 그래서 "독식"은 말이 나지 않게 "어느정도 배분을 하는" 수준으로 제한된다. 이 "격차"를 신호철 씨는 "어떡하겠어요"라며 체념한다. 심의제도가 도입됨으로써 '독식'이 '나눠먹기' 수준으로 진화한 것처럼, 앞으로 심의기준을 더 세밀하게 한다든가 심의절차를 더 까다롭게 함으로써 그 격차도 점차 해소될 것이라고 생각하는지 모른다. 그는 '독식'에서 '나눠먹기'로의 변화를 '시작이 반'으로 받아들였다.

그런가 하면 법원의 8급 공무원인 박정길 씨는 썩어가는 염통은 놔두고 손가락에 박힌 가시를 걱정하는 식의 본말이 전도된 제도개선을 비판한다.

＊＊

국민을 섬기자고 하면서 민원상담 기능을 대폭 늘렸어요. 〔법원의〕 민원상담 기능이라면 구청이나 세무서에서 하는 상담이랑은 다릅니다. 원고가 하면 "저 피고인에게 어떻게 돈을 뺏어올까요?", 피고는 "나 잘못한 거 없는데 어떻게 채무를 면탈할까요?" 이런 얘기에요. (…) 변호사나 법무사가 저렴한 비용을 받고서 해줘야 할 기능을 해나가는 정책으로 가기보다는 기존에 우리가 받아왔던 압력을 그대로 의무적으로 실행하라는 것이었거든요. 그래서 돌아가면서 민원상담실로 내려가고. (…) 그 인원을 재판부에서 빼가면 재판부는 더 과밀해지고 업무량이 더 많아지겠죠. (박정길, 13면)

2005년 신임 대법원장이 취임하면서 법원은 "국민을 섬기는 법원을 만들겠다"며 여러 가지 개혁조치를 취했는데 그중에 하나가 민원상담 기능을 강화한 것이었다. 그런데 박정길 씨는 이 조치를 "구조적인 문제에서 발생하는 부담을 하위직 공무원한테 떠넘기는" 것으로 받아들인다. 우선 법원의 민원인들은 대개 사건 당사자들이고, 그들이 상담하는 내용은 절차나 요건을 묻는 단순한 민원이라기보다 직원들이 섣불리 조언할 수 없는 법률적인 문제와 연관되어 있다. "잘되면 그만이지만 잘못되면 큰 문제가 일어날 수도 있기 때문에" 직원들은 당연히 부담감을 느끼지 않을 수 없다. 그런데 민원인들이 변호사가 아니라 법원 민원실을 찾아오는 이유는 수임료 부담 때문이다. 과당경쟁을 방지한다는 이유로 변호사단체에서 수임료를 최하 300만원으로 제한해놓았기 때문에 소액을 다투는 서민들은 아예 변호사를 수임할 생각을 하지 못한다. 그렇다면 형편이 어려운 서민들이 큰돈을 들이지 않고도 변호사나 법무사의 상담을 받을 수 있도록 하는 제도를 만드는 것이 근본적인 해결책일 텐데, 가뜩이나 업무 부담이 많은 하위직한테 상담업무를 맡김으로써, 가령 재판부 소속 직원이 민원실 당직 서느라 정작 재판절차와 관련해서 자신을 찾아온 민원인들에게 헛걸음을 하게 만드는 일이 일어난다는 것이다. 그래서 그는 이 조치를 '국민을 섬기는 제도'가 아니라 민원실에 복사기를 설치한다거나 자료조회용 컴퓨터 수를 늘린다거나 인테리어에 신경쓰는 따위의 일과 다를 바 없는 전시성 제도에 불과하다고 생각한다.

제도와 운용 사이에 불일치가 있다고 해서 제도 자체가 무용한 것은 아니다. 당위적 수준에서나마 육아는 사적인 일이 아니라는 인식이 확산되고, 눈치보기와 불이익을 감수하고서라도 누군가는 육아휴직을 낼 수 있다. 누가 봐도 불합리한 '독식'은 없어지고, 선정기준의 객관성과 공정성을 높이라는 압박이 강해진다. 구술자들은 제한적이긴 해도 제도의 효과를 부정하지 않았다. 그러나 때로는 제도의 취지 자체가 심각하게 굴절되는 경우도 있다

제도의 악용

최동규 씨는 경북의 한 농촌에서 과수농사를 짓고 있다. 집안의 내력과 관련된 일 때문에 대학을 중퇴하고 한동안 방황하다가 1985년 고향으로 돌아와 농사를 짓기 시작했다. 농촌후계자 신청을 했다가 번번히 탈락되는 과정에서 선정을 둘러싼 비리 구조를 알게 되었고, 1990년 "나 스스로 찾아가서" 전국농민회에 가입했다. 그때부터 지금까지 활동을 계속해 그 지역 농민운동의 대부가 된 최동규 씨는 농촌에서 벌어지고 있는 '정부지원금 돌려먹기'의 실상을 이렇게 전한다.

＊ 사업이 무한정 나오는 것이 아니고 낚싯밥 던지듯이 그 조금씩 주는 걸 가지고 그걸 따먹기 위해서 각 단체가 모이니까, 그 사이에 뭐 행정기관에 가

서 아부라는 표현이 될지 모르지만 그런 걸 하는 사람들이 발생할 수밖에 없어요. 그렇게 만들어져 있다고 그러면 어떤 사업이 하나가 나왔을 때 그걸 가지고 가는 단체, 또 그걸 견제하는 단체. 그러면 한번 가지고 가면 다음에는 "왜 저 단체는 주고 우리는 안 주는가?" "그럼 너도 어떤 걸 해라" 하는 식으로. 이제 그렇게 **정상적으로 경쟁이나 타당성 조사를 한 후에 주는 게 아니고,** 필요한 사업을 주는 게 아니고, 나온 사업을…… . 모든 사업이 지금 농촌에 맞지 않는 게, 내가 사업계획서를 올려서 농업인들이 꼭 필요한 사업을 해야 되는데 **정부의 매뉴얼 만들어놓은 걸, 거기에 그걸 가지고 나누어주니까.** (…) 농기계를, 보조 농기계라는 게 있었어요. 몇가지 종류가 돼요. 여러 가지 기계들을 보조를 80% 정도를 해주는 거야. 그냥 몇가지 종류를 국가에서. 그 지역 농업기술센터에서 정하는 것 같아요. 그걸 이제 한 '1개면에 10대'면, 10대 정도를 돈으로 하면 2천만원 정도가 될 거 같은데 그 **소형 농기계를 보조를 해주는데, 이게 거의 이장 놈들이 자기가 갖거나 자기 친한 사람을 주거나 또 어떤 젊은 애들은 기계를 가지고 와서 사진만 찍고 바꿔버리고.** 군 전체, 전국적인 현상이라고 보면 돼요. 사실은 그래서 어떤 농기계 대리점은 그 로비 때문에 걸리기도 하고. (최동규, 15면)

통계에 따르면 정부는 1992~2003년까지 10년 동안 거의 100조원에 가까운 정책자금을 농촌에 투입했다. 다 그렇다고 볼 수는 없겠지만, 최동규 씨가 말한 방식으로 '새나간' 지원금이 적지 않다고 한다.[2] 심지어 "사진만 찍고 바꿔" 손에 쥔 돈으로 부동산 투기를 하는 농민들도 있다고 한다. 곧이곧대로 농기계 장만해서 농사 지은 농민은 빚을 지지만, 빼돌린 돈으로 투기한 농민은 돈을 버는 역설이 일어나는 곳이 지금의 농촌이다. 이런 '눈먼 돈'을 놓고 농업경영인협회니 농업기술자협회 같은 농촌의 여러 단체[3]들은 서로 갈등하고 싸운다.

이런 일이 벌어지는 까닭은 단순하지 않을 것이다. 크게는 농업정책의 방향이 잘못되었을 수도 있고, 최동규 씨가 지적하는 것처럼 "농업인들이 꼭 필요로 하는 사업"을 파악해 지원사업을 선정하는 것이 아니라 책상 위에서 짠 매뉴얼에 따라 사업을 정하는 관료주의적 결정과정도 문제이고, "농업인들이 낸 사업계획서"의 현실성과 타당성을 따지고 공정하게 경쟁하게 하여 지원금을 배분하는 것이 아니라 '힘 있는' 단체를 중심으로 돈을 안배하는 행정당국의 무책임과 안일도 원인 중의 하나로 꼽을 수 있을 것이다. 또 제도를 악용하는 단체나 개인들도 비판받아야 할 것이다. 원인이 무엇이든, 바로 우리 동네에서, 예전의 농촌후계자 선정을 둘러싼 비리와 다를 게 없는 이런 일이 벌어지고 있는데 '민주주의가 되니까 정말 세상이 깨끗해지고, 공정해지고, 좋아지는구나' 하고 느끼기는 불가능하다.

제도를 악용하는 사례는 공적 영역에서만 일어나는 것이 아니다. 김인경 씨는 국제표준화기구(ISO)[4]가 정한 기준에 따라 기업경영씨스템을 심사·평가하는 한 인증심사기관에서 10년째 심사원으로 일하고 있다(심사원의 결과보고를 근거로 인증발급기관이 인증을 발급함). 현장을 직접 방문해 심사하기 때문에 그는 그동안 업종도 다르고 규모도 다른 수많은 기업을 경험했다.

***** 〔대기업은〕 디자인하고 실질적으로 조립 정도를 하고 나머지는, 전자제품, 자동차, 다 진짜 협력회사에서 하거든요? 실지로 환경 문제는 생산현장에서 생기거든요? 실제로 그 생산현장에서 적법한 어떤 환경처리가 되지 않으면, 대기업이 아무리 환경에 대한 우수성을 인증받았다고 하더라도, 그 부분이 배포가 안되면 눈 가리고 아웅이거든요? (…) 그게 중소기업의 어떤 기

술적인 개선, 기술적인 발전하고 연결이 되어가지고 그 부분이 전반적으로 개선이 돼야 된다고 보는데, 그렇지가 못하다는 거죠. 왜냐하면 거기에 따른 설비비용이라든가, 기존의 납땜에서 무납땜을 하면 공정 자체가 바뀌니까 라인을 다시 깔아야 된다든가, 작업자 교육을 시켜야 된다든가, 또는 소재를 바꿔야 된다든가, 이런 문제에서 생기는 **모든 추가적인 비용이 중소기업의 몫이에요. "그걸 하면 너희 물건을 사고 그걸 못하면 안된다."** (…) 실제로 기업들이 거래하는데 대기업과의 거래에 있어서 환경적인 문제가 생겼을 때의 모든 책임은 〔공급자가 진다는〕 싸인을 해요. (…) 수출해서 먹고살아야 되니까 누군가 그걸 해결해야 되는데, 해결의 실타래는 중소기업이 잡고 있는데 중소기업은 막대한 재원, 막대한 설비가 안되어 있는 거죠. 감당할 여력이 없는데, 그런 책임에 대한 부분은 다 말단으로 내려가는 이런 식의……. (…) 어느 한 기업에서 그런 활용을 하니까 너도 나도. 좋은 거거든요. 대기업 입장에서 보면 뭔가 책임을 전가할 수 있는 빌미가 되잖아요. 굉장히 급속도로 그 부분이 확산이 되는 부분들도 보이고. (김인경, 11~12면)

김인경 씨는 환경경영씨스템(ISO 14001) 인증심사를 다니면서 느끼는 '대기업과 중소기업 사이의 불평등한 관계'를 말하고 있다. 우리나라는 중국을 제외하고는 환경경영씨스템 인증 취득률이 세계에서 가장 높은 나라라고 한다. 짧은 시간 안에 많은 기업들이 인증을 땄다는 말이다. 유럽이나 미국에서 환경유해물질에 대한 규제가 갈수록 심해지고 이와 관련한 국제협약도 강화되고 있는 추세여서, 이런 조건을 충족시키지 않으면 주요 수출품인 자동차와 전자제품 수출에 곧바로 제동이 걸리기 때문이다.

그런데 환경경영씨스템의 경우, 부품을 공급하는 하청업체 관리가 특히 중요하다. "환경 문제는 생산현장에서 생기기 때문"이다. 국제표준화기구가 하청업체까지 포괄하는 경영씨스템(Supply Chain Management)을 강조하기 시작한 것도 환경 분야에서부터였다. 유수한 다국적기업에서 내세우는 '에코 파트너십' '그린 파트너십' 같은 게 그런 것이다. 그런데 우리나라 대기업은 인증취득의 효과는 누리되 씨스템 구축에 따르는 부담은 하청업체들에게 전가한다. 하청업체들을 씨스템에 포함시켜 함께 개선해나가도록 하자는 게 환경경영씨스템 구축의 취지인데, 대기업은 "문제가 생기면 개선을 시키는 게 아니라 차라리 아웃을 시켜버린다." 즉 견디다 못한 중소기업이 못하겠다고 하면 "안해? 다른 데 할 데 많아" 하고 업체를 바꿔버리는 것이다. 그러다보니까 기술이나 자본, 인적 자원이 취약한 중소기업은 "함께 성장하는 것이 아니라 한 단계 더 떨어지거나 문을 닫는 상황"에 처하게 된다.

문제가 생기면 모든 책임을 하청업체가 진다는 계약은 불공정 계약이니만큼 법정으로 가져갈 수 있다. 하지만 하청업체에게 그것은 곧 '자살'에 다름아니다. 공정거래위원회나 법원은 그것이 불공정 거래임을 선언해줄 수는 있어도 대기업의 막강한 지배력 앞에서 하청업체의 생존을 지켜주지는 못한다.

제도는 어떻게 진화하는가

임주희 씨는 결혼 전 잠시 직장생활을 하다가 결혼한 뒤로는 15년 동안 전업주부로 살았다. 그런데 3년 전 큰딸이 학생회 간부가 된 것을 계

---

* 학교운영의 자율성을 높이고 지역의 실정과 특성에 맞는 다양한 교육을 창의적으로 실시하기 위해 초등학교·중학교·고등학교·특수학교에 설치하는 심의·자문기구. 국공립에선 심의기구, 사립학교에선 자문기구이다. 시범운영을 거쳐 1996년부터 전면적으로 실시

기로 딸이 다니는 고등학교의 학교운영위원회(이하 학운위)[*]의 위원장
으로 활동하게 되었고, 지금은 둘째딸이 다니는 중학교의 학운위 학부모
위원으로 활동하고 있다.

[*] "우리 민주주의라는 자체가 그렇게 성숙하지가 않다." 이렇게 참여하
라고 하면, 사실 직접 민주주의, 직접 선거도 하고 직접 참여해서 자기 의견
도 내 놓고 이러면 좋은데 그렇지 못하다는 거예요. 사람들이, 우리나라 사람
들이 아직은 내 의견을 익숙하게 드러내는 거에 대해서 굉장히 어색해하거든
요. 학교운영위원회를 이렇게 해도 몇 안되는, 10명도 안되는 학부모들이 의
견을 내는 사람이 거의 없어요. 사실은 그냥 넘어가거든요. **모든 안건들이 그
냥 통과, 통과.** 거의 말을 하는 사람이 극히 드물다고. 아주 투쟁적으로 〔하지
를 못한다.〕 그리고 그게 있겠지. '내가 이런 말을 해서 학교 측과 불협화음
을 일으켜서 내 아이가 갖는 불이익'에 대해서 굉장히 생각하거든요. 내가 학
교 일을 하면서, 내 돈 써가면서, 내 능력 써가면서 이렇게 봉사하는데 욕까
지 먹을 필요는 없잖아요. 사람들, **그냥 입 다물고 있으면 본전치기나 하는 거
야. 그러니까 다들 입 다물고 있다고.** (임주희, 5면)

학교는 오랫동안 자기결정권을 박탈당한 조직이었다. 구성원인 학
생·교사·학부모를 구속하는 주요한 결정들이 '위'(교육부·교육청·교
육감)에서 이루어져 학교로 '하달'되었다. 학운위는 이런 공간에 처음으
로 출현한 아래로부터의 의사결집기구였다. 그런데 일부 성과가 없는 것
은 아니지만, 재력 있는 부모들로 구성된 예전의 육성회와 별로 다를 바
없이 운영되는 경우도 많다. 학부모위원은 학부모들이 선출하게 되어 있

되었다. 교원 대표, 학부모 대표, 지역사회 인사로 구성되며, 위원의 수는 5인 이상 15인
이내이다.

지만 하겠다고 나서는 사람이 없어 규정된 숫자를 채우기에 급급한 형편이고 교원위원들 역시 투표로 뽑는 경우는 거의 없다. 교장이 임명하다시피 하거나, 전교조 교사들이 있을 경우 그나마 상의해서 사전에 조정한다. 지역위원들도 교장과 친분이 있는 전직 교육관료나 지방의회 의원, 지역유지들이 태반이다. 게다가 학운위는 의결기구가 아니라 심의기구이기 때문에 학운위에서 아무리 좋은 안을 내도 최종 결정권자인 교장이 거부하면 그만이다. 임주희 씨가 지적하는 것처럼 학부모 위원들은 교장의 의견을 거슬렀다가 혹시나 아이에게 불이익이 돌아갈까봐 "입 다물고" 있다.

임주희 씨에 따르면 대부분의 교장들이 학운위를 "기본적으로 껄끄러워한다." 그러나 그는 학운위가 제 역할을 못하는 원인이 교장에게만 있는 것이 아니라고 생각한다. 오히려 "입 다물고 본전치기나 하는" 학부모위원들의 수동적이고 소극적인 태도가 더 큰 문제라고 생각한다. 실제로 많은 학부모 위원들이 교장과 교사가 원하는 대로 도와주는 게 학부모의 역할이라고 생각하고, "도우미 선에서" 역할을 끝낸다. 이를 임주희 씨는 "우리 민주주의라는 자체가 그렇게 성숙하지 않다"고 표현하고 있다. 주어진 제도를 적극적으로 운용할 수 있는 주체가 형성되어 있지 않다는 것이다.

교원위원으로 학운위에 참여하고 있는 최태경 씨도 '사람' 혹은 '주체'의 문제를 제기했다. 그는 "지금은 예전에 비해 민주적 절차를 밟을 수 있는 기구나 절차들은 많이 갖추어져 있지만 내용을 못 채우고 있다"고 안타까워하며, 그 이유를 이렇게 설명했다.

★* 민주적인 뭔가를 하다보면 자꾸 뭔가 절차가 따르고. 옛날에 지시를 할 때

세상 편했는데 이제 가서 좀 쉬려고 하면 모여서 뭔가를 토론을 해야지. 토론하고 나면 그것에 대해서 내가 책임을 지고 수행을 해야지. 피곤한 거야. 그리고 그것이 오죽 많나, 학교에서. 이번에 엄청 많이 만들었는데 '도서선정위원회' '자료선정위원회', 무슨 '편성위원회' '인사자문위원회' 해가지고 위원회 엄청 많아요. 평가위원회. 뭐든지 위원회 엄청 많이 만들어져 있어요. 그런데 이제 선생님들이 거기 나가서 쉽게 선생님들의 의견을 모아서 결정되는 것이 쉽게 쉽게 그대로 실천이 되면 "아! 재미있다"고 할 수 있는데 실천되는 과정에서 항상 경영자들하고 부딪쳐야 돼요. 그 의견들이. 옛날대로 답습해서 하려고 하는 사람들하고 우리 나름대로 개혁하려고 사람들하고 부딪쳐야 되고 피곤하니까 위원회에 들어가는 것도 귀찮고 피곤한 거야. (최태경, 11면)

최태경 씨는 "민주적인" 결정과정은 '지시'에 비해 "귀찮고 피곤한" 절차를 수반한다는 사실을 지적한다. 민주주의에는 책임이 따른다. "민주적인" 뭔가를 하려면 생각해야 하고, 토론해야 하고, 결정사항을 수행해야 하고, 열에 일고여덟은 "옛날대로 답습하려고 하는 사람들"과 부딪쳐야 한다. 그래서 많은 교사들이 "문제는 있지만 내가 좀 감수하고 말지"라든가 당장 교실 안에서 아이들과 지내는 데 큰 문제가 없는 한 학교의 민주화와 관련된 문제들에 대해 나서길 꺼린다. 최태경 씨에 따르면 심지어 전교조 교사들을 '심부름쎈터'로 여기는 교사들도 있다고 한다. 자신과 관련된 어떤 일로 윗사람들과 부딪치긴 부딪쳐야 하는데 자신이 직접 하기는 부담스러우니까 전교조 교사들에게 "대타"로 해결을 부탁한다는 것이다. 물론 핵심적인 사안들에 대한 결정은 아직 위에서 내려오고, 학교 단위로 자율적으로 결정할 수 있는 사안에 대해서도 교장이나 교감과 자주 부딪쳐야 하는 "피곤한" 상황을 모르는 것은 아니다. 하지만 그는 그런 '상황적 요인'이 교사들의 소극적이고 주체적이지 못한 태도를 정당화할 수는 없다고 생각한다.

최태경 씨는 "문제제기하는 사람이 없으면 10년이고 15년이고 그렇게 흘러가지만, 문제를 제기하면 그때부터 사정이 달라진다"는 것을 안다. 제도의 도입을 위해 오래 싸워보았기 때문이다. 그래서 그는 여러 위원회에 중복 참여하면서까지 "옛날대로 답습해서 하려고 하는 사람"과 부딪친다. 함께 활동을 시작한 오랜 동료들이 하나둘씩 떠나고, 그 빈자리를 젊은 후배 교사들이 채워주었으면 좋겠지만 그것도 그렇지가 않아서 그 자신도 "너무 힘들고 피곤하고 지치지만", 민주주의를 누리고 싶은 사람은 비용을 치러야 한다는 걸 알기에 지금도 그는 그 자리를 지키고 있다. 학운위 문제뿐만 아니라 학교 내의 권위주의라든가 상하간 소통구조를 말하면서도 그는 "누가 운영하고 어떤 사람이 들어가서 그 일들을 수행하느냐가 결정적"이라는 말을 몇번이나 안타깝게 되풀이했다.

제도가 도입되는 데 투쟁이 필요했다면, 그것이 취지대로 운용되는 데도 '부딪침'은 불가피하다. 제도는 백지 위에 쓰이는 것이 아니라 국가주의, 권위주의, 집단주의, 학벌주의, 연고주의, 가부장제가 지배해온 '오래된 현실' 속에서 시작되기 때문이다. 기득권자들뿐만 아니라 어쩌면 우리 모두에게도 스며들어 있는 그런 '오래된 현실'과의 부딪침을 통해 '부딪치는 사람들'은 제도의 '대상'이 아니라 '주체'가 되고, 제도는 문서상의 규정이 아니라 현실 속에서 살아 움직이는 원리로서 살과 피를 얻게 된다. '부딪침'은 현실을 변화시키면서 동시에 '부딪치는 사람'을 변화시킨다. 시민단체 활동가 오원식 씨가 기대했던 바로 그 과정이다.

또한 이 관점에 서면 '가해자와 피해자'라는 단순한 구도는 성립하지 않는다. '입을 여는 사람'과 '입 닫고 있는 사람', '부딪치는 사람'과 '피해가는 사람' 사이에 또다른 구도가 형성된다. '입 닫고 있는 사람'과 '피해가는 사람'은 민주주의가 요구하는 "힘들고 피곤한" 책임을 외면함으로써 '방조자'가 되고, 결과적으로는 '입을 여는 사람'과 '부딪치는 사람'에게 미필적 가해자가 된다고까지 볼 수 있다. 그들은 자신이 치러야 할 비용을 지불하지 않고 '입을 여는 사람'의 어깨 위에 얹혀 간다. 노예제도에 반대해 세금납부를 거부하면서 "나는 조용히, 내 고유의 방식으로 정부에 대해 선전포고를 하는 바이다"라고 했던 헨리 데이빗 소로(Henry David Thoreau)는 '제도의 문제' '구조의 문제'뿐 아니라 '제도와 나의 관계' '구조와 나의 관계'를 사유할 줄 아는 진정한 시민이라면 결코 피해 갈 수 없는 의무를 이렇게 표현했다.

한 인간의 의무가 어떤 악을 (비록 그것이 엄청난 악일지라도) 근절하는 데 자신의 몸을 바치는 것이라고는 물론 할 수 없다. 그는 그 밖에도 다른 할일들이 있는 것이며, 그것들을 추구할 온당한 권리가 있다. 그러나 그는 최소한 그 악과 관계를 끊을 의무가 있으며, 비록 더이상 그 악에 관심을 기울이지 않더라도 그 악을 실질적으로 지원하는 일이 없도록 할 의무가 있다.[5]

'구조'와 '제도'는 대개 눈에 잘 보이지 않는다. 그러나 많은 개인들은 그것에 제약받고 구속당한다. '구조'와 '제도'의 그러한 특성을 생각하면 소로의 의견은 노예제도에 반대해 세금납부를 거부한 그의 행동만큼이나 개인주의적이고, 또 실천적으로 무의미해 보일 수 있다. 모두들 입을 닫고 있는데 나 혼자 말하는 것, 모두들 피하는데 나 혼자 부딪치는 것이 '구조적' 문제에 무슨 의미가 있을까. 그러나 "그런 것들 하나하나가 민주주의의 수준을 결정한다"고 생각하는 사람도 있다.

개인의 단위로 맞서 싸워나가기

_ 개인의 권리의식, 이런 것들은 아직까지도 많이 안돼 있는 거 같아요. (…) 자신에게 부딪치는 것에 대해서, 비합리적이라고 하는 것들을 거부하는 이런 것들이 돼야지만, 경제에 있어서 소액주주 권리 이런 것들을 얘기하듯이, 우리 민간에서도, **우리 일상생활에서도 아주 사소한 문제들이, 그런 것들이 하나하나 민주주의 수준을 결정한다고 보여지거든요? 주변의 비합리적인 것들에 개인의 영역에서 맞서 싸워나가서, 거기다 이겨내나가는 과정,** 이런 것들은 그동안 우리가 거대담론이 공론화되는 시기에서는 가려져 있었고. 그렇지만 이제는 거대담론도 중요하겠지만 그런 각계각층에 있어서의 그런 작은 권리를 찾아나가는 것도 중요하죠. 저도 참 답답하다고 느끼는 것 중에 하나가 예전에 운동을 하셨던 사람들, 각 조직에 있잖아요. 각 조직에서 제 생각에는 그 조직 나름대로의 어떤 작게 작게 쌓아나갈 수 있는 것들이 있다는 생각이 드는데, 다 조직에 순응하거든요. 예를 든다면 저희 회사에도 저처럼 같이 징역생활 했던 친구들이 몇명 있어요. 보면, 위로부터의 어떤 부당한 지시 이런 것들이 내려오면 그걸 갖다 이의제기를 해야 되는데, 전혀 안하더라고요. (신진수, 16면)

신진수 씨가 "개인의 권리의식"이라는 말로 지시하는 내용은 '내 권리는 내가 찾자'는 말과는 다른 뜻을 담고 있다. 그가 보기에 한국사회는 80년대의 집단적 투쟁을 통해 "거대담론" 차원의 민주주의를 성취했다. 그러한 '큰' 민주주의는 "그것에 의해 가려졌던 부분들"——가정과 직장, 다양한 생활공간 내에 스며들어 있던 비민주적이고 비합리적인 것들, 나아가 "우리가 거기서 배워온 것들"을 드러내주었다. 그래서 그는 이제는

"일상생활에서의 아주 사소한 문제들"을 "개인의 영역에서 맞서 이겨내 나가는 과정"이 "민주주의의 수준을 결정한다"고 생각한다. 즉 "주변의 비합리적인 것들", 일상 속에 스며들어 있는 '오래된 현실'에 '개인의 단위'로 맞서야 한다는 것이다.

우리 사회에서 '개인'은 이제껏 무력한 피해자이거나 집단의 구성원이거나 정치적 동원의 대상일 뿐, 정치적 실천의 단위가 되지 못했다. 이는 민주화 투쟁을 했던 사람들조차 예외가 아니어서 신진수 씨가 예시하듯이 "예전에 운동을 했던 사람들"도 '개인' 단위로는 실천적 주체가 되지 못하고 "조직에 순응"한다. 신진수 씨가 "개인의 권리의식이 아직까지도 많이 안돼 있다"고 할 때의 "개인"은 다름아니라 '정치적 실천 단위'로서의 개인을 가리킨다고 볼 수 있다.

신진수 씨는 입사한 지 3일째 되던 날 사표를 냈다. 입사 첫날, 룸쌀롱에서 그를 환영하는 회식이 열렸기 때문이다. "저는 그런 회식을 견딜 수 없습니다." 이것이 그가 사표를 내며 한 말이었다. 그의 사표는 반려되었다. 꼭 그 때문만은 아니겠지만, 어쨌든 그가 소속된 부서는 이후로 룸쌀롱에 가지 않는다. 3군(三軍)으로 된 큰 군대라도 그 우두머리를 사로잡으면 무너뜨릴 수 있으나, 필부(匹夫)일지라도 그의 지조를 빼앗을 수는 없다고 한다.[6] 민주적인 가치를 지조로 삼는 '필부'들의 "일상생활에서의 아주 사소한 싸움", 신진수 씨는 그 싸움이야말로 민주적 가치를 사회의 모든 영역으로 확산시키고, 제도를 진화시키는 길이라고 말한다. 그에게는 민주주의가 아주 가까이 있다. 국회나 정당, 시청 앞 광장이 아니라 직장이라는 일상의 공간이 그가 민주적 가치를 환기하고 생각하고 실천하는 장(場)이며, '선거구제'나 '지역주의'가 아니라 '성매매를 부추기는 직장의 회식문화'가 그의 정치적 의제이다. 그리고 스스로 정치적 실천의 주체가 되어 그는 일상을 민주화한다.

인권과 기본권을 제약하는 법률들의 허술함

***** 우리나라가 법치주의를 뛰어넘어버렸어요. 그 말은 뭐냐하면, 생략됐다고요. 개발독재 시절에 많은 걸 거르고 하면서 나중에 문제가 생겼잖아요. 그런데 이게 많이 바뀌었다고 생각하십니까? 정치투쟁이나 민주화, 그것을 보았을 때는 많이 바뀌었죠. 그런데 시민들한테 통상적으로 쓰이는 법률들이 많이 바뀌었다고 생각을 저는 안하는 거죠. (…) 가령 길 가는 데 경찰이 불심검문을 한다. 어떻게 하시겠습니까? (…) 나는 〔검문 요청한 경찰의〕 얼굴을 쳐다봐요. 나는 경찰관인데, 지금도 협조 안해주거든요? 저는 애들 검문하면 항상 물어봐요. 그럼 애들이 이런 말을 해요. "지금 추석절 특별 방범 기간이라서 이걸 하고 있다. 협조해주십시오." "틀렸어. 나 못해." 그냥 갑니다. (…) 그러니까 자기의 권리, 의무. 뭐를 했어야 하고 안했어야 되는 이런 것들이 사회적으로 확산이 안되어 있어요. **그러니까 별로 그렇게 정치(精緻)하게 해줄 필요없이 그냥 대충 정해놓고 '법 따로, 현실 따로'예요.** (이병준, 62면)

위에 인용한 말은 인권운동가의 말이 아니다. 경찰, 그것도 경정급 간부의 말이다. 현직 경찰관인 이병준 씨는 구술자 가운데서 이례적으로 '우리 사회의 법치주의가 별로 나아지지 않았다'고 평가했다. 이런 평가는 그가 경찰의 직무를 바라보는 관점에 바탕을 두고 있다.

***** 경찰은 기층이에요, 기층. 가장 접점에 서 있는 사람들이 벌이는 일들에 의해서 국민들은 공권력에 대해서 판단을 하게 되고, 그걸로 정부도 판단하는 거예요. (…) **수사기관이나 경찰은 인권침해기관이에요.** 그런데 그 침해를 어떻게 하면 절차적으로 최소화시킬 것인가. 경찰이고 검찰이 인권옹호

주의라고 말하는 놈들은 전부 다 미친놈들이에요. 그렇잖습니까? 경찰 하는 일이 뭐 "하지 마라" "서시오" "가시오" 자유를 전부 속박하는 건데, 그런데 '어떻게 하면 법률로서 정해서 최소화시킬 건가' 하고, 거기에 의해서 사람들의 준법의식이 생기는 겁니다.(이병준, 65면)

이병준 씨는 경찰을 "공권력", 곧 물리력을 쓸 수 있는 권한을 공적으로 부여받고, "기층", 곧 시민들과 가장 가까운 거리에서 그 권한을 직접 행사하는 기관이라 정의한다. 그리고 경찰이 시민과의 "접점"에 서 있는 까닭에, 경찰이 "벌이는 일들에 의해서" 국민들은 공권력의 정당성, 혹은 공정함을 판단하게 되어 있음을 지적한다. 이어서 그는 "경찰은 인권침해기관"이라고 단언하는데, 이 말은 주로 시민들의 "자유를 속박"하는 일을 하는 공권력의 속성상 인권침해기관이 '될 수밖에 없다'는 의미를 담고 있다. 따라서 공권력의 집행과 관련해서는 '속성상 인권침해를 할 수밖에 없는' 공권력이 어떻게 하면 인권침해를 최소화할 수 있을 것인가의 관점에서 법률을 제정해야 한다는 것이다.

이러한 관점에서 이병준 씨는 시민들한테 통상적으로 쓰이는 법률은 개발독재 시절에 견주어 별로 나아진 게 없다고 평가한다. 불심검문을 예로 든 데서 알 수 있듯이, 무엇보다도 기본적 인권을 침해할 소지가 있는 행위를 제안할 법률이 아예 없거나 있어도 구멍이 숭숭 뚫린 상태이다. 그가 경찰 간부이면서도 불심검문에 협조하지 않는 이유는 거리나 시위현장에서 지나가는 사람을 무차별적으로 검문하는 이른바 '일제 검문검색'이 법률적 근거가 없는 "사실상의 사찰 행위"이기 때문이다. 만약 경찰관이 "이러이러한 이유로 당신이 좀 의심스러워서 검색을 하겠다"고 검문 요건을 갖춘 대답을 하면 어쩌면 그는 같은 경찰관으로서 협조할 수도 있다. 그런데 "법을 좀 알아서 '배 째라' 하는 사람"은 이럴 경우에도 얼마든지 응하지 않고 갈 수 있다. 현행범이 아닌 이상 이때 경찰이 동원할 수 있는 방법은 '경찰관직무집행법'에 의거해 '임의동행'을 요청하는 것인데, 임의동행 요청은 말 그대로 '임의'에 따라 거부할 수도 있기 때문이다. 물론 현실적으로는 경찰이 함께 가자고 하면 대부분은 가기 싫어도 따라가지만, 법률적으로 봐서는 그것은 '강제동행'이다.[7]

임의동행제가 어떤 문제를 가지고 있는가를 설명하기 위해 이병준 씨는 '경찰관 앞에서 침을 뱉으면서 욕을 하고 가는 사람'을 예로 들었다. 경찰관 앞에서 '나 잡아봐라' 하고 일부러 침을 뱉은 사람이 임의로 동행해줄 리는 만무하다. 물론 침을 뱉는 행위는 분명히 경범죄에 해당한다. 하지만 현행범으로 체포할 수도 없다. 50만원 이하의 벌금형에 해당하는 행위는 현행범으로 체포할 수 없기 때문이다. 현재의 현행범 기준에 따르면, "설혹 옷에 피를 잔뜩 묻힌 사람이 지나가고 있어도" 체포할 수 없다. 시간이 조금 지났거나, 장소가 조금 떨어져도 기준이 충족되지 않기 때문이다. 그래서 이런 빈틈을 아는 사람들은 "경찰 그거, 안 무서워하면 아무것도 아니다"라고 말한다고 한다. 현재의 검문검색 제도나 임의동행제는 실제로 범죄 용의자에게는 별로 효과도 없으면서, 인권침해의 가능성만 잔뜩 열어놓고 있다는 말이 된다.

이병준 씨는 '법 따로, 현실 따로'의 또다른 사례로 경찰서 유치장 문제를 들었다. 죄가 확정되었거나(기결수), 최소한 그럴 개연성이 커서 구속영장이 발부된 사람들(미결수)을 구금해놓는 구치소와, 구속영장이 아직 발부되지 않은 사람들을 구금하는 유치장은 엄연히 성격이 다르다. 따라서 '국민의 기본권을 제약할 때는 반드시 법률로 정해야 한다'는 헌법 정신에 비추어볼 때 유치장에는 다른 법률이 적용되어야 한다. 그런데 별도의 법률이 아닌 '경찰관 직무집행법'에 따라 경찰서에 유치장을 설치해놓았을 뿐 아니라, "경찰서 유치장도 행형법을 준용한다"는 행형법상의 조항에 따라 유치장에 구금된 사람들에게도 구치소와 똑같은 법률을 적용하고 있다. 그러니 당연히 계구착용, 알몸수색이 있을 수밖에 없다.* 이는 명백한 기본권침해이다. 인권침해가 일어날 수밖에 없는, 다시 말해 법이 정치하지 못해서 일어나는 이런 상황에 대해 경찰 내부에서는 "슬기롭게 대처하라"는 전문용어(?)가 있다고 한다. 그때 그때 상황을 봐서 융통성 있게 처신하라는 말일 텐데, 이를테면 '유치장 알몸수색'이 문제가 돼서 시끄러워지는 것은 경찰관이 "슬기롭게" 대처하지 못해서이다. 이런 문제가 발생하면 언론에서는 법률상의 문제는 제쳐두고 "해당 경찰관만 죽일 놈을 만들고", 경찰 수뇌부는 "그때 그때 시국사건만 처리하면 되었으니까" 신경쓰지 않고, 입법을 책임진 국회의원들은 "정치투쟁이나 민주화", 곧 자신들의 이익과 직접 관련된 중앙권력의 문제에만 몰두하느라 이런 현실이 "경찰 창립 61주년인 지금도 고쳐지지 않고 있다"고 이병준 씨는 분개했다. 인권침해 안하고, 범죄자는 잘 잡아들이는 유능한 경찰관이 되고 싶지만, 인권침해 가능성에 대한 고려는 전혀 없이 "그냥 대충 정해놓은" 법률 때문에 경찰은 공권력으로서의 정당성을 의심받고, 시민들은 "목소리만 크면 된다. 대충 불리하더라도 떼쓰면 된다"는 생각을 가지게 된다는 것이다.

"대충 만들어놓은" 개발독재 시대의 법률들이 바로잡히고 있지 못한 것도 문제지만, "나중에 가서 '그런 것도 안했냐?'는 얘기를 들을 수 있는", 민주화 이후에 새로이 등장한 문제들도 있다. 이병준 씨는 '개인정보관리' 문제를 가장 심각한 사례로 들었다.

---

* 경찰은 이와 관련된 내용을 대부분 내부 훈령으로 정하고 있다. 훈령이란 기본권과는 상관이 없는 내부활동 지침으로서, 법률로부터 위임을 받을 수도 있다. 그러나 기본권의 본질과 관련된 사항은 훈령으로는 위임하지 못하도록 되어 있다. 그럼에도 불구하고 현재 경찰의 훈령은 기본권을 침해할 수 있는 사항까지 포함하고 있다.

***** 카드회사 가서 뽑고, 몇군데 가서 뽑으면 그 사람 실체를 다 파악할 수 있는 거예요. 그걸 내가 마음대로 이용할 수도 있는 겁니다. **하면 위법이죠. 그런데 가능하죠. 너무나 쉽게 가능할 수 있는, 그렇게 만들어놓은 게 우리나라 체제인데,** 독일 같은 데는요, 데모 현장에 가서 사진을 찍은 게 있으면 그것도 몇개월 보관할 것인가 딱딱 정해놨어요. 그러니까 그 자료를 함부로 누구한테 제공해주지도 못하고. 우리는 아무 생각 없이 쓰는 인구쎈서스, 독일에서는 그것부터 〔맘대로 쓰지 못하게〕 했거든요. 그러니까 '정보의 자기결정권을 침해한다.' 그런 거죠. 그걸 조사해놓고 우리 같으면 다 이용하잖아요, 지금. 주민등록번호는 주민등록법이 있다 칩시다. 그 다음 전과 문제는 형의 실효에 관한 법률이 있다 칩시다. 그 외에 사람 사진, 타고 다니는 차, 몽땅 끌어모아서 가지고 있을 수 있는 게 우리나라예요. 그런데 거기서는 가지고 있을 수가 없습니다. 가지고 있으려면 아주 엄격한 절차가 있어야 돼요. 그러면서 우리나라에서는 죽어도 못하는 거, 무슨 피자 가게 열어놓고 마약을 교환하고 있어요. 피자로. 우리나라? 아무 대책 없습니다. 그런데 카메라 딱 설치해서 24시간 감시하는 걸 허용하는 게 독일이에요. (이병준, 99면)

이병준 씨는 개인정보관리가 매우 치밀하게 이루어지는 독일(독일은 80년대에 '정보의 자기결정권'을 기본권화했다)과 비교해서 우리나라의 개인정보관리 실태를 비판한다. 한마디로 우리나라에서는 "너무나 쉽게 가능할 수 있는" 게 독일에서는 "아주 엄격한 절차가 있어야 되고" "우리나라에서는 죽어도 못하는"게 독일에서는 허용된다는 것이다. 독일에서는 경찰이 일반 시민의 개인정보를 수집하거나 조회하는 행위는 형사소송법이나 경찰법을 통해 엄격하게 제한하되, 범죄혐의가 뚜렷한 사람에게는 24시간 감시도 가능하게 해놓았다. 우리나라는 그 반대이다. 경찰관직무집행법의 '치안정보 수집' 조항을 근거로 정책정보나 시국정보, 범죄정보 등을 포괄적으로 수집·관리하면서 정작 흉악·상습 범죄자에 대한 정보 수집·관리에 대해선 따로 법률이 없고 훈령으로만 규정되어 있다. 그래서 여기서도 범죄자를 잡는 데는 무력하면서 인권침해 가능성만 열려 있는 문제가 발생한다.

그렇다면 독일과 우리나라의 차이는 어디에서 오는 것일까? 이병준 씨는 "개발독재 시대에 많은 것을 거르고" "자기의 권리와 의무"에 대한 인식이 "사회적으로 확산이 안되어" 있기 때문이라고 본다. 한마디로 '경찰-공권력-국가는 인권침해기관'이라는 관점을 갖지 못한 것이다. 우리에게 국가는 오랫동안 '충성을 맹세'하고 '복종'해야 할 대상이었다. 그러나 시민의 입장에서 보면 국가는 '통제'해야 할 대상이다. 군사독재 시절, 국가의 이름으로 행해진 인권침해와 고문, 학살은 시민의 통제를 벗어나는 순간 국가는 '괴물'이 된다는 사실을 잘 보여준다. 알다시피 우리나라의 주요한 법률은 대부분 일제 때 제정된 것을 부분적으로 손질해서 그대로 이어받은 것이다. 군국주의 일본의 관점, 곧 '법은 국가가 시민을 통제하기 위한 것'이라는 관점에서 만들어진 이런 법률들이 그대로 받아들여진 것은 해방 이후에도 그 관점이 여전히 유효했기 때문이다. 외부의 군국주의가 내부의 국가주의로 대체되었을 뿐, 국가와 시민의 관계는 '통제와 복종'의 일방적 구도에서 벗어나지 못했던 것이다. 기본권을 침해할 수 있는 법률이 이처럼 허점투성이인 까닭은 '국가의 관점'에서는 '통제의 효율성'이 가장 우선되기 때문이다. 그러나 '시민의 관점'에 서면 국가가 '괴물'이 될 가능성, 곧 '위임된 권력'이 오히려 '권력을 위임한' 시민의 권리를 침해할 가능성을 가장 눈여겨보게 된다. 이렇게 볼 때, "시민들에게 통상적으로 쓰이는 법률들은 별로 바뀌지 않았다"는 평가, 그리고 정보인권에 대한 이병준 씨의 우려는 민주화 이후에도 국가를 통제하려는 '시민의 관점'이 여전히 결핍되어 있다는 진단으로 받아들여져야 할 것이다.

'핵심'에 근접할수록 저항은 커진다

지금까지 제도와 운용의 불일치 문제를 주로 이야기했기 때문에 혹시 불일치만 문제라고 생각할 수도 있겠다. 물론 그렇지 않다. 제도의 도입 자체가 가로막히고 있는 경우도 적지 않다. 가령 교육계에서는 '교장선 출보직제' 같은 게 그런 예이다.

***** 교장이 되기 위한 승진의 경로가 있어요. 교사들이 교장이 되려면, 교직의 일정의 근무 연수도 있고 그러지만, 승진 점수를 따야 돼요. (…) 승진 점수를 따려면 교무부장을 해야 돼요. 그래서 '근평 수'라는 것을 따야 되거든요? 그 '근평 수'는 학교에 한명을 주거든요. **많은 교사들이 있어도 그 중에 한명이 근평 수를 받을 수 있기 때문에 교장직 해보려는 사람은 그 사람에게 잘 보여야 되거든요. 근평 수를 주는 사람이 누구냐 하면 교감과 교장이에요.** 그러니까 '근평 수'를 가지고 교사를 통제하는 거예요. 학교에 그 위〔교육부나 교육청〕에서 내려오는 것이 내리꽂히는 핵심기제는 근평 점수 때문이죠. 그리고 교감의 근평권은 교장하고 교육청이 가지고 있어요. 교육청의 담당 장학사. 그러니까 교감은 교육청에서 내려오는 지시를 꼼짝 말고 이행하지 않으면 자기 근평에 마이너스가 되어가지고 교장 될 길이 막히는 거예요. (…) 장학사들에 의해서 교감들이 통제되고, 교장에 의해서 교사가 통제되는 이 구조. 여기에 이른바 우리 교육계에 있는 앙씨앵 레짐, (…) 이 씨스템을 유지하고 있는 핵심이 교장제도다. 그래서 교장이 맨 위만 쳐다보게 됩니다. 교장이

밑에서는 무슨 소리가 올라오는지를 알도록 하는 게 필요해요. 교장이 학부모에게, 학생들에게 귀를 기울이게 하려면 선출보직제가 필요해요. (오승균, 11~12면)

오승균 씨는 전교조 교사 출신의 교육위원이다. 그는 학교의 민주화를 위해서는 지금의 교장자격증제를 반드시 바꾸어야 한다고 생각한다. 그것이 교육계의 "앙씨앵 레짐(Ancient Régime)"의 핵심기제라고 보기 때문이다. 지금의 제도 아래선 교장이 되고 싶은 교사는 근평* '수'를 따야 한다. 교사의 근평 점수를 매기는 사람은 교감과 교장이다. 그리고 교감 역시 점수관리를 잘해야 교장으로 승진할 수 있는데, 교감의 근평권은 시도 교육청의 장학사가 쥐고 있다. '지시'는 정확히 그 반대의 방향으로 학교에 "내리꽂힌다." 예컨대 교육청이 학교폭력 줄이기의 일환으로 '학교폭력 집중 단속기간'이라는 현수막을 내걸라는 지시를 내리면, 장학사에게 점수를 따야 하는 교감, 교감에게 점수를 따야 하는 부장 교사 순으로 지시가 전달되고, 마침내 학교폭력을 줄이는 데 보탬이 되기는커녕 교사와 학생들에게 위압감만 주는 요란한 '비교육적' 현수막이 교문 앞에 내걸리게 되는 것이다. 교사들과 학부모, 학생들이 그 현수막을 보고 어떤 생각을 할지에 대해선 사전 의견수렴도, 사후 피드백도 없다. 점수를 주는 사람의 '지시'와 받는 사람의 '수행'이 있을 뿐이다.

이러한 '구체제'를 바꾸기 위해 나온 대안이 '교장선출보직제'와 '교사회·학생회·학부모회의 법제화'다. 교장선출보직제는 일정한 햇수 이상을 근무한 교사 가운데서 교장을 선출해 정해진 기간 동안 교장으로 일하게 하고, 임기가 끝나면 다시 평교사로 돌아갈 수 있도록 하는 제도

* '근무성적평정'을 말한다. 교사들의 근평은 수, 우, 미, 양, 가로 나누어지고, 수 중에서도 '일등 수'가 따로 있다.

이다. 지금의 교장자격증제가 '점수 사슬'을 통해 학교 현장을 관료적으로 통제하는 기제이므로 이 사슬을 해체하자는 것이다. 또 교사와 학부모, 교사회를 반드시 구성하도록 하여 의사결정에 참여할 수 있는 권리를 보장하자는 '법제화' 주장은 교장 한 사람에게 지나치게 집중되어 있는 권한을 학교의 다른 구성원들에게로 분산하는 데 취지가 있다. 학교 내의 일을 결정하는 데 학교의 구성원들이 모두 참여하는 게 민주적인 원칙이기도 하거니와, 권한의 지나친 집중은 필연적으로 '자리'를 둘러싼 경쟁을 과열시키고, '자리'에 앉은 사람의 독선을 초래하기 때문이다. 자치기구의 법제화를 통해 권한을 민주적으로 분산하면서 선출보직제를 시행한다면 '구체제'의 근간을 근본적으로 바꿀 수 있다는 게 이 제도를 제안하는 사람들의 생각이다.

그러나 "너무 오래 외치고, 너무 많은 토론을 해가지고 이제 더이상 말하기도 싫은" 이 제도는 도입되지 못하고 있다. 2006년 6월 교육혁신위원회[8] 산하 교원정책 개선특별위원회는 교장선출보직제의 취지를 제한적으로 수용한 '보직형 교장공모제'를 도입하는 안을 표결에 부쳤다. 혁신위의 시안은 시범학교를 정해 교직에 10년 이상 근무한 평교사를 대상으로 교장을 공모해 2년 동안 운영해본 뒤, 결과가 좋으면 이를 점차 확대한다는 안이었다. 교장협의회와 교총 등은 "전문성 담보장치인 교장자격증제를 무력화시키려 한다"며 지금의 제도에 손대는 것 자체를 반대했고, 전교조는 "자치기구의 법제화가 전제되지 않으면 임용제가 바뀐다고 해도 교장에게 권한이 여전히 집중된다"며 시안의 한계를 비판했다. 그러나 혁신위 내부에서 워낙 오랫동안 논의와 절충을 해왔기 때문에 어렵게나마 통과가 될 거라는 예상을 깨고 시안은 부결되고 말았다.[*]

* 보도에 따르면 부결에 결정적 역할을 한 것은 교육대학의 입장을 대표해서 나온 교수위원들이라고 한다. 교장단이나 교총의 입장을 대변하는 위원은 당연히 반대할 것으로 예

교장임용제를 변화시키는 것이 이처럼 어려운 것은 오승균 씨의 말처럼 그것이 학내 권력구조의 '핵심'을 건드리고 있기 때문이다. 핵심에 가까운 것일수록 새로운 제도의 도입에 대한 저항이 커진다는 뜻이다. 사학법 개정과 국가보안법 폐지를 둘러싼 격한 갈등과 대립도 그 점을 잘 보여주고 있다.

＊ 〔사학 비리에 대해〕교육부나 교육청의 사학행정 담당자들이 마음먹으면 할 수 있는 정책수단이 많아요. 근데 그걸 안 쓰는 겁니다. 여러 가지로 유착되어 있고, 여러 가지로 왔다갔다 거래가 있고. 교육부 관료들은 여차 하면 사립대학 교수로 가고, 전문대 협의회 사무국장을 교육부 출신이 하고, 어떤 때는 총장도 하고 그러잖아요. 교육부 전임관료들하고 사학은 아주 밀착되어 있고, 현직 관료들도 거래가 있죠. 그러다보니까 교육부가 사립학교를 엄정하게 한번 해보겠다는 의지를, 정책의지를 갖지 않고 있어요. 그러니까 사학의 비리가 그대로 보전되는 거죠. (오승균, 6면)

오승균 씨는 교육부가 이제껏 사학비리를 제대로 감시하지 못하고, 사학법 개정에 반대하는 이유는 "말로는 학교의 자율성, 단일학교 자율경영 이렇게 얘기하지만" 사실은 "여러 가지로 왔다갔다" 하는 '이익의 유착' 관계 때문이라고 본다. 퇴직 관료는 사학에서 자리를 얻고, 사학은 퇴직 관료를 일종의 로비스트로 활용해 예산을 더 따내거나 비리를 무마한다. 겉으로 어떤 명분을 내세우든 기득권의 핵심은 물질적 이익에

상했으나, 토론 과정에서 찬성하는 듯했던 교수위원들이 결국 반대표를 던진 것은 "밥그릇" 문제 때문이란 분석이 나왔다. 지금의 자격증 아래서는 교육대학원에 진학해 학위를 받는 것이 승진 점수로 산정되는데, 공모제가 성공하면 굳이 점수 따러 교육대학원에 진학할 필요가 없어져서 교육대학원이 큰 타격을 입게 되기 때문에 반대했다는 것이다. 한편 교육부는 표결 당일, 도입에 반대하는 문서를 회의장에 뿌렸다고 한다.

102

있다는 것이다. 사학이 사학법 개정을 폐교까지 운운하며 반대하는 것도 '이익의 카르텔'이 공개되고 위협받을까 두려워하기 때문으로 볼 수 있다.

국가보안법의 경우도 마찬가지이다. 국가보안법은 '양심과 사상의 자유'를 보장하고 있는 헌법에 명백히 위배되는 법률이다. 같은 민족끼리 죽고 죽이는 비극적 역사를 경험한 때문에 이 위헌적 법률은 50년 이상 용인될 수 있었다. 그러나 냉전과 남북한의 체제경쟁이 끝나고, 현실사회주의국가가 모두 몰락한 지금에도 국가보안법 폐지 주장은 여전히 강력한 저항을 받고 있다. 구체제, 곧 냉전반공주의체제 아래에서 이익을 보장받아오던 세력들이 이 법을 "자유민주주의체제의 마지막 보루"로 여기기 때문이다. 자유민주주의는 '양심과 사상의 자유'를 핵심적인 내용 가운데 하나로 삼는다. 다시 말해 자유민주주의는 어떤 사람이 폭력을 쓴다든가 하지 않는 이상, 공산주의를 신봉하고 지지한다는 이유만으로는 처벌하지 않는다. 이것이 자유민주주의의 '글로벌 스탠더드'이다. 모든 영역에서 '글로벌 스탠더드'를 외치면서도 '양심과 사상의 자유'에 있어서만큼은 그럴 수 없는 까닭은 국가보안법이 '구체제'의 이데올로기적 핵심일 뿐만 아니라 '기득권'을 가진 사람들의 물질적 이익을 지켜주는 역할을 해왔기 때문이다.

그런 관점에서 본다면, 제도는 '구체제'를 지키려는 사람들의 힘과 새로운 체제를 도입하려는 사람들의 힘이 맞부딪치는 '전선(戰線)'이다. 핵심에 가까이 다가갈수록, 곧 사회적 영향력이 크고 세력관계의 근본적 구도를 더 많이 흔들 수 있는 것일수록 저항은 강해진다. 이 말을 뒤집으면, 아직 도입되지 못한 제도일수록 더 '핵심'에 가까운 것이라는 역설이 성립한다. 정치 분야에서 선거구제 개편, 법조계의 사법제도 개혁, 경제 분야에서 재벌의 지배구조개선 정책 같은 것도 그런 예로 볼 수 있을 것이다.

4장

사익과 공익

공동체적 가치란 위에서 주어지는 괴상한 국가이데올로기도, 전통에서 물려받은 봉건적 잔재도, 외국에서 레디메이드로 들여오는 수입품도 아니다. 그것은 이해와 의견이 다른 자율적 개인들이 사회적 연대와 소통과 합의를 통해 비로소 어렵게 형성해야 할 어떤 사회적 에토스를 가리킨다. ─진중권『시칠리아의 암소』(다우 2000).

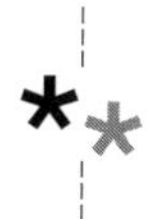

민주주의의 사회화 ─ 복잡한 그물망

민주주의가 발전하고 성숙하는 여정, 국가권력의 민주화나 정치적 민주화가 사회 전체의 민주화로 나아가는 과정을 '공간'의 관점에서 파악하면 우리는 하나의 복잡한 그물망을 떠올릴 수 있다. 가령 군사독재 시절에는 청와대와 그에 딸린 '안가'라는 배타적 중심 공간만 있었다면, 민주화 이후에는 청와대, 국회의사당, 정당의 당사, 정부청사, 언론사, 때로는 거리와 광장으로 중심 공간이 수평적으로 다원화된다. 이와 함께 수직적으로도 지방정부, 지방의회, 시장·군수협의회, 더 밑으로 가서는 주민자치위, 학교운영위, 아파트 입주자대표회의 같은 새로운 공간이 만들어진다. 이런 공적 기구의 층위에 시민사회 영역의 자율적인 결사체들, 이를테면 기업체, 의사협회나 미용사협회 같은 이익단체, 종교별협의회나 청소년보호단체 같은 사회단체, 민주노총이나 전농 같은 운동단체의 층위까지 겹치면 '공간'의 그물망은 더욱 복잡해진다.

　이때의 '공간'은 말할 것도 없이 '구성원들이 견해의 차이나 이해관계의 대립을 자유롭게 드러내고, 서로 소통하고 각축하며, 조절하고 타협하는 공간', 즉 '정치'가 이루어지는 공간을 말한다. 그리고 크고 작은 공간들을 수평적, 혹은 수직적으로 연결하는 그물망은 민주적 가치와 원리가 흘러다니는 혈관이라고 할 수 있다. 이러한 공간이 많아질수록, 공간과 공간을 잇는 그물망이 복잡하게 엉킬수록 민주주의는 튼튼해진다고 말할 수 있다. '사회민주화' '민주주의의 사회화'란 바로 이런 상태를 일컫는다.

　프랑스혁명을 분석한 또끄빌(A. de Tocqueville)의 관점은[1] '민주주의의 사회화'와 관련해서 특별히 경청할 만하다. 또끄빌은 혁명이 '구체제'를 무너뜨렸음에도 불구하고 프랑스 민주주의가 제대로 사회화되지 못하고 제정(帝政)으로 이어진 원인을 '구사회'에서 찾았다. 혁명을 통해 '구체제', 즉 절대왕정은 타도했으나 시민사회의 허약함으로 말미암아 '구사회'의 행위규범과 습속, 관행이 온존되어 권력의 중앙집중화를 통제할 수 없게 되었다는 것이다. 같은 관점에서 그는 1830년대의 미국사회를 둘러보고 시민들의 행위규범과 습속의 민주화가 미국 민주주의를 지탱하는 버팀목이라고 분석했다.

　미국사회에는 상업적·산업적 결사체뿐만 아니라 종교적·도덕적이며, 때로는 진지하고 생산적인, 그리고 포괄적이며 한정적인, 거대하고 미세한 수천 가지 형태의 결사체가 존재한다. 미국인들은 향연을 베풀거나 세미나를 개최하고, 교회를 건설하거나 책을 유포하고, 선교사를 파견하는 등의 모든 행위에 있어 결사체를 조직한다. 병원, 감옥, 학교 등의 조직이 이러한 형태로 운영된다. 마지막으로, 그들은 진실을 밝히려 하거나 어떤 모범이 되는 일을 사회적으로 권장하고자 할 때 결사체를 조직한다. 프랑스에서는 정부를 들먹거리고, 영국에서는 자치영주에게 해결을 요구하는 데에 반하여 미국에서는 결사체가 조직되는 것이다.[2]

또끄빌을 감탄시킨 것은 시민들 스스로 자신들의 요구를 표현하고 조직하는 '공간'인 결사체를 만들어내고, 그 속에서, 혹은 그것을 토대로 사회적 활동을 하면서 사적 이익을 공적 이익으로 변화·발전시켜나가는 과정이었다. 다양한 성격, 다양한 목적, 다양한 수준의 사회적 결사체들 속에서 자신의 요구를 드러내고, 이견을 토론하며, 합리적 결론을 내려가는 과정에서 시민들은 민주주의를 훈련한다. 이런 훈련은 "사회의 공적 쟁점에 대한 집단적 담론(collective discourse)의 출발점이며, 담론문화(workshop culture)의 촉진제"[3]로서 민주적 가치를 '사회화'한다.

'동네정치' — 공공적 사유의 결핍

민주화는 시민들의 생활세계 안에도 민주주의를 향해 열린 공적 공간을 많이 만들어냈다. 아파트 단지마다 구성되는 입주자대표회의, 동별로 구성되는 주민자치위원회, 학교운영위원회 같은 것들이 대표적이다. 비교적 좁게 구획된 주거지를 중심으로 구성되어(그래서 회의에 몇번만 참여해보아도 동네 차원의 '의제'나 '담론'을 어렵지 않게 파악할 수 있다), 생활상의 세세한 요구와 이해관계(가령 아파트입주자대표회의에서는 알뜰장이 서는 장소를 둘러싸고 동별 대표 사이에 이해가 대립하고, 학운위에서는 급식방법을 놓고 교장과 학부모가 대립한다)를 조정해나간다는 점에서 이를 '동네정치'라고 부르기로 하자.

연구팀은 '동네정치'에서 드러나는 민주주의의 모습과 수준이 한국 민주주의가 얼마나 '사회화'되었는가를 보여주는 확대경이라는 생각에서 이들 공간에서 벌어지는 일들을 특별한 관심을 가지고 들어보았다. 이를테면 '동네정치'에서 시민들의 행위를 구속하는 중요한 동기는 무엇일까? 갈등의 주요 원인은 무엇이며, 어떻게 해결될까? 시민들은 어떤 가치와 규범을 공유하며, 얼마나 서로를 신뢰하며, 어떤 방식으로 소통하고 협력할까?

연구팀은 소득수준, 정치성향, 출신지역 등 주민 구성상의 특성이 '동네정치'에 반영되는 점을 고려해 '동네정치'와 관련된 구술자들 네 분 가운데 세 분(김지수, 임주희, 김재일)을 일부러 같은 도시(이하 K시)의 같은 동네에서 구했다. K시를 고른 것은 중산층이 두터운 편이고, 수도권 도시 중에서 비교적 지역시민운동이 발전해 있어서 민주화 이후 시민사회의 변화를 잘 보여줄 수 있다고 보았기 때문이다.

김지수 씨는 전업주부다. 지금은 중학교 3학년인 딸이 초등학교에 입학하던 해, 그는 114에 전화를 걸어 안내원에게 "학부모들이 모이는 단체가 있으면 번호를 알려달라"고 부탁했다. 학부모로서 학교와는 어떻게 관계를 맺어야 하는지, 다른 학부모들은 어떤 고민을 하는지 함께 이야기해보고 싶어서였다. 안내원은 친절하게도 "뭐 때문에 그러냐?"고 이유를 묻더니 "그렇다면 여기가 좋을 것"이라며 '참교육을위한전국학부모회'(이하 참교육학부모회로 약칭) 전화번호를 알려주었다. 안내원이 하필 그곳을 선정해준 까닭은 알 수 없었지만, 어쨌든 그는 그 인연으로 지금까지 참교육학부모회의 회원으로 활동하고 있다. 처음엔 낯설고 서먹해서 여차하면 뺄 수 있게 "한 발만 걸치고" 있었지만, "지회장이 사방팔

방 뛰어다니며 힘들어하는" 모습을 외면할 수 없어 돕다가 오늘에 이르렀다고 한다. 그는 딸과 아들이 다니는 초등학교와 중학교에서 4년 동안 학운위 위원으로 활동했고, 2005년에는 운영위원장을 맡았다.

✽ 기본적으로 '왜 운영위원활동을 하느냐'에서, '왜 학부모운동을 하느냐' '왜 학부모단체에 나왔느냐' 그 출발이 다르다는 걸 느꼈어요. 학부모는 학부모로서의 그 자리에서, 학부모운동이나 학교와 학부모의 관계, 이걸로 인해서 학교가 좀 활성화가 되고 지역사회〔에 기여하고〕, 이게 아니라, '내 애가 내가 운영위원장이 되면, 운영위원이 되면 기를 편다.' 그게 기본이고요. (…) 지나가던 선생님이, 인지상정이라고 어, 뭐 누구 아들이고 그러면 "어, 너 이번에 성적이 올랐더라. 너 괜찮아졌더라" 했을 때 걔가 받는 특별한 대우, 그러니까 그 특별한 대우랑, 상이랑……. '대부분'이 아니고 100% 엄마들이 이렇게 회의를 해보면 '내 담임하고 내 반', 그 이상도 그 이하도 아니에요. 그러니까 내 아이가 있는 반과 그 반에서의 담임과의 관계, 거기가 딱 끝이에요. 너무도. 그러니까 가족 중심인 것처럼 사회에 나와서도 내 아이가 속해 있는 가장 작은 동심원, 그거를 사회라고 생각을 해요. 사실은 요게 잘되려면 옆 반도 잘되어야 되고, 이 학교가 잘되려면 옆에 학교도 좀 그렇게 해줘야 되고, 공유해야 되고 이거보다는 '내 반이 잘 되었으면' 하는 거, 그것도 '내 반'보다도 더, '내가 나서서 우리 선생님이 말 한마디라도…….' 사실은 그거라니까요. (김지수, 12, 20면)

김지수 씨는 학운위 활동을 하면서 학부모들이 학운위에 참여하는 동기가 지극히 사적이라는 사실에 환멸을 느꼈다고 말한다. 그가 느끼는 바로는 '일부'도 아니고, '대부분'도 아니고, 거의 100%의 학부모들이 그렇다. 학운위는 학교를 좀더 민주적으로 운영하기 위해 만든 제도적인 공간이다. 학부모위원은 자기 개인의 생각이 아니라 전체 학부모들의 생각을 대표해서 활동해야 한다. 그런데 그들은 자녀들이 받을 "특별한 대우", 곧 '사적인 이익'을 얻을 목적으로 학운위 위원이라는 공적인 직함을 '활용'할 뿐이다. 그들의 공공성의 범위는 잘해야 "내 아이가 있는 반"에서 끝난다. 김지수 씨가 보기엔 "내 반이 잘되려면 옆 반도 잘되어야 하고, 이 학교가 잘되려면 옆에 학교도" 잘되어야 한다는 생각이 없기 때문에 그렇다.

사정이 이렇다보니 학운위를 둘러싼 갈등의 양상도 초등학교와 중·고등학교가 다르다고 한다. 초등학교 때는 담임교사의 관심을 받는 것이 절대적으로 중요하기 때문에 "학부모회가 실질적인 활동을 하고 운영위원회는 값이 떨어"진다. 반별 모임에서 담임이나 학교에 대한 정보를 교환하는 것만으로도 별로 아쉬움을 느끼지 않기 때문에 학부모들이 굳이 학운위에 진출할 필요를 느끼지 못한다는 것이다. 그래서 초등학교에서는 '조직의 위상'을 놓고 학운위 위원들과 학부모회 회장단 사이에 갈등이 많다. 때로는 "바자회 하다 꽃병이 날아가고 머리를 쥐어뜯는" 물리적 충돌까지 일어난다. 학운위가 좀 셀 경우, 교장이 학운위를 견제하기 위해 일부러 학부모회를 부추겨 갈등을 조장하는 경우도 적지 않다고 한다. 중·고등학교에서는 '이익'의 내용이 '교사의 관심'을 넘어 '성적'이나 '상장'으로 이동한다. 특히 수상경력이 점수화되고, 대학입시와 관련해 교장추천이 필요한 고등학교에서는 경쟁이 치열해져서 자리싸움도 심심찮게 일어난다. 이런 현실은 학운위 위원의 자녀들과 관련된 성적조작, 수상비리 사건[4]에서도 확인할 수 있다. 그런데 학운위만 그런 것이 아니다.

＊ 우리 사회가 아직도, 그러니까 소위 말해서 지역이 됐든 국가가 됐든 좀 상류층, 그러니까 사회의 일정한 어떤 소득수준도 되고 또 학력수준이나 또 어떤 **삶의 수준이 되는 사람들의 사회성, 사회에 대한 책임성, 공동체에 대한 의무감, 책임성 그런 게 정말 너무 작고……. 예를 들면 재산세 문제도 작은 아파트에 있는 사람은 물론 오른 액수는 적지만, 비율은 100%, 200% 올랐단 말이에요. 큰 평수에 있는 사람들은 사실은 30%~70% 올랐어요. K시 같은 경우는. 그런데 이쪽 30%~70% 오른 데서 이제 막 난리가 난 거죠. 특히 여기 6단지〔구술자의 지역구에서 제일 비싼 아파트임〕 같은 데서. (…) 또 하나는 예를 들면, 이제 저는 막 싸웠는데, 그 자리에서. 그러니까 여기 수영장, 거기 엄청 크고 좋거든요. 그런데 65세인가 60세 이상은 50% 할인해줘요, 수영장을. 그러니까 "할머니들만 다 온다" 이거야. 그거 싫다고, "그거 하지 마라" 이거야. 그래가지고 그 자리에서 막 싸웠죠. "이거는 사람의 인권에 대한 문제다. 이거는 국민의 기본권에 대한 문제다. 어떻게 그런 얘기를 할 수 있냐?" 그런데 그 아줌마도 50이 넘은 아줌마인데, 그런 얘기를 하더라고. 그런 분들은 이제 부녀회 임원 맡고 그래요. (…) 그런데 이제 대부분 지역에 보면 입주자대표회의가 됐든, 주민자치위원회가 됐든, 부녀회가 됐든 이런 게 많거든요. 그런데 대부분의 어떤 지역민원이나 지역발전에 관련된 논의가 주민자치위원회나 이런 데서 보통 이루어져요. 시장이 방문하면 그 사람들, 통장협의회 이런 사람들하고 〔주로 얘기를 한다〕. 그런데 여기에 들어가 있는 사람들이 대부분 이런 사람들이죠. 그러다보니까 지역여론도 이렇게 돼버리는 것이고……. (김재일, 16~17면)

김재일 씨는 환경운동을 하다 K시 시의회에 진출한 분이다. 환경운동연합은 2002년 지방선거 때 전국에 걸쳐 50여명의 '녹색후보'를 냈다. 도

시계획이나 건설·건축 관련 권한이 지방자치단체로 많이 이양되면서
반환경적인 개발사업이 주로 지역단위로 이루어지는 추세에 대응하기
위해서였다. 김재일 씨는 그때 당선된 서른 몇명 중의 한명이다.

4년간 시의원으로 활동하면서 그는 "환경〔운동〕연합에서 8년 활동했
던 것만큼" 배운 것이 많다면서, 다른 활동가들한테도 지방의원 한번 해
보라고 적극적으로 권유한다고 한다. 환경운동가 시절에는 잘 알지 못했
던 것들, 이를테면 현실이 어떤 식으로 움직이고 있고 그것을 변화시키
려면 무엇이 필요한가를 제대로 배웠다는 뜻으로 이해되는데, 소득이나
학력이나 삶의 수준이 "어느정도 되는" 사람들의 "사회에 대한 책임성,
공동체에 대한 의무감"이 "정말 너무 작다"는 현실도 그가 배운 것들 중
의 하나이다.

잘사는 사람들이 재산세 인상에 더 격렬하게 반발하고, 자신도 머잖
아 60대가 될 부녀회 임원은 요금 할인제도 때문에 시립 수영장에 할머
니들이 너무 많이 오니 그 제도를 없애달라고 시의원을 찾아온다. 그런
데 김재일 씨에 따르면 그런 사람들이 '동네정치'의 공간, 곧 입주자대표
회의, 주민자치위원회, 부녀회, 통장협의회의 다수를 이루고 있다. 시장
이나 경찰서장이 '주민과의 대화'를 할 때 만나는 사람들도 주로 그런 사
람들이다. 따라서 그들의 견해가 곧 "지역여론"이 되어버린다.

입주자대표회의는 재산세 인상을 놓고는 시의원을 불러들여 따지지
만, 부동산 보유세를 강화하는 취지나 조세정의에 대해선 묻지 않는다.
부녀회는 연말연시 '불우이웃돕기'에 성금은 내놓을지언정 아파트값 담
합이 '불우이웃'에게 어떤 영향을 미칠지는 생각하지 못한다. 한마디로
그들은 '나의 이익'을 중심으로 생각하고 행동할 뿐 '공공적 가치'를 그
다지 고민하지 않는다. 자산과 소득이 많은 사람이 더 많은 세금을 내거
나 사회적 약자나 소수자에게 할인제도를 적용하는 것은 '사회정의', 혹

은 '공공선'(The public good)의 문제이다. 공공선은 '나의 이익'을 넘어 '내가 속한 사회가 이루어야 할 가치'를 고민할 때 비로소 가능한 덕목이다. '동네정치'에는 공공적 사유가 치명적으로 결핍되어 있는 것이다.

김지수 씨가 사는 아파트단지(김재일 씨 인용문에 나오는 그 단지이다)의 부녀회는 입주자대표회의에 활동비를 청구하면서 다음과 같은 '활동보고서'를 제출했다.

*부동산 전화팀

—싸이트 검색 내용을 참고하여 해당 부동산 업체에 항의 및 협조요청 작업을 한다.

—국민은행 시세 싸이트(아파트 최종 융자금이 결정되는 곳) 검색, 전화, 항의 이메일 발송.

—한국부동산정보협회, 부동산뱅크, 부동산 114, 닥터 아파트 시세 제공업소 항의 및 방문.

*부동산 방문팀

—전화통화 결과 내용을 참고하여 해당 부동산 방문, 항의 및 협조 요청을 한다.

—동대표, 부녀회, 통·반장, 주민 협조요청.

*홍보지원팀

—각종 홍보물, 방송, 안내, 국민은행 여의도 본점 사업소 방문→아파트 담합지역에서 빠짐.

보고서에 따르면 부녀회가 하는 가장 중요한 활동은 '아파트값 담합'

이다. 부녀회원들은 팀을 짜 인터넷으로 매물의 가격을 점검하여 담합가격에 못 미치면 부동산중개업소에 항의 방문을 하고, 필요하면 금융기관을 방문해 '담합지역'에서 빼달라는 압력도 넣는다(보고서에는 적혀 있지 않지만 협조해주지 않으면 아파트 관리비 계좌를 다른 은행으로 옮기겠다는 '위협'까지 했다고 한다). 나아가 담합에 협조하지 않는 업소에는 "쫓겨난 뒤에 후회하지 말고 지금 잘 생각하라"는 '협박조' 편지를 발송하고, 담합에 협조적인 업소를 추천하는 게시문을 붙이기도 한다. 입주자대표회의는 부녀회의 이런 활동 보고를 듣고 수고를 치하할 뿐, 아무도 이의를 제기하지 않는다. '공공선'이라는 개념 자체가 부재하거나, 있더라도 발설하기 어려운 분위기라고 볼 수 있다. 부녀회의 이런 활동을 "미래의 불확실성에 대응하는 평범한 사람들의 자연스러운 반응"[5]이라고 말하기도 한다. 그러나 부녀회가 동네의 정치적 자원을 활용하고 동원하는 수준을 보면 아파트값 담합을 정부의 부동산정책과의 인과성 안에서만 파악하는 관점은 안이할 뿐 아니라 위험하기까지 하다. 아파트값 담합의 '동기'와 '방식'은 극단적 이기주의와 맹목적 집단주의가 결합된 한국 시민사회의 속악한 일면을 정직하게 보여준다.

개인이 사적인 이익을 추구하는 것을 비판할 수는 없다. 그것은 인간이라는 존재의 숙명적 조건에 속하는 문제로 보는 게 온당할 것이다. 어떤 개인도 사익 추구의 동기로부터 자유로울 수 없다. 공공의 이익을 위한 공간에서도 개인은 '은밀히' 사적인 동기를 품을 수 있다. 그런데 사익 추구의 양상이 공적 공간의 취지를 실종시킬 정도로 일반적이라면, 더욱이 공적 공간에서 사익을 추구하는 행위를 부끄러워하지도 않을 만큼 노골적이라면 문제가 심각해진다. 공적인 조직은 모든 개인이 자유로이 사익을 추구하다보면 필연적으로 발생하는 사태, 사회가 '만인 대 만인의 투쟁' 장소로 바뀌는 사태를 막기 위해 만들어진 '협정의 공간'이기 때문이다. '협정의 공간'에서 사익은 공적 가치에 의해 통제되거나 조절된다. 그 공간 자체가 '사익 추구를 적절히 조절하지 않으면 공동체가 파괴된다'는 집단적 경험 위에서 성립한 것이기 때문이다. 공동체의 이익을 우선하기로 약속한 사회적 협정의 공간들이 사익을 추구하는 사람들에 의해 좌우되면, 이는 곧바로 이권의 네트워크로 전락하고 만다.

'협회'와 '위원회' — 생활세계의 '구체제'

＊ 나는 도대체 왜 운영위원장들이 그렇게 명함을 가지려고 애를 쓰는지, 그리고 운영위원장을 하기 위해서 왜 그렇게 피 터지게 싸우는지를, 내가 1년을 해보니까 알겠더라고요.(…) **여기 이 자리에 들어오면 사람들이 범위를 굉장히 넓혀요. 정말 그야말로 어떻게 보면 브로커라니까.** 각종 시나 이런 데다……〔끼어들고〕. 그런데 그게, '운영위원장이 무슨 일을 할 것인가?' 이렇게 생각하죠? '학교 일 외에 뭐 그렇게 할 게 많은가?' 학교에 사업이 있잖아요. 무슨 무슨 사업들이 있고, 진행되는 행사들이 많잖아요. 운영위원장들이 그거를 성사시키기 위해서 자기가 뛰겠다고 나서가지고 시장이니 뭐니 다 찾아다니는 거야. (…) 나보다 전에 운영위원장이었던 사람이 선거 때 개입해가지고. 그 사람도 각종 네트워크에 다 깔려 있는 사람이에요. 그 사람 같은 경우에는 선거 때도 4천만원을, 공식적으로 7천만원을 받았대. 선거운동 자금으로. 7천을 해가지고 3천 쓰고 4천을 떼어먹은 거야. 그래가지고 그게 소문이 파다하게 났어요. 그리고 실제로 체육사인가 뭔가를 해가지고 이 학교에서도 각종 학교행사에, 그 사람이 뭐 청소년선도위원회, 아니면 녹색어머니회 회장이 돼갖고 거기 단복, 거기서 일어나는 각종 행사, 나름대로 또 계속 사업을 한 거야. 그래가지고 결국은 여기 체육사도 냈어요. 돈 많이 벌었

다고 그러더라고. 실제로 그 상가도 반쪽을 다 샀대. (…) 지금도 각종 위원회
에 다 끼어 있어요. 심지어는 교육하고는 전혀 관련도 없는데, 교육청 소속
교육위원인가 뭐로 또 들어가 있어요. 학부모 교육위원인가. 그러니까 이런
엉터리 구조가 어디 있냐고, 도대체. (임주희, 7~8면)

임주희 씨는 전임 위원장 한 사람을 예로 들어 학운위 위원장 자리가
어떻게 지역유지 네트워크로 연결되는가를 들려준다. 시장 후보자에게
선거운동 자금을 받은 전임 위원장은 스캔들이 터진 뒤에도 위원장 시절
에 닦아놓은 인맥을 활용해 많은 돈을 벌었고, 지금도 여전히 지역의 "각
종 위원회에 다 끼어" 있다고 한다. 학운위라는 공적 공간이 그에게는
"사업"의 장이요 더 넓은 "범위"로 진출하기 위한 발판이었던 셈이다. 운
영위원장들이 "그렇게 명함을 가지려고 애를 쓰는" 이유는 그것이 네트
워크를 출입할 수 있는 면허증 역할을 하기 때문이다. 그래서 "이 동네
주부 중에서 좀 떴다 하면 다 학운위 위원장 출신"이라는 말까지 나온다.
임주희 씨도 위원장 시절, 온갖 기관과 단체로부터 전화를 받아보았
다고 한다. 심지어 차기 대통령 후보로 거론되는 사람의 캠프에서도 전
화가 왔다고 한다. 이런 저런 곳에서 받은 '지역유지'의 명함만 해도 서
랍 가득이다. 학운위 위원장을 물러난 뒤 그는 주민자치위원회 위원이
되었다. 동장의 부탁을 받고 학교장이 강권하는 바람에 참여했는데, 그
의 눈에는 주민자치위도 학운위와 별로 다르지 않아 보였다.

** 기본적으로 거기 이제 붙박이로 있는 사람들 유형이 통장협의회에 통
장 대표. 그 사람도 센 사람이에요. 선거운동을 하면 제일 먼저 찍히는 사람,
그런 사람들. 그 담에 각 단지 부녀회를 총망라하고 있는 부녀회연합회 회장,
또 로터리나 라이온스 클럽의 회장 같은 사람들, 지역 내에서 무슨 부동산 하

는 사람들. 자영업자들이 깔렸어요, 대부분. ○○○(구술자의 동네에서 유명한 고깃집) 같은 큰 식당, 조그만 중소기업이랄까 지역의 기업가. 영어학원 원장. 현재 위원장인 사람은 남편이 무슨 대기업의 이사라고 하는데, 학운위 위원장 출신이에요. 이 사람은 보면 일을 참 추진력 있게 해요. 왜 그러냐 하면 관내 모든 사람들을 다 알고 있잖아. 어떻게 보면 권력의 남용이에요. 남용을 할 수 있는 그런 게 너무 많아. 자치위원회에서 어디 간다 그러면, 사실은 경찰서에서 버스를 빌린다, 이건 불가능한 일이잖아요. 그 사람은 빌려. 공짜로. 뭐든지. 안되는 일도 다 '되게 하라'야. 어디 돈이 필요하다 그러면 다 스폰서를 끌어와. 그래서 돈도 팍팍 내. (…) **자기가 또 어디 끼워넣어주는 것, 이런 것도 계속 흘려요. 이 사람들의 특징이 흘린다는 거야. 그래서 자기가 얼마나 실력이 있는가 과시를 해요. 항상. 누구도 알고, 누구도 알고 이래갖고 과시를 해.** 그리고 자기도 여기저기 끼어 있어요. (임주희, 27~28면)

임주희 씨의 구술에서 우리는 주민자치위를 구성하는 위원들의 공통점을 쉽게 알아볼 수 있다. '동네정치가'들은 기본적으로 자산가들이거나 관변, 혹은 자생단체의 대표들이다. 그리고 "선거운동을 하면 제일 먼저 찍히는 사람"들이다. 그들에게는 '누구를 아는 것'이 사회적 자본이다. 물론 이때의 '누구'는 돈이 많거나 지위가 높거나 권력이 있는 사람이어야 한다. 아는 사람이 많을수록 '실력' 있는 사람이 되기 때문에 그들은 항상 자신의 인맥을 "흘리고" "과시한다." 그것을 자본으로 그들은 '동네'에서 '지역'으로, '시'에서 '도'로 네트워크를 넓혀간다. 그래서 그들의 명함은 대개 각종 직함으로 빼곡하다.

물론 모든 주민자치위가 다 그런 것은 아니다. 위원을 공개 모집해서 대표성을 높이고, 주민들이 힘을 합해 동네 어린이도서관을 만들고, 어려운 이웃들을 돕는 자원봉사활동을 조직하고, 동네의 특성에 맞는 프로그램을 개발하는 등 이름 그대로 동네 단위의 자치 모델을 만들어가는 사례도 있다.[6] 앞서 인용한 바 있는 오승균 교육위원은 학운위 가운데서 10~20% 정도가 "그래도 변했다"고 평가했는데, 주민자치위도 예전의 동정자문위원회 시절에 비해서는 많이 변했다고 볼 수 있다. 그럼에도 불구하고 '구사회'의 습속은 여전히 강력하다.

경찰관 이병준 씨는 90년대 초 서울에서 파출소 소장으로 근무할 때 관변단체에 모인 '동네유지'나 '지역유지'들의 행태를 경험한 적이 있다. 그는 임주희 씨가 "엉터리 구조"라 지칭한 것의 실체가 무엇인지를 좀더 분명하게 말해주었다.

_* 이런 사람들〔브로커들〕이 부지런히 돌아다니면서 자기 혼자 부담하기 싫으니까 회(會)를 만드는 겁니다. 관변단체를 만드는 겁니다. 그래서 그 사람들이 10만원씩 해서, 그 돈을 모아야지. 소장들 밥 한끼 사주려 해도 돈이 꽤 드니까. (…) 그러면 그 **사람을 안다는 거 자체가 그 사람에게는 지위이자 권력이 되는 거죠. 그 지역에서. 그래가지고 매개를 하는 거죠. 그러니까 청탁, 알선……. (…) 요즘에는 많이 없어진 게 술집 주인, 룸쌀롱 주인, 이런 사람들은 공식적으로 못 들어옵니다. 그런 그룹에. 그런데 어떤 사람들이 들어오느냐 하면 주로 건설업체나 사업 한다는 사람들이 들어온다고요. 골프 좀 치고 이런 사람들이 탁 와서……. 그리고 옛날에는 그걸 해주는 것조차도 돈을 받았던 것으로 내가 알고 있습니다. 그것도 경쟁률이 심해가지고. 그리고 그 사람들이 주로 다닐 때 실제로 주는 것보다 뻥 튀겨서 얘기를 많이 하죠. 서장 1년에 밥 한번 샀으면 한 달에 한두 번 만나서 먹는 것처럼 얘기하죠. 그렇게 얘기를 하고 다니는 사람이 전형적으로 크게 해먹은 게 지금 윤상림.[*] 그런 인간들이 곳곳에 있습니다. 곳곳에. 경찰서 주변에도 많고. 와가지고 곧 죽어

도 거기서 쓰는 겁니다. 그래서 돈도 많이 떼입니다. 윤상림 사건, 이거 별거 아니에요. 우리 최청장님 돈 빌려줬다고 하는데, 사람들이 "어떻게 그럴 수 있냐?"고 생각하는데 저도 당했거든요, 저도. (…) 그리고 이 사회에서 가지고 있는 기본적 인식이 그런 거 아닙니까? 인맥이요. 그런데 인맥을 퍼뜨릴 수 있는 가장 좋은 방법이 그 관하고 가까워져서……. (이병준, 57~58면)

*＊ 신호등 하나 옮기는 것도요, 엄청납니다. 제일 처음에는 자기 집 앞에, 자기 사업장하고 어떻게 관련되어 있는가는 이야기 절대로 안해요. 그러면서 은근히 이야기하는 게 "문제가 있는 거 아니냐?" 결국 나중에 자기 집, 공장이나 거기 들어가는 데 횡단보도 놔달라는 이야기에요. (…) 선거 때 되면 선거조직입니다, 관변단체에 있는 사람들이. 그리고 선거조직에 나가기 위해서 그 발판이 뭐냐? 관변단체에서 뭐 했다, 뭐 했다 이게 필요한 거예요. 경찰 주변의 관변단체 같은 거 다 없어졌는데, ○○회, △△회 그런 식으로 해서 그대로 다 유지되는 거죠. 그러니까 **주민과의 커뮤니케이션이 네트워킹되는 게 아니라 유착의 네트워크가 이루어지는 게 그거고. 그게 압력수단이고, 그 다음에 인사에 개입하는 수단이고,** 여러 가지 또 이렇게 선거철 되면 이 당 의원들, 저 당 의원들……〔찾아다니고〕. (이병준, 102면)

"엉터리 구조"는 한마디로 "유착의 네트워크"이다. 내세우는 취지와 높낮이는 다르지만 이 위원회와 저 위원회, 이 협회와 저 협회를 잇는 인맥의 망을 타고 청탁과 알선, 돈과 자리가 흘러다니는 것이다. "술집 주

---

* 법조계와 건설업계를 오가며 각종 청탁과 알선을 일삼던 거물급 브로커로 2005년 11월 구속되었다. 수사과정에서 경찰 고위간부, 현직 검사장, 검사장 출신 변호사, 현직 판사, 건설업체 사장, 국회의원, 군 장성 등 수십 명의 '사회지도층'이 그와 골프를 치거나 돈거래를 한 것으로 드러났다. 최광식 당시 경찰청 차장은 윤상림과 돈거래를 한 것이 드러나 물러났고, 돈 심부름을 한 것으로 알려진 수행비서는 억울함을 주장하며 자살했다.

인, 룸쌀롱 주인"이 네트워크에 들어오는 게 불가능해진 것, 옛날엔 네트워크에 들어가는 진입 장벽이 더 심했다는 것, 그리고 지금은 '행정발전위원회'만 있고 경찰 주변의 관변단체는 공식적으로 모두 해체되었다는 것이 예전에 비해 좋아졌다면 좋아진 것이다. 그런데 이병준 씨는 그럼에도 변하지 않고 있는 핵심을 지적한다. "사람을 안다는 거 자체가 지위이자 권력이 되는" 인식과 관행, 그리고 "인맥을 퍼뜨릴 수 있는 가장 좋은 방법"이 관과 가까워지는 것이라는 현실은 변하지 않았다. 그래서 공식적으로는 해체되었다지만 'ㅇㅇ회'니 '△△회'라는 이름으로 "유착의 네트워크"는 그대로 유지되고 있으며, 윤상림 사건 같은 것이 여전히 일어나는 것이다.

윤상림 사건을 보면, 아닌 게 아니라 '어떻게 한낱 브로커가 현직 판사와 골프를 치고, 경찰 고위간부와 돈거래를 할 수 있을까?' 싶은 생각이 든다. 그러나 이권 네트워크가 어떻게 형성되고 어떤 방식으로 움직이는지를 아는 이병준 씨는 그게 "별 거 아니"라고 느낀다. 도덕적으로 별 거 아니라는 뜻이 아니라 '얼마든지, 어디에서나 일어날 수 있다'는 의미에서 그렇다. 그는 "법과 양심에 따라 살면 득은 못 보더라도 손해는 안 보는 세상"을 바라고, 대한민국 경찰이 깨끗하고 유능하고 공정해지기를 누구보다 바라며, "만약 경찰서장이 되면 꼭 해보고 싶은 게 관변단체 싹 없애는 것"인 그런 경찰관이다. 그런 그도 '동네유지'에게 돈 천만 원을 떼인 적이 있다고 한다. '주민과의 대화'나 이런 저런 위원회에서 낯을 익힌 사람이 화급하게 달려와 사정이 이러저러해서 그러하니 곧 갚겠다며 돈을 빌려달라는데 거절하기가 쉽지 않더라는 것이다. '거절하기가 쉽지 않게' 만드는 그것이 바로 네트워크의 힘이다.

그들은 평소 '위원회'와 '협회'의 우산을 쓰고 경찰서장, 파출소장을 만난다. 그리고 "자기 집, 자기 사업장하고 어떻게 관련되어 있는가는 절대로 이야기 안하고", 그저 '이런 점이 좀 문제다'라는 식으로 대화한다. '일반적인' 문제를 제기하는 척하면서 '사적인' 이익을 감추는 것이다. 그러면서 경찰이 도움을 요청할 때 흔쾌히 도와준다. 이런 만남과 대화가 쌓이면서 '인간적으로' 거절하기가 쉽지 않은 '안면'이 형성된다. 그때 그들은 "자기 집, 공장"으로 들어가는 길목에 "횡단보도"를 놓아달라고 부탁하는 것이다.

'강순덕 경위 사건'을 봐도 윤상림 사건이 "별 거" 아니라는 이병준 씨의 말을 수긍할 수 있다. 강경위는 군 장성의 비리를 수사하여 '장군 잡는 여경'으로 찬사를 받고 특진도 했다. 그런데 얼마 가지 않아 수배중이던 건설업자의 운전면허증을 위조해준 혐의로 구속되었다. 수사 과정에서 군 장성 비리를 그에게 제보한 사람이 윤상림이었다는 것이 밝혀졌다. 강경위가 문제의 건설업자나 윤상림과 친분을 쌓게 된 것은 말할 것도 없이 경찰서 주변의 '협회'와 '위원회'를 통해서였을 것이다.

관공서 주변의 각종 '협회'와 '위원회'를 우리는 흔히 관변단체라고 부른다. 권위주의 시절, 관변단체는 국가의 '승인'을 받은 '시민사회'의 공식적 대표자였다. 또끄빌의 묘사에서 알 수 있듯이 미국에서는 시민들이 자율적으로 이익집단을 결성하고, 사회적 쟁점에 대한 집단적 담론을 형성해나갔다. 그런데 우리나라에서는 이익집단조차도 국가권력의 강력한 통제 아래 형성되고 발전했다. 국가는 '경제개발'과 '정치적 안정'을 위해 경총이나 전경련, 한국노총, 농협, 교총 같은 전국 단위의 큰 이익단체들을 정책적·물질적으로 후원했고, 이들은 국가로부터 받는 '이익'의 댓가로 '자율성'을 기꺼이 헌납했다. 중앙정부와 전국 단위의 강력한 이익단체 사이의 이런 유착 씨스템은, 개체발생이 계통발생을 되풀이하듯이 하위 단위에서도 그대로 복제되었다. '지역유지'들이 '청소년선도'와 '새마을운동' '범죄예방' '바르게살기'를 내건 각종 협회와 위원회에

모여 청탁과 알선의 인맥을 형성하는 사익 추구 씨스템. 이 기득권 네트
워크는 너무나 뿌리가 깊어서 생활세계의 '구체제'라고 불러도 모자람
이 없을 것이다.

생활세계의 '구체제'가 아직도 건재하다는 사실은 새마을운동중앙회,
한국자유총연맹, 바르게살기운동중앙협의회 등 이른바 3대 관변단체에
대한 지원 법률을 폐지하려는 시도가 번번히 실패로 돌아가는 데서도 역
설적으로 입증된다. 이들 단체는 군부독재 시절에 만들어진 지원·육성
법에 따라 해마다 수백억씩의 지원금을 받고, 시·군·구청 건물을 무상
으로 사용하는 등의 특혜를 받아왔다. 1988년 처음으로 이런 특혜를 폐
지하자는 안이 국회에 제출된 이래 몇차례 같은 시도가 있었으나 표결도
해보기 전에 가로막혔다.

2005년 열린우리당 홍미영·조성래 의원과 민주노동당 이영순 의원
이 다시 3대 관변단체 지원·육성법 폐지안을 제출했을 때, 한나라당은
"50년 동안 안 먹고 잠 안 자면서 피땀 흘린 이 나라를 후진국에서 선진
국으로 이끌어낸 발전역군, 건설역군을 모독하는 일"[7]이라고 반대했고,
열린우리당 지도부는 법안을 발의한 두 의원에게 법안을 제출하지 말 것
을 설득했다. 열린우리당의 내부 문건은 그 이유를 이렇게 적고 있다.

법안 폐지를 추진하게 되면 국가 및 지역발전을 위해 공익활동과
자원봉사활동에 참여하고 있는 회원들의 사기저하와 집단반발이 우
려되고, 새마을협의회 등 3개 단체의 회원이 330만여명에 이르고 전
국 조직을 갖추고 있어 반정부여당 여론형성 등 사회문제가 될 수도
있다.[8]

관변단체에 대한 지원을 폐지하는 것은 "고도의 정치적 판단을 요하는 문제로서 정치일정 등을 고려하여 시간을 두고 논의하는 것이 바람직하다"는 것이 이 문건의 결론이었다. "고도의 정치적 판단"이란 한마디로 '표'를 계산해야 한다는 뜻이다.

이들 3대 단체가 "국가 및 지역발전을 위해 공익활동과 자원봉사활동에 참여"하고 있다는 주장은 3대 단체 지도부도 속으로 웃을 말이지만, "집단반발"을 우려하는 "정치적 판단"은 올바르지는 않아도 '현실적'인 것이긴 하다. 2005년의 한 조사 결과[9]는 정당과 정치인들이 눈치를 보지 않을 수 없을 만큼 이들 조직의 영향력이 아직도 막강함을 보여준다. 『한겨레신문』은 2005년 6월 서울, 경기, 인천 세 지역의 기초의회 홈페이지와 중앙선관위 '당선인 명부'에 나타난 이 지역 기초의원들의 출신 경력을 전부 조사했다. 그 결과 전체 1,126명 가운데 37.5%(422명)가 3대 관변단체 출신으로 드러났다(광역의회의 경우는 이보다 낮은 20%대로 나타났다). 관변단체 출신 기초의원의 비율이 이처럼 높은 것은 "인적 네트워크가 튼튼한 데다 특히 읍·면·동 단위까지 뻗어 있는 조직과 이 조직을 굴러가게 만드는 윤활유인 선거자금을 잘 이용할 수 있어서"라고 분석된다. 기초의회는 생활세계와 가장 가까이 있는 제도정치 공간이다. 생활세계에서는 이병준 씨가 말한 "유착의 네트워크"가 의연히 가동되고 있는 것이다.

물론 관변단체도 예전처럼 막강하지는 않다. '동네정치'를 보더라도 법적 근거를 가진 주민자치위원회가 구성되면서 다른 위원회들은 많이 없어지거나, 있어도 예전 같은 영향력을 발휘하지는 못한다고 한다. 그러나 구술자들의 이야기는 새로운 공적 공간들도 '구체제'의 사회적 습속에 그대로 노출되어 있으며, 자칫하면 이 공간들이 '민주주의의 학습장'이 아니라 '구사회의 학습장'이 될 수도 있음을 보여준다.

김지수 씨는 학운위 활동을 하면서 가장 힘들었던 것이 무엇이냐는 질문에 "같은 학부모와 싸우는 것"이라고 답하면서 다음과 같은 이야기를 했다.

***** ○○고등학교 같은 경우는 이번에 ○○○ 씨가 들어가서 떨어졌거든요? 운영위원장이 아니라 운영위원으로. 나서는 사람도 없는데, 별로 없는데. (…) 다른 학교도 다 떨어졌잖아요. 안돼요. **엄마들 스스로가 차단해요.** "저런 사람이 되면 모의고사 다섯 번 볼 거, 우리가 자비 들여서 막 많이 봐야 되는데, 다섯 번 볼 거 두 번밖에 못 보게 할 거야. 안돼. 찍어주지 말자." (…) 대표성을 띤 단체가 사실은 대변을 못해주더라고요. 그게 제일 안타까워요. 그게, 우리가 막 떠들잖아요? 그러니까 교육부에서 뭐가 나온다거나 할 때 교육부 앞에서 시위를 한다,고 떠들잖아요. 그게 정말 대표인 줄 아는 거죠. 막 궁지에 몰릴 때 우리가 또 대표가 돼요. 우리가 쓰일 때가 뭐냐면 불법찬조금하고요. 그 다음에 박해받았을 때. 어떤 선생님과 아이가 무슨 관계가 있을 때, 정말 이도 저도 아니고 당할 때, 그때 결국 찾아오는 데는 학부모단체예요. 그래서 학부모단체 이름으로 그걸 해결을 하잖아요. 그러면 그 사람이 우리 회원이 돼요. 아주 극소수의 분들이 이용할 수 있는 그런 단체밖에는 안되더라고요. (…) **학부모단체가 점점 용기를 잃어요. 전체를 대변할 수 없다는 자기들의 어떤 문제 있잖아요. 굉장히 허약체질이라고요, 우리가. 남들이 받쳐주지를 않으니까.** (김지수, 20, 25면)

운영위원으로 출마했다가 떨어졌다는 ○○○ 씨는 김지수 씨와 함께 참교육학부모회 활동을 하는 분이다. 아들이 중학교 때 학운위 위원장을 지낸 그는, 아들이 사립고등학교에 진학하자 운영위원으로 출마했으나 학부모들에게 "차단"당했다. 고등학교는 공식적으로 모의고사를 1년에 두 번 이상 보지 못하게 되어 있다. 그런데 많은 학교에서 비공식으로 돈을 거두어 모의고사를 본다. 그런데 '참교육' 주장하는 사람이 학운위 위원으로 들어오면 그렇게 못할 것이라 생각하고 떨어뜨렸다는 것이다(물론 학교 쪽에서 그가 참교육학부모회 회원이라는 정보를 흘렸다). ○○○ 씨 뿐만 아니라 다른 학교 운영위에 출마한 참교육학부모회 회원도 "다 떨어졌다." 이럴 때 김지수 씨는 불법 찬조금을 거두려는 학부모회와 대립할 때, 혹은 교복 공동구매를 추진하자 "싸구려라 아이들이 안 입는다"며 반대하는 부모들을 볼 때와 같은 좌절감을 느낀다. 참교육학부모회는 대표적인 학부모 단체지만, 사실은 학부모 전체를 대변할 수 없다는 데서 오는 좌절감이다. 참교육학부모회는 교육부가 잘못된 정책을 발표하면 교육부 앞에서 시위를 하며 학부모들의 요구를 대표한다. 그러나 김지수 씨가 느끼기엔 일반 학부모들은 참교육학부모회의 주장을 "받쳐주지 않"는다. 참교육학부모회는 '공교육 강화'를 주장하지만, 일반 학부모들은 "상위 1%, 2%가 되기 위한" 방법에만 골몰할 뿐이다. 그래서 교육부와 맞서 무언가를 주장할 때는 대표처럼 보일지 모르지만, 막상 학부모들 속으로 들어오면 참교육학부모회는 "차단"당하고 고립된다.

같은 학부모와 갈등하는 것이 가장 힘들다는 김지수 씨의 말은 민주화 이후 시민사회 내에 일어난 주요한 변화를 표현하고 있다. 민주주의와 공동체적 가치를 지지하는 시민사회 세력들은 예전에는 주로 반민주적이고 반공동체적인 현실을 사회적 쟁점으로 제기하고, 국가권력 혹은 정책 당국을 상대로 직접 시위하고, 농성하고, 때로는 돌멩이와 화염병을 들고 싸웠다. 관변단체들이 '빨갱이'니 '사회불안세력'이니 규탄해도 "용기를 잃는" 일은 없었다. 비판자들이 정당성 없는 권력의 조종을 받는 '어용단체'였기 때문이다. 국가권력의 억압이 사라지면 '침묵하는 다수'는 민주적이고 공동체적인 가치를 경험하고, 이해하고, 마침내 지지하게 될 것이라고 믿었다.

그러나 문제는 그렇게 간단하지 않았다. 참교육학부모회 회원이라는 이유로 학운위 진입을 차단당하는 사태, 다시 말해 '억압이 사라지면 많은 시민들이 지지해줄 것'이라고 믿었던 가치와 신념이 시민사회 내부에서 외면당하는 일이 벌어지게 된 것이다. 2006년 7월에 치러진 5기 교육위원 선거에서 전교조 후보들이 참패하고, 시도교육청 교육장, 교장, 교육부와 교육청 관료 출신들이 전체 교육위원의 60% 이상을 차지한 현상도 같은 맥락에서 이해할 수 있다. 선거의 양상과 결과를 두고 여러 가지 분석이 나왔다. 선거양상에서는 전교조나 한국교총 같은 교육단체들 외에 사학재단들도 후보를 냈고 보수단체가 지지하는 후보들 사이에 전교조를 의식한 단일화가 이루어졌다는 분석이 눈길을 끈다. 또한 보수언론들은 선거결과를 "국제중고 설립, 학력신장교육, 교원평가제, 교원성과급 차등지급제 등 사안마다 반대만 하는 전교조의 정책방침과 투쟁방식"에 대한 거부라고 분석했다. 소수의 학운위 위원들로만 선거인단을 구성하는 간접선거 방식 때문에 선거가 인맥·학맥에 좌우되었다는 분석도 있다. 학운위의 다수가 교장이 선호하는 사람들로 구성되는 현실 때문에 교장을 자기편으로 끌어들일 수 있는 사람이 절대적으로 유리할 수밖에 없다는 것이다. 폐쇄적인 선거제도가 끼친 영향도 무시할 수 없겠지만, 김지수 씨와 임주희 씨가 전해주는 학교 현장의 분위기를 생각하면 직접선거로 바뀐다고 해서 결과가 획기적으로 달라질 것이라고는 생각하기 어렵다.

김지수 씨의 이야기와 5기 교육위원 선거결과는 권력의 억압이 사라진다고 해서 민주적이고 공동체적인 가치가 시민사회 내부에서 저절로

'지당한 가치'가 되는 게 아님을 말해준다. 시민사회 내부에서 공익은 사익과 충돌하며, 공공선은 경쟁력이나 효율성 같은 다른 가치와 경합한다. 최장집 교수는 우리나라 시민사회의 특성을 역사적으로 분석하면서, 민주화 이후 시민사회의 이러한 변화를 '시민사회 대 시민사회'라는 테제로 요약했다.[10]

권위주의 시절 한국의 시민사회는 "국가권력이 중심이 된 헤게모니 구조에 통합되어 있는 보수적 시민사회"와 "민주화운동의 기반으로서의 비헤게모니적 시민사회"로 나누어져 있었다. 국가권력과 보수적 시민사회는 이념적·물질적 이해관계에 있어서 오랫동안 거의 완벽하게 한몸이었다. 그런데 민주화 이후, 특히 김대중 정부 이후에 양자 사이에 균열이 발생했다. 오랫동안 야당 생활을 했거나 민주화운동을 했던 세력이 국가권력의 중심부에 진출하면서 보수적 시민사회는 비로소 '자율'의 필요를 느끼게 되었다. 예전에는 국가가 나서서 자신들의 이익을 대변하고 지켜주었을 뿐 아니라, 갈등이 있다고 하더라도 비공식 핫라인을 통해 조절이나 타협이 가능했기 때문에 굳이 '자율적 활동'으로 권력의 심기를 거스를 필요가 없었다. 그러나 민주주의의 진전이 이 오래된 동맹관계를 흔들어놓음에 따라 보수적 시민사회는 이제 자신의 이념을 자기 목소리로 전파하고, 자신의 이익을 자기 힘으로 지켜내야 했다. 그래서 이를테면 전경련은 자유기업원을 만들어 정책·홍보 역량을 강화하고, 학교에서는 전교조나 참교육학부모회와 맞서는 교사, 학부모 조직이 등장했다. 예전에는 국가가 나서서 외치던 가치를 이제 보수적 시민사회가 직접 외치게 된 것이다. 그 결과 '시민사회 대 시민사회'의 갈등 구조가 나타났다. 국가권력과 저항적 시민사회 사이에 존재하던 갈등의 축이 시민사회 내부로, 보수적 시민사회와 진보적 시민사회 사이로 이동한 것이다.

이러한 변화가 생활세계에서는 이를테면 학운위 위원장인 김지수 씨가 찬조금을 거두려는 학부모회와 갈등하고, 참교육학부모회 회원이 학운위 진출을 "차단"당하고, 전교조 후보가 한국교총 후보에게 참패하고, 시의원인 김재일 씨가 경로할인제 폐지를 요구하는 부녀회 임원과 다투어야 하는 상황으로 나타나는 것으로 볼 수 있다.

갈등의 축이 '국가 대 시민사회'에서 '시민사회 대 시민사회'로 이동하는 것, 시민사회 안에서 서로 다른 가치가 경합하는 현상은 그 자체로는 바람직한 변화이다. 비정상적인 국가가 정상화되고, 허약한 시민사회가 성장하는 과정으로 볼 수 있기 때문이다. 그러나 구술자들이 전하는 생활세계의 의제와 담론 수준은 '민주주의의 사회화', 곧 민주적 가치가 시민들의 행위규범과 관행, 가치관으로 자리잡기까지에는 군부독재 타도 투쟁과는 성격을 달리하는, 또다른 '민주화' 과정이 필요함을 말해주고 있다.

'원론'으로는 설득할 수 없다

***** 어떻게 보면 시민단체나 이런 사람들은 훨씬 편할 수도 있어. 완전히 바깥의 조직인데, **우리는 내부야. 한 조직에 있어. 한 조직에 있는 사람끼리 갈등하고 설득하고 그래야 되는 것이 굉장히, 솔직히 인간적·심적으로 부담스럽고 피곤하고 힘들어요.** (…) 우리 같은 경우에는 특히 그걸 가로막는 게 여전히 유교적인 것도 많고, 정적인 사회도 많고. 우리가 뭔가를 의견을 내세우고 뭐 하려면 그런 게 가로막힌다고 항상. "아는 사이인데……." 뭐 하면 "어떻게 네가 그럴 수가 있니?" 합리적인 것이 그것〔비합리적인 습속〕과 아직도 범벅

이 돼서 그것〔소통〕이 어렵다는 것. 대화 나누고 뭐 하고 할 때 그런 것들이
아직도 많다라는 거지. (최태경, 30면)

최태경 씨는 날마다 얼굴을 마주하는 동료 교사들 사이에서 민주적
가치를 주장하고 설득하는 일이 "인간적·심적으로 부담스럽고 힘든" 일
임을 말하면서 "완전히 바깥의 조직인" 시민단체 활동을 그와 대비했다.
"바깥의 조직"이라는 표현은 '활동가들 중심'으로 '일상의 바깥'에서 조
직되어 '주장하고 요구하는' 일을 주로 한다는 의미를 담고 있다고 볼 수
있다. 시민단체는 가령 정보통신부 앞에서 "부당하게 높게 책정된 통신
요금을 인하하라"고 외치고 돌아오면 되지만, 최태경 씨는 오늘 교장과
설전을 벌이면 한달 이상 그 후유증을 견뎌야 한다. 시민단체는 기자회
견을 열어 건설교통부 정책의 문제점을 조목조목 지적하면 되지만, 그는
학운위에서 교무부장의 논리를 반박했다가 "어떻게 〔나이도 어리고 서
열도 낮고 여자인〕 네가 〔연장자이고 상관이고 남자인 내게〕 그럴 수가
있니?"라는 비난을 들어야 한다.
　　생활조직 속에서의 개혁, 일상 속에서의 개혁은 어떤 점에서는 독재
권력을 타도하는 투쟁보다 힘들다. 구속이나 투옥은 없지만, 우리 사회
의 비합리적인 습속과 관행에 맞서며 인간적인 갈등을 견뎌내야 한다.
일상의 습속을 거스르는 투쟁은 최루탄 속에서 경찰과 대치하는 투쟁만
큼 격렬하지 않지만 결코 그것보다 쉽지 않다. 그것은 다른 마음가짐, 다
른 능력, 다른 방법론, 다른 어법을 요구한다.

***** 　요즘은 민원이 그렇게 일방적인, 그런 안하무인격 민원은 거의 없어요.
민원인들의 수준도, 예를 들면 그린벨트 지역에 있는 주민들이 왜 그린벨트
제도가 문제인지, 왜 우리 집이 해제되어야 하는지를 아주 논리정연하고, 법

적인 문제, 어떤 인권적인 문제, 제도적인 문제, 그리고 담당 건교부 직원의
답변도 받아오고. 그러니까 이게 단순히 "환경을 위해서 이걸 보존해야 된
다." 이런 차원으로 접근하다가는 아예 말 자체가 안되는 거죠. 왜냐하면 이
게 행정 정보가 공개 폭도 넓어지잖아요. 웬만하면 다 접근할 수 있고, 인터
넷에 공개되고. 그리고 사람들 자체도 이제 재산권에 대한 문제, 인권에 대한
의식도 높아지고, 특히 재산권에 대한 것은 뭐 악착같죠, 정말. 그런 재산권
과 관련된 문제에 대해서는 뭐 이렇게 **원칙적인 어떤 내용, 일반 상식적인 내용
가지고는 설득할 수가 없는 거죠. 설득력이 없죠.** 재산세 인하 문제도 그렇죠. 저
도 뭐 이날 고생했는데 어떻든 "조세공평을 위해서 어떻게 해야 된다." 이거
가지고는 안되는 거죠. 군이 하나하나 수치도 따져보고 계산도 해보고, 저도
그때 박사 됐었어요. (김재일, 3면)

시민사회 내부에서 다른 가치와 경합할 때, 민주적 가치가 공감을 얻
는 길은 오직 하나뿐이다. 설득. 그 외에 다른 방법은 없다. 민주적 가치
가 사람들 사이의 소통을 더 자유롭게 하고, 우리의 일상을 더 합리적으
로 만들고, 지역공동체를 더 따뜻하게 변화시키며, 궁극적으로 공동체
성원 모두의 삶의 질을 향상시킨다는 것을 설득하고 보여주지 못하면 민
주적 가치는 공허한 '공자님 말씀'에 불과하다. 옳다고 해서 저절로 이길
수는 없는 것이다. "원칙적인 어떤 내용, 일반 상식적인 내용가지고는 설
득할 수가 없다"는 김재일 씨의 말은 바로 그 점을 지적하고 있다. "안하
무인격 민원"은 이제 거의 없다. 그린벨트 해제를 요구하는 민원인들은
필요한 정보를 수집하고, "법적인 문제, 인권적인 문제, 제도적인 문제,
그리고 담당 건교부 직원의 답변"까지 검토해 "논리정연"하게 자신들의
요구를 정리해 온다. '환경보존'이라는 앙상한 '원론'으로는 설득할 수가
없는 것이다. '시민사회 대 시민사회'의 국면은 "하나하나 수치도 따져"

보는, 시민들의 생활감정에 부합하는 구체적이고 세밀하고 풍부한 소통
능력을 요구한다. 이는 민주적 가치를 지지하는 시민사회 부문이 변화해
야 한다는 말에 다름아니다.

** 3년 전에 '비권'이라고, 자기네들은 '비권'이라고 해서 총학생회 후보가
경선이 됐거든요. 그때 한참 대자보에 눈요기가 많았어요. 뭐, 운동권 비방해
서. "아직도 빨갱이를 원하십니까?" "우리는 새로운 레볼루션(revolution)이
다." 그러면서 그때부터 이제 '비권'이 ㅇㅇ[구술자의 캠퍼스 이름]을 잡았거
든요? 그러니까 매년 '운동권' '비권' 하는데 운동권이 져요. '비권'이 학생회
를 잡아요. 그게 뭐냐면 학생들한테 운동권에 대한 비호감이 있다는 거거든
요. (…) 그러니까 '학생회라고 하면 학교 내에서 정말 열심히 해야지 학외 가
서 하는 게 과연 잘하는 것인지.' '학생회라는 게 우리를 위한 학생회고, ㅇㅇ을
위한 학생휜데, ㅇㅇ을 위한 것이면 ㅇㅇ에서 활동을 하지 왜 밖에 나가서 그
런 것을 하냐.' 그런데 그런 걸 한다는 게 당장 피부에 느끼지 못하더라도 대
학생이 할 수 있는 사회변혁적인 의미는 있잖아요. 사회를 변화시킬 수 있는
일. (…) '비권' 학생회가 하는 걸 보면 좀 우민정치를 하고 있다고 느끼거든
요. '비권'에서는 운동권이 했던 걸, 그 동안의 일들을 다 부정하거든요. (…)
저도 학생회 일 쭉 했는데, 선배들 보면서 '아, 이건 좀 아니다'라고 느낄 때가
많았거든요? 그러니까 그 전에, 소위 말해서 90년대 초반에 학생회를 했던 것
들이 많이 세습이 돼요. 그러니까 군대에서 뭐 악습이 세습되는 것처럼 학생
회에서도 그런 게 있거든요. 근데 운동권 학생회들이 그동안에 그런, **시대가
변하면 학생회도 따라서 변해야 되는데, 그런 변화에 못 맞춘 것 같아요. 그래서
어쩌면 지금 이렇게 되는 게 그동안의 운동권에 대한 결과인 것 같아요.** 학우들
의 욕구를 따라가지 못한 잘못이고, 어쩌면 '비권'이 하는 게 더 잘할 수도 있
을 테고, 그런 것 같아요. (최현우, 5~6면)

최현우 씨는 서울 소재 대학의 한 수도권 캠퍼스 외국어학과에서 조교로 일하고 있다. 99년도에 입학해 학생회 일을 하다가 군대를 다녀왔고, 복학한 뒤에는 학과 학생회장으로 활동하기도 했다. 그는 학생회를 둘러싼 대학사회 내의 변화를 이야기하면서 '운동권'과 '비(운동)권'을 '양비양시(兩非兩是)'의 관점에서 평가했다.

최현우 씨는 먼저 '비권'이 총학생회를 "잡는" 현실을 이야기하면서 '운동권'에 대한 일반 학생들의 "비호감"의 원인이 학내 활동은 도외시하고 학외의 '정치활동'에만 몰두해온 데 있다고 진단한다. 그는 학우들의 그런 "욕구"를 인정하는 태도를 보이면서도 단서를 단다. 학외의 정치활동은 "당장 피부에 느끼지 못하더라도 대학생이 할 수 있는 사회변혁적인 의미"는 있는 것인데, '비권'에서 "운동권이 했던 그동안의 일들을 다 부정"하는 것은 "좀 우민정치"가 아니냐는 것이다. 그는 학생회가 등교하는 학생들에게 빵과 우유를 나눠주는 것을 "우민정치"의 예로 들었다. "그 돈으로 정말 학생회 사람들이 밥 사먹으면서 대학생을 대표해서 FTA 반대투쟁 나가서 열심히 하는 것"이 옳다고 그는 생각한다. 평소에 학생들의 일상적 요구에 기초한 활동, 가령 학교 환경개선이나 취업에 도움이 되는 프로그램을 개발하는 등의 활동을 잘해야겠지만, 사회적으로 중대한 사안에 대해서는 학생회가 전체 학생들을 대표해서 정치적 활동도 해야 한다는 것이다.

그러면서 동시에 그는 "운동권 학생회"의 문제를 지적한다. "지금 이렇게 되는 것"은 "시대가 변하면 학생회도 따라서 변해야 되는데, 그런 변화에 못 맞춘 결과"이다. "학우들의 욕구"가 무엇인지, 어디에서 비롯되는 것인지를 성찰하고, 그 위에서 "사회를 변화시킬 수 있는 일"을 할 수도 있을 텐데, 운동권 학생회는 그런 성찰 없이 운동의 "악습을 세습"

하며 지지를 잃었다. 자신들이 진리를 독점한 양, 일반 학생들을 그저 '계몽'의 대상, '동원'의 대상으로만 여기는 행태를 그는 악습의 예로 들었다. 운동권 학생회가 쓴 문건을 보면 인식틀과 구사하는 용어, 구호가 이십년 전과 너무도 똑같아서 민주화 이후 가장 변화하지 않은 곳이 운동권이 아닌가 싶을 정도이다.

그가 보기엔 변화하지 않는 '운동권'과 그동안 운동권이 한 일을 모두 부정하는 '비권' 모두가 한쪽으로 기울어져 있다. 양자는, 한쪽이 왼쪽으로 기울어져 있으면 그에 비판적인 다른 쪽은 오른쪽으로 기울어지는 관계에 놓여 있다. 그런데 "어쩌면 '비권'이 하는 게 더 잘할 수도 있을 테고"라는 마지막 문장에서 드러나듯이, 그는 '운동권'이 "비호감"이 된 현실을 부당하다고 생각하지는 않는다. 변화하지 않아서 낙후된 것이므로 운동권을 비판하며 등장한 '비권'이 학생회를 구성하는 것이 민주적 경쟁의 원칙에 맞는 일이라고 그는 생각한다.

'비권'이 총학생회를 구성하고, '운동권'이 고립되는 현상은 최현우 씨 학교만의 일이 아니고 어제 오늘 일도 아니다. 연세대 최평길 명예교수 연구팀은 1977년, 1987년, 1993년, 2005년에 각각 전국 대학생 1,500~3,000명을 대상으로 대학생활, 국내외 문제에 대한 인식, 학생운동에 대한 시각 등을 심층면접하여 그 변화추이를 분석했다.[11] 대학생들의 관심사는 20년 사이에 극적인 변화를 보이고 있다. 1987년에는 반독재민주주의, 사회 부정부패 항거, 반외세 민족자립 같은 정치적·사회적 의제가 관심사의 90% 이상을 차지했는데, 2005년에는 전공학과 공부, 취직 준비, 인간관계 확대가 90% 이상을 차지하고 있다. 학생운동에 '심정적 동의'를 보내는 비율은 10명 중 8명에서 3.5명으로 줄었다. "모든 민주화운동의 선봉에서 가장 큰 희생을 감수하면서 전선을 돌파한 운동의 보병부대"[12]였다는 평가를 받는 한국 학생운동의 전통을 생각하면 실로 엄청난 변화이다. 그러나 이 또한 국가와 시민사회가 '정상화'되고 있음을 말해 주는 현상이라고 볼 수 있다. 한국의 시민사회는 이제 지식계급 청년들의 정의감에 기댈 필요가 없을 만큼 양적으로 팽창했다. '운동권'은 이제 대학이라는 '시민사회 내의 한 부문'에서 '비권'과 경합한다. 세계사적으로 유례가 없다는 평가를 받는 학생운동의 빛나는 전통도, 현실에 비추어 기존의 입장과 가치를 성찰함으로써 인식의 지평을 넓히고 새로운 가치를 생성하지 못하면 '비호감'의 대상이 되는 결과를 막지 못한다.

'시민'은 어떻게 탄생하는가

***** 시민들이 그런 모습을 보이는 것이 가장 큰 이유가 시민혁명을 경험하지 못한, 물론 4.19나 이런 것들은 있었지만, **시민혁명과 문화나 이런 것들을 자기들 스스로 만들어낸 경험이 없는 그런 것이 있는 것 같고요**. 그 담에 그런 민주적인 삶의 양식, 저는 결국은 그게 삶의 양식, 삶의 방식의 문제라고 생각을 하는데 그런 걸 만들어볼 기회가 없었다고 생각해요. 저는 그분들이 악하기 때문에 그렇다고 생각하지 않거든요? 사람이 당연히, 이해관계 없이 다 무슨 성자처럼 살라고 할 수 없는 거고. 이해관계와 공적 가치가 조화를 이루는 건데 결국은. 근데 이 이해관계는 가만히 놔둬도 잘 성장하는 거잖아요. 근데 이 **공적 가치에 대해서 배우고, 익히고, 느낄 기회가 너무 부족하다는 거죠**. (…) 자원봉사든 아니면 여기저기서, 간접경험이든 뭐든 간에, 교육이든 간에, 공교육을 통해서든 그런 학습과 체험의 기회가 풍부해져야 하는 거구요. 첫번째가. (오원식, 12면)

오원식 씨는 한국의 시민사회가 양적으로 팽창했음에도 불구하고 공공적으로 사유하고 행동하는 능력이 모자라는 이유를 두 가지로 들었다. "시민혁명을 경험하지 못했고" "공적 가치에 대해서 배우고, 익히고, 느낄 기회가 너무 부족하다"는 것이다. 이승만 정권을 무너뜨린 4·19혁명도, 군부독재를 종식시킨 87년 6월 항쟁도 적어도 그가 이해하는 바로는 시민혁명이 아닌 셈이다. 그가 생각하는 시민혁명은 "민주적인 삶의 양식"을 "자기들 스스로 만들어"내는 것이다. 민주주의란 근본적으로 '시민들이 스스로를 통치하는 체계'로서 인간의 존엄성, 자유, 평등, 인권 같은 공적인 가치 위에서 성립된 것이다. 따라서 "민주적인 삶의 양식을 자기들 스스로 만들어내는 것"으로서의 시민혁명은 곧 "공적 가치에 대해서 배우고, 익히고, 느끼는" 과정에 다름아니다. 그렇게 본다면 오원식 씨는 같은 말을 되풀이한 셈인데, "시민혁명을 경험하지 못했다"는 앞의 말은 한국 현대사의 '사실'을 강조한 것이며, "공적 가치에 대해서 배우고, 익히고, 느낄 기회가 부족하다"는 뒤의 말은 그러한 '역사적 사실'이 시민들의 삶 속에서 드러나는 양상을 강조한 것으로 볼 수 있다. 어쨌든 그런 정의에 따른다면, '한국 시민사회는 진정한 시민혁명을 경험해본 적이 없다'는 오원식 씨의 생각은 틀리지 않다.

한국의 '민주화 이행양식', 다시 말해 한국사회가 권위주의에서 민주주의로 이행하는 과정에서 보인 특징을 흔히 '배제적 민주화' '협약에 의한 민주화' 같은 말로 표현한다.[13] 민주화운동의 핵심세력이 정작 민주주의를 '제도화'하는 과정에서는 배제되었다는 것이다. 군부독재 정권을 물리친 핵심세력은 학생운동을 중심으로 한 사회운동 세력과 저항적 시민사회였다. '군부독재 타도'와 '직선제 개헌'이라는 요구를 내걸어 광범위한 시민계층의 지지를 받음으로써 군부독재를 무너뜨리지만, 저항적 시민사회는 그 밖에도 많은 민주주의적인 요구를 안고 있었다. 그런데 이후 새로운 체제의 틀을 만드는 과정에서는 기존의 '구체제' 세력과 제도권의 보수적 야당만 '협약'에 참여했다. 그들은 협상테이블에서 주로 정치일정과 권력선출을 둘러싼 절차에 대해서만 논의했다. 따라서 중앙 정치 영역의 절차적인 문제 이외에 시민사회의 다른 민주주의적 요구들은 충분히 대표되지도, 논의되지도, 반영되지도 못했다. 7~9월에 터져나온 노동자들의 요구가 배제된 것이 대표적인 예다. 따라서 6월 항쟁의 성과는 '제도정치'의 틀 안에 갇혀버렸고, 사회조직 전반이 민주적인 원리에 의해 재검토되고 재조직되는 사회민주화로 나아가지 못했다. 시민사회가 협약의 주체로 참여하지 못한 것, 다시 말해 시민사회가 민주주의의 제도화 과정에서 배제된 이유는 간단히 요약할 수 있는 문제가 아니지만, 우리나라 정당정치의 특성과 구조가 중요한 원인으로 지적된다.(8장 참조)

그런데 민주화 이행의 양식은 이후 민주주의가 진전되는 양상에 영향을 미친다. 어떤 식으로 민주화가 이루어졌는지가 이후 민주주의의 내용과 질을 좌우하는 요소로 작용한다는 말인데, 이를 흔히 '경로의존성'(path-dependency)[14]이라고 한다. 시민사회가 배제된 민주화, 제도권 정치지도자들 간의 협약에 의한 민주화는 시민사회가 "민주적인 삶의 양식을 스스로 만들어내고" "공적 가치에 대해서 배우고, 익히고, 느낄" 기회를 제약하는 결과를 낳았다. 권위주의적인 정치권력뿐만 아니라, 권위주의체제 아래서 수십 년을 살아오면서 사회 전반에 '계통발생'된 미시적인 체제들과 행위규범, 습속을 '민주주의의 눈'으로 성찰하고 개혁해야 한다는 문제의식은 87년 협약의 '공식적 의제'로 등록되지 못했다. 6월 항쟁은 '시민의 힘에 의해' 독재정권을 퇴진시켰다는 의미에서 '시민'혁명이었을 뿐, 삶의 양식을 근본적으로 바꾸지는 못했다는 점에서 시민'혁명'이 아니었던 것이다. 그렇게 본다면 시민사회 내부에서 사익과 공익이 충돌하고, 진보적 가치와 보수적 가치가 경합하며, '구체제'의 구조물과 '새로운 사회'의 싹이 씨름하고 있는 바로 지금이야말로 어쩌면 민주주의의 진정한 '이행기'인지도 모른다. 앞으로 한국 민주주의가 어떻게 나아갈지는 전적으로 시민사회가 지금의 이행기를 어떤 가치에 의거해, 어떤 방식으로 통과해가는가에 달려 있을 것이다.

입주자대표회의를 통해 본 이행기의 동네정치 풍경

중고차 매매업을 하는 송정환 씨는 6년 전 서울에서 가까운 한 도시에 아파트를 분양받았고, 입주한 이듬해 입주자대표회의 회장이 되었다. 송정환 씨가 회장으로 재임하던 시기에 그가 사는 아파트는 시가 선정하는 '살기 좋은 아파트'로 뽑혔고, 그때 얻은 신망에 힘입어 그는 동네 주민자치위의 간사로도 활동했다. 입주자대표회의에서 얻은 신망을 바탕으로 주민자치위, 지역시민단체로 활동의 폭을 넓혀온 그는 지역 시민사회에 상당한 영향력을 발휘하는 '저명인사'이다. 그래서 5·31 지방선거를 앞두고 시의원 출마 권유를 받기도 했다. 지방정치의 주요한 역할 가운데 하나로 흔히들 '풀뿌리 민주주의를 통한 정치 지도자의 발굴과 육성'을 꼽는데, 송정환 씨는 그 모델이 될 만한 분이다. 그는 아파트입주자대표회의를 중심으로 동네정치의 일상적인 풍경을 생생하게 들려주었다.

아파트입주자대표회의에는 어떤 사람들이 참여할까?

***** 제가 아파트연합회에 가서 보면 공공택지를 개발한, 인프라가 좋은 그런 아파트들은 역시 대형 평수도 있고 그러니까 주로 퇴직한 공무원들, 그리고 경찰관이나 뭐 이런 쪽도 많고요. 예비역들, 뭐 영관급들 이 정도가 많아

요. 장성급들은 아니라도 영관급들. 그런데 조합아파트나 이렇게 좀 단지가 작은 아파트, 같은 아파트지만 좀 독립된 아파트고 주거환경이 약간 거기[대단지]에 비해서 열악하다고 하는 아파트들은 주로 이제 직업이 없는 사람들, 택시, 개인택시 운전사, 부동산업자……. 특히 관리소에서 제일 기피하는 게 개인택시 운전사하고 부동산업자예요. 트러블메이커니까. 직접적인 이해관계가 있으니까. 개인택시 운전사가 그렇잖아요? 요즘엔 안 그렇지만 예전에는 이틀 일하고 하루 놀고. 시간이 많으니까. 일을 만들어요. 참견하고. 온갖 소문 다 퍼뜨리고. 제일 기피 대상이고. 이제 요즘에는 주부들, 전업주부들도 관심이 있어요. (송정환, 3~4면)

입주자대표회의는 동대표들로 구성된다. 그런데 동대표의 특성은 아파트의 특성에 따라 달라진다고 한다. 단지 규모도 크고 평수도 넓은 '번듯한' 아파트에는 은퇴한 공무원들이 많고, 서민아파트에는 자영업자들이 많다. 전업주부들도 꽤 참여하는 편이다. 비율이 달라질 뿐이지 어떤 아파트나 이들 세 직업군이 다수인데, 이들의 공통점은 시간을 비교적 자유롭게 쓸 수 있다는 것이다. 시간에 쫓기는 직장인들은 대표회의에서 활동하기가 어려우며, 회장직을 맡기는 더욱 힘들다. 회장은 단지 내의 중요한 일들을 일상적으로 파악해야 하고, 모든 지출 사항을 일일이 결제해야 한다. 그리고 대개 50만원 정도의 '활동비'를 받는다. 이런 조건 때문에 앞서 말한 직업군의 사람들이 주로 대표로 나서게 되는데, 이는 '대표성'을 구조적으로 제약하는 요인으로 작용한다.

한편 아파트입주자대표회의는 시도별로 연합회가 다 조직되어 있고, 전국 조직(전국아파트연합회)도 구성되어 있다. 이들 연합조직의 임원들도 공무원 출신들이 많다(2006년 현재 전국아파트연합회 회장은 전직 국무총리이다). 단지별 대표자회의의 회장이 일정한 '대표성'을 가지고 동네정치에 관여하듯이, 시도별 아파트연합회는 지방정부나 지방의회에, 전국아파트연합회는 중앙정부나 국회에 아파트 입주자들의 이익을 대변하는 압력단체 역할을 한다. 송정환 씨는 대표회의나 그 연합조직이 "잘하면 민주주의에 순기능을 할 수 있다"고 보지만, 아직은 "관련 공무원들이나 업자들한테 접대받고" 선거 때 되면 "정치인한테 붙고" 하는 수준이라고 평가했다. 아파트 가구 비율이 53%[15]에 이르는만큼 아파트 입주자 대표조직이 다른 자치조직이나 행정기관과 협력할 경우 창의적이고 다양한 참여와 협치가 가능하다. 예를 들어 대표회의 회장이 주민자치위에 참여하면 주민자치위의 대표성을 강화할 수 있고, 대표회의가 단지 내 현안뿐 아니라 학교와 동네의 환경 문제 같은 것을 논의할 수도 있다. 그러나 아직은 단지 내 민원을 놓고 구청이나 시에 압력을 넣는 이익단체 기능에 머물고 있다. 연합조직도 마찬가지여서 "민주주의에 순기능적인 역할"은 가능성으로만 남아 있다.

주민들이 입주자대표회의에 참여하는 주된 동기는 무엇일까?

***** 일단 뭐 부녀회장, 동대표는 아파트 경비들이 인사부터 틀려지는데?〔웃음〕근데 그것도 뭐 벼슬이라면 벼슬이지. (송정환, 6면)

동네정치에서도 '대표'에게는 일정한 '권력'이 부여된다. 경비도 더 친절하게 대해주고, 고칠 게 있으면 관리소에서도 다른 집에 비해 더 빨리 와서 고쳐준다. 통장, 동장, 시의회 의원과 교류할 기회도 생긴다. 그래서인지 대표회의 안에서도 국회 못지않게 다툼과 갈등이 자주 일어난다. 대표들끼리, 또는 대표회의와 부녀회 사이에서 "경찰이나 검찰이 아파트 대표회의나 부녀회 때문에 골치 아파"할 정도로 진정·고소·고발이 자주 일어난다. 송사의 주된 내용은 '명예훼손'이나 '무고'이다.

***** 　무시당했을 때, 자기가 의사결정에서 배제되었다고 생각할 때. 그게 제일 크죠. 자기가 뭐 조직에서 무시당했다…… .(…) 그 다음에 갈등구조는 회장단의 이권개입 문제예요. 우리 아파트도 1기 때 그래서 분란이 났는데. 회장이 이권에 개입을 했다든가, 이런 데에 대해서 회장 추종파, 반대파. 관리대행업체 선정이나, 또 이권이 개입되어 있지 않더라도 외부업체를 선정할 때 호불호에 대해서 의견이 다른 경우가 상당히 많아요.(…) 자기 집을 잘 안 해줬다, 안 챙겨줬다 하면 전체가 다 그런 것처럼 얘기를 하니까, 대표들은. 전체적으로 객관적인 기준을 가지고 보는 게 아니라 '나에게 어떻게 대했느냐'에 따라, '내가 어떤 대우를 받았나' '내가 보니까 청소를 잘하기는 뭘 잘해' 그런 걸 가지고 평가하기 때문에. (송정환, 13면)

대표회의 내부에서 갈등과 다툼이 일어나는 주된 원인은 '조야하고 물질적인' 것들이다. '무시당했다'고 느끼거나, 대행업체 선정이나 청소, 소독, 보험, 엘리베이터 관리 등의 입찰을 둘러싸고 부정행위가 발생하거나, 또는 단순한 의견차이로도 싸움이 일어난다. 이쪽저쪽으로 패가 갈려 싸우는 파벌싸움도 흔하고, 몸싸움이 일어나 경찰 순찰차가 출동하는 일도 있다. 반대파의 전력을 조사해 '전과자'라고 인신공격을 하기도 하고, 근거 없는 음해성 소문을 퍼뜨리기도 한다. 특히 "대표회의와 부녀회는 70% 이상 갈등관계"에 있어 시에서 '살기 좋은 아파트'를 선정할 때 두 조직의 화합에 점수를 많이 배정할 정도라고 한다. 대표회의와 부녀회가 갈등을 빚는 것은 "돈 때문"이다. 부녀회는 알뜰시장을 유치하거나 광고물을 관리해 '수입'을 올리는데, 대표회의가 '법적인 조직'임을 내세워 '임의조직'인 부녀회를 수직적으로 통제하려고 할 때 싸움이 일어난다는 것이다.

송정환 씨의 경우, 권한이 회장에게 집중되니까 업자들이 회장을 표적으로 로비를 하게 된다고 생각해 복지, 시설, 총무 등으로 업무를 나누고 회장의 권한을 담당 임원들한테로 골고루 분산했다고 한다. 또 대표회의 때는 공식적으로 부녀회와 통장이 참관하도록 했고, 지출은 부녀회가 알아서 하되 내역을 공개하게 했다. 표결이 끝난 다음에는 소수표를 던진 대표들을 불러서 "당신들 주장 가운데 이런 부분은 타당하니 반영하도록 하겠다"고 얘기를 해서 혹시라도 '무시당했다'는 느낌을 가지지 않도록 애썼다고 한다. 그래서인지 두 차례 연임을 한 뒤에도 주민들은 그가 회장직을 계속 해주기를 원했다(하지만 장기집권은 반드시 문제를 일으킨다는 '신념'에 따라 물러났다고 한다).

임주희 씨가 사는 단지의 상황도 이와 다르지 않다. 전직 외교관과 경찰간부, 예비역 장성, 부동산업자, 학부모회 회장, 부녀회장 출신 등이 동대표를 맡아 심각한 파벌싸움으로 진정과 고소, 고발이 난무했으며, 알뜰장 업체로부터 돈을 받는 부정행위도 일어났다. 그러나 몇년 간 이런 상황이 계속되자 참다못한 주민들이 동대표들을 대대적으로 물갈이하면서, 세무사나 회사원, 시민단체 활동 경험이 있는 주부 같은 참신한 인물들이 대표회의에 진출하여 2006년에는 전과는 다른 모습을 보여주고 있다고 한다.

동네정치의 공간에서는 '대접받고 싶은 마음'을 비롯해 일견 유치하고 사소해 보이는 온갖 '인간적 상수'들이 행위의 동인, 갈등의 씨앗으로 작용한다. 많은 사람들이 국회의원들의 비민주적 행태를 비판하지만, 자극적인 비난, 멱살잡이, 욕설, 근거 없는 폭로, 이권개입, 고성과 호통 등 모든 국회 안에서의 일들이 동네정치 공간에서도 벌어진다. 그러나 송정환 씨가 주민들한테서 인정받고, 임주희 씨가 사는 아파트 단지의 입주자대표회의가 주민들의 '저항'에 의해 변화된 사실이 말해주듯 민주적 가치와 체계는 그러한 '인간적 상수'들 속에서 자리를 잡는다. 부대끼며 자리를 잡는 과정, 그것이 바로 '이행'이다.

시민교육의 방향과 방법

오원식 씨는 시민사회의 공공성이 높아지기 위해서는 공적 가치를 생각하고 체험할 수 있는 기회가 풍부해져야 한다고 강조했다. 오원식 씨뿐만 아니라 생활조직 '속에서' 활동하는 구술자들은 한결같이 시민교육의 필요성을 절실하게 느끼고 있었다.

＊ 전 기본적으로 사람들이 많이 하여튼간에 현장에, 좋은 방법으로 참여하든 건전하지 않은 생각을 갖고 참여하든, 어쨌든 일단은 참여를 해야 해요. 끌어들이는 게, 현장으로 끌어들이는 게 가장 중요한데, 일단 주부들이 책을 읽는 주부가 상당히 적어요. 그런데 가치관이라든가 이런 거는 어떤 성찰이 있어야 되잖아요? 그래야 세울 수가 있는데, 그렇게 **생각할 기회가 너무 없는 거예요.** (…) **일단은 그래도 그런 현장에 참여하시는 분한테는 그런 기회가 간다는 거예요.** (임주희, 41면)

임주희 씨는 가치관의 변화는 성찰의 기회가 있어야 가능하고, 그런 기회는 "일단은 참여"를 해야 주어진다고 강조한다. 설혹 "건전하지 않은 생각", 곧 사적인 이익을 얻을 목적으로 오더라도 참여하지 않는 것보다는 그게 더 낫다고 생각한다.

특수학교 교사인 박영주 씨도 비슷한 이야기를 했다.

***** 많이 접해보면서 '불편하겠다'라고 하는 것을 인식을 하면서 알게 하는 것이 중요해요. 저도 아이들, 꼬맹이들 통합교육을 여러 번 시켜봤지만 동화책으로 접근을 해서 장애를 얼마만큼 이해하느냐, 아니면 장애체험 프로그램 몇가지를 가지고 했을 때 얼마만큼 이해하느냐, 활동 자체를 같이했을 때 얼마만큼 이해하느냐. 이 세 가지를 해봤는데, 그중에서 아이들하고 직접 몸으로 부딪치면서, 아이한테 내가 도움을 주면서 했을 때 가장 큰 변화가 있더라고요. (…) **그럴 기회가 의외로 적어요. 저는 제가 특수교육 바닥에 있기 때문에 그것도 이해해요. "그걸 몰라?" 이렇게 하기도 하는데, 의외로 잘 모르시더라고요.** (…) 제가 여기 오기 전에 ○○동 쪽에 있었는데, 거기에는 특수학교가 두 군데, 사회복지관 하나에 굉장히 학군도 좋아요. 초반에는 그런 시설물 들어서는 것에 대해서 다들 반대하고 난리를 쳤다고 그러더라고요. 그런데 지나가면서 자원봉사 오신 분들한테 "이곳은 복지타운이다. 이렇게 더불어 살고, 이렇게 장애인 시설이 많은 곳이라고 하면 이곳에 사시는 분들의 인격도 상당히 높을 것으로 기대한다." 그랬더니 굉장히 흐뭇해하시면서 가시더라고요. (박영주, 21~22면)

장애인에 대한 편견을 가진 사람들을 보고 "그것도 몰라?" 힐난하지만, "의외로 그럴 기회가 적다"는 현실을 알기 때문에 박영주 씨는 그런 분들에게도 "기회"만 주어진다면 "변화"가 있을 것이라고 믿는다. 특수학교 들어설 때 반대했던 동네 주민들이 자원봉사에 나서게 되는 변화를 겪는 것처럼, 체험은 이해의 폭을 넓혀준다. 두 분의 이야기는 민주적 가치를 체험하고 이해할 수 있는 기회를 다양하게 많이 만들어 시민들이 그런 기회에 좀더 쉽게 접근할 수 있도록 하는 것이 시민운동의 주요한 과제가 되어야 함을 일깨워준다.

그런가 하면 김지수 씨는 시민교육이란 이름 아래 현재 이루어지는 교육들의 문제점을 지적하면서 시민교육의 내용과 방식이 더 다양하고 풍부해져야 함을 일깨워준다.

****** 사실 교육청에서 교육을 받으러 오라고 해요. 운영위원들도 받으러 오고, 운영위원장도 받으러 오고. 또 학운협〔학교운영위원협의회〕 단위에서도 교육을 해요. 그런데 아까도 얘기했지만 첫째 '듣기'가 안되고, 둘째 '그게 실질적으로 나한테 도움이 안된다.' 왜냐하면 출발이 다르니까. 출발이 어떤 공적인 역할을 하기 위해 들어온 게 아니라 사적인 거기 때문에 듣기가, 관심이 없으니까 안된다고요. 그러니까 교육을 사실 학부모가 해야 돼요. 학부모 입장에서 '내가 이랬더니 이렇더라'라는 사례를 중심으로 얘기를 하면 귀에 좀 들어와요. 그런데 이제 교육청에 있는 교육하시는 분은 장학관이잖아요? 이렇게 빔 프로젝트 탁 쏴가면서 하는데 귀에 안 들려요. **그 말들이 또 너무도 흩어지는 말들이잖아요.** (김지수, 34면)

학운위나 주민자치위 같은 공적 조직들은 관련된 기관들이나 상급단체에서 교육을 받는다. 그런데 교육 내용이 상투적이고 의례적일 때가 많아서 '민주적인 가치를 성찰할 수 있는 기회'가 되기보다 할 수 없이 듣는 '훈화 말씀'에 그칠 때가 많다고 한다. "학부모 입장에서 '내가 이랬더니 이렇더라'라는 사례를 중심으로 얘기를 하면" 효과가 높아지는 이유는 학부모들이 어떤 문제로 고민하는지, 어디가 가려운지를 잘 아는 강사가 일상적으로 쓰는 용어나 표현법으로 할말을 전달하기 때문이다. 이 말은 시민교육의 설득력은 '논리'가 아니라 생활현장에 뿌리박은 풍부한 체험과 이해에서 나온다는 걸 뜻한다. 생활조직 속에서의 일상적 개혁활동에 더 많이 참여할수록 시민교육의 역량도 높아지는 것이다.

＊ 주민들 의사를 듣기 위해서 그런 거니까 여기선 예산을 가지고 있으면 서 어떤 계층에 대해서 딱딱 규정을 해줘야 되는 거죠. 그때는 시민단체들, 거기 나서줘야 되는 거거든요? 그런데 웃기죠. 참여, 참여 그러면서 그런 데 는 죽어도 참여 안해요. 그 지역사회에서 그런 데 참여해서 해야 하는데. (이 병준, 104면)

이병준 씨는 관변단체가 아니라 진짜 '주민여론'을 듣기 위해서는 공 적 조직을 구성할 때 인적 구성의 원칙을 세밀하게 명문화하는 등의 제 도적 보완 조치가 필요하다고 생각한다. (송정환 씨도 장차 주민자치위 원도 선출하도록 해서 지방자치의 기초조직이 되도록 해야 한다는 견해 를 밝혔다.) 그러면서 그는 시민단체를 비판했다. "참여, 참여 그러면서 그런 데는 죽어도 참여 안"한다는 것이다. 생활조직을 소중하게 생각하 고 적극적으로 참여하는 풀뿌리 시민단체들이 없는 게 아니라는 점에서 다소 지나친 비판일 수도 있지만, 명망 있는 시민단체들이 주로 사회적 의제나 쟁점을 중심으로 제도개선 활동에 치중하는 현실을 비판하는 취 지로 이해된다.

시민교육의 역량은 시민사회의 민주적 역량에서 나온다. 예컨대 독일 에서 공부한 어떤 분은 정기적으로 열리는 유치원 학부모 모임에 갔다가 반파시즘 교육을 받은 경험을 들려주었다. '파시즘'이라거나 '반파시즘' 같은 거창한 단어를 쓰지도 않고 일상의 평범한 사례들을 들며 이야기했 지만, 사회학을 전공한 그분이 듣기에도 정말 훌륭하게 반파시즘 메씨지 를 전달하더라는 것이다. 어떻게 일상의 공간에서 이런 교육이 자연스레 이루어질 수 있을까 싶어 알아봤더니, 어떤 노인이 '반파시즘 교육에 써

달라'며 유산을 기부해서 만들어진 재단에서 주관하는 프로그램이었다고 한다.

최근, 시민교육에 관심이 있는 현직 사회교사 20여명이 미국, 영국, 독일, 프랑스, 스웨덴 5개국의 시민교육 교과서를 번역했다고 한다.[16] 시민교육이 공교육의 교과로 포함되어 있다는 사실도 그러려니와 교과서의 내용도 그 나라 시민사회의 역량을 잘 보여준다. 자료의 번역과 분석에 참여한 한 교사는 서구 시민교육 교과의 가장 큰 특징으로 "정의, 연대, 인권, 평등과 같은 추상적 가치가 실제 생활에서 어떤 모습으로 드러나는지 알 수 있는 사례와 질문을 제시한다는 점"을 꼽았다. 가령 미국 중학교의 시민교육 교과서는 실력 있는 사람이 아니라 개인적으로 친분이 있는 사람들을 선수로 내보내는 학교 농구팀 주장, '배워야 할 필요가 가장 많다'는 이유로 재능이 없는 학생들만을 모집하는 음악예술학교, '호수의 장점을 가장 잘 이용할 수 있다'는 이유로 훌륭한 수영선수나 보트를 소유한 사람만 호수 주변의 집을 살 수 있도록 한 지방정부를 예로 들어놓고 학생들에게 이렇게 묻는다. "여러분은 위 상황이 공정하다고 생각합니까? 왜 그렇게 생각합니까? 정의를 이야기할 때 가장 중요한 개념은 '공정함'입니다. 그러나 정의와 관련해 공정함을 넘어서는 다른 '가치'는 없는 것일까요?" 또 영국의 교과서는 미디어를 다루는 장에서 '사람들이 자신에게 유리한 정보를 언론을 통해 어떻게 교묘하게, 그러나 효과적으로 유포할 수 있는지' 알아보기 위해 학교 내에서 할 수 있는 재미있는 실험을 제안한다.

반파시즘 교육에 써달라고 유산을 기부하고, 유치원 학부모들의 평범한 모임에서 일상의 언어로 파시즘의 문제를 일깨워주는 교육이 이루어질 수 있는 것은 독일의 시민사회가 나치즘의 뼈아픈 경험을 사유하고, 해석하고, 성찰해왔기 때문이다. 미국이나 프랑스, 영국에서 '이론'이 아니라 '정서적으로' 민주주의를 받아들일 수 있도록 하는 시민교육 교재가 나올 수 있는 것은 '조야하고 물질적인 가치를 둘러싸고 벌어지는 싸움'을 통해 민주적 가치를 귀납한 경험이 있기 때문이다. 우리 시민사회가 사실상의 이행기를 얼마나 치열하게 '몸으로' 겪어내느냐에 따라 우리나라 시민교육의 수준이 결정될 것이다.

***** 저는 민주시민교육 구성요소가 크게 권리의 요소와 책임의 요소가 있다고 생각해요. 권리는 자신을 위한 것이고, 책임은 모두를 위한 것이죠. 그런데 우리 90년대 시민운동이 막 활성화되고 분화되면서 어디에 많이 기대어 있었냐 하면 시민의 권리의식에 많이 기대었거든요? 소비자운동이 폭발적으로 증가되고, 환경운동도 그렇고, 정치개혁도 참정권, 혹은 정치 소비자로서 기대서 많이 왔기 때문에. 물론 그것도 필요한 것이고 많은 성과가 있었기는 하지만 이제는 그 **권리 중심의 교육에서 벗어나서 책임이 필요한데, '책임' 하면 너무 무겁잖아요. 제가 생각해낸 말은 '사회와, 공동체와 나와의 올바른 관계가 어떻게 맺어질 것이냐.'** (…) 나는 그러니까 신문에 칼럼 쓰는 것 같은 것은 그렇게 책임 있는 어떤 대화라고 생각하지 않거든요? 그런 것은 누구나, 언론이 하는 식의 논평이나 성명서식은 누구나 할 수 있는 것이기 때문에. 대신에 그 사람들한테 관심 가지고 "그래, 너 하고 싶은 것 다 하고 사는 것 좋은데 혹시 이런 것은 생각해봤니?" 예를 들어서 자원이 한정되어 있는데 네가 이만큼을 쓰면 다른 사람들이 쓸 게 이만큼이 줄어든다거나 이런 식의, '사회와 나와의 관계 맺기'에 대한 것들을 이제는 힘써야 되지 않을까. (오원식, 9면)

오원식 씨는 시민교육이 이제는 '권리'에서 '책임'으로 무게중심을 옮겨야 한다면서 '책임'을 "사회와 나와의 올바른 관계 맺기"로 풀이했다. 그리고 '자원이 한정되어 있는데, 내가 이만큼을 쓰면 다른 사람들이 쓸

게 줄어들겠구나' 하고 생각할 줄 아는 것을 "관계 맺기" 방식의 예로 들면서, 이를 "논평이나 성명서" 방식과 대비시키고 있다. 나와 대립한 대상을 향해 무언가를 요구하거나 주장하는 "논평이나 성명서"가 권리의식의 발현이라면 "관계 맺기"는 공동체 속에서 자신의 위치와 역할을 인식하는 책임의식의 발현이라는 것이다. 시민교육이 책임의 요소를 강조하는 방향으로 가야 한다는 그의 견해는 시민사회가 민주적 가치를 사회화하는 주체로서 스스로의 책임성을 높여야 한다는 말에 다름아니다.

한국의 시민사회는 1980년대의 민주화투쟁을 통해 국가권력을 민주화했으며, 이후에도 국가권력이나 정치사회, 대기업을 상대로 권리확보 중심의 활동을 해왔다. 국가권력을 민주화하고 그것을 일상적으로 감시하고 견제하는 일은 물론 시민사회의 중요한 과제이다. 그러나 국가권력의 민주화가 민주주의의 완성이 아닌 것처럼, 민주주의에 대한 시민사회의 역할과 책임도 국가를 감시하고 견제하는 데서 그치지 않는다. 시민사회는 국가권력을 통제하는 한편으로 시민사회 내부의 자율성과 민주성, 시민성(civility)을 높여나가지 않으면 안된다. 다시 말해 가정·학교·직장·마을 등 생활세계의 모든 공간을 민주화하고, 그 과정에서 자발적 참여와 협력을 체험하고, 사회적 연대와 공동체적 가치를 공유함으로써 스스로를 민주화해야 하는 것이다. 시민사회 내부의 민주화가 바로 '사회민주화'이며, 시민사회 내부의 자율성과 민주성이 커질수록 민주주의는 공고화된다. 이는 국가에 요구해서 '쟁취'할 수 있는 것이 아니라 전적으로 시민사회 스스로가 '성취'해야 할 과제이다.

5장

다수자와 소수자

우리의 허약한 육체를 가리고 있는 의복들, 우리가 쓰는 불충분한 언어들, 우리의 가소로운 관습들, 우리의 불완전한 법률들, 우리의 분별없는 견해들, 우리가 보기에는 참으로 불균등하지만 당신이 보기에는 똑같은 우리의 처지와 조건들 사이에 놓여 있는 작은 차이들, 즉 인간이라 불리는 티끌들을 구별하는 이 모든 사소한 차이들이 증오와 박해의 구실이 되지 않도록 해주소서.　　　　　　　　　　　—볼테르 『관용론』(한길사 2001).

소수자의 시민권 ── 민주주의의 질을 보여주는 지표(指標)

생물학에는 지표생물이란 것이 있다. 기후나 토양 같은 환경조건에 민감해서 특정한 조건이 충족되어야만 살 수 있는 동식물을 일컫는 말인데, 그 생물을 지표로 삼아 어떤 지역의 환경조건이나 오염정도를 측정해낼 수 있기 때문에 그런 이름을 얻었다. 가령 쇠뜨기나 수영이 많이 자라는 곳은 토양이 산성이고, 열목어가 사는 하천은 일급수임을 알 수 있다.

대한민국 헌법은 제2장에서 국민의 권리와 의무를 밝혀놓고 있다. "모든 국민은 인간으로서의 존엄과 가치를 가지며, 행복을 추구할 권리를 가진다. 국가는 개인이 가지는 불가침의 기본적 인권을 확인하고 이를 보장할 의무를 진다"(제2장 10조). "모든 국민은 법 앞에 평등하다. 누구든지 성별·종교, 또는 사회적 신분에 의하여 정치적·경제적·사회적·

문화적 생활의 모든 영역에 있어서 차별을 받지 아니한다"(제2장 제11조 1항). 그러나 이것은 '선언'일 뿐, 현실이 실제로 그렇다는 말이 아님을 대한민국 국민이라면 다 알고 있다. 민주주의는 '선언'된 이 정신과 가치를 현실화해나가는 긴 여정일지도 모른다. 그래서 우리는 얼마나 많은 국민들이 '실제로' 이러한 권리를 보장받고 있는가를 기준으로 한 사회의 민주주의의 수준, 혹은 질을 가늠한다.

그런 의미에서 한 사회의 소수자들은 그 사회의 민주주의의 질을 가늠해주는 지표집단이라고 할 수 있다. 역사적으로 기본적 인권이나 시민적 권리는 사회적 발언권이 센 집단에서 약한 집단으로 포괄의 범위를 넓혀왔다. 귀족에서 자산계급으로, 자산계급에서 노동자로, 혹은 백인에서 흑인으로, 남성에서 여성으로. 소수자들은 어느 사회에서나 '주변부의 존재'로 사회적 발언권이 약하거나 아예 없다. 많은 경우 편견과 박해의 대상이 되기도 한다. 한마디로 그들은 잘 '보이지 않는' 사람들이다. 그들을 '볼' 줄 아는 사회는, 사회에도 인격이라는 것이 있다면, 높은 인격을 가진 사회라고 할 수 있다. 대열의 끝에 서 있는 소수자들에게도 기본적 인권과 시민권을 보장하는 민주주의라면, 래리 플린트(Larry Flint)*의 어법을 빌려 우리는 이렇게 말할 수 있을 것이다. "소수자들의 기본권이 보호된다면, 시민들 모두가 보호받을 것이다."

* 미국의 도색잡지 『허슬러』의 발행인으로 '표현의 자유'를 놓고 20년 간 법정다툼을 벌였다. 『허슬러』는 보수주의자들뿐만 아니라 자유주의자나 여성운동 그룹으로부터도 비판을 받았는데, 그는 연방대법원에서 승소한 뒤 이렇게 말했다. "그래, 나는 쓰레기다. 나 같은 쓰레기가 보호받는다면 당신들 모두가 보호받을 것이다."

다수자와 소수자 —— 호명하는 자와 호명을 당하는 자

한성호 씨는 중학교 때부터 "내가 확실히 다른 애들하고는 다르다"는 걸 느꼈다. 여자애들보다 남자애들이 더 좋았던 것이다. 하지만 불편하지는 않았다. 자신도 그것이 무엇을 말하는지 몰랐고, 친구들도 그냥 좀 색다른 애 정도로 받아들여주었기 때문이다. 죽이 잘 맞았던 한 친구가 다른 아이들에게 "우리는 학교 내에서는 얘가 부인이고, 내가 남편이다. 그러니까 너희가 앞으로 잘해줬으면 좋겠다"고 대놓고 말을 해도 재밌게 여겼을 뿐 이상하게 생각하지는 않았다. 고등학교 들어가서는 친구들이 조금 더 강하게 "너는 좀 이상한 애"라고 치부했지만, 그때도 '중학교 때는 편안하게 잘 지냈는데, 얘네들은 왜 이러나' 하는 정도의 고민만 했지 심각하게 괴로움을 느끼진 않았다. 마음에 드는 친구가 있으면 "나, 너 좋아"라고 부담감 없이 말할 수 있었다.

그가 자신의 성정체성이 "동성애자고, 성소수자고, 게이"임을 정확히 이해하게 된 것은 대학교에 들어간 뒤였다.

***** 농담식으로. 그때는 게이나 호모 이런 단어들이 이제는 오고가기 시작했는데, 호모라는 단어를 쓸 때, 누구 놀릴 때나 "호모"〔놀리는 어투〕 이랬거든요. 그런 것들이 있으니까 가령 '동성애자가 되는 게 정확하게 사회적으로 어떤 상황에 처할 것이다'라기보다는 되게 느낌이 안 좋았어요. 일단은 받는 느낌이 "호모야? 너는 왜 그래?" 이런 식의 그런 게 있어서 '아, 이건 안되는 건가 보다'라고 생각이 돼서. 제가 대학 들어갈 때도 드센 여자들 놀림거리였잖아요. 제가 전공이 공대 쪽이라서 여자가 들어오면 일단 드세거든요. 드세고 그러면 "쟤, 레즈 아니야?" 이런 식으로. 그때 당시만 해도 '레즈'라는 단어 알면 진짜 그 애는 괜찮은 아이였고, "저 애 이상한 애 아니야? 호모 아니야?" 이런

식으로 얼버무리고 그랬었거든요. **그런 단어들 들을 때마다, 오히려 정확히 알게 되는 싯점이었는데, '사람들한테 알리면 안되겠구나' 하는 생각이 깊어지고 그랬었어요.** (한성호, 5면)

한성호 씨는 일상의 이런 체험을 통해 다른 사람들이 자신과 같은 사람을 어떻게 '부르는지' 알게 된다. 즉 '호모'라는 단어가 '가리키는 내용'이 자신의 체험과 같다는 것을 확인하고, 그 단어에 묻어 있는 "느낌"이 좋지 않다는 것을 동시에 체험한다. 사회가 자신과 같은 사람을 '호모' 혹은 '게이'로 정의한다는 사실과 '호모나 게이는 부정적인 농담이나 비하의 대상이 된다'는 사실을 함께 깨닫게 된 것이다. 자신이 어떻게 호명되는지, 그 호명이 어떤 '가치판단'을 담고 있는지를 알게 되면서 그는 "사람들한테 알리면 안되겠구나"라는 생각을 하게 된다. 이후, 군대생활할 때 친하게 지낸 친구가 자신과의 관계 때문에 다른 사병들한테 괴롭힘을 당하는 일을 겪은 뒤로는 "자신에 대해서 절대 말하지" 않게 되었다.

한성호 씨에게 '게이'라는 '이름'을 붙여준 주체는 그와는 다른 성정체성을 가진 사람들, 즉 이성애자들이고 그들은 성적 다수자들이다. 한성호 씨는 그러한 특별한 '이름'으로 규정당하기 전에는 괴롭지도 않았고 스스로를 감추지도 않았다. 중고등학교 때는 한성호 씨도 친구들도 그러한 '이름'이 존재한다는 사실 자체를 알지 못했다. 그래서 '문제'도 없었다. 그러나 '게이'로 불리면서, 즉 '다수자의 호명'에 규정당하면서 그의 존재는 '드러내선 안될 것'으로 억압되기 시작한다.

＊ 그것이 제가 생후 6개월부터 모르고 자라다가 초등학교 입학해서 '애들이 나를 놀리고 있구나'를 알았으니까. (…) 어렸을 때는 집안에서 장애에 관한 이야기들은 거의 금기였어요. 박영주의 다리에 대해서는 아무도 얘기

를 안하고요. (박영주, 12면)

박영주 씨는 특수교육학을 전공하고 국립 장애인[1] 특별학교에서 장애학생들을 가르치는 교사이다. 그는 6개월 때 소아마비를 앓아 한쪽 다리에 장애를 가지고 있다. 하지만 초등학교에 입학하기 전까지만 해도 그는 자신의 장애를 의식해본 적이 없었다. 그 때문에 괴롭거나 슬픈 일도 없었다. 부모님이 자애로우셨던 데다가, 예방접종을 받으러 가기 바로 전날 밤 열이 나기 시작해 병을 앓은 불운에 대한 안타까움이 더해져 그는 가족들의 애틋한 보살핌 속에서 자랐다. 그러나 초등학교에 입학한 뒤 그는 아이들이 자기가 지나갈 때 "병신이다. 절뚝이다" 하고 말하는 걸 들었다. 그런 일을 몇번이나 겪은 뒤에야 그는 그 소리가 자신을 '가리키는 이름'이라는 걸 알게 된다. 가족들에겐 그저 '박영주'였던 그는 '다수자(장애가 없는 아이들)'가 자신을 "병신, 절뚝이"라고 호명하면서부터 역시 한성호 씨처럼 '장애인 박영주'로 존재를 제한당한다.

정체성을 규정하는 방식
─ 공유의 범위가 가장 좁은 차이를 중심으로

한성호 씨는 군대를 제대한 뒤 복학했으나 한 학기만 다니고 학교를 그만두었다. 같은 시기에 군대를 다녀와 복학한 친구들 사이에선 자주 맞선에 가까운 소개팅이 이루어졌고, 친구들은 그를 그런 자리에 불러내곤 했다. 둘이 데이트하는 자리에 불러내는 일도 많았다. 그는 그런 상황이 몹시 불편해서 친구들에게 자신을 밝히고도 싶었다. 그러나 "그런 분위기에서 확 말을 할 수가 없어서" 친구들을 피해 휴학하는 길을 택했다.

이후 방송과 영화 관련 일을 하다가 영화프로그래머로 자리를 잡게 되는 데, 퀴어영화제 일을 하게 된 1998년부터 함께 일하는 가까운 사람들에게, 2000년부터는 "대놓고 전부 말하기 시작"했다. 그런데 이른바 '커밍 아웃'이라는 걸 한 뒤로 그는 다수자들이 어떤 방식으로 소수자의 정체성을 규정하는지를 경험하게 된다.

***** 〔퀴어영화제가 아닌〕 다른 영화제에서 일할 때에도 어떤 분들은 '서울 독립영화제의 누구', 어떤 분은 '미장센 단편영화제의 어느 분'이었는데, **저 같은 경우에는 다른 분들이 소개할 때는, 누구든, 언제 어디서든, 누구를 처음 만나게 되는 순간에 겪게 되는 것은, "얘, 게이야." 이게 첫번째 대답이에요. 제가 일하고 있는 직책의 문제가 아니라.** 다른 분들 같은 경우에는 "서울독립영화제 누굽니다." "미장센 단편영화제 누굽니다." 이렇게 소개를 해주는데. 공식적인 자리가 아니고 사적인 자리에서 주로 만남을 많이 가질 때 "얘는 게이." 고, "게이야." "너 조심해."〔농담 어투〕 이런 식으로 하는 분도 계시고. (한성호, 14~15면)

어떤 사람의 '정체성'은 일반적으로 사회적 관계 속에서 구성된다. 맑스(K. Marx)는 "인간은 사회적 관계의 총합"이라고까지 말했다. 한성호 씨도 다른 사람들과 마찬가지로 다양한 사회적 관계를 맺고 있고, 따라서 그만큼 다양한 정체성을 지니고 있다. 그는 어머니에게는 '아들'이고, 직종 분류상 '영화인'이고, 20대나 40대가 아닌 '30대'이고, 서울시의 '시민', 대한민국의 '국민'이다. 동시에 어떤 신문이나 잡지의 '구독자'이고, 특정한 정치적 견해를 가진 '유권자'이기도 하고, 어느 정당의 '지지자'일지도 모른다. 다양한 복수의 정체성을 가졌음에도 한성호 씨는 "누구든, 언제 어디서든, 누구를 처음 만나게 되는 순간"이면 가장 먼저 "게이"로 소개된다. 성적 소수자뿐만 아니라 모든 소수자들이 이와같은 방식으로 정체성을 규정당한다. 개인과 개인 사이에 존재하는 수많은 차이 중에서 '공유의 범위가 가장 좁은 차이' 속에 소수자들의 정체성을 가두는 것이다.

> ***** 여성학을 공부 안하는 애가 여성학에 대해서 말하고 말이야. 여성 문제에 대해서 말하고. 나는 스트레스 받지. '그래, 그럼 너 혼자서 다 얘기하라'고. 그것까지는 좋은데, 다른 애가 와가지고 나한테는 탈북 경위에 대해서 그 뭐, 그 뭐지? 그걸 얘기하라고 하고, 걔한테는 여성학, 여성 주제를 맡기고.
> (채영희, 14면)

채영희 씨는 새터민[2]이다. 북조선작가동맹 회원이었던 채영희 씨는 연변 등을 거쳐 1999년 한국에 입국했다. 그는 북한에서 작가동맹의 회원으로 인정받았던 시인일 뿐만 아니라, 여성에 대한 사회적 차별을 절실하게 체험하고 고민해온 여성주의자이기도 하다.[3] 채영희 씨는 여성학 관련 토론회에 참여했다가 한성호 씨와 같은 경험을 한다. 당시 그는 여성학과 대학원에 재학중인 여성학 연구자였다. 남한 사람들―다수자들은 '여성주의적 가치와 문학인으로서의 실천을 고민하는 개인'으로서가 아니라 '북한을 탈출한' 소수자의 범주 안에서만 그를 바라본다. 따라서 그는 여성학 연구자임에도 "탈북"이라는 제한된 주제에 대해서만 '발언의 기회'를 얻는다.

정체성을 규정하는 틀로서의 사회적 관계는 평등하지 않다. 거기에는 '호명을 하는 자'와 '호명을 당하는 자' 사이의 권력 관계가 반영되어 있다. 호명을 하는 주체인 '다수자'는 '다른 사람'을 정의하는 권력자이다.

그들은 자신을 기준으로 '차이'를 정의한다. 그것도 '공유의 범위가 가장 좁은 차이'를 중심으로. 일단 다수자가 그 차이를 중심으로 소수자를 호명하게 되면, 그보다 훨씬 공유 범위가 넓은 다른 차이(예컨대 채영희 씨의 경우 '여성'), 혹은 다수자와 소수자의 구별이 불가능한 공통의 범주(예컨대 한성호 씨의 경우 '영화인')는 사람들의 시야에서 사라진다. 그리하여 소수자는 이물적인 '타자'가 된다.

'타자'를 대하는 태도

∗ 솔직히 얘기하면, **우리를 사람이라고 생각하지도 않았어요.** 어떤 데, 일하는 과정이나 밖에서도. 특히 지하철이나 이런 데를 다닐 때, 처음에. 어떤 인도나 방글라데시나 파키스탄, 이런 사람들이 맛살라 이런 것을 많이 먹잖아요. 냄새가 나잖아요. 냄새 때문에, "아이, 냄새!" 그래가지고, 제가 이 지하철에 앉아 있어도, 앞에 사람이 하나도 없어. **제가 앉아 있는데, 자리 비어 있는데도, 앞에 와서 앉는 사람이 하나도 없었어요.** 그냥 술 취한 사람이 와서 앉는 게 있었는데, 일반적으로. 버스 타면은, 자리가 없으면, 저 있으면, 내 앞에 항상 비어 있어요. 누가 오지 않아요. 마음이 되게…… 되게 불편했어요, 그때. '이 사람들 우리를 사람이라고 생각하지 않나?' 그런 정도로 생각하는 일이 있었구요. (안와르 하산, 11면)

안와르 하산 씨는 방글라데시에서 대학을 졸업하고 외국항공의 택배회사를 운영하다 사업에 실패한 뒤 1996년 관광비자로 한국에 입국했다. 서울 장안동과 경기 북부 지역의 섬유공장에서 주로 일했고, 외환위기 이후로는 임금체불과 '불법 체류자'라는 신분상의 약점 때문에 여러 공장과 건설현장을 오가며 단기적인 취업과 해고를 거듭했다. 임금체불, 산재, 구타와 욕설 등 이주노동자들이 일반적으로 겪는 문제를 그도 겪으면서 이주노동자를 돕는 단체의 사람들과 만나게 되었고, 이를 계기로 이주노동자들의 인권과 권리를 위한 싸움에 적극적으로 참여하게 된다.

10년 동안 한국에서 살면서 느낀 것들, 그러니까 한국사람들, 한국문화, 한국의 제도와 정치 같은 것들에 대해서 어떻게 생각하는지를 말해달라는 부탁에 안와르 하산 씨는 가장 먼저 지하철이나 버스를 탔을 때의 경험을 이야기했다. "매일 15시간씩 일하고도" 한국사람들의 절반밖에 안되는 임금을 받았다거나, 그 돈을 아예 받지도 못할 때도 있다거나, "말을 잘 못 알아들어서 이걸 가져오라고 했는데 다른 걸 가져갔다고 맞는"다거나 한 경험이 아니라 "자리가 비어 있는데도" 자기 주변에는 아무도 와서 앉지 않더라는 이야기를 가장 먼저 한 것은 그 경험이 다른 무엇보다도 마음을 아프게 했기 때문일 것이다.

　　일단 장애인의 입장에서는 생활하는 데 많이 편해졌죠. 편의시설 면이라든가 나를 위해주는 사람들, 나에 대한 그 시선이. 제가 초등학교 다닐 적만 해도 **그냥 있는 것 자체만으로도 불쾌감을 주는 그런 존재로 되어져 있다가** 지금은 "그럴 수 있고" 그런 상황이고. "그런 경우가 많다"라고 사람들이 인식을 하는 것 같아서. 어딜 가도 제 입장에서 남들의 시선이 덜 의식되어지고, 사람들이 절 덜 보는 것 같다…… (박영주, 4면)

장애인들이 겪는 현실이 예전에 비해 어떤 것 같으냐는 질문에 대한 박영주 씨의 대답은 안와르 하산 씨의 마음을 가장 아프게 한 것이 무엇인지를 정확히 표현해주고 있다. 박영주 씨도 장애인 정책이나 제도에 앞서 가장 먼저 "나에 대한 그 시선"을 이야기했다. "그냥 있는 것 자체만

으로도 불쾌감을 주는 그런 존재"로 자신을 바라보는 "그 시선". 아무도
자기 옆에 와서 앉지 않던 경험이 안와르 하산 씨를 가장 아프게 했던 것
은 그것이 바로 존재 자체를 거부당하는 경험이었기 때문이다. 그래서
그는 "다른 나라에 가면, 한국사람 한 사람 보면, 한번이라도 때릴 거야"
하는 마음을 품게 되었다고 말한다. 여기서 "다른 나라"란 자신처럼 한
국에 일하러 와 있는 다른 이주노동자들의 모국을 말하는 것으로 짐작할
수 있는데, 그가 "다른 나라에 가면"이라는 조건을 단 까닭은 그 나라에
서는 한국사람이 더이상 타자의 존재 자체를 부정하는 '다수자로서의
권력'을 행사할 수 없기 때문일 것이다.

안와르 하산 씨는 한국에 와서 생활하면서 제일 좋았던 기억이 무엇
이냐는 질문에는 이런 이야기를 들려주었다.

_* 2003년 11월 23일, 아니면 24일 날. 그날, 목동의 어떤 초등학교에서
한 10살, 11살, 12살짜리 아이들이 오서가지고, 우리 천막 보았어요.[*] 10명
넘게, 15명 정도 되는 아이들이, 학생들이 오서가지고 "왜 외국인들이 여기에
있나?" 물어보더라구요. 그 다음에, 우리 텐트 안에 들어와가지고, 우리 천막
있잖아요. 그것도 보고, **우리랑 얘기하고 싶어서, 안에 들어오는 거예요, 자기들
이.** (…) 천막 1, 2, 3, 4 이렇게 있었는데요. 자기들이 나누면서 여러 천막에
들어가는 거예요. 사람들이랑, 거기 여러 나라 사람들이기 때문에, 다 얘기하
고, 그 다음에 1시간 동안 얘기하고, 자기들이 원하는 질문들 하고, 또 어떤
학생이 울어버리는 거예요. (…) 바로 앞에 작은 가게 하나 있어요. 거기에서

---

* 2004년 11월, 정부가 4년 이상 체류한 이주노동자들을 대대적으로 단속하겠다는 방침을
밝히자 장기 체류 이주노동자 120여명은 민주노총, 이주노동자센터와 연대하여 명동 성
당 들머리에서 '강제추방 중단' '미등록 노동자 전면 합법화'를 요구하며 천막 농성을 벌
였다. 안와르 하산 씨도 1년 넘게 계속된 이 농성에 참여했다.

따뜻한 커피, 캔커피, 사가지고, 자기들 돈 다 모아서 사가지고, 우리한테, 내 손에 놓고 "아저씨, 드세요." 그래가지고, 그냥 뛰어가는 거예요. (…) 그 아이들 보고, 제가 나라에 있을 때, 제 조카들 생각도 나고, 저도 그 애들한테 잘해주고 싶은데, 나한테 더 잘해주는 건 생각도 못했어요. 그때, 이런 생각이 들었는데, **어른들한테 우리는 버림받고, 맞고, 이 자리에 나왔는데, 어린이들이 우리를 이렇게 반갑게 맞아주는 것도, 얼마나 기뻐요.** 그거는 정말 말로 할 수가 없어요. 제일 기억나는 날은 그날밖에 없어요. 지금까지. (안와르 하산, 20면)

천막농성 중의 하루였던 "그날"이 안와르 하산 씨에게 그처럼 특별한 날로 기억되는 까닭은 아이들로부터 그동안 '가장 아팠던 곳'을 위로받았다고 느끼기 때문이다. 아이들은 천막 농성장의 외국인들을 보고 왜 그러는지 이유를 묻고, 천막 안으로 들어와 얘기를 듣고, 돈을 모아 캔커피를 사주고 돌아갔다. 가난한 나라에서 온 외국인노동자라는 사실로 그들의 '존재'를 규정하지 않고, "그냥" 어려운 처지에 놓인 이웃을 대할 때와 같은 태도로 그들을 대했다고 볼 수 있다. 우리와 다른 '타자'가 아니라 우리와 같은 '사람'을 향한 귀기울임, 그것을 안와르 하산 씨는 "반갑게 맞아주었다"고 표현하고 있다.

배제의 기초 ── 무지와 오만

** 인터뷰를 하는 사람들이 되게 많이 오잖아요. 주로 언론 관계도 오고 별 이상한 데서 다 오거든요. 오면 어떤 분들은 편하게 얘기하시는 것 같지만 신체적인 접촉이, 사무실이 좁아서 어쩔 수 없이 들고 나가고 할 때마다 부딪치게 되면 그때마다 흠칫흠칫 놀라더라고요. 확 놀라는 건 아닌데, 닿는 사람

은 알게 되잖아요. 그렇게 느껴지는 분들도 계시고. 어떤 분 같은 경우에는
저희 사무실에서 주는 모든 음식은 아무것도 안 드세요. 휴지도 안 쓰시고 컵
같은 것도 손도 안 대시고 담배도 안 피우시고. 진짜로. 저는 이 분이 금연하
시는 분인 줄 알았었어요. 아니면 나가서 피세요. (…) 어떤 분들은 공중에서
손으로 전파되는 것으로 알고 계시는 분들도 계시고. 전염되는 줄 알고 계세
요. 초기에만 해도 계속 정신질환이나 이런 것 전염된다고, "어떤 바이러스
에 의해서 전염될지도 몰라" 희귀한 논리를 펴시는 분들도 계시고. (…) 특히
에이즈 문제가 밀접하게 연관되어 있으니까 그냥 같이 앉아서 이 공간 안에
서 얘기하고 있으면 에이즈가 자연적으로 발생해서 흡수돼서 그 분이 감염되
는 것으로 알고 계시는 분들도 계시고 그러죠. (한성호, 12~13면)

한성호 씨는 커밍아웃을 했고, 퀴어문화제나 퀴어영화제 같은 활동에
도 적극적으로 참여하고 있기 때문에 미디어 관련자들을 많이 만난다.
그들은 한성호 씨가 예의상 내놓는 물이나 커피는 물론이고 휴지, 컵 같
은 일체의 물질과 접촉하기를 꺼린다. "편안하게 얘기"하는 것 같던 사
람, 즉 겉으로는 동성애를 이해하는 태도를 보이던 사람도 어쩌다 몸이
닿으면 흠칫 놀라며 숨겨진 거리감을 노출한다. 방문자들에게 한성호 씨
는 일종의 '질병 보균자'이고, 그가 있는 사무실은 "공중에서 손으로 전
파되는" 전염성 병균의 서식지로 인식되는 것이다.

한성호 씨는 이런 태도가 에이즈 문제와 밀접하게 연관되어 있다고
느낀다. 실제로 많은 사람들이 동성애와 에이즈를 동일시한다. 동성애
자를 색정광으로 여기는 '오해'도 동성애를 정신질환이나 전염병으로 여
기는 인식만큼이나 널리 퍼져 있다. 즉 한성호 씨가 게이라는 걸 알고 나
면 많은 사람들이 "'쟤가 날 덮치지 않을까?' 하며 겁을 낸다"고 한다.

그러나 이것은 모두 어이없는 무지의 소산에 불과하다. 이제껏 대부

분의 이성애자들은 동성애를 도덕적 타락이나 죄악, 혹은 육체적·정신적 질병으로 간주해왔다. 그러나 대부분의 동성애자들은 이성애보다 동성애가 좋아서 그걸 '선택'하는 것이 아니라 그러한 성적 지향(sexual orientation)을 가지고 '태어난다.'[4] 따라서 그러한 자연적 사실을 놓고 동성애자들을 '변태'나 죄인, 혹은 정신질환자로 취급하는 것은 남자로 태어난 사람을 '변태'로 취급하고, 여자로 태어난 사람을 정신질환자로 비난하는 것과 다를 것이 없다. 에이즈 문제도 마찬가지다. 체액을 통해 감염되는 에이즈의 특성 때문에 초기에 주로 동성애자들 사이에서 발병했을 뿐인데, 많은 사람들이 에이즈 바이러스가 동성애 때문에 생긴 것으로 오해한다. 동성애에 대한 무지와 편견의 역사가 너무나 오래되었기 때문에 사람들은 '사실'을 들어보려고도, 확인하려고도 하지 않는다.

＊ 돼지갈비 가지고 왔어요. 갈비 가지고 와서, "이거 다 쇠고기야. 먹어라." 몰라서 먹었어요. 다음에, "야, 이거 돼지야. 꿀꿀이야." 이렇게 말했어요. 그때 마음이 되게 아팠어요. 왜냐면 우리 문화를 무시하는 거예요. 우리도 한국문화를[에] 예의를 해야[지켜야] 하고, 예의도, 우리 문화도 한국사람들이 예의를 지켜야 한다는 입장이거든요. 아직까지도. **다른 문화, 타국 문화를[에] 예의해야[예의를 지켜야] 한다. 한국이 그거는, 다른 나라 문화를 무시하면 다른 나라 사람들도 다른 나라[한국] 문화를 무시할 수 있어요.** (…) 이슬람교에서 하루에 다섯 번 기도를 해야 해요. 그 점심 먹고 기도할 때도, 기도하는 시간에도 뒤에서 발로 저를 민 적이 있었고. 그때, 사람 심정은 어떻게 이야기해야 되나? 우리나라였으면, 그 사람 발도, 병원에, 발 가지고 병원에 가는 일도 만들 수 있었는데, 한국이니까 못하잖아요. **그런 심정, 제가 알려주는 거예요. 그때, 그 심정.** 나는 기도하고 있는데. 나는, 어, 교회 가가지고 기도하는, 어떤 기도하고 있는데, 그 사람을 발로 하면[밀면] 그 사람이 어떻게

이야기할 거예요? 앞에 있는 사람들, 어떤 심정으로 이야기할 거예요? (안와
르 하산, 17면)

안와르 하산 씨는 타자를 배제하는 폭력성의 또다른 근원을 우리에게
"알려주고" 있다. "다른 문화, 타국 문화를〔에〕 예의하지〔예의를 지키
지〕" 않는 오만함이 그것이다. 이슬람문화권에서는 기도하는 사람을 발
로 밀면 "발 가지고 병원에 가는 일도 만들 수 있다." 기도하는 사람을 모
욕하면 발을 잘라도 된다는 뜻이다. 그들에게는 기도하는 시간이 그만큼
신성한 시간이다. 2004년의 한 조사[5]에 따르면 한국인의 53.4%가 종교
를 가지고 있다. 한국인 두 사람 중에 하나는 절에서든, 교회에서든, 성
당에서든 기도를 한다. "기도하고 있는데, 그 사람을 발로 하면〔밀면〕"
어떤 심정일지를 모욕당한 이슬람인이 알려주어야만 알 수 있는 건 아니
라는 말이다. 우리 사회에 모자라는 건 '나' 혹은 '우리'의 자리에 '다른
사람' '다른 문화'를 앉혀보고, '다른 사람' '다른 문화'의 자리에 우리가
앉아보는 역지사지의 태도, 즉 문화적 상대주의이다.

상대주의적 자세의 결핍은 필연적으로 '배타성'을 낳는다. 실제로 배
타성은 한국인과 한국사회를 특징짓는 매우 부정적인, 그리고 강력한 속
성의 하나로 지적된다. 어떻게 보면 이는 다수자가 '차이'에 근거해 소수
자를 '타자'로 대상화하고 배제하는 메커니즘이 다양한 층위에서, 그러
나 본질적으로는 동일하게 반복되는 현상으로 보이기도 한다. '나'와 다
르거나 낯선 '타자'(다른 개인, 다른 집단, 다른 인종, 다른 문화, 다른 국
적, 다른 종교)를 보면 '보편성'이 아니라 '차이'를 중심으로 상대를 구분
하고, '나'를 기준으로 가치의 우열을 매겨 차별하는 것이다. 특히 집단
주의와 국가주의, 냉전적 흑백논리가 오랫동안 사회의 내면을 장악해온
탓에 이때의 '나'란 '주체적 개인'이 아니라 자신이 준거한 '집단'의 사고

방식이나 행동방식을 성찰 없이 내면화한 몰주체적 개인에 가깝다.

민주주의의 시야를 넓히는 소수자의 관점

***** 그 수술을 하고 나면, 나는 정말 잘 뛸 줄 알았거든요? 그러니까 다 참았죠. 열아홉살 때. 고등학교 졸업하자마자. 정말 몰랐던 거죠. 그런데 아니잖아요. 한번 해봤는데 그것도 아니고, 두 번 했는데 그것도 아니고, 세 번 했는데도 아닌 거예요. 그러면서 '아니구나'라는 것도 알았고 엄마한테 의사가 하는 얘기, 의사랑 하는 얘기를 하면서 내 다리에 대해서, 내 장애에 대해서, 내 수술 부위에 대해서 얘기를 하기 시작하면서 너무나 자연스럽게 식구들하고도 얘기를 할 수 있게 됐어요. 그전까지는 정말……. "500만원짜리니까 건드리지 마." "700만원짜리로 물어야 돼." 이런 식으로 농담을 해대고, 조카들이 와서 막 하면 "이것 500만원짜리야. 이모 근처에도 오지 마." 그런 농담도 할 수 있게 된 것이 스무살. 〔그전에는〕 저도 못했고 엄마 아빠도 못하시고. 〔하고 나니까〕 편하죠. 이제 이것을 가지고 짜증을 부리죠, 이제. 가지고 놀지요. 어디 가면 "나랑 가면 할인되는데 같이 갈래?" 이런 식으로. "내가 싸게, 가이드 싸게 해줄게." 사람들하고도 자연스럽게. (박영주, 12~13면)

박영주 씨는 고등학교를 졸업하자마자 외과 수술을 받았다. 그런데 "하고 나면 정말 잘 뛸 줄 알았던" 그 수술이 실패로 끝나면서 그는 새로운 경험을 한다. 예전에는 집안에서 '장애'라는 말 자체가 "금기"였고, 얘기가 나오면 "식구들이 다 울어"버리곤 했는데, 수술을 계기로 "장애에 대해서" 영주씨도 식구들도 자연스럽게 얘기를 할 수 있게 된 것이다. 그러면서 그는 자신의 장애를 놓고 자연스럽게 "짜증을 내고" 편하게 "농담도 할 수 있게" 되었다고 말한다. 다수자에 의해 '주어진' 정체성을 벗어나기 위해 헛되이 노력하는 것이 사실은 다수자의 '관점'에 갇히는 것임을 깨닫고, 거기에서 걸어나와 '자신의 목소리'를 가지게 된 것으로 볼 수 있다. '다수자의 관점'에 갇혔을 땐, 장애는 너무 무거워서 차마 짜증 같은 가벼운 감정의 대상이 될 수 없었다. 그러나 자신의 목소리를 찾으면서 그는 무언가를 잘못 써 학습지도안을 다시 써야 할 때처럼 자연스럽게 짜증을 낼 수 있게 되었다.

정체성은 사회적 관계 속에서 구성되지만, 그렇다고 해서 개인을 단순히 "사회적 관계의 총합"으로 환원할 수는 없다. 왜냐하면 인간은 주어진 것을 받아들이기만 하는 수동적인 존재가 아니기 때문이다. 그는 세계를 받아들이면서 동시에 개척한다. 개인은 사회적 관계 속에서 정체성을 규정당하기도 하지만, 스스로의 주체적 의지에 따라 자신만의 고유한 정체성을 선택하기도 한다. 스스로의 입각점에 서서 자신의 정체성을 구성하는 개인, 이런 개인이야말로 세계를 개척하는 '자유롭고 독립적인 개인'으로 부를 수 있을 것이다. 다수자가 소수자를 '차이에 근거한 정체성의 감옥'에 가두더라도 '주체적 개인'으로서의 소수자는 그 감옥을 벗어날 열쇠를 가지고 있다. 즉 존재하는 모든 차이를 사소하게 만들어버리는 보편성, 불가침의 기본적 인권을 가지고 행복을 추구하는 '인간'이라는 입각점에 서서 스스로의 목소리를 내는 것이다. 주체적으로 스스로의 정체성을 재구성한 소수자는 더이상 다수자에게 자신의 삶을 구차하게 해명하려 하지 않는다. 스스로의 삶을 복원한 소수자는 독특한 목소리로 다수자를 향해 질문을 던진다.

***** 요즘 같아선 **약간의 더 발전을 했어요. 역공을 시켜버리는 거예요.** 그분들〔남성 이성애자들〕이 술 먹고 질문을 던지시잖아요. "힘들지 않으세요?"

그러면 저 같은 경우에는 "이성애자 사랑하는 게 재미없지 않으세요? 보통 이성애자 남자들 결혼하면 굉장히 판에 박힌, 누구나 다 인식하거나 생각할 수 있는 그런 삶을 살아가실 텐데 쭉 그렇게 살아가신다고 생각하면 재미없지 않으세요?" "게이들은 늙어 죽을 때까지 연애를 꿈꾸기 때문에 상대방에 대해서 사랑이라는 감정을 품고 살아간다"고, "이성애자 남자들은 결혼이란 제도를 통과하는 순간부터 굉장히 재미없는 생활의 연속, 패턴 아니냐?" "너희 힘들지 않느냐?" (…) 버럭 화를 내면서. 게이들 같은 경우에는 사회적으로 많이 그런 것〔정체성과 관련된 질문〕을 받아오는데, **일단 자기 자신을 심사숙고하게 되는 거거든요. 저는 굉장히 좋다고 생각해요. 어떤 질문을 받았을 때 내 스스로 먼저 고민해볼 수 있다는 것인데, 이성애자 남자 분들은 버럭 화를 내면서……. 화를 내는 게 더 이상한 거죠. 나중에 생각해보면. '내가 왜 화를 냈나?'라는 고민이 먼저 돼야 되는데, 절대 그런 고민은 안하시고.** (한성호, 16면)

우리 사회는 아내와 아이들을 일 삼아 때리는 이성애자 남성보다 남에게 아무런 피해를 끼치지 않는 동성애자가 더 "문제가 되는" 사회이다. 다수자의 관점을 벗어난 한성호 씨의 눈에는 "성격적 결함이 있는 것은 인정되지만 성정체성은 굉장히 문제가 되는" 현실이 정말 이상해 보인다. 그가 "힘들지 않으세요?"라고 묻는 이성애자 남성들에게 '사랑 없는 결혼생활'의 사례를 들어 "역공을 시켜버리는" 것은 그들을 적대적으로 여겨서가 아니다. 정체성에 관한 질문을 받으면서 "내 스스로 먼저 고민해"온 자신의 경험에 비추어, 그들이 "자기 자신을 심사숙고하게" 되기를, 그 고민이 '동성애와 이성애의 차이가 무엇일까?' '과연 어떤 기준에서 동성애가 비정상이라고 우리는 생각하는가?'까지 나아가기를 바라기 때문에 그러는 것이다. 그는 '정상인'을 향해 "무엇이 정말 이상한가?"를 묻고 있는 것이다. 그의 경험에 따르면 동성애자들을 가장 "심하게" 대하는 사람은 '중년의 남성 이성애자들'이라고 한다. 비록 그들은 한번도 들어본 적 없는 낯선 질문에 버럭 화부터 내고 말지만, 한성호 씨가 다수자들을 향해 던지는 질문은 전혀 다른 관점에서 익숙한 것들을 바라볼 수 있게 한다.

***** 우리 아이들이 또래 아이들의 목소리, 활동, 이런 것들을 참 좋아해요. 누구라도 또래의 사람들과 어울려서 웃고, 떠들고, 잡담하고, 진지하게 내 문제를 이렇게 할 때 즐거움을 느끼는 것처럼 우리 아이들도 또래 애들이 향유하는 그런 놀이, 학습, 경험들, 환경 이런 것들이 다 제공돼야 된다고 보는데요. (…) 이 아이들을 데리고 그 열살짜리 3학년 아이들이 노는 데를 가면 그냥 웃고 있어요. 그 소리도 좋고, 재잘거리는 것도 좋고, 제 또래 제 나이의 아이가 손잡아주는 것도 내가 잡아주는 것보다 훨씬 좋은 것 같아요. 그것을 아이들 통합〔교육〕 시키면서 여러 차례 느꼈거든요. 우리 아이들은 〔장애가〕 심해서 이런 특수학교라는 곳을 만들어서 어떤 학급에, 인원수도 4명밖에 안 되고 거기다가 교사까지 두 명을 넣어줬어요. 그런데 주고받는 것들이 어른이, 엄마가, 아빠가, 말을 할 수 있는 형제가, 이런 분들의, 성인의 도움을 받는 데 익숙해서 오히려 또래하고의 어떤 관계를 맺는다든가 이런 것들에 대해서 너무나 경험이 없는 거예요. **우리가, 어른들이 어른들 편의로, 어른들 위하는 마음으로 분리를 시켜놓은 거죠. 거기서 빼서, 집어낸 거잖아요.** (…) 말을 주고받을 수 없고, 손짓 하나를 주고받을 수 없는 아이들끼리 모아놨는데 그게 무슨 의미가 있냐는 거죠. 우리가 더불어 사는 것, 그 다음에 지역사회 내지는 기타 일반인들과의 통합 생활이 특수교육의 가장 큰 궁극적인 목표라고 하는 그 속에서 왜 그것을 못해주고 왜 따로 빼내서 하느냐 하는 거예요. 만약에 이런 학교가 없다고 그러면 우리 아이들이 그 학교에 가 있겠죠. **저는 특수학교가 다 없어졌으면 좋겠어요.** (박영주, 17~18면)

박영주 씨가 근무하는 학교는 중중·복합 장애아들을 위한 국립 특수 학교이다. 유치반부터 고등부까지 갖추어져 있고, 시설도 훌륭한 편이 다. 꼼꼼하게 설계된 여러 편의시설을 보고 면접자가 "이런 학교가 구마 다 하나씩 있으면 좋겠다"고 인사를 했더니, 뜻밖에도 박영주 씨는 "저는 다 없어졌으면 좋겠는데요" 하고 말했다. 장애 학생을 일반 학생과 분리 하여 특수학교에서 생활하도록 하는 것을 그는 일종의 '격리정책'으로 여긴다. "특수교육의 가장 큰 궁극적인 목적"은 일반인들과 자연스럽게 섞여 "더불어 사는 것"인데, 아이들을 "따로 빼내서" 특수학교에 모아놓 는 것은 또래 아이들과 관계를 맺고 소통할 기회를 원천적으로 박탈하는 결과를 낳는다는 것이다. 그리고 그는 이런 '분리'가 "어른들 편의"에 따 른 것임을 지적한다. 아이들이 "삶을 향유"하는 데 중점을 두는 것이 아 니라 어른들이 아이들을 돌볼 때 불편하지 않도록, 또한 "아이들을 화장 실까지 실어 날라서 앉혀주는 것에만 목적을 두고" 있기 때문에, 장애 학 생들을 위해 운영한다는 특수학교가 결과적으로는 특수교육의 가장 궁 극적인 목적을 배반하는 결과를 낳게 된다는 것이다.

박영주 씨는 미국과 호주의 장애인 정책을 둘러볼 기회를 가졌는데, 그 두 나라와 우리나라 장애인 정책의 차이를 "우리나라는 아직도 '장애 극복'에 중점을 두고 있다면, 그 사람들은 장애를 그대로 인정한 상태에 서 삶을 즐길 수 있도록 하고 있다"고 요약했다. 예를 들어 우리는 재활 훈련을 통해 기능을 좀더 정상인에 가깝게 향상시키고, 안마나 침술 같 은 직업교육에만 신경을 쓰는데, 그들은 직업교육과 함께 요리와 세탁 등 일상생활을 혼자 힘으로 꾸려갈 수 있도록 하는 훈련 기회를 제공한 다는 것이다.

우리는 흔히 시설 좋은 특수교육기관을 곳곳에 더 많이 세워 장애 아동들이 손쉽게 이용할 수 있도록 하는 게 그들을 돕는 것이라고 생각한다. 그러나 박영주 씨는 장애인을 배려하는 듯한 그 생각이 사실은 '장애를 가진 개인'을 '장애인'으로만 이해하는 다수자의 관점에서 벗어나지 못한 발상일 수도 있음을 깨닫게 해준다. 소수자의 목소리가 일깨워주는 이런 깨달음이 쌓이면서 민주주의의 시야가 조금씩 넓어지고, 사회의 인격이 조금씩 성숙하는 것일지 모른다.

소수자가 요구하는 것은 보편적 권리

소수자 문제가 사회적 쟁점으로 등장하기 시작한 것은 민주화 이후, 특히 90년대 후반부터이다. 우리가 면접한 장애인과 동성애자, 이주노동자와 새터민은 물론이고, 양심적 병역거부, 종교재단 학교에서의 예배 참여의 선택권, 혼혈인, 국제결혼 여성을 둘러싼 문제도 그런 범주에 속한다. 정치적 민주화가 이루어지면서, 이전에는 아예 존재하지도 않는 것처럼 취급되거나 억압되었던 이슈들이 민주주의의 지평 위로 모습을 드러낸 것이다. '목소리'가 없었던 사람들이 소리를 내는 이런 현상은 민주주의적 원칙이 보편성을 획득해나가는 과정이라고 볼 수 있다. 헌법이 명시하고 있는 기본적 인권이 정말로 '모든 국민'이 누려야 할 기본권이라면, 점잖은 시민뿐만 아니라 범죄자에게도 그것이 적용되어야 하며, 종교의 자유가 있다면 그것은 우연히 종교재단 학교에 배정된 학생이 예배에 참석하지 않을 자유까지 포함하고 있어야 한다. 이곳에서 적용되는 자유는 저곳에서도 적용되어야 하며, 이 사람에게 보장되는 권리는 저 사람에게도 보장되어야 하는 것이다.

✱ 　그들이 하는 얘기가 '장애인이 하는 얘기'가 아니라 '필요한 사람이 하는 얘기'로 받아들여졌으면 좋겠다…… 텔레비전에서 몸싸움하고, 처절하게 쓰러지고, 바닥에 뭉개지고 하는 모습들이 너무너무 가슴이 아프고. (박영주, 10면)

✱ 　제가 며칠 전에, 제가 들은 가장 끔찍한 질문은 어떤 기자분이 전화를 하셔서 퀴어 축제 기획하는 이유에 대해서 그분이 질문을 던지셨는데 "이런 행사를 통해서 성소수자들의 권리가 특별히 나아지기를 바라시고 특권을 요구하시는 거죠? 이성애자들보다는 더 나아지는 특권을 요구하시는 거죠?" 그러시는 거예요. 그래서 "저희는 그런 게 아니고, 저희가 요구하는 바는 이성애자들보다 뭘 더 해달라는 게 아니라 이성애자들이 사회적으로 살아가면서 겪지 않아도 될 불편을 동성애자들이 겪고 있고, 그것이 성정체성으로 인해서 그런 불편을 겪지 않았으면 좋겠다는 의미인 것이고 특별한 권리나 뭔가를 우대해달라고 말한 적은 한번도 없다……." (한성호, 21면)

박영주 씨는 '이동권'을 보장해달라는 한 장애인 단체의 시위를 언급하면서 그들의 이야기를 '장애인이 하는 얘기'가 아니라 '필요한 사람이 하는 얘기'로 받아들여달라고 호소했다. 명시적으로 밝히고 있지 않지만 그의 호소는 "장애가 자랑이냐. 장애인이 너무 많은 것을 요구한다"는 생각을 가진 사람들을 향한 것이다. 한성호 씨의 말대로 소수자들은 "특별한 권리나 우대"를 요구하는 것이 아니다. 장애인이나 동성애자도 비장애인이나 이성애자과 전혀 다를 바 없는 삶의 "필요"를 느낀다. 누군가를 사랑하고, 어딘가에 가고, 일을 해서 돈을 벌고, 이웃과 교류하고, 살면서 부딪치는 고민을 공유하고, 자신의 삶을 더 가치 있게 만들 "필요". 그런데 "이성애자들이 사회적으로 살아가면서 겪지 않아도 될 불편을 동성애자들은 겪고" 있다. 동성애자라는 것이 알려지는 순간, 대부분의 동성애자들은 정상적인 사회생활을 할 수 없게 된다. 자신을 "철두철미하게 숨겨야만" 정상적으로 살아갈 수 있는 이 '제한'을 없애달라는 것, 다시 말해 시민으로서 동등하게 누려야 할 권리를 누릴 수 있도록 해달라는 것이 그들의 요구이다. 만약 어쩔 수 없는 신체적 조건 때문에 기본권을 사실상 제한당한다면, 그 제한을 푸는 일은 누구의 몫일까?

장애인들의 요구를 "장애인들이 하는 얘기"로밖에는 받아들일 수 없을 때, 다시 말해 '차이'에 입각해 바라볼 때 "장애가 자랑이냐?"라든가 "특권을 요구하시는 거죠?" 같은 "끔찍한 질문"이 나온다. 소수자들의 요구가 인간으로서의, 시민으로서의 보편적 '필요'에서 나오는 것임을 이해할 때 비로소 '권리의 실질적 향유를 가로막는 제한을 푸는 일은 공동체 전체의 몫'이라는 인식이 가능하다. '모든 시민은 동등한 권리를 누린다'는 민주적 원칙은 그런 인식 위에서만 '선언'이 아니라 '현실'이 될 수 있을 것이다.

'타자'로서의 경험을 공유하기 ― 차이를 넘어 소통하기

한국사회는 배타성만큼이나 수직적 위계질서, 패거리주의도 강하다. 어쩌면 그것은 동일한 뿌리의 다른 발현 양식이다. 그 뿌리는 '구분짓기'이다. 우리 사회의 '구분짓기'에는 성별, 계급, 성적 취향, 국적, 인종, 장애 같은 '세계적' 기준은 물론이고 지역, 학력, 학벌, 외모, 나이 같은 '한국적' 기준까지 부가된다. 때문에 누구나 한번쯤은 소수자, 혹은 '타자'로서의 경험을 하게 되어 있다. 남에게 대접을 받고자 하는 대로 남을 대접하는 '보편성의 원리'를 작동시킬 수만 있다면, 이는 역으로 사회적 소통과 연대를 가능하게 하는 토대가 된다.

*　　폭탄주를 안 마시겠다고 할 때 내 또래 애들이 "아유, 뭐 그런 걸 갖고. 그 한 잔만 마시면 되는 걸 왜 안 마시냐?"고 할 때, "안 마시면 안 마시는 거지, 내가 왜 안 마시는 이유를 구구히 대면서까지 안 마셔야 해?" 그러면 또 "사소한 거에 전선 긋지 말라"고 그러고. 아니, 물어보니까 대답하는 건데. 자꾸 마시라고 하니까. 그럴 때 저는 다원주의 사회가 아니라고 생각을 하는 거예요. 이게 폭탄주의 문제니까 이렇게 넘어가지만, 예를 들어서 혼혈의 문제나 여성의 문제나 여러 부분에서, 모든 부분에서 소수자들이 지나치게 공격적으로 말을 해야 될 때, 우리는 **그 사람이 그렇게 말하지 않으면 안 들어 줘 놓고서는, 그렇게 말하면 또 "아니, 뭘 그렇게까지 얘기를 해?" '그렇게 반응하는 것이 보통 주류 다수의 방식이구나' 하는 거를** 최근에 폭탄주를 통해서 깊이 깨달은 바가 있어요. 〔웃음〕 그러면서 드는 생각이, '우리가 정치적 다수일 때 무의식중에 이렇게 하겠구나.' (김정희, 53면)

김정희 씨는 새로 들어간 직장의 신입사원 환영 회식에 참가했다가 폭탄주를 강요받았다. 그날의 회식 자리에서 그는 폭탄주라는 기준에 의거한 '문화적 소수자'였다. 그러나 이 사소한 경험을 통해 그는 사소하지 않은 다른 기준에 의한 소수자들의 처지와 감정을 이해하게 되고, "〔소수자들의 항변을 대하는〕 주류 다수의 〔전형적〕 방식"을 파악하게 되고, 그 결과 '우리가 정치적으로 다수일 때 무의식중에 이렇게 하겠구나' 하는 성찰에 이른다.

*　　누가, 어떤 여자가 대갓집에 시집을 갔어. 그러니까 그 시집에서 뭐라

고 하냐면, "로마에 가면 로마의 법을 따라야 한다"고, "너는 우리 가문에 들어왔으니까 일체 우리 법을 따라야 된다"고 하면서, 하는 것은 폭력이잖아. 이 여자가 들어왔을 때, 시집도 이 여자에 대처해서 같이 변화해주어야 하는 것이 평등이라고 하잖아. 마찬가지로 한국사람들도 자기들도 변화될 수 있는 그런 자세가 되어야 한다고 보거든요. 그래서 서로를 변화시켜야 되거든요. (…) 처음에 제가 왔을 때, 제가 평양 말을 쓰잖아요. 그러니까 놀라면서, 깜짝 놀라가지고 "어디서 오셨어요?"〔공격적인 말투를 흉내냄〕, "강원도에서요." "강원도 어디? 내가 강원도 말씨 다 아는데, 어디에요?"〔공격적인 말투〕 할말이 없어요. 내가 강원도를 어떻게 알아요? 안 가본 데를. 북한도 다 모르는데. (…) 그런데 이제 한 몇년 지났지요. 얼마 전에 컴퓨터 기사를 불렀었는데, 한참 이야기하다가 "나 탈북자예요. 말씨 보면 모르겠어요?" "아, 알고 있었어요." "근데 어떻게 말을 안 하세요?" "상처 입을 거 같아서 말 안했어요." 이렇게 변하는 거야. (채영희, 18면)

채영희 씨는 한국에 정착하던 초기, 자신의 처지를 대제국의 수도 로마에 온 이방인, 혹은 대갓집에 시집 온 며느리와 같은 것으로 느꼈다. 다시 말해 그는 한국사회를 제국의 권력, 혹은 대갓집의 가부장적 권위에 비견되는 기득권을 가진 대상으로 체험했다고 볼 수 있다. 그래서 처음에는 무의식적으로 자신의 출신과 정체성을 숨기며 "로마의 법"을 따르고자 했다. 다수자, 즉 남한 '내부인'의 관점에 스스로를 맞추어, 자신의 출신을 따져묻는 남한사람 앞에서 '차이'를 감추는 거짓말을 한 것이다. 자신의 존재를 부정하여야만 남한사회에서 시민권을 얻게 되는 모순된 상황을 체험하면서 그가 느꼈을 자괴감과 당혹감을 충분히 짐작할 수 있다.

그런데 이어지는 이야기에서 그는 앞서의 체험과 매우 대비되는 "한 몇년" 뒤의 체험을 말하고 있다. 묻지도 않았는데 채영희 씨는 스스로 탈북자임을 밝히고, 컴퓨터 기사는 이미 그런 사실을 알고 있었음에도 "상처 입을 거 같아서" 모른 척했다고 대답한다. 채영희 씨는 이전처럼 남한사람의 기준에 자신을 맞추는 것이 아니라 북한에서 남한으로 이주해온 있는 그대로의 모습으로 상대를 대하고, 용의자를 취조하듯 채영희 씨의 '출신'을 따져묻던 앞서의 남한사람과는 달리 컴퓨터 기사는 그런 차이를 존중하고 배려하는 태도를 보인다. 어쩌면 컴퓨터 기사가 그런 태도를 보였기 때문에 채영희 씨가 스스로를 밝힐 수 있었을지도 모른다.

이런 체험에 근거해 채영희 씨는 "로마에 가면 로마의 법을 따라야 한다"는 통념을 뒤집는다. "너는 우리 가문에 들어왔으니까 일체 우리 법을 따라야 된다"고 며느리에게 일방적 복종을 요구하는 것이 폭력이듯이, 새터민에게만 남한사회의 규범과 가치에 '적응'하라고 다그치는 것도 폭력이다. 새터민이 남한사회의 문화를 이해할 수 있는 안목을 길러야 하는 것처럼 남한시민들도 새터민의 체험과 문화를 이해할 수 있는 안목을 키워야 하는 것이다. "자기들도 변화할 수 있는 그런 자세"를 가질 때 진정한 소통이 가능해지고, 그런 민주적인 소통은 나와 타자, 다수자와 소수자를 가르는 수많은 경계선을 가로질러 "서로를 변화"시킨다고 채영희 씨는 말한다.

6장

사상과 일상

구체적 일상, 개인들 사이의 관계의 민주화 없이, '정치'개혁
이나 역사의 진보가 가능하겠는가? (…) 나의 변태는 곧 사회
의 변화이다. 사회와 나는 연속선상의 한몸인데, 어느 지점에
서 그 몸을 자를 수 있단 말인가?　　—정희진『페미니즘의 도전』
(교양인 2005).

가족—사상과 일상의 간극이 폭로되는 공간

남편도 같이 운동하면서 만났던 남편인데, 이게 가정이란 영역에서는 (…) 정말 비민주적이죠. 그러니까 머릿속으론 이념적인 부분은 굉장히 선도적인 구호를 외치는데 정작 생활 속에서는 굉장히 아주 보수적인 가치관에 그렇게 있어요. 역할 분담도 하나도 안되고, 가사 분담도 하나도 안되고. 아주 전형적인, 전통적인 그런, 가부장제의 남성들이 일반적으로 가지고 있는 그런 의식의 연장이었어요. (…) **저는 우리 사회에서 데모크라씨라고 얘기하는 걸 외쳤던 사람들이, 지금 보면 그 정도의, 자기 삶에 있어서 그 정도밖에 유지 못하면서…….** (…) 그러면서도 또 외부에서, 외적으로 봤을 때는 그 사람의 과거의 배경이나 이런 걸 놓고 '저 사람도 굉장히 진보적인 그런 사고를 갖고 있는 사람' 이렇게 평가되는 이런 것들이 있잖아요. 저는 이제 이런 내면과 바깥, 보이지 않는 부분과 드러나는 부분, 이런 부분들에서의 불일치가 굉장히 많이 저한테 고통을 주었기 때문에……. (…) 저도 제 머릿속으로 '아, 이게 옳은 것이더라'고 하는 생각과 제가 실제로 실천적인, 살아가는 모습이 일치하는 것은 아니니까 (…) 이성적으로 생각할 때 고통받죠. 그러니까 이렇게〔옳다고 생각하는 쪽으로〕 가려고 자꾸 노력하죠. (…) 제 상식에서는 그게 바른 삶의 방식이라고 생각하는데 이것〔왼손을 들어 보임〕과 이것〔오른손을 들어보임〕에 대해서 이렇게 구분되어 있고, 또 때로 구분만이 아니라 이게 대립하고 충돌하고 있는데, 이거에 대해서 본인이 노력해야 될, 노력해서 이 간극을, 문제를 극복해야 된다고 생각하지를 않거든요. (김경진, 4~8면)

김경진 씨는 학생운동을 거쳐 노동계 외곽의 비합법 조직에서 한동안 활동하다가 1992년 출범한 지 얼마 안된 한 시민운동단체에 몸을 담았다. 시민단체의 틀 안에서 청년운동 조직을 만들어보겠다는 게 그의 계획이었고, 뜻을 같이하는 활동가들과 함께 단체 안에 청년회를 출범시키고 기반을 잡았다. 그러나 94년 첫아이를 출산하면서 그는 활동을 접어야 했다.

김경진 씨의 남편은 "그냥 대충 운동을 한 사람도 아니고, 빵에도 갔다 오고 굉장히 열렬하게, 흔히 투사라고 얘기할 정도"의 그런 사람이었다. 그러나 결혼한 뒤 김경진 씨는 남편이 "드러나는 부분", 즉 "이념적인 부분에서는 굉장히 선도적인 구호를 외치"지만, "보이지 않는 부분", 즉 "생활에서는 굉장히 보수적인" 간극을 안고 있는 사람임을 알게 된다. 남편은 "아주 전형적인, 전통적인" 가부장으로서 가사와 육아에 전혀 참여하려 하지 않았고, 소소한 가정사들, 예컨대 월급을 관리하거나 시댁에 생활비를 드리는 문제 같은 것을 의논하려 하면 "그것은 내 영역인데 네가 왜 간섭하냐?"고 불쾌해했다.

친정과 시댁이 모두 지방에 있었기 때문에 김경진 씨는 아이 양육에

도움을 받을 곳이 전혀 없었다. 그래서 어린이집에 아이를 맡길 수 있을 때까지 자신이 키울 수밖에 없었는데, 그 기간 동안에 활동을 완전히 중단하면 안될 것 같아 한 달에 한번 회의에라도 참석하려고 했다. 그러나 "한 달에 한번 정도만 저녁 시간에 아이를 좀 봐달라"는 부탁을 남편은 들어주지 않았다. 결국 김경진 씨는 2년 넘게 활동을 중단했다가 "아이를 데리고도 할 수 있는" 방송 모니터 쪽 일을 찾았고, "둘째 애를 배에 넣고, 큰애는 손을 잡고" 다시 활동을 시작했다. 큰아이가 7살이 되던 2000년부터는 아이 둘을 종일반에 맡기고 상근을 시작했는데, "참 눈물나는" 세월이었다. 어린이집 문 닫는 시간에 맞추어 가질 못하면, 7살, 5살 형제는 문 앞에서 엄마를 기다렸고 조금 지나서는 아이들 목에 열쇠를 걸어주었다.

김경진 씨는 "〔운동권〕 여자들이 대부분 그렇듯이" 친정 부모의 간섭에서 벗어나는 수단으로 결혼을 결심했다. 결혼을 하면서 그는 적어도 가부장제적 제약 때문에 활동을 못하는 일 따위는 없을 것이라고 믿었다. 즉 그는 남편이 "같이 운동을 했던 사람"이라는 사실을 근거로, 가부장제 사회의 성별 분업 구도인 '생계부양자 남성/가사전담자 여성'의 틀에 자신이 구속당하는 일은 없을 것이라고 판단했던 것이다. 그러나 결혼생활을 통해 그는 어떤 사람이 공적으로 표명하는 세계관이 그 사람의 일상과 반드시 일치하는 것은 아님을 알게 된다.

김경진 씨는 "내면과 바깥"의 불일치 자체를 문제 삼고 있는 것은 아니다. 그는 스스로의 경험을 들어 사람이라면 누구나 "옳은 것이라고 생각하는 것"과 "실제 생활에서 실천하는 모습" 사이에 불일치가 있을 수 있다고 생각한다. 중요한 것은 그 간극을 "이성적으로" 인식하고, 옳다고 생각하는 쪽으로 가기 위해 노력하는 자세이다. 남편의 문제는 간극을 가지고 있다는 것이 아니라 양자가 "너무 엄격하게 딱 분리되어" 있을 뿐 아니라 때로는 "대립하고 충돌하고 있는데" 그것을 전혀 문제로 인식하지 않는다는 것, "극복해야 할 문제로 바라보지 않는 것"이다.

또한 김경진 씨는 말과 행동이 다른 '인격'의 차원, 혹은 남성 일반이 가지고 있는 가부장성의 차원에서 이 문제를 제기하고 있는 것도 아니다. 그의 남편은 민주주의를 위해 싸운, 그것도 열렬하게 싸운 사람이다. 즉 그는 윤리학에서 말하는 '공약의 부담'을 지고 있는 사람이다. 그 원칙에 따르면 어떤 가치에 입각하여 규범적 주장을 펴는 사람은 그 말을 지킬 책임을 먼저 자신에게 지워야 한다. "우리 사회에서 데모크라씨라고 얘기하는 걸 외쳤던 사람들이, 지금 보면 그 정도의, 자기 삶에 있어서 그 정도밖에 유지 못하면서"라는 김경진 씨의 말은 민주주의를 세계관의 핵심으로 삼는 사람이라면 그러지 않는 사람에 견주어 일상의 모든 관계에서 좀더 민주적이어야 한다는 당연한 기대 위에 서 있다. 하지만 독재권력을 향한 투쟁에서는 그처럼 열렬했던 남편의 민주주의는 아내와의 관계나 가족 안에서는 작동되지 않는다.

오래된 이야기 —'민주주의를 외치는 가부장'

'민주주의를 외치는 가부장'은 '동그란 네모'처럼 형용모순의 관계에 있다. 하지만 우리는 그 말을 듣고도 그것이 형용모순임을 곧바로 깨닫지 못한다. 너무나 오래된, 익숙한 이야기이기 때문이다.

가부장제 사회는 가족을 '사랑과 친밀함'을 본질로 하는 사적이고 특수한 영역으로 규정해왔다. 따라서 민주주의나 인권, 정의 같은 공적 영역의 원리를 가족관계에 적용하는 것은 살벌한 '이익사회' 속에서 치열한 경쟁을 치러야 하는 사람들(대부분 남성들)에게 그나마 마지막 안식

처로 남아 있는 따뜻한 '공동사회'를 침해하는 과격한 행위로 받아들여진다. '사적 공간'인 가족을 지배하는 원리는 '피는 물보다 진하다'는 '피의 법칙'이다. 남편이 아내를 일 삼아 때려도 '집안일'이라 '공권력'은 현관 앞에서 멈춘다. 부모가 자식들을, 군사독재자가 국민들을 억압하듯이 억누르고 제재해도 '피를 나눈 부모인데 어쩌겠냐'고 이해해야 한다. '서로 존중하고 배려해야 좋은 관계를 맺을 수 있다'는 '물의 법칙'은 물보다 진한 '피의 법칙'으로 대체된다. 그래서 '개인적인 것이 정치적인 것'이라며 이 '포근한' 사적 공간을 '권력'이라든가 '성정치학' 같은 '살벌한' 개념으로 분석하는 페미니즘은 격렬한 저항을 받는다.

김경진 씨는 민주주의를 위해 싸우는 남성은 가부장적인 보통의 남성과는 다를 것이라고 생각했다. 사회에 대해 그러하듯이 여성과 가족에 대해서도, 투쟁을 할 때 그러하듯이 일상에서도 민주적 가치에 준거해 행동할 것이라고 기대했다. 그러나 경험적 진실이 말해주는 것처럼 '진보적인' 남성도 '보통의' 가부장적 남성처럼 사적인(즉 사소한) 것과 공적인(즉 중요한) 것을 구분한다. 물론 버전은 다르다. '보통' 남성들이 '말대꾸'하는 아내에게 "여자가 어딜"이라고 한다면 '진보적인' 남성들은 운동권 남성들의 가부장성과 권위주의를 비판하는 여성 활동가들에게 "근본적인 문제를 앞에 두고 적전 분열을 한다"고 비판한다. 이는 '독립운동(이라는 대의)을 위해 가정(이라는 개인적 영역)을 희생하는' 오래된 이야기의 현대판 버전이기도 하다.

'진보적' 남성들의 '사상과 일상의 불일치' 문제를 가족이라는 범주 안에서 주로 제기하는 게 균형을 잃은 처사로 보일지도 모르겠다. 물론 주장과 행동의 불일치는 진보적인 남성뿐만 아니라 남성과 여성, 진보와 보수를 막론하고 모든 사람들에게 일어나며, 가족뿐만 아니라 모든 인간관계, 모든 일상의 공간에서 일어난다. 운동권이 특별히 문제가 되는 것은 '공약의 부담'을 스스로 졌기 때문이고, 그중에서도 남성들이 또 특별히 문제가 되는 것은 공적인 것과 사적인 것을 구분하고 공적인 공간을 거의 독점해오다시피 한 남성 일반의 특성이 운동권 남성에게도 내면화되어 있기 때문이다. 따라서 가장 사적인 공간으로 치부되어온 가족이 역설적으로 '공적으로 주장하는 가치'와 '일상의 실제 행동' 사이의 불일치가 가장 자연스럽게 드러나는 공간이 되고 마는 것이다.

교수집단에 대한 '오해'

한 집단 내에서 다른 사람의 사고방식, 태도, 의견, 행동 따위에 영향을 많이 미치는 사람을 흔히 오피니언 리더(opinion leader)라고 한다. 한국사회의 오피니언 리더들이 어떤 경력이나 직업을 가진 사람들인지는 일간지의 칼럼난을 훑어보면 쉽게 알 수 있다. 칼럼 필자들의 직업 가운데 압도적 다수가 대학교수이다. 대학교수는 신문이나 잡지의 칼럼, 또는 방송의 대담이나 토론 프로그램에서 우리 사회의 중요한 쟁점, 의제, 사건, 인물에 대한 분석과 견해, 주장을 내놓는 대표적인 오피니언 리더들이다. 좀더 고전적인 용어를 쓰자면 그들은 "자신의 권한 밖에까지 참여함으로써 진정한 역할을 하는"[1] '지식인'들이다. 지식인들은 한 사회의 지적 능력을 대표하며, 시민들은 그들의 사유능력과 판단능력에 특별한 권위를 부여해준다.

****** 저는 대학에 30년 간 있으면서 늘 느낍니다. 대학교수들이 과연 이 땅의 특수한 집단들인가? 대학교수가 특별한 집단이라고 한다면 지금 포항제철에서 쇠를 만들고 있는 사람도 특수한 집단이고. 그 정도 수준의 능력이나

역할밖에 없다고 그런 생각을 갖고 있어요. 이게 내가 학교에 보직을 맡고 중책을 맡으면 맡을수록 그런 생각이 훨씬 더 강하고. (…) 지식인 사회가 어떤 쪽이냐면 강렬하게 비판하고 뭐 하면 괜찮은 사람처럼 느껴지는, 그러니까 속성은 그렇지도 않으면서. 바탕도 그렇고 그런 의식도 가지고 있지 않으면서 그런 행위를 하면, 그렇게 공적으로 내가 어필을 해주면, 논쟁을 제기하고 그러면 '그 사람 상당히 의식 있는 사람, 괜찮은 사람', 이런 것으로 인식해준다라고 착각에 빠진 거죠. 그런데 **그건 공적인 태도일 때 그렇고, 사적으로 또 오면 굉장히 반민주적이고 반사회적인 행동을 하는 거예요.** (…) 그렇게 하는 것이 자기 스스로의 가치를 막 확보하는 것처럼 생각하고 있는 거예요. '교수는 당연히 그렇게 해야 한다.' 일테면 내가 교수라 하는 위상이 있기 때문에 "내가 정말 이 사회를 바꾸고 좋은 세상을 만들어가는 한 역할을 해야 되겠다." 이런 생각으로 하는 게 아니고 마치 트렌드로 생각하고 있는 그런. 그래가지고 그 물결에 휩쓸려가지고 있으면서 자기만족을 하는 사람도 있고, 아니면 그걸 갖다가 자기의 이익을 추구하는 하나의 수단, 도구로 생각하는 사람도 있고. (이현섭, 4~6면)

이현섭 씨는 지방의 한 국립대학에서 국문학을 가르치는 교수이다. 그는 젊은 시절부터 지역의 문화운동, 환경운동에 열심히 참여했고, '민주화를위한전국교수협의회(민교협)'의 오랜 회원이다. 또 교수협의회 부회장, 단과대학의 학장, 전국국공립대학교수연합회에서 책임 있는 직책도 역임했다. 그런데 그는 대학교수를 오피니언 리더, 지식인 집단으로 바라보는 게 "일반인들의 오해"에 불과하다고 말한다. 대학교수를 "특수한 집단"이라고 한다면, 그때의 특수성이란 "포항제철에서 쇠를 만드는 노동자들"이 가지고 있는 특수성, 곧 세상의 모든 직업이 가진 '일반적 특수성' 이상의 것이 아니라는 것이다.

이현섭 씨는 "일반인들의 오해"를 풀기 위해 교수 사회의 "내막"을 들려주었는데, 우선 대학교수의 다수는 "자기 전공 분야의 전문가일 뿐 사회성, 사회적 감성"에서는 일반인들보다 오히려 떨어진다고 지적했다. 이를테면 대학은 "내가 밖으로 나가지 않으면 절대 남도 못 들어오게 하는" 철옹성 같아서 교수들은 남과의 접촉 없이도 "한 달을 연구실 안에서 살 수 있을" 정도이다. 많은 교수들이 "학자는 공부만 하면 되고 그것이 진정한 교수"라고 생각해서 사회참여 활동을 일종의 '외도'나 '일탈'로 바라보며, 세상이 어떻게 돌아가고 있는지, 나라가 어떻게 돌아가고 있는지에는 관심이 없다. 이현섭 씨는 성추행이라든가 연구비 횡령 같은 문제가 일어났을 때 동료 교수들이 '제 식구 감싸기' 식의 행동을 보이는 것도 적극적인 '감싸기'라기보다 귀찮고 성가신 일에 끼어들지 않으려는 소극적인 '무관심'의 결과로 설명했다. 교수들은 독립성을 보장받기 때문에 어떤 일이든 간섭받기를 아주 싫어하며, 그래서 남의 일에 간섭하거나 휘말리는 것도 싫어한다는 것이다.

그런 한편으로 "공적으로 어필을 하고 논쟁을 제기하는" 교수들은 또 다른 문제를 가지고 있다. 다 그런 것은 아니지만, 지식인으로서의 사회적 책임감을 느껴서라기보다 그렇게 해야만 "스스로의 가치를 확보"한다는 "자기만족"을 위해서, 혹은 "자기의 이익을 추구하는 하나의 수단"으로 사회적 발언을 하는 사람도 많다는 것이다. "강렬하게 비판하면 괜찮은 사람으로 느껴지는" 일종의 트렌드가 만들어진 원인을 그는 대학교수들이 민주주의를 "전리품처럼 얻은" 탓이라고 분석했다. 그는 요즘 들어 자신을 포함해 80년대 민주화운동에 참여했던 교수들이 일종의 선민의식을 가지고 있지 않았나 반성한다고 한다. "'앞서서 나가니 산 자여 따르라'는 노랫말처럼 다른 사람 다 잠들어 있는데 나는 깨어 있다는 선민의식"이 민주화 이후, 그런 역할을 하지도 않은 사람들한테까지 만연

해버렸다는 것이다. 그래서인지 공적으로 그런 발언을 하는 교수들도 사적으로는 "반민주적이고 반사회적인 행동"을 보인다. 이현섭 씨가 "보직을 맡고 중책을 맡으면 맡을수록", 다시 말해 교수사회의 실상을 더 많이 접하고 더 많이 알게 될수록 교수집단의 능력이나 역할을 회의하게 된다고 말하는 이유도 그래서이다.

그가 느끼기에 교수사회는 한국사회의 평균 수준 이상으로 지적이거나 합리적이지도, 책임감이 높거나 도덕적이지도 않다. 예를 들어 대학 총장 선거를 할 때 교수들도 일반 사회 못지않게 학연과 지연을 동원하고, 유권자에게 영합하는 행태를 보인다. 학생이나 조교를 "노비처럼" 여겨 세차를 시키거나 대신 시장을 보게 하는 교수들도 많다. 학회에서 논문심사를 하다가 어떤 논문을 부적격 판정하면, 어떻게 알았는지 전화를 해서 "이 새끼야, 네가 뭔데 내 논문을 되느니 마느니 그러냐"고 욕설을 퍼붓기도 한다. 황우석 사건과 김병준 교육인적자원부 장관 내정자 사건을 계기로 공론화되긴 했지만, 논문을 표절하거나 제자들을 시켜 논문을 대신 쓰게 하는 일도 '관행'이었다. 대학교수들이 공론의 장에서 쏟아내는 온갖 규범적 발언들을 생각하면 교수사회의 이런 '한국적 평균성'은 기이하기까지 할 정도이다.

많은 지식인들이 지식인이라면 마땅히 가져야 할 덕목 가운데 하나로 '자기성찰'을 꼽는다. 지식인을 '전문가'와 구분하고, 지식인에게 자신의 전문 분야와 상관없이 사회의 여러 문제에 발언하고 참여할 수 있는 일종의 '특권'을 부여하는 것은 지식인이 개인적, 또는 계급적 특수성을 넘어 사회 전체의 보편적 가치를 고민하고 성찰하는 능력을 가지고 있다고 생각하기 때문이다.

이현섭 씨는 '인문학의 위기'에 대처하는 방식을 예로 들어 교수들의 '자기성찰' 부족을 비판했다.

    인문학자들이 연구실에만 앉아가지고 가지[枝]만 파고 있고 정보만 독
점하고 있고 일반인들에게 그것에 대해서 아주 풀어서 잘 알려주는, 소통하
려는 사고 안 가지고 있었어요. 그러니까 몰락했는데 그 책임에 대한 그걸 부
인하고 사회가 인문학의 가치를 죽였다고 하는데, (…) 지난번에 학술진흥재
단 중심으로 해가지고 인문학 진흥 주간도 만들고 했죠. 그런데 기껏 요구한
게 뭐예요? 연구비 올려달라고. 그럼 인문학 발전 안합니다. 연구 못해서 인
문학 죽은 게 아니거든요. 결국 뭐였냐면 소통 문제입니다. 소통을 하려면 교
수들 연구시켜서는 안돼요. 인문학을 일반인들에게 교육하고 강좌 해줘야
돼요. 새로운 소통형식을 만들어내야 하는데 연구비 달라는 요구는 결국은
뭐냐면 문제 진단도 제대로 못하면서 그것을 자기 연구활동에만 집어넣으려
고……. (이현섭, 8면)

이현섭 씨는 "사회가 인문학의 가치를 죽였다고 하는" 주장을 "책임을
외부로 돌리는" 것으로 비판한다. 이를테면 "무차별적 시장논리와 효율
성에 대한 맹신으로 인문학은 그 존립근거와 토대마저 위협받는 중대한
기로에 서 있다"[2]는 식의 문제 진단은 인문적 가치, 다시 말해 인간다움
은 무엇인지, 인간의 존엄과 가치는 어떻게 지켜지는지, 인간다운 사회
는 어떤 사회인지에 대한 생각을 "일반인들과 소통하려고" 노력하지 않
은 인문학자들 스스로의 책임을 성찰하지 않는 태도라고 보는 것이다.
떠들썩하게 위기 선언을 하면서 "기껏" 연구비 올려달라는 요구를 내놓
은 것을 두고 그는 "정약용 선생이 연구비 받아서 책 500권을 썼느냐?"
며 비판했다. 연구비보다 더 시급히 요구되는 것은 '무차별적 시장논리
와 효율성에 대한 맹신'이 인문적 가치를 압도하는 동안 과연 인문학자
들은 무엇을 하고 있었나를 성찰하는 일이며, 그러한 현실 속에 들어가

"새로운 소통의 형식"을 모색하고 실천하는 일이라는 뜻이다.

이현섭 씨 역시 대학이 "기업체가 요구하는 학생을 길러내는 직업전수학교가 되어버린", 곧 '시장논리와 효율성'이 최고의 가치로 군림하는 현실을 부정하는 것은 아니다. 그러나 인문학자들 스스로가 인문적 가치를 실천하지 않는 한, 다시 말해 대학사회가 한국사회 평균 이상의 지성과 합리성·도덕성·공공성을 확보하지 않는 한 인문학자들의 위기 선언은 "인문학의 위기가 아니라 인문학자들의 밥그릇 위기"라는 냉소적 비판을 피해가기 어려울 것이다. 민주적 가치를 강조하는 칼럼을 썼으면 교수와 조교 사이의 봉건적 관계를 먼저 부끄러워하고, 한국사회의 지역주의나 학벌주의, 연고주의를 분석하는 논문을 썼으면 총장 선거 때 학연, 지연 동원하는 운동방식에 저항하고, '사람'과 그 사람의 '견해', 공과 사를 잘 구분하지 않는 문화를 개탄했으면 성추행이나 연구비를 횡령한 동료 교수를 비판할 수 있어야 하고, 무차별적 시장논리가 사회를 황폐화한다고 '선언'했으면 "그저 돈 어디서 끌어와가지고 나 있을 때 건물한 개 더 짓는 데" 골몰하는 CEO형 총장을 떨어뜨릴 수 있어야 비로소 인문적 가치는 의미와 소용을 인정받을 수 있다. 실천으로 뒷받침되지 않는 규범적 주장은 개인적 '위선'으로 끝나지 않고 사회적 차원에서 공적 영역의 신뢰를 떨어뜨린다. 공적 영역이 신뢰를 잃은 사회에서는 구성원들이 공적으로 천명된 '원칙'을 냉소하고, '생존의 규칙'을 따른다.

'이념의 진보성'과 '삶의 보수성'

** 우리나라에서 보수나 진보라고 하는 이게 도대체 무슨 의미가 있는 소위 사고구조인지 난 도무지 그게 잘 납득이 안 가요. 왜냐면 **똑같은 집단으로**

난 보여요. (…) 보수주의자들이라고 하는 사람 중에도 상당히 놀라운 정도로 진보적 사고를 하는 사람들이 있고, 진보주의자라고 막 행동도 그렇게 하고 했는데 오히려 판단이나 뭐나 하는 것은 진부해 빠져가지고 ‘저게 무슨…….’ 그니까 그게 정말, 우리 아마 20년대 카프나 이런 좌우 진영 문제에 있어서도 똑같은 그런 것이 아니었겠느냐 싶은데, 이게 체화돼서 얻어진 그런 어떤 이데올로기가 아니고 전부 학습된 이데올로기, 그러다보니까 본질에 대해서 정말 가까이 가지 못했던 게 아닌가 이런 생각을 내가 자주해요. 내 스스로도 한번씩, 어떨 때는 내가 내 스스로 ‘야, 이건 어떤 판단을 해야 하지?’ 싶을 때가 있거든? 그래서 내가 양 단체, 그 단체 속에서, 들어가서 보면서 간혹 가다 그런 생각이 들어요. 그런데 한결같이 가지고 있는 것은 지향하려고 하는 노력들은 꽤 많이 있다……. 지향. 그쪽 편이 되려고 하는. 그것 하나가, 보수나 또는 진보나 이런 어떤 것을 가름했을 때, 그 지향성 그것은 아이덴티티로서 인정이 되겠고 그 속에서 무슨 행동하고, 뭐 말하고 행동하는 행위 자체는 아무 구별도 안되는.(이현섭, 29면)

이현섭 씨는 “양 단체”, 곧 진보적인 단체와 보수적인 단체를 모두 경험했다. 그 결과 보수와 진보를 나누는 것이 “도대체 무슨 의미가 있는지” 회의하게 되었다고 말한다. 지향하는 가치를 잣대로 삼으면 분명히 다르긴 한데, “말하고 행동하는” 자체는 아무 구별이 안된다는 것이다. 보수주의자 중에도 “놀라울 정도로 진보적 사고를 하는” 사람이 있는가 하면, 판단이나 행동이 “진부해 빠진” 진보주의자도 있다. 그래서 그에게는 양쪽이 “똑같은 집단”으로 보인다. 요컨대 일상의 세계, 습속의 수준으로 들어서면 진보와 보수는 변별성을 잃어버리는 것이다.

이현섭 씨는 자신의 개인적인 경험을 토대로 진보와 보수가 일상에서는 잘 분간되지 않는 이유를 설명한다. 그는 때때로 어떤 사안에 대해서

"어떤 판단을 해야" 자신의 지향성에 부합하는 것인지 혼란스러움을 느낄 때가 있다고 말한다. 그는 그 혼란이 지향하는 가치의 "본질에 가까이 가지 못한", 혹은 "체화"가 아직 덜 된 탓에 발생하는 것이라고 생각한다. "체화"란 하나하나의 사안을 놓고 어떤 것이 사회의 진보에 보탬이 될 것인지 고민하며 주체적으로, 또 구체적으로 내용을 구성해가는 것을 말한다. 이를테면 '나는 사회적 연대라는 가치를 소중하게 생각하는데, 그렇다면 이 문제에 대해서는 어떤 관점, 어떤 태도, 어떤 행동을 취하는 것이 사회적 연대를 넓히는 데 보탬이 될까?', 혹은 '생태주의를 지지하면서 에어컨을 사용해도 되는 것일까?'를 고민해야 한다. 그런데 많은 진보주의자들은 '총론'과 '정답'으로 채워진 '진보 교과서 어법'을 구사하며 총론으로는 답하기 어려운 '일상의 혼란'을 피해간다. 그러나 그 혼란을 정직하게 직면하고 사유하는 과정이야말로 '본질'을 구성해가는 과정이다. '일상의 몸'을 얻지 못하면 사상과 이념은 한낱 교리문답에 지나지 않는다.

이현섭 씨가 느끼는 문제의식은 '이념의 진보성과 삶의 보수성'이라는 말로 흔히 표현된다. 서구에서 유학한 지식인들이 서구 지식인 사회와 한국 지식인 사회를 비교하면서 자주 제기하는 문제인데, 한국사회의 진보적 지식인들이 이념과 삶, 지향하는 가치와 구체적인 일상을 일치시키려는 '윤리적 긴장감'이 떨어짐을 비판하는 말이다.(문제제기는 진보 진영에서 주로 일어나지만, 보수는 굳이 말할 필요가 없을 것이다. 단적으로 한국의 보수 인사들은 '국가안보'를 주야장천 부르짖으면서도 자기 자식들은 군대에 잘 안 보낸다.)

이를테면 이현섭 씨가 사는 지역에는 '진보적' 단체나 모임에서 중심적인 역할을 하는, "굉장히 래디컬한" 어떤 지식인이 있다고 한다. 그런데 어느 날 학장이란 지위 때문에 초청받아 간 어떤 보수적인 모임에서

"뜻밖에도" 그를 만났다. 일제 때 그 지역에서 일어난 어떤 역사적 사건을 기념하는 사업을 논하는 자리였는데, 그 지식인은 연단에 올라 지역의 '보수성'이 그 역사적 사건의 뿌리임을 강조하는 연설을 했다. 그냥 강조하는 정도가 아니라 "그것이 ○○〔구술자가 사는 도시〕의 본질이고 정신이라고 찬양하는" 발언을 "피를 토하듯이" 했다는 것이다. 듣다못해 이현섭 씨가 자리를 박차고 일어나 "이해가 도무지 안된다"며 설명을 요구했으나, "왜 그렇게 삐딱하냐"는 답변밖에는 듣지 못했다고 한다. 이현섭 씨는 그를 "지킬 박사와 하이드"라고 표현했다. 한편으로는 급진적이고 명료한 주장으로 "진보 진영에 없어선 안될 사람" 평가를 받지만, 일상을 들여다보면 "차 사주고, 밥 사주는" 문화계 지망생들이 그 사람 앞에 줄을 서고, 술자리 마칠 때쯤이면 아는 사람을 전화로 불러내 술값을 치르게 하는 '문화 권력자'로 행세한다는 것이다. 그에게 사상은 권력을 치장하는 지적 장신구에 불과하다.

우리 모두의 이중성

지식인들의 '이중성'은 그들의 사회적 책임성이 큰만큼 특별히 비판받고, 또 마땅히 그러해야 한다. 그러나 지식인들만 이중적인 것은 아니다.

***** 학부모들이 말로는, 조사하고 이럴 때 "뭘 가장 중요시 여기냐?" 이러면 "아이들의 인격함양" 이런다고. "아이들이 인간답게 바르게 크는 것, 그것을 지도해주세요." 실상 들여다보면 그것이 아니고 성적이거든. 인성지도 잘

하는 선생님보다 실제로는 성적 높여주는 선생님이 최고야. 학부모들이 일
단은 이중적이야. 앞에서는 "인성지도요" 그러지만 실상 집에 가서는 성적이
야. (최태경, 16면)

학교에서는 해마다 학년 초에 학부모에게 몇가지 설문조사를 한다.
빠지지 않고 들어가는 질문이 "학교에서 어떤 면에 중점을 두어 교육하
기를 바라십니까?" 하는 것이다. 최태경 씨에 따르면 뜻밖에도 '인성지
도'를 원하는 부모가 압도적으로 많다고 한다. 그러나 실제로는 그렇지
않다. '성적'이 최고의 기준이다. 지지하는 가치(규범적 원리)와 실제 행
동(행동 원리)이 분리된 이런 '이중성'은 한국사회의 중요한 특징 가운데
하나로 꼽힌다. 이를테면 양성평등이라는 가치는 지지하지만 '우리 집
사람'이 사회 활동하는 건 싫고, 부정부패를 규탄하지만 자신도 '촌지'나
'급행료' '밥값'을 건네고, 지역주의가 망국병이라는 데는 동의하지만 투
표장에선 지역주의에 따라 표를 찍는다. 이런 이중성은 다른 한편 나에
게는 너그럽고 남에게는 엄격한, '내가 하면 로맨스, 남이 하면 불륜'이
라는 식의 이중성으로 변주되기도 한다. 한국인들에게는 언제나 '나 말
고 다른' 한국인들이 문제이다. '나 자신'에 대한 성찰은 없고 '다른' 한국
인을 향한 비판만 도처에 넘쳐나는 탓에 때로는 '그 많은 문제 있는 한국
인들은 다 어디 있단 말인가' 싶을 정도이다.
　왜 이런 이중성이 나타나는가에 대해선 여러 관점에서 여러 분석이
나와 있지만, 한국인들이 스스로의 이중성을 합리화할 때 쓰는 주된 논
리는 "남들 다 그러는데 나만 중뿔나게 원칙 지키다가는 바보가 되거나
손해를 본다"는 경험에 근거한다. 이는 한국사회는 공적 영역의 신뢰도
가 매우 낮다는 분석[3]과 상통하는 것으로, 여기에 따르면 이중성은 '외부
의 통제 불가능한 구조적 상황'으로 말미암은 불가피한 결과이다. 다시

말해 사회가 '규범적 원리'에 따라 돌아가지 않기 때문에 그 속에서 살아
남으려면 개인들은 '실제로 작동되는 원리'를 좇아 살아가지 않을 수 없
다는 것이다. 원인이 나의 '내부'가 아니라 '외부'에, '나로선 어찌해볼 수
없는', 그것도 일시적인 것이 아니라 '구조적인' 데 있으므로 개인의 책임
은 면제, 혹은 합리화된다. 따라서 윤리적 책임감을 느끼기도 어렵다.[4]
실제로 간난신고의 한국 현대사를 생각하면 이중성이 '생존을 위한 적
응의 결과'라는 논리는 섣불리 비판할 수 없는 현실성을 가지고 있다.

그러나 내부와 외부, 구조와 개인, 공적인 것과 사적인 것은 그렇게
간단히 구분되고 분절되지 않는다. 양자는 '관계' 속에서 서로 끊임없이
침투하고 작용한다. 한국 근현대사의 곡절과 정치권력의 폭압성이 양자
의 상호작용을 억압하고 왜곡한 것은 사실이지만, 양자를 대립적인 것으
로 구분해놓고 '개인'을 무력한 피해자로 면책하는 논리는 더이상 유효
하지 않다. 가령 근평 점수 때문에 교장의 부당한 지시를 어쩔 수 없이
따라야 하는 부장교사가 학생들을 몽둥이로 때릴 때, 그는 구조의 내부
에 있는 것일까 외부에 있는 것일까? 아파트값을 담합하는 부녀회원들
의 행위 가운데 얼마만큼이 부동산 정책의 구조적 결과이고, 얼마만큼이
개인적 이기심의 결과일까? 민주주의를 강의하는 교수가 아내를 구타할
때 그 가정은 공적 영역일까 사적 영역일까?

내부와 외부의 경계는 '나'의 위치에 따라 유동하며, 개인과 구조는
어느 한편으로 환원되거나 귀착되는 것이 아니라 서로 반응하고, 부딪치
고, 협상하며, 공적인 것과 사적인 것은 뒤섞인 채 발효한다. 따라서 자
신을 성찰하는 것은 사회를 성찰하는 것과 다르지 않으며, 사회의 변화
는 나의 변화와 연속선상에 놓여 있다. 사상과 일상을 일치시키려는 노
력은 나 자신을 민주화하는 것이며, 그것은 사회의 민주화, 즉 규범적 원
리와 행동 원리가 일치하는 사회를 만들어가는 노력과 분리되지 않는다.

7장

소통과 갈등

나는 내가 헌신하였던 운동보다 더 훌륭하지도 더 졸속하지도
않았으며 운동의 성숙함과 미숙함을, 그 위대함과 비참함을
함께 나누어 가졌다.

—슈테판 헤름린 지음, 박소은 옮김 『저녁노을』(당대 1995)

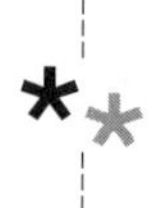

'말하기와 듣기'의 위계질서

김경진 씨는 시민운동이 태동하던 90년대 초반부터 시민단체에 몸담아온 '시민운동 1세대'로서 2006년 한 부서의 최고 책임자가 되었다. 그런데 그는 단체 대표 자격으로 외부에 공식회의 같은 것을 하러 갈 때면 아직도 일종의 '강박증' 같은 것을 느낀다고 한다.

***** 제가 나이가 실제보다 어려 보이는 것 때문에 많이, 사실 마이너스가 많아요. 나가면, 외부 공식적인 회의 같은 데 갔을 때 얕보는 거죠. 여자인 데다가 어린 여자애, 이렇게 하는 분위기가 있어요.(…) 정부부처든, 시민이든, 외부에서 바라보는 그 시선은 동일한 거 같아요. **내용으로 서로 만났을 때에 그 사람이 내용과 내용의 관계에서 이 사람을 평가하는 것이 아니라 보이는 것에 따라서 본인이 어느정도 '저 사람은 이럴 것'이라는 기대치나 이런 수위를 갖고**

접근을 하니까 참 힘들어요. 저는 그래서 일부러 열심히 나이를 강조해서 얘기하려고 애쓰죠. 저도 약간 그런 피해의식이 있어요. 제가 하고자 하는 얘기를 저 사람이 제대로 귀기울여 들을 수 없다는 그런 강박증을 갖게 된 거고. 불안감도 갖게 되고. (김경진, 31면)

김경진 씨는 여자이고, 실제보다 나이가 어려 보인다. 그래서인지 처음 만난 사람들은 대개 그를 "얕본다." 정부의 위원회에서 만난 공무원들도, 기자들도, 민원 때문에 찾아온 시민들도 그렇다. '저렇게 어린 여자애가 뭘 알겠나' 하는 눈빛을 노골적으로, 또는 은근히 보내고, "윗선의 책임자를 만나게 해달라"고 한다. 그는 자신이 말하고자 하는 '내용'이 '어린 여자애니까'라는 그들의 낮은 '기대치'에 가로막혀 제대로 전달되지 않는 경험을 한다. 거듭된 경험으로 말미암아 그는 '사람들은 내 말을 귀기울여 듣지 않는다'는 강박증을 가지게 되었고, ('나이'를 기준으로 말의 '내용'을 평가하는 현실이 부당하다고 생각하면서도) 자기 말의 '내용'을 엄호하기 위해 "일부러 열심히 나이를 강조"하게 되었다.

소통은 '말하기와 듣기'를 통해 이루어진다. 말하기와 듣기가 어느 한편에 치우치지 않고 공평하게 이루어질수록, 말하는 사람의 지위나 권력이 아니라 말 자체의 합리성과 정당성, 곧 "내용과 내용의 관계" 중심으로 이루어질수록 소통은 합리적이고 원활해진다. 그러나 우리가 일상에서 쉽게 경험하거나 목격하는 것처럼 말하기와 듣기는 평등하지 않다. 부모와 교사, 상급자와 연장자는 많이 말하고 적게 듣는다. 자녀와 학생, 하급자와 나이 어린 사람은 적게 말하고 많이 들어야 한다. 부모 말에 '꼬박꼬박 대꾸하면' 안되고, 선생님 말이니까 '버릇없이 대들면' 안되며, 상사의 말이니까 '까라면 까야' 하고, 연장자의 말이니까 '예절 바르게' 들어야 된다. 말의 양이 적은 경우에는 '무게'가 그것을 상쇄한다. 남

편, 아버지, 상급자의 한마디는 아내, 엄마, 하급자의 백마디보다 '무게'
가 나간다. 결정권을 행사하는 것은 아내, 엄마, 하급자의 백마디가 아니
라 남편, 아버지, 상급자의 한마디이다. 말하기와 듣기에서도 역시 위계
질서가 작동하는 것이다.

＊ "나하고 가치가 다르니까 저렇게 판단한다"가 아니라 "아직 나만큼 경
험을 못했고 나보다 모르니까 저렇게 판단한다"고 생각을 하는 그게 저는 가
장 큰 부분이라는……. 이것은, '남녀는 차별하면 안된다'는 것을 무의식에서
는 안되지만 의식 속으로는 자꾸 강요를 당하잖아요. 그런데 어린이가 어른
과 동등하다는 생각을 못하잖아요. 그러니까 단순히 그 아이의 감정을 존중
해줘야 된다고만 생각을 하지 그 아이의 판단이 나의 판단보다 옳을 수도 있
다는 생각은 우리가 잘 못하잖아요. (…) 저 같은 경우 제가 스무살보다 지금
이 더 성숙해졌냐고 생각해보면 그런 부분도 있겠지만 아닌 부분들도 있거든
요. 스무살 때 내가 판단했던 게 지금보다 많이 틀린 판단이었을까. 그것은
모르는 거라는 생각을 해요. 그럼 내가 앞으로 오십살이 됐을 땐 판단을 더
잘할까. 그것도 저는 확신할 수 없거든요. (…) 오히려 오래 축적돼 있는 낡은
경험이 새로운 생각을 더 못하게 막을 수 있는 건데, 뭐 무슨 홍보회의를 할
때나 이럴 때는 혹시 '얘가 좀 새로운 아이디어를 내지 않을까'라고 생각하지
만 전체적인 정치구도에 대한 얘기를 할 때는 "자네가 아직 현실선거를 못 해
봐서 그래." (…) 연령에 대한 게 신체적 연령 하나 있고 그 다음에 경험에 대
해서. 그러니까 〇〇〇의원 같은 분은 나이는 어리지만 자기보다 나이 많은
사람들한테 곧잘 그런 얘기를 해요. "제가 정당경력 몇년입니다." 이런 거.
그것도 권위주의거든요? (…) 그러니까 **결국은 무엇이냐면 매우 수직적인 사고
방식이 있는 거예요. 내가 어떤 식으로든 상대방보다 우월하다는 뭘 하나를 갖고
싶은 거예요, 사람들이.** 그런 이상한 수직문화가 있어서 나이가 안되면 경력,

경력이 안되면 나이 이런 걸로. (김정희, 34~35면)

김정희 씨는 우리 사회의 권위주의를 평가하면서 개인적으로 '나이'에 따른 권위주의를 가장 많이 경험한다고 이야기했다. 상대적으로 젊은 나이에 정당의 선출직 간부로 활동하고 있는 개인적 여건이 반영된 것으로 보인다. 그는 선출직 중앙위원이라는 '지위' 덕분에 당내에선 적어도 지위를 가지고선 밀리지 않는다. '말하기 권력'에서 그가 가진 약점을 찾자면 여자이고 나이가 적다는 것이다. 그런데 '성차별'은 "무의식에서는 〔제어가〕 안되지만" 적어도 의식적으로는 "강요"를 받는 상황이다. 그래서 그가 말하기를 제약받는 주된 사유는 '나이'가 된다. 홍보회의 같은, 젊은이의 참신한 발상이 요구되는 자리에서는 괜찮지만 정치적 판단을 해야 하는 사안에 대해선 그도 김경진 씨와 같은 대우를 받는다. "아직 현실선거를 못해"봤다는 이유로 그의 발언 '내용'은 평가받지 못한다. 나이는 때로는 '어리다'는 것 자체로, 그것이 여의치 않을 때는 '경험 없음'의 근거가 되어 '내용'의 위계를 결정한다. 그는 나이 많은 사람과 의견이 대립할 때 '정당경력'을 내세우는 어떤 의원을 예로 들며 그것도 권위주의라고 비판한다. '경력'을 내세워 '내용'의 위계를 정하려 하기 때문이다. 그러나 그는 나이를 먹는다는 것이 곧 "진화와 성숙의 과정"은 아니라고 본다. 젊어서 미숙할 수도 있지만, 반대로 "낡은 경험이 새로운 생각을 더 못하게 막을 수"도 있다. 그의 생각엔 아이를 존중하는 차원이 아니라 "그 아이의 판단이 나의 판단보다 옳을 수도 있다"고 생각할 줄 아는 것이 진정한 탈권위주의이다. 그는 우리 사회에는 "내가 어떤 식으로든 상대방보다 우월하다는 뭘 하나를 갖고 싶은" 이상한 수직문화가 있다고 느낀다.

실제로 한국사회는 권위주의와 수직적 위계질서가 특별히 강하다는 평가를 받는다. 유교적 가치체계[1]의 영향과 '근대화' 시기의 군사주의 때문이라고 흔히들 분석하는데, 복잡하기 이를 데 없는 호칭과 존대법이 이를 잘 보여준다. 권위주의는 말의 '내용'이 아니라 말하는 사람의 지위와 성별, 나이, 학벌 등을 기준으로 옳고 그름을 선험적으로 결정해버리는 탓에 민주적이고 합리적인 소통을 근원적으로 방해한다. 구술자들의 체감에 따르면 다행히 민주화 이후 권위주의는 많이 약화되었다.

법원과 검찰은 국가기관 가운데서도 가장 권위주의적인 곳으로 꼽혀왔다. 법원 공무원인 박정길 씨는 시민과 법원의 관계를 놓고 볼 때 "예전에는 법관이 대하든 법원 직원이 대하든 일단 소통 자체가 안됐던" 데에 비해 지금은 "부족하긴 하지만 열려가는 과정"이라고 평가했다.

＊ 요새 반말 듣고서 가만있는 당사자가 어디 있겠어요? 국민 무서운 줄 알죠. (…) 법관들이 재판을 진행할 때 있어서 아무래도 우월한 위치에 있지 않고서는 자기가, 판결문이 신뢰가 없을 거 아네요? 판단을 좋든 나쁘든 해줘야 되는데 납득을 시켜야 되는 입장에서 재판 진행에서 자기가 끌려간다면 판결문을 쓸 수 없다는 생각이, 강박관념이 있어요. 그리고 구술 자체에 대해서 다 믿을 수 없는 스스로들의 한계도 있고 하다보니까 일부러 아마 그런 권위주의적이고 못된 방식들, 자기보다 나이 많은 사람들에 대해서도 반말하고, 무시하고 넘어가고, 호통치고 이런 과정이 분명 있었다고 보거든요. **이미 재판 방식 자체가 하나의 재판장이 전지전능한 어떤 그런 존재다라는 전제하에서 운영했기 때문에 일어난 일이 아닌가 싶고. 근본적으로 변화된 것은 없어요.** 재판에 있어서 충분히 당사자가 의견을 제시하고 이론에서만이 아니고 실제로도 공방을 전개하고, 그래서 내용을 정리해가지고 "자, 판결하겠습니다. 누

가 얼만큼 옳고 얼만큼 틀렸습니다" 할 수 있는 건 아직은 없습니다. 다만 그 런 비난 여론, 나름대로 만날 법원만 가면 반말이고 재판할 때 보면 주눅 들 게 하는 거, 이거에 대해서 항상 말이 많았고 안 들을 수 없는 입장이다보니 까 최소한 그런 것은 하지 말자는 것이 항상 반성적으로 제기되어왔었던 것 이죠. 그래서 직접 법정에서 반말하는 재판장은 거의 찾기 어려울 거예요. 문 제는 그게 납득하고 신뢰할 만한 것은 아니고 말하자면 근본적인, 재판에 있 어서 완전한 의미의 진실을 규명하고 당사자들도 충분히 '져도 좋다. 할말 다 했다' 하는 것을 만든 상황은 아니라는 점에서 완전히 변한 것은 아니고요. (박정길, 6면)

박정길 씨는 "국민 무서운 줄" 아는 분위기 속에서 법원 내의 "권위주 의적이고 못된 방식들"이 많이 나아지고 있다고 말한다. 이제 법관이 법 정의 시민들에게 "반말하고, 무시하고 넘어가고, 호통치는" 일은 거의 없 다. 그가 처음 공무원 생활을 시작할 때만 해도 원고나 피고가 무슨 말을 하려고 하면 판사가 "조용히 하라"거나 "말할 기회 주면 그때 하라"고 고 압적으로 말을 끊었는데, 지금은 판사의 말을 끊고 원고나 피고가 끼어 들어도 제재하지 않고 일단은 듣는다고 한다. "사건 수가 워낙 많고 인력 이나 물질적 여건은 거기에 턱없이 모자라는" 현실을 감안하면 그래도 긍정적인 변화라고 그는 평가했다.

그러나 뒤이어 그는 "근본적인 것은 변화된 것이 없"다는 말을 덧붙인 다. 예전의 권위주의적 행태는 "재판장이 전지전능한 어떤 존재다"라는 전제 때문에 빚어진 결과인데, 그 점에서 근본적이라고 할 만한 변화가 일어난 것은 아니라는 뜻이다. 판사는 한 사건을 두고 다투는 피고와 원 고의 서로 다른 입장을 듣고 성문법에 근거하여 판결을 내리는 역할을 한다. 다시 말해 그는 '판관으로서의 역할을 위임받은 개인'이다. 그런데 이제까지 법관은 법의 권위에 근거하여 다른 개인들보다 절대적으로 우월한 지위와 권력을 보장받은 '특별한 개인'으로 군림했다. 따라서 '전지전능한 재판관'과 '하찮은 개인들'인 사건 당사자 및 관련자들 사이에는 말하기와 듣기에서 불평등한 관계가 성립된다. 이 때문에 사건당사자들이 '자기 이야기를 토로하는 장소'인 법정에서 말할 기회를 얻지 못하는 이율배반이 벌어진 것이다. '성문법에 기초해서 판단을 내릴 역할을 위임받은 개인'이라는 관점에 서면 판사가 반말을 하지 않고 호통을 치지 않는 것은 감지덕지할 일이 아니라 당연한 일이다. 오히려 판사는 법정에서 서로 다른 주장이 충분히 오가도록 해야 할 책임이 있다.

박정길 씨는 재판에서 "충분히 당사자가 의견을 제시하고, 실제로도 공방을 전개"해서 "완전한 의미의 진실을 규명하고, 당사자들도 '져도 좋다, 할말 다 했다'" 하고 납득하고 신뢰할 수 있는 수준으로까지 가는 것을 근본적인 변화라고 본다. 이런 변화는 판사를 '특별한 개인'으로 여기게 하는 제도와 관행을 고쳐나가야 가능하다. 법조인들에게 최고 엘리뜨로서의 '아우라'를 씌워주는 사법시험제도, 일반 시민들의 의견이 반영될 길이 없는 폐쇄적인 법관 임용 방식, 공판이 아닌 문서 중심의 재판 등이 법관들을 저 높은 곳에서 아래를 내려다보며 진실을 가려주는 "전지전능한" 개인으로 만들어왔기 때문이다.

말은 넘쳐나지만 대화와 토론은 부족하다

앞서 1장에서 말한 것처럼 민주화 이후 가장 좋아진 것이 '표현의 자유'이다. 사회 성원들 간에 오가는 말의 총량을 놓고 소통의 수준을 따진다면 한국사회의 소통 수준은 아마도 세계 어느 나라에도 뒤지지 않을 것이다. 그러나 말의 양이 많다고 해서 소통이 이루어지는 것은 아니다. 한편의 말이 다른 편에게 전달되고, 고려되고, 수용될 때, 그래서 서로를 더 잘 이해하게 되었을 때 비로소 우리는 '소통이 이루어졌다'고 말한다.

** 쉽게 말하면 개나 소나 말이나 다 자기 목소리를 내는 시대가 됐어요. (…) 거기에서 말씀드릴 수 있는 거는 다 자기주장만 옳은 상황이 된 거죠. 서로를 배려한다든가 자기주장을 얘기하기 위해서 그것과 때로는 상충하는 그런 집단에 대한 배려들, 그런 건 제가 보기엔 없는 거 같아요. 없다는 게 아니라 오히려 그런 걸 자꾸 서로 대립과 갈등을 오히려 많이 표출하는 방식으로……. 자기의 목소리를 드러내는 방식이 과거에는 사회적 대의라든가 흔히 얘기하는 것처럼 자기 개인의 어떤 좋고 나쁨, 자기 개인의 주머니……. 이런 문제에 민감한 것이 아니었는데, 지금은 그런 것으로 아주 밀접하게 연관되어 있는. 정말 자기한테 득이 되는가 안되는가를 위해서 목소리를 내는 방향으로 가고 있다는 거죠. (…) 남의 말을 안 듣잖아요. 저는 제일 큰 문제가 안 듣고, 그리고 그렇게 하면서 극단적인 상황으로만 계속 가져가는 그런 것에 대한 우려를 많이 느끼거든요. (…) **자신의 목소리를 낸다는 것과 그런 방식으로 표출한다는 건 전혀 다른 문제인 건데 방식에 있어서는 저는 옳지 않다고 보거든요.** (…) 근데 또 문제가 뭐냐면 아무도 이런 문제를, 이렇게는 (지금 같은 이런 자리에서는) 얘기해도, 대놓고 책임 있는 자리에서 그런 문제에 대해서 '그것을 정말 서로 냉정하게 짚어보자'라고 서로 문제제기를 못한다는 거죠.〔면접자: 그건 왜 그러죠?〕두렵기 때문이겠죠. 결국 그 화살이 다시 본인한테 돌아오는 것에 대한, 한편에서는 보복성으로 돌아올 수도 있다는 사실. 뭐 다 까발리면 문제없는 것이, 털면 먼지 안 나는 곳이 없기 때문에 대한 불안감일 수도 있고요. (김경진, 39~40면)

　　김경진 씨는 민주화 이후 우리 사회의 소통 양상을 평가하면서 예전과 비교되는 몇가지 변화를 지적하고 있다. 우선 "개나 소나 말이나 다 자기 목소리를" 낸다. 그런데 의견이 "상충하는 집단"에 대한 배려는 없어 보인다. "다 자기 주장만 옳다"는 식이어서 대립과 갈등을 키운다. 저마다 자기 말만 할 뿐 남의 말은 듣지 않는다. 그리고 예전에는 "사회적 대의"를 놓고 다투었던 것 같은데, 지금은 주로 "자기한테 득이 되는가 안되는가"를 놓고 다툰다.

　　"개나 소나 말이나 다 자기 목소리를 내는" 것도, "자기한테 득이 되는가 안되는가"를 따지는 것도 좋은 변화이다. 민주주의가 원래 그런 것이기 때문이다. 권위주의 시절에는 이익집단이 '비정치적으로' 자기이익을 따지고 주장하는 것조차 제대로 허용되지 않았다. 그러면 사회가 불안해지고, 사회불안은 '북괴의 오판'을 부른다는 이유에서였다. 이 말은 일면의 진실을 담고 있다. 하나의 목소리는 다른 목소리를 부르고, 한 집단의 조직화는 다른 집단의 조직화를 부른다. 안방이 있으면 부뚜막이 있고, 이익을 얻는 집단이 있으면 손해를 보는 집단도 있는 것이 사회적 관계의 속성이기 때문이다. 그래서 군사독재 정권은 사적 이익을 둘러싼 갈등까지도 철저히 통제했다. 예전에는 사회적 대의를 주장하는 목소리가 도드라졌던 것 같은데 지금은 이해관계를 따지는 목소리가 주종인 것처럼 느껴지는 것은 민주화 이후 갈등이 그만큼 복잡해졌다는 것을 의미한다. 예전에는 갈등이 억압적인 국가와 저항적 시민사회 간에 주로 발생했으나 이제는 갈등의 전선이 국가 내부, 시민사회 내부, 그리고 국가와 시민사회 간에 이리저리 복잡하게 착종되어 있다. 그리고 그것은 억압되지 않는다. 이해관계를 따지는 것이든, 사회정의를 외치는 것이든 모든 시민은 목소리를 가질 권리가 있다. 갈등은 불가피할 뿐만 아니라, 오히려 "민주주의의 위대한 엔진"[2]이다. 있는 갈등을 드러나게 하고 드러난 갈등을 해결하면서 민주주의는 구동된다.

그런데 김경진 씨는 "자신의 목소리를 낸다는 것과 그런 방식으로 표출한다는 것은 전혀 다른 문제"임을 지적한다. 갈등은 언제나 쌍방향이다. '내 목소리'는 언제나 '다른 사람의 목소리'를 전제로 한다. 따라서 내 말을 다른 사람이 들어주기를 바라는 만큼 나도 다른 사람의 목소리를 들어야 한다. 갈등이 해결되기를 원한다면 대화하고 토론해야 하는 것이다. 듣기에 따라선 '아니, 나를 어떻게 보고 이런 ABC를 늘어놓나' 싶을 정도로 상식적인 이야기들이다. 그러나 우리 사회의 극단적인 대립 상황이 어느 정도냐 하면, 바로 그 상식적인 이야기를 제대로 할 수 없는 상황까지 와 있다고 김경진 씨는 말한다.

그는 "이런 문제를"〔말이 통하는 사람끼리 비공식적인 자리에서는 해도〕"대놓고 책임 있는 자리에서"는 제기하지 못하는 상황을 또다른 문제로 지적한다. 자칫 했다가는 "화살이 다시 본인한테 돌아오는" 일이 벌어질까 두려워서 문제를 느끼면서도 적극적으로 제기하지는 못한다는 것이다. 거기에는 김경진 씨 자신도 포함된다. 가령 '우리 사회의 의견 표출방식 이대로 좋은가'란 제목의 토론회에 나간다면 자신도 면접자에게 이야기한 만큼 자유롭게 비판하지는 못할 것이라는 말인데, 이유는 그 이후의 상황이 "뻔하게 보이기" 때문이다. 김경진 씨의 비판 대상이 된 집단은 김경진 씨, 혹은 그가 속한 단체의 '정치적 성향'을 거론하며 '본색을 드러냈다'고 비판하거나 심하면 그 자신이나 그가 속한 단체의 "먼지"를 샅샅이 털어내 원색적인 비난을 할 수도 있다. 그것이 터무니없는 것이라 할지라도 때로는 언론에 대서특필될 수도 있다. 우리 사회에서는 '상식적인' 문제제기가 한바탕의 정치적·이념적 '소동'으로 이어지는 일이 다반사이기 때문이다.

***** 늘 느끼는 거는 이제 그 대화, 토론의 부족을 매우 많이 느껴요. (…) 예를 들면 민원이 설혹 발생하면 이 건에 대해서 충분히, 이것은 이러한 내용이고 이렇고, 또 그 쪽 입장에서 얘기하고 충분한 토론과 정보와 그런 과정 속에서 서로 협상이 되고 하면 그렇게 뭐 원수 질 일도 없고 합리적으로 판단이 될 텐데 그런 과정이 부족한 거죠. 그러다보니까 끊임없이 오해는 계속 그냥 있는 거고. (…) 그러니까 하여튼 대화가, 이게 없어요. 거의 없고. 그냥 뭐 "이 문제에 대해서 어떻게 생각하느냐?" 그냥 내밀고 "아, 이거는 이렇다." 그냥 받고. 그리고 또 서로 보다가 헤어지고, 또 서로 바깥에서 싸우고 그러한 과정이니까. 그런데 이런 거를 또 어떤 대안과도 관계가 있는 것 같아요. 그러니까 서로 얘기를 하다보면 다른 대안이 나오는데, 한 가지만 주장을 하다보면 사실은 대안이 나올 수가 없거든요. 거기에 매몰되다보면. 그런 걸 많이 느껴요. (…) 무슨 민원 있고 그러면 저한테 와가지고 이제 막 욕하지. 뭐, "시 ○○ 과 도대체 거기는 공무원 맞냐? 그 새끼들 뭐하나?" 그러면서 막 욕하고 그러죠. 그럼 담당자 내려오게 하고 그 사람 내려오게 하고 해서 "서로 있는 자리에서 얘기해봐라." 그럼 뭐 서로 이 얘기 하고 저 얘기 하고 막 얘기해요. 서로 얘기를 많이 하게끔〔하죠〕. 그럼 헤어질 때 되면 결국 아, 여기서는 또 그런 점에 대해서는 자기네들도 인정한다고 하고, 여기서는 "아, 그것은 저희가 오해했다" 그러고. (김재일, 10~11면)

시의원 김재일 씨는 스스로를 "제도와 비제도, GO와 NGO, 주민과 행정기관 사이에서 왔다갔다하는 사람"으로 규정한다. 의견이 대립하기 일쑤인 쌍방, 즉 시민사회와 지방의회, 주민과 공무원, 이 동네 주민과 저 동네 주민 사이를 오가며 그는 대화 부족을 절감한다. 특히 "정보를 제공해주면 그것을 공유한 위에서" 주장을 펴도 펴야 하는데, '정보와 사실을 확인하고 공유하는 과정'이 결정적으로 부족하다고 느낀다. 예를 들어 민원인은 담당 공무원의 말은 들어보지도 않고 일단 '규탄'이나 '비난'부터 하고 본다. '무사안일한 공무원'이라는 선입견에 근거해 '사실'을 충분히 확인하기도 전에 '판단'부터 하는 셈이다. 반대로 공무원이 '자기 이익밖에는 생각할 줄 모르는 민원인'이라는 선입견에 근거해 민원 내용은 제대로 파악하지도 않은 채 '말도 안되는 소리'라는 '판단'부터 내렸을 수도 있다. 어쨌든 두 사람을 한자리에 앉혀놓고 서로의 입장과 주장을 충분히 이야기하게 하자 공무원은 민원인의 불편을 인정하고, 민원인은 섣불리 오해했음을 사과한다.

예로 든 경우는 시의원이라는 중재자가 있어서 대화가 가능했지만, 많은 경우 제도와 비제도, GO와 NGO는 한편이 자기 입장을 "그냥 내밀고", 다른 편은 "그냥 받고" 헤어져서 "바깥에서 또 싸운"다. 그래서 "끊임없이 오해는 계속"되고, 협상은 제대로 이루어지지 않는다. 여기서 김재일 씨는 토론이나 협상을 어렵게 하는 원인 두 가지를 언급하고 있다. 하나는 앞서 지적한 것처럼 상대방의 이마에 '딱지'를 붙이고 바라보는 것이다. 다시 말해 '너는 원래 그러니까' 하는 편견을 가지고 상대방의 주장을 들으니까 뼈다귀같이 앙상한 '요지'만 서로 주고받을 뿐 대화가 이어지지 않는다. 또 하나는 자기주장을 관철할 생각만 할 뿐 절충할 가능성을 열어놓지 않는다는 것이다. "한 가지만 주장을 하다보면 대안이 나올 수가 없는"데 말이다.

** 사람들이 자기들의 어떤 결정구조가 이렇게 한번 세워지면 그것을 다시 바꾸기가 좀 어려운 그런 것이 좀 있는 것 같습니다. 그래서 어떻게 보면 그 조직의 민주화, 뭐 이런 문제하고도 관련되어 있을 수 있는데 한번 정해진 것은 바꿀 수 없는 그런 구조가 있지 않나 싶어요. (…) 우리 사회에서 갈등 이야

기가, '갈등이 왜 잘 해결되는 프로쎄스가 없느냐. 갈등 해결이 잘 안되느냐' 하는 그런 얘기가 있지 않습니까? 그것이 그중에 하나가 이미 정치적인 성향, 지향, 이념 이런 것과 관련해선지 한번 내려진 결정은 잘 안 바꾸려고 한다, '밀리면 패배다' 이런 생각도 좀 있는 것도 같고……. 그러니까 좀 점진적인 사고, 태도, 그런 것이 필요한데……. (박희철, 13면)

국회 상임위 중에서 환경·노동위원회는 갈등이 빚어지는 사안을 많이 다루는 위원회이다. 입법조사관인 박희철 씨는 이 위원회에서 일한 적이 있다. 비정규직 법안*을 둘러싼 대립과 갈등[3]을 가까이에서 지켜보면서 그는 "한번 정해진 것은 바꿀 수 없는 그런 구조"가 우리 사회에 있다고 느꼈다. "점진적인 사고, 태도"로 접근해야 타협이 가능한데, "정치적인 성향, 지향, 이념 이런 것과 관련된" 사안일수록 그것이 더욱 어려워진다는 것이다. 그는 "일단 입법을 하고, 나중에 또 개선해나가고 하는 게 비정규 근로자들에게 더 도움이 되는 것이 아닌가" 생각한다. 한쪽 편을 드는 것으로 비칠까 몹시 조심스럽게 말했지만 어쨌든 그가 보기엔 "한나라당이나 열린우리당은 비교적 재량을 가지고 법안 심사하는 의원들이 타협을 한" 데 비해 법안 통과를 물리적으로 저지한 민주노동당은 "그 틀에서 못 벗어나는 것"으로 비춰졌다. "한번 정해진 것은 바꿀 수 없는 그런 구조"가 존재하는 것도, 그것이 타협을 어렵게 하는 것도 사실이다.

* '기간제및단시간근로자보호법' '파견근로자보호법' '노동위원회법' 등 비정규직과 관련된 3개 법안을 일컫는다. 비정규직에 대한 차별 금지를 명시하고, 기간제 노동자의 고용 기간을 2년으로 제한해 2년이 지나면 정규직으로 전환하도록 한 것이 핵심이다. 이에 대해 민주노총과 민주노동당은 '2년 뒤 정규직 전환' 규정이 오히려 2년마다 대량해고 사태를 낳을 것이라고 비판하며, 비정규직의 남용을 막기 위해서 기간제 노동자를 고용하는 사유를 제한할 것을 주장했다.

그런데 비정규직 법안을 반대하는 노동운동가 조영훈 씨는 그보다 더 근본적인 문제가 있다고 항변한다.

***** 신뢰. 기본이 최소한. 그러면 우리나라 근로기준법이라는 것이 있고 노동관계조정법이라고 있는데, '있는 법만이라도 지켜라' 이거죠. 있는 법만이라도. 사용자가 계속 그렇게 부당노동행위하고 난 부분들에 대해서. 그다음에 파견근로 2년 지나면 정규직 고용하기로 했는데, 안하면 땡인데 사용자들은 벌금 500만원 물고. 대기업에서 500만원이 돈이냐 이거죠. 500만원 아니라 '3,000만원 이상으로 해놓았다'는데, 3,000만원이 뭐 돈이야? 비정규직 쓰면 몇 백배 더 많이 남는데. 그러니까 뭐냐면 법이 있어도 실제 정부는, 법이라는 부분이 결국은, 법의 잣대는 노동자들한테, 사회적인 약자한테만 통용되는 게 법이지 결국 정부나 정부 스스로가 법을 어겼을 때 누가 문책 받는 사람 하나도 없고, 자본가 역시 마찬가지 아닙니까? **그런 불신이 일정 부분 해소되지 않으면 사회적인 협약이나 정부가 얘기하는 노사정위원회 복귀해서 어쨌든 대타협, 이런 것들은 아예 될 수도 없거니와** 된다고 하더라도 조직 내부에서 치받쳐서 또 뭐냐 집행부 날아가고 다음 집행부 다시 서서 "야, 이거 우리 전면 거부다" 이 씨스템으로 갈 수밖에 없다 이거죠. (조영훈, 18면)

조영훈 씨는 타협이나 절충이 가능하기 위해선 '최소한의 신뢰'가 있어야 한다고 말한다. '약속하면 지킨다'는 믿음이 있어야 하는데, 이제까지 정부나 자본가들이 해온 행태를 보면 도저히 믿을 수가 없다는 것이다. 법은 편파적이고, 그 편파적인 법마저 제대로 지켜지지 않는다. 예를 들어 파견근로를 2년 이상 하면 정규직으로 고용하라고 되어 있지만, 1년 10개월만 근무시키는 방식으로 악용할 수 있고, 더군다나 "안하면 땡"이다. "비정규직 쓰면 벌금 몇 백배 더 남는"다. 그는 정부가 중립적이

라고도 생각하지 않는다. "자본가들이 용역 깡패 사가지고 조합원 신나
게 두들겨 패도 공권력은 수수방관하고, 전혀 조사도 하고 있지 않고, 오
히려 노동자만 업무방해다 뭐다 해서 구속하고, 또 노동자들이 성질나서
한 대 때리면 결국 구속"한다. 이런 불신이 해소되지 않으면 '사회적 대
타협'은 "될 수도 없거니와 된다고 하더라도" 파행이 예정되어 있다고 그
는 생각한다.

대립이 팽팽할수록, 신뢰가 적을수록 대화와 토론, 절충은 어려워지
고, 갈등은 '협상 테이블'을 떠나 '거리'와 '광장'으로 옮겨진다. 그리고
마침내 견해의 충돌은 물리적 충돌로 전이된다.

폭력시위는 왜 일어나는가

최동규 씨는 오랫동안 군(郡)농민회 회장을 지냈고, 지금도 전국농민
회총연맹(이하, 전농으로 약칭)의 간부이다. 중요한 집회나 시위가 있을
때면 그는 회원들을 인솔해 상경하곤 한다. 그는 농민 전용철 씨가 경찰
에게 맞아 사망한 사건이 일어난 2005년 11월의 여의도 농민대회 현장
에도 있었고, 2005년 12월 홍콩에서 반세계화 원정시위를 할 때도 현장
에 있었다. 경찰관 이병준 씨는 반대로 시위진압 경험이 많다. 미군 장갑
차에 희생된 두 여중생을 기리는 집회와 시위, 탄핵반대 촛불 집회 때 현
장에 있었으며, 농민과 노동자들의 시위도 물론 많이 경험했다. 이력으
로 볼 때 두 분은 언젠가 어떤 집회에서 서로 맞선 적이 있을지도 모른
다. 폭력시위에 대한 두 분의 이야기를 먼저 들어보자.

*****　　저는 폭력시위를 '그렇게 안했으면 좋겠다' 하는 마음을 가졌고, 홍콩

에서도 그런 이야기가 많았어요. 많았는데, 시위하는 데 가면 일반 회원들이 생각할 때 몽둥이를 안 들고 내려오면 그 시·군의 회장들이 욕을 먹어요. "뭐데모 같지도 않은데 뭐 하러 집회를 하냐?" 그런 식의 사상들이 있었어요. 지금까지는. 일반 우리 회원 중에. 그런 사람이 많지는 않지만 **'한판 붙고 와야 집회를 간 값어치를 한다'는 생각을, 그게 원래의 집회의 목적하고 상관없이 경찰하고 붙는 걸 집회의 목적처럼 생각하는 사람들이 없지 않아 있어요.** 내가 전농을 대변할 정도는 아니지만, 평화적 시위가 정착되어야 된다고 생각해요. 홍콩에서도 끝날, 마지막 날 할 때 전농 집행부가 거기에 참여한 농민들을 통제할 수 없을 정도의……. '한번 해야 된다'는 것 때문에. (…) 그런데 그 현장 속에서는 싸움이 일어날 수밖에 없어요. 그날 사망사고가 나던 날에는 저희가 방송 차 앞에 있었는데, 집회를 지금까지 다니면서 그날처럼 경찰들이 빨리 투입돼서 마이크를 끈 게 없었어요. 굉장히 신속하게 했어요. (…) 그리고 서로, 몇년 전하고 시위 저기가 다른 게, 적어도 옛날에는 인도로 올라온 사람 건들지는 않았어요. 그런데 지금은 인도건 어디건 따라와가지고 그러니까. **이거는 경찰하고 우리 문제가 아니고 실질적으로 위정자들의 문제지.** 〔시위 진압 양상이 예전에 비해〕 강해요. 아주 강해요. 그 사람들이 처리를 그렇게 하니까. 또 그 쪽 입장에서 보면, 그 쪽 피해도 또 없지 않으니까, 또 젊은 놈들이 맞으면 그런 부분도 이해 못하는 건 아니지만 그 잘못이 아니고. 농민의 목소리를 진짜 듣고 정치에 반영을 하든지. 진실이 전해지면 농민들이 그러겠어요? (최동규, 24~26면)

최동규 씨는 폭력시위를 "안했으면 좋겠다는 마음"을 가지고 있다. 자신이 "전농을 대변할 정도는 아니지만" 평화적 시위가 정착되어야 한다고 생각한다. 그런데 회원들 가운데는 "'한판 붙고 와야 집회를 간 값어치를 한다'는 생각을 가진" 사람들이 있다고 한다. 분명하게 표현하고 있지는 않지만 그런 사람들이 시위 분위기를 과격하게 몰아간다고 보고 있음을 알 수 있다. 이어서 그는 홍콩 시위를 언급하면서 마지막 날의 폭력 사태가 언론에 보도된 것처럼 미리 준비된 것도, 보도만큼 과격한 것도 아니었다고 해명한다. 바리케이드 너머 공사장에 각목, 쇠파이프 같은 게 있어서 일부가 그걸 들려고 했으나 다들 말렸다는 것이다. 바리케이드를 밀고 당기고 하며 대치하다가 금방 최루탄이 터져서 물러났는데, 어쨌든 그렇게 된 것도 '한번 해야 된다'는 생각을 가진 사람들로 인해 생긴 "통제할 수 없는" 상황이었다. 최동규 씨의 이야기에 따르면 전농 지도부가 적극적으로 폭력을 쓰려는 의도를 가진 것은 아니다. 그러나 폭력을 적극적으로 막는다는 방침을 가진 것도 아니다. 일부의 "통제할 수 없는" 사람들 때문에 시위 분위기가 과격해져도 막지 않고 그냥 내버려두는, '소극적 용인'의 자세를 가진 것으로 보인다. 그래서 최동규 씨도 '반대한다'고 말하지 않고 "'그렇게 안했으면 좋겠다' 하는 마음을 가지고 있다"고 표현한다. 그 사정을 헤아리기는 어렵지 않다.

농업, 농민, 농촌공동체를 둘러싼 문제는 어제 오늘의 일이 아니다. 그만큼 해결이 어렵다는 뜻이기도 하다. 산업화가 시작된 60년대부터 오늘에 이르기까지 농업과 농민, 농촌공동체는 언제나 '쇠락과 도태와 붕괴의 위기' 속에 놓여 있었다. 최동규 씨는 농촌을 "아들 하나 공부시키려고 희생한 누이들"에 비유했다. "우리나라가 산업사회로 발전하는데 농촌이 희생했는데, 자기는 잘살면서 농촌의 희생을 돌보지 않는다면" 성공한 뒤 희생한 누이들을 돌보지 않는 못된 아들과 무엇이 다르냐는 것이다. 스스로를 '성공한 대한민국'의 희생자라고 여기는 농민들은 지금까지 정부가 농민들의 말에 진지하게 귀를 기울인 적도, 제대로 된 정책으로 문제를 해결한 적도 없다고 느낀다. 이 때문에 농민들은 집회와 시위를 문제해결을 위한 '공론장'이 아니라 어차피 해결되지 못할 문제를 최대한 토해내고 쌓인 울분을 푸는 장으로 여기는 것으로 생각된다. 강경파가 주도할 수밖에 없는, 방법론에 동의하지 않아도 내놓고 비판하기는 어려운 정서적 배경이 있는 것이다. 이런 분위기에서 방법론에 대한 비판은 자칫 '울분의 정당성'을 훼손하는 것처럼 받아들여지고, 비판하는 사람은 심리적으로 큰 부담감을 느끼지 않을 수 없게 된다.

한편, 폭력시위에 대한 입장을 밝힌 뒤 최동규 씨는 여의도 농민대회 때의 상황을 설명한다. 그날 경찰의 진압 양상은 특별했다. 그는 시위대의 방송차량 앞에 있었는데, 농민시위에서 "그날처럼 경찰들이 빨리 투입돼서 〔시위대의〕 마이크를 끈" 적이 없었다. 게다가 인도까지 따라와 진압했다. 강경진압 방침이 세워져 있었다는 뜻이다. 이 와중에 전용철 씨가 경찰에게 구타당한 것인데, 최동규 씨는 그럼에도 불구하고 경찰들을 탓하지 않았다. "경찰하고 우리 문제가 아니고 실질적으로 위정자들의 문제"라는 것이다. 농민들을 과격시위로 내몬 근본적인 책임도 위정자에게 있고, 강경진압 방침도 위정자에게서 내려왔다는 뜻이다. 이에 대해서는 경찰관 이병준 씨도 전적으로 의견을 같이한다.

＊ 현장에서 엄정집행이 있으면 안돼요. 왜? 경찰은 경찰비례의 원칙이 있습니다. 물리적으로는 최후의 수단이 되어야 하고, 그리고 인권침해도 최후수단이 되어야 되고. 체포한다는 것 자체가 인권침해인데 나중에 이 사람을 재판정에 세울 수 있으면 거기서 놓쳐도 되는 것 아닙니까? 거기서 잡으려고 하기 때문에 문제가 생기는 것이고. 요번에 농민사태 때 그냥 불 지르고 이러니까 누가 전화를 했겠지요. 청와대에서. "참여정부 흔들리는 것처럼 보이니까 저런 사태는 없어야……." 그러니까 이 사람들은 무리하게 어떻게 쫓아 들어갔냐 하면 공단까지 간 것 아닙니까? 그냥 사람이 죽고 이런 일이 생기는 것이 아니라, 절대로 과격하게 붙었다 해서 사람 다치는 것도 아니고.

216

왜냐하면 서로 맞서보고 하는 것은 사실 뭐 칼이 나옵니까, 창이 나옵니까. 방패로 막고 대강 좀 다치고 이렇게 해서 끝나는데, **무엇인가 강력한 지시가 떨어질 때는 치고 들어가버리는 거예요.** (…) 당연히 강경하게 만들어놓고는 강경하게 한 것에 대해서 또 처벌을 하는 거예요. (이병준, 77~78면)

이병준 씨는 자기 나름의 뚜렷한 시위진압 원칙을 가지고 있다. 왜냐하면 그도 최동규 씨처럼 자칫하면 "싸움이 일어날 수밖에 없는" 시위현장의 속성을 알기 때문이다. 이를테면 그는 대규모 시위 때마다 "구석기 시대나 고대의 전쟁"을 떠올린다고 한다. "영화에서 보면 평야 위에서 두 군대가 [마주보고] 좍 갈 적에, 옆에 지켜보는 사람은 재미있지만 당사자들이야 어떻겠습니까?" 경찰들도 떤다고 한다. 이병준 씨처럼 경험 많은 사람조차도 "우리 애들이 다치거나, 또 내가 누굴 다치게 하거나, 내가 다치거나 이런 상황이 착, 착, 착 다가올" 때는 떨지 않을 수 없다. 집단적 근접대치가 주는 긴장은 작은 몸짓 하나로도 폭력적 충돌을 발화시킬 수 있다. 그래서 그는 근접대치를 반대한다. 시위대를 흥분시키고, 불필요한 충돌을 불러일으킬 뿐이기 때문이다. 기동대 중대장 시절 그는 맨 앞줄에 선 경찰들은 방패를 들지 못하도록 했다. "방패가 있으니까 치게" 된다고 보았기 때문이다. 대신 바로 뒤에 방패를 숨겨놓고 누군가 뭘 던지면 막도록 하였다. 방패가 아니라 사람이 버티고 있으면 시위대도 함부로 발길질을 하지 않는다는 것이다.

그의 원칙은 간단하다. '근접대치도, 시위대를 따라다니지도, 먼저 막으려고도, 쫓아가서 잡지도 말라. 그러나 급박한 순간, 정해진 선을 넘는 순간에는 단호히 개입하라. 불법행위는 채증을 철저히 해두었다가 법대로 집행하라.' 물론 이것은 어디까지나 그의 개인적인 견해이다. 경찰 수뇌부에게 이런 주장을 했다가 인사상 불이익을 받기도 했다. 그러나 적어도 그 자신은 이런 식으로 해서 "아직까지 실패해본 적이 없다"고 한다. 이병준 씨는 자신이 생각하는 원칙에 의거해 경찰의 관행적인 시위 대처 방식을 비판했다.

그러나 그는 여의도 농민대회를 언급하며 지금과 같은 방식이라고 해서 사람이 죽는 일이 생기는 것은 아니라고 한다. "무엇인가 강력한 지시가 떨어질 때" 여느 때보다 더욱 강경한 진압이 이루어지고, 그 과정에서 사고가 발생한다는 것이다. 그는 강경진압의 책임을 물어 경찰청장을 물러나게 한 데 대해 분을 삭이지 못했다. "강경하게 만들어놓고는" 그것에 대해서 처벌하는 것은 책임을 경찰에게 뒤집어씌우는 행위라는 것이다. 경찰청장의 사퇴를 두고 "갈등을 해결하지 못한 근본적인 원인은 정치권에 있는데, 왜 책임은 늘 시위현장에 동원된 경찰이 져야 하는가?"라며 격렬하게 반발한 경찰 내부의 견해와 같은 맥락이다. 그러나 어떤 지시가 위험한 결과를 낳을 수 있다고 판단되면 경찰 수뇌부가 그것을 거부할 수도 있어야 한다. 경찰의 정치적 독립이란 바로 그런 때를 위해서 필요한 것이다. 그런 관점에서, 경찰청장을 '억울한 희생양'으로만 보는 이병준 씨의 견해에 동의할 수는 없지만, 경찰과 시위대의 물리적 충돌의 근원이 "경찰하고 우리 문제가 아니고 실질적으로 위정자들의 문제"라는 최동규 씨의 인식은 정확한 것이다.

그렇다면 이병준 씨는 시위가 폭력적으로 되는 원인을 어떻게 생각할까?

***** 우선 3자 개입이라고 해야 하나요? **직업적인 운동가 분들이 원래의 그 시위의 목적과 상관없이 그 단체나 그 사람의 위상을 유지하기 위한 운동 형식이 개입을 한다는 것이지요.** (…) 실제로 협상당사자들이 그렇게 맞서면 이야기가 돼요. 그런데 그 중간에서 자기들 단체의 위상을 끌어올리려는 사람들이

개입을 하는 거예요. **아는 사람들은 "그 사람 선수들"이라고 다 그래요. 그 선수들이 끼면 무조건 그날은 폭력이 일어납니다.** 그러니까 여태까지 폭력사태라는 것 있잖아요? 후반기 들어와서 경찰이 어느 순간에 완전히 움츠러들어서 방어만 하던 시대에 폭력이 생길 때는 반드시 그 사람들이……〔끼어 있다〕. 웃겨요. 똑같은 농민집회도 그 사람들이 없을 때는 그냥 지나가요. 왜냐하면 몇 번 밀다가, 그것이 시위 아닙니까? 밀 수도 있는 것 아닙니까? 버스 밀고, 나는 "징계하겠다" 그러고. 그러고 나면 순수하게 돌아가요. 그런데 그런 사람이 끼면 거기다가 방화를 하는 거예요, 이제. 역정보 흘리고. "누구 죽었다더라!" 이런 이야기도 진짜 많이 들었어요. 내가 데모 막으면서. 그러는 사람 있어요. 뛰어다니면서 "저기 경찰한테 두들겨 맞아서 피투성이가 돼서 쓰러져 있습니다" 하고 다니는 사람이 있거든요? 그런데 이런 이야기를 나중에 언젠가는 쓸지 모르겠지만, 어쨌든 명예훼손죄로 이야기를 못해서 그렇지요. 하여튼 그 사람들의 이름하고 얼굴도 다 알고 있는데.〔그 사람들이 나타나면〕거의 100%예요. (…) 박사논문 쓴다고 하는 사람도 있는데……. (이병준, 76면)

이병준 씨는 일말의 망설임도 없이 "선수들"을 폭력시위의 '범인'으로 지목했다. 똑같은 농민집회도 그 사람들이 없을 때는 그냥 지나가는데, "그런 사람이 끼면" "거의 100%" 폭력이 발생한다는 것이다. '선수들'이란 "직업적인 운동가"를 가리키며, 특정한 단체도 거기 포함된다. 그에 따르면 그들은 "시위의 목적과 상관없이 그 단체나 그 사람의 위상을 유지"할 목적으로 폭력을 유발하고, "역정보"를 흘려 시위대를 흥분시키거나 선동한다. "선수들" 중에는 유명한 인사들도 포함되어 있다. 그는 그들이 폭력을 유발시키는 사례를 현장에서 직접 경험했다며 몇가지 예를 들었다. 한번은 미군기지에 진입하려는 시위대를 막고 서 있을 때였다. 그럴 때 보통 경찰은 "방패를 짠다." 대열이 흐트러지지 않도록 하기 위해 옆옆이 서로 팔을 건 뒤 두 손으로 방패를 턱까지 올리고 있는 자세이다. 아무리 발로 차도 빈틈이 생기지 않자 어떤 유명인사가 안면보호용 철망을 들쑤시고 손을 집어넣어 얼굴을 꼬집어 뜯었다고 한다. 앞에는 방패가 있어서 고개도 제대로 돌리지 못하는 상태에서 그 전경이 몸부림을 치니까 어느 순간 대열이 흐트러졌고, 팔을 걸고 있던 대원들 전체가 앞으로 몸이 쏠렸다. 얼핏 보면 마치 경찰이 밀고 들어오는 것처럼 보였는데, 바로 그 순간 시위대 쪽에서 촬영을 하더라는 것이다. 그런 식의 행태를 너무 많이 봤기 때문에 그는 '유명인사'들이 텔레비전에 나와 '정의로운 말씀'을 하는 걸 보면 역겨움을 느낀다고 한다. 그리고 그걸 주제로 "박사논문 쓴다고 하는" 동료가 있다는 말을 통해 그는 그런 인식이 자기만의 것이 아니라 경찰간부들 사이에 널리 공유되고 있음을 강조한다.

시위대의 반대편에 서 있는 이병준 씨의 관점은 시위대 쪽에 서 있는 사람들뿐만 아니라 일반 시민들에게도 낯설게 느껴질 수 있다. 그는 경찰관으로서 많은 사람들이 모이는 집회와 시위를 효과적으로 '보호' 또는 '통제'해야 하고, 필요할 때는 '진압'해야 한다. 그에게 시위현장은 '직무의 현장'이다. 따라서 그는 시위현장의 상황과 흐름을 '기술적(技術的)'으로 파악해야 할 위치에 있다. 폭력시위가 '선수들'에 의해 주도된다는 그의 견해는 그런 기술적 관점에서 나온 것으로 생각되며, 최동규 씨가 밝혔듯이 "경찰하고 붙는 걸 집회의 목적처럼 생각하는 사람들이 없지 않아 있다"는 점에서 나름의 진실을 담고 있다. 그러나 앞서의 인용문에서 최동규 씨는 "농민의 목소리를 진짜 듣고 정치에 반영을 하든지. 진실이 전해지면 농민들이 그러겠어요?"라고 반문했다. 시위가 폭력적으로 되는 데는 '기술적 관점'이 놓치기 쉬운, 또다른 이유가 있다는 말이다. 조영훈 씨는 그 이유를 이렇게 풀어놓았다.

* 누구 하나 관심 가져주는, 아무리 보도자료를 내면서 요청을 해도 어느
것 하나 보도가 안 나. 그런데 언론이 카메라 들고 올 때가 있어요. '화염병
들고 쇠파이프 든다, 내일 집회에서' 하면 공중파 3개사가 카메라 들고 다 쫓
아오고, 언론이 다 들고 온단 말이에요. 결국 뭐냐, 어쨌든 노동자가 폭도가
되면서 그 문제가 사회쟁점화 된단 말이죠. 그러면 뭐냐, 노동자 입장에서.
"이 문제 해결 안하면 우리는 오늘……" 쇠파이프 들고. 울산 고공타워 철탑
점거했지만 그때 몇번의 과정들이 있었단 말이에요, 수도 없이. 이제는 뭐냐.
"안되면 내 목숨을 내놓고 분신을 하든지 더 극단적인 방법으로 한다." 해가
지고, 처음에는 조합원이 300명만 쇠파이프 들었는데 나중에는 1,000여명이
쇠파이프 3미터짜리 들고, 깔꾸리 들고, 마차까지 끌고 나와가지고 마차 앞
에다가 용접봉으로 갈아가지고 창 만들어가지고 '갖다 전경 밀어버려!' 그러
다보니까 정부는 '이러다간 잘못하면 진짜 누구 하나 죽겠구나.' 막말로 죽으
면 사회적인 여파를 지들도 〔감당해야 하니까〕, '아 이 문제 해결해야겠구
나.' 그래서 청와대나 관계부처에서 입장 정리해가지고 "여기까지 들어줄 테
니까 이거 어떻게 하자. 구속자 문제 어떻게 하고." 이러면서 다 와가지고, 속
된 말로 **최고조에 달했을 때 어쨌든 문제가 해결이 된다. 그러면 노동자 입장에
서 보면 결국 폭도가 되는 한이 있더라도 언론을 타야 되는 거야, 언론빨을 받아
야 되는 거야. 사회쟁점화시키기 위해서. (…) 그렇게 해야, 쟁점화돼야 결국은 뭐
냐면 뭐라도 돌아온다는 거죠, 최소한.** 그러니까 이런 게 문제〔이다〕. 씨스템
자체가 없는 거예요, 씨스템. (조영훈, 17면)

조영훈 씨는 노동자들의 시위가 과격해지는 이유를 "폭도가 되는 한
이 있더라도 언론을 타야" 문제를 사회적 쟁점으로 만들 수 있고, 그렇게
돼야 "뭐라도 하는" 현실에서 찾는다. 그는 울산 노동자들의 고공타워

점거농성을 예로 들어 폭력시위가 문제해결을 위한 불가피한 수단이 되어버린 구조를 설명한다.

노동자들이 극단적인 투쟁에 이르기 전에는 "몇번의 과정"이 있다. 그 과정이란 아마도 인용문의 앞부분에서 그가 설명한 내용들일 것이다. 여기에 문제가 있다. 협상은 진전되지 않고, 정부도 아무 대책을 세워주지 않는다. 언론에 보도요청을 해도 "누구 하나 관심 가져주는" 곳이 없다. 그래서 노동자들은 거리에서 유인물도 나눠주고, 언론사에 문제의 심각성을 호소하는 투고도 한다. 그래도 상황은 전혀 진전되지 않는다. 더이상 방법이 없다고 생각한 노동자들은 "안되면 내 목숨 내놓고 분신을 하든지 더 극단적인 방법으로 한다"며 쇠파이프를 든다. 쇠파이프를 들어도 별로 효과가 없자 노동자들은 더 필사적이 되어 마침내 "용접봉으로 갈아가지고 창 만들어가지고" 전경을 "갖다 밀어버릴" 태세이다. 그러자 그동안 꿈쩍 않던 언론들이 "카메라를 들고 다 쫓아"온다. 과격하고 폭력적인 장면이 언론을 타고, 여기저기서 유혈충돌을 우려하는 목소리가 나오고, 정부는 "이러다가 잘못하면 진짜 누구 하나 죽겠구나" 싶어서 부랴부랴 대책회의를 열고 중재에 나선다. "최고조에 달했을 때 어쨌든 문제가 해결"되는 것이다.

물론 노동자들이 처음부터 "언론빨을 받기 위해" 폭력을 쓴 것은 아니다. "누구 하나 관심 가져주는 곳이 없는" 상황에 '악이 받쳐' 극단적인 방법을 택하게 된다고 보는 것이 타당할 것이다. 그런데 이런 경험이 되풀이되면 "결국 폭도가 되는 한이 있더라도 언론을 타야" 된다는 인식이 생겨나고, '전술적으로' 폭력을 택하는 경우도 생겨날 수밖에 없다. 조영훈 씨는 이런 상황을 "씨스템 자체가 없"다는 말로 요약하고 있다. 말할 것도 없이, 갈등을 해결할 씨스템이 없기 때문에 폭력시위가 나온다는 뜻이다. 이를테면 울산 노동자들이 폭력시위를 택하기 전에 거친 "몇번의 과정"에서 토론과 중재와 협상이 제대로 이루어졌다면, 폭력시위는 없었을 것이라는 게 조영훈 씨의 견해다. 그의 견해에 따르면 노동자나 농민들의 폭력시위는, 노동자와 농민들을 배제한 '제도적 폭력'에 맞서 생존권을 지키기 위한 '자구적 폭력'이다. 조영훈 씨는 갈등을 해결할 씨스템이 없는 상황에서 '자구적 폭력'은 불가피한 정당방위라고 생각한다.

그러나 "절차가 통과되면 가치가 뭐여도 다 좋다는 게 위험한 생각인 것처럼, 가치가 우리가 바라는 거면 절차는 아무래도 좋다는 것도 똑같이 위험하다"는 반론도 있다.

****** 농민이 죽었을 때 굉장히 화가 났던 거는, 저는 진압한 경찰한테만 화가 나는 게 아니라 지도부가 책임지고 감옥에 가야 된다는 생각을 했어요. 그리고 그 강기갑 의원님이 단식하는 거, 정말 저거는 무책임한 행동이라고 생각했거든요. (…) 그 한 명의 국회의원이 단식을 함으로써 그 사안에 대한 위기성이 증폭이 된 거예요. 사람들한테. 감정적 고양이나 그 농민 분들한테. 그러면서 마치 이게 그냥 이 자리에서 이렇게 안되면 모두 다 죽을 일인 것처럼 그렇게 극단적이 되고 결국 죽은 건 농민이 죽었다는, 시위현장에 나와 있던 농민이. 그리고 그 전경들이 무수히 다치는 건 말할 것도 없고. 잘못된 폭력시위 문화가 왜 이렇게 정당화되는가. 그게 저는 가장 화가 나요. 그래서 제가 의원들이 쓸데없이 단식하거나 농성하면 감옥에 넣는 법안을 만들자고 할 만큼. (김정희, 41면)

김정희 씨는 군사독재 시절과 지금은 질적으로 다르다고 생각한다. 군사독재 시절은 "그날 그 시위장에서 그 삐라를 돌리지 않으면 그 사건은 아무도 알 수 없는 시대"였지만, 지금은 합법적으로 시위를 할 수 있고 굳이 폭력을 쓰지 않더라도 얼마든지 의사표현을 할 수 있다. 그런데

도 군사독재 시절과 똑같은 방식으로 시위를 하는 것은 "군사문화의 잔
재"로서 우리 사회가 어렵게 이룩한 민주화의 성과를 스스로 부정하는
행위라고 그는 생각한다.

김정희 씨의 이야기에서 특별히 눈에 띄는 대목은 폭력을 적극적으로
막지 않는 시위 지도부, 그리고 강기갑 의원이 국회에서 단식농성한 것
을 "무책임한 행동"으로 강도 높게 비판한다는 점이다. 그는 강의원의
단식이 농민들의 감정을 격앙시키고 "사안에 대한 위기성을 증폭"시킴
으로써 시위를 과격하게 만드는 데 일조했다고 생각한다. 그가 "쓸데없
이 단식하거나 농성하면 감옥에 넣는 법안을 만들자고 할 만큼" 의원들
의 단식이나 농성에 비판적인 까닭은 그런 행동이 '갈등 해결 씨스템'을
만들어나가는 데 역행한다고 보기 때문이다.

＊ 거기에 정치권의 책임이 있다고 생각을 하거든요? 그런 갈등을 조정할 수
있는 게 정치여야 되는데 우리는 그걸 못하고 시민단체에 결국은 가는 거잖아요.
사실 그 문제는 그분들이 그렇게까지 나와서 싸우지 않아도 될 만큼 민주노
동당 의원들이 얘기를 하고 의회 내에서 관철을 시켜야 되는 문제잖아요. 그
런데 민주노동당이 "우리가 소수여서 의회 관철이 안된다" 하면 타협안을 가
지고 타협을 해야 되는 거고. 그리고 노동자 농민 들을 향해서는 "우리가 의
회 내에 힘이 요만큼이어서 요만큼 타협하고 요만큼밖에 통과를 못 시켰다"
고 설득을 해야 되는 거고. 자기 지지층을 향해서 의회정치가 돼야 되는데,
우리는 의회에서 관철시키려고 대중을 동원한단 말이에요. 그게 동원을 해
도 의회에선 안되는 건데, 동원하는 것만큼 자기들의 힘이라는 걸 과시하는
거잖아요. 그래서 저는 그게 해소가 되려면 바로 거기에 정치개혁이나 정당
이 필요하다는 생각을 해요. 새로운 정당이. (김정희, 45면)

　김정희 씨는 민주주의 사회에서 사회적 갈등은 기본적으로 정당을 통해 의회 내로 수렴되어야 한다고 생각한다. 이를테면 민주노동당이 농민들의 입장을 가장 잘 대변하고 있다면 농민들은 민주노동당을 통해 의견을 제출하고, 민주노동당은 합리적인 대안을 마련해 의회 내에서 그것이 통과되도록 최선을 다해야 한다. 만약 의석이 모자라서 통과가 어려우면 타협을 해야 하고, 자기 지지층을 향해 타협할 수밖에 없는 사정을 설명하고 설득해야 한다. 그런데 우리나라에서는 정당이 갈등을 의회 안으로 가져오는 것이 아니라 오히려 자신들이 원하는 법안을 관철시키려고 "대중을 동원"한다. 의회정치에서는 의석이 모자라면 타협하거나 절충할 수밖에 없는데, 힘을 과시하기 위해 대중을 동원한다는 것이다.

　한국의 정당은 시민사회 내부의 갈등을 제대로 대표하지 못하고 있다. 그래서 대표되지 못하는 사람들은 운동단체나 "시민단체에 결국은 가는" 상황이다. 김정희 씨도 그걸 모르지는 않는다. 그러나 그는 정당정치를 하겠다고 의회 내로 들어왔으면, 정당을 통한 정치적 실천을 '목적의식적으로' 해야 '갈등을 조정할 수 있는 정치'가 시작될 수 있다고 본다. 요컨대 강기갑 의원의 단식농성은 운동단체 활동가라면 모를까 정당정치를 발전시킬 책임이 있는 국회의원이 할 행동은 아니라는 것이다. 같은 관점에서 그는 대통령 탄핵 때 열린우리당 의원들의 행동을 두고도 "무슨 신파 같았다"고 비판했다. 통과되게 놔뒀어야 한다는 것이다. 제대로 된 정당정치를 구현하는 것, 정당을 통해 사회적 갈등을 해결해나가는 씨스템을 만드는 것이 앞으로 한국 민주주의가 이루어야 할 중요한 과제라고 생각한다는 점에서 그는 '정당주의자'이다. 그래서인지 그는, 방법론을 비판하는 사람들이 흔히 보이는 '주장의 올바름'에 대한 도덕적 부담감을 과감하게 벗어던지는 견해를 보여주었다.

　김정희 씨는 노동자나 농민들의 요구가 대표되지 못하는 현실, 그리고 그들 요구의 절박함을 기꺼이 인정한다. 그럼에도 그 요구를 폭력적으로 표출하는 방식에는 동의하지 않는다. 그의 입지는 민주화 이후에 일어난 시민사회 내부의 일정한 '갈라짐'을 보여주고 있다. 이를테면 예전에 '민주화 진영'으로 통칭되던 사람들이 이제는 요구의 수준이나 방식, 향후 한국사회의 진로, 추구하는 가치 등을 두고 한 묶음으로 통칭될 수 없을 정도의 '차이'를 가지게 된 것이다. 그는 예전에는 "군부독재가 너무나 터무니없었기 때문에 다양한 사람들이 한편"이었다고 생각한다. 그러나 내부의 차이를 무의미하게 한 공동의 적이 사라졌으니만큼 "안에서 다시 의견이 갈라지는 건 되게 자연스러운 일로 보고, 오히려 발전된 형태"라고 본다. 그런데 이 '자연스러운 분화'가 모든 사람들에게 자연스럽게 받아들여지는 것은 아니다. 때로는 '변절' '전향' 논란을 불러일으키고, '같은 편' 안에서 예전에는 없던 '내부 갈등'을 촉발시킨다.

더 많은 '회색분자' '배반자' '사쿠라'가 필요하다

"제도와 비제도, GO와 NGO, 주민과 지방의회 사이"에 서 있는 김재일 씨는 그러한 '분화'의 와중에서 자신, 그리고 자신이 속했던 '편'을 한 발자국 떨어져 바라볼 수 있는 기회를 가질 수 있었다.

** 우리 사회가 정말 냉소적으로 변했어요. 너무 냉소적이에요. 그게 왜 그런지 하여튼 뭐 하나, 이렇게 의회도 마찬가지고 사회도 마찬가지고. 또 모임이나 단체나 그렇게 형성되다보면 하여튼 이상하게 그렇게 냉소적으로 됐더라고요. (…) 아주 배타적이죠. 상대방 의견에 대해서. 그러니까 저는 이게

시민운동 진영과도 무관하지 않다고 봐요. 그러니까 민주화운동 진영. 이게 저희가 그랬거든요. 그러니까 저희 외의 사람들의 얘기나 논리는 무조건 맞지 않는 거였고, 비도덕적이고, 비논리적이고, 비합리적이라고 생각했으니까. 비상식적이고. 그런데 **저희가 아주 그렇게 두부 자르듯이 그런 생각을 가지고 있었는데, 어느 날 보니까 사회 자체가 그렇게 되어버린 거예요.** 그러니까 나뿐만이 아니고 다른 사람도 나를 볼 때 그렇게 보는 거죠. 그래서 저는 우리 책임도 상당히 크다고 생각하고. 그런데 또 이걸 풀 수 있는 게 우리가 풀어야지만……. 하여튼 요즘에 너무 그걸 많이 느껴요. 그런데 시민단체나 사회단체를 보면 아직도 그런 게 많아요. 여전히 똑같아요. 그래서 참 어떻게 해야 될지 모르겠네요. 그러니까 우리 뭐 뼛속까지 그게 묻어 있는…… 그 전통이 살아 나오는 거지, 뭐. 이렇게 막 그 칼 같던 시절의……. (김재일, 8~9면)

김재일 씨는 맞서는 두 편 사이를 오가며 우리 사회가 "정말 냉소적"임을 느낀다. 상대방을 신뢰하지 않고, 상대방 의견에 대해서 "아주 배타적"이라는 것이다. 대체 왜 그런 것인지 원인을 고민하고 있는데, 그는 이것이 "민주화운동 진영과도 무관하지 않다"고 생각한다. 돌이켜보니 자신을 포함해 민주화운동 진영은 지난날 다른 사람들의 "얘기나 논리는 무조건" 맞지 않고, 비도덕적이고, 비논리적이고 비합리적이라고 "두부 자르듯이" 생각했던 것 같다. 그런데 "어느 날 보니까 사회 전체가 그렇게 되어" 있었다. 그래서 그는 이런 문제를 푸는 책임이 우선 "우리"에게 있다고 느낀다. 그러나 그가 보기엔 시민단체나 사회단체는 "칼 갈던 시절의" 구도에서 그다지 벗어나지 못한 것 같다.

그는 이와 관련해서 "회색분자가 되어버린" 경험을 이야기했다. K시에는 ○○산이란 산이 있다. 주공이 그 산에 딸린 주공 소유지를 택지로 개발하겠다는 계획을 발표했고, 지역 시민·환경단체들은 이에 맞서 '○○산 살리기 운동'*을 조직했다. 그런데 운동의 방향을 놓고 시민·환경단체 내부에서 이견이 생겼다. 주공 소유지이니만큼 주공이 시가보다 싼값에 땅을 시에 넘기는 것이 가장 합리적인 안인데, 문제는 땅값이 200억원에 이른다는 것이었다. 시의 재정규모를 잘 아는 김재일 씨는 200억원을 땅값으로 확보하는 것은 불가능하다고 생각하고, 시보다는 주공을 압박해야 한다고 판단했다. 공기업으로서 그동안 땅값을 부풀려 부당한 이윤도 많이 얻고 했으니까 이 사안에 대해서는 공익적인 관점에서 시가 감당할 수 있는 수준으로 땅값을 싸게 해달라고 요구하자는 것이었다. 그런데 다른 쪽에서는 "시장이 의지만 갖고 있으면 얼마든지 할 수 있다"며 시장을 공격했다. 이런 차이가 빚어진 것은 시장에 대한 판단이 달라서였다. 김재일 씨는 그동안 겪어본 바에 근거해, 시장이 비록 보수야당 소속이지만 매우 청렴하고, 일단 약속을 하면 지키는 사람이라고 판단했다. 그래서 시장과 합의해서 현실적인 대안을 마련하고, 함께 풀어나가는 방안을 찾았다. 그런데 반대쪽에서는 시장을 믿지 않았다. "단체장 하면 늘 '부도덕하고' 그런 상이 있기" 때문이었다. 이러다보니까 "한번 믿어볼 만한 사람이다"고 설득할수록 김재일 씨는 "시장 편드는 것밖에 안되는" 모양새가 되고 말았다. 시장에 대한 판단, 그리고 200억원의 예산을 확보하는 안의 현실성을 두고 견해를 달리했던 김재일 씨는 그때 반대편으로부터 '회색분자'라는 비판을 제법 받았다.

그러나 김재일 씨는 오히려 시민단체들이 "너무 원칙적인 것, 하나만 바라보고 그 외의 다른 면은 바라보지 않는 것, 특히 머릿속에 있는 고정

* 7년 동안 계속된 운동의 성과로 2006년 9월 K시와 대한주택공사는 1만 3,000평 가운데 4,000평은 K시가 사들이고, 나머지 9,000평은 주공이 공원으로 지정해 원형대로 보존하기로 하는 협약서를 체결했다.

관념에 의거해 사람을 판단하고 대하는 것"에 답답함을 느낀다고 한다. 그의 답답함은 "칼 갈던 시절의 전통", 다시 말해 어떤 집단이나 조직, 세력을 '적'과 '동지'로 나누어서 판단하는 흑백논리를 향한 것이다. 흑백논리는 흑과 백 사이에 존재하는 다른 많은 차이들을 보지 않는다. 예를들어 흑백논리는 K시의 시장을 '단체장'의 일반적 속성, 또는 그가 소속된 '정당'의 일반적 속성에 의해 파악한다. 단체장들, 그리고 특정 정당내부에 존재하는 차이, 나아가 '단체장'이나 '소속 정당'으로 환원될 수없는 K시장 개인의 개별성은 고려하지 않는다. 흑백논리는 '적'과 '동지'로 세계를 단순화할 뿐만 아니라, '같은 편', 다시 말해 스스로도 단순화시킨다. 같은 편에 있는 사람은 모든 사안에 대해서 의견이 같아야 한다. 목표는 같지만 방법이 다르다거나, A 사안에 대해선 같지만 B 사안에 대해선 다른 것을 '불철저하다'거나 '오락가락한다'거나 '회색분자'라고 위험시한다. 심지어 변절자나 배반자로 여기기도 한다.

신진수 씨는 2001년 국가인권위원회가 출범할 때, 그 준비기획단에서 일했다. 준비기획단은 말 그대로 공식출범에 앞서 조직과 업무의 기본적인 틀을 짜는 일을 했는데, 공무원과 인권·시민단체 활동가 출신 민간인들이 반반씩 같은 수로 구성되어 있었다. 신진수 씨는 출범 3개월 전에 준비단에 합류했다. 준비기획단에서 일한 활동가들 대부분은 출범과 함께 이루어진 공개채용에 응시해 전원 합격했다. 그러나 신진수 씨는 응시하지 않았다.

  '우리는 어떤 한 사람에 대해서 쉽게 재단하고 그것의 성격을 규정해놓고, 그것에 의해서만 판단하려고 하는 게 참 문제다'라는 생각이 들었어요. 그러면 진화 내지 발전이 없다고 생각했어요. 그러니까 그 얘기를 제가 왜 드리려고 하냐면, 소위 말하는 운동권의 아주 좋은 점도 있지만 나쁜 점이 전 그런 것이란 생각이 들어요. 그렇게 봤을 때 우리가 이제 더 넓은 사회로 운동권이 걸어나온 것이거든요? 더 많은 세상이 열린 것이고. 그렇게 봤을 때 우리가 더 많은 것들을 배워야 된다는 생각이 들었거든요. 그리고 제가 봤을 때는 공무원 조직이나 일반 기업 조직으로부터도 배워야 할 점도 상당히 많다는 생각이 들었어요. 그리고 인권위에 참가하셨던 분들이, 예를 들면 민가협이라든가 이런 데서는 구성원이 열명도 안되는, 물론 전국적인 비율을 가지고 있기는 하지만, 조직을 움직여본 경험이 많지 않은 그런 부분이 있거든요. 열명 내에서의 의사결정구조와 200명 내에서의 의사결정구조가 엄연히 다를 수밖에 없고, 그리고 이것에 대한 책임은 한 국가에 대한 책임이거든요. 그렇게 된다면 많은 사람들을 쫓아다니면서 배우고 그쪽을 수용하려고 하는 노력을 하고 배우고 이런 것들이 필요하다고 생각을 했는데, 그게 되게 편협하다는 생각이 많이 들었어요. 공무원들 하면 '복지부동하고 무사안일하고 외부업체 만나서 돈 챙기려고 하고' 그런 선입견을 가지고 있죠. 그래서 그런 쪽을 다 어떻게 하면 저쪽을 통제할 것인지, 예를 든다면 저는 외부사람을 인권위로 불러들여가지고 자문을 받았거든요. 근데 제가 받는 것은 문제가 안되는데, 총무과에 있는 5급 공무원, 제가 오기 전에 그분이 그 일을 하고 있었거든요? 그분은 옛날 방식대로 계속 일을 하시는 거죠. 그런데 그분은 업체 사람들을 만나가지고 자문을 구하면 '저 업체를 선정하기 위해서 하는 것이다'라는 식으로 딱 보는 거죠. 일단 의심을 하는 거죠. 그래서 업체 사람 못 만나게 했어요. 그런 것들이 단적인 옌데, 공무원들은 외부 사람 하나 만나러 갈 때도 보고하고, 갔다 와서도 어떤 이야기를 했다는 거를 보고해야 하고……. 이것이 저는 '아, 이것은 정말 80년대의 무서운 병폐다' 하는 생각이 많이 들었어요. (신진수, 26~27면)

신진수 씨에게 80년대는 '세계관의 원점'과도 같다. 80년대는 한국사회만큼이나 신진수 씨 개인의 인생에도 큰 영향을 미쳤다. 그는 학생운동, 노동운동을 거치며 인간과 사회, 세계에 대해 잊을 수 없는 많은 '원체험'을 했고, 오랫동안 그 '원체험'을 붙들고 씨름하며 "조금씩 조금씩" 그 의미와 상처를 "깨쳐나갔다." 국가인권위원회 준비기획단에 참가하던 당시 그는 운동권의 독선과 편견에 대해 "자성을 많이 한" 상태였다. 민주화는 "더 많은 세상"을 열었고, 운동권은 이제 "더 넓은 사회"로 걸어나와 "더 많은 것들을 배워야 된다"고 그는 생각했다.

그런데 준비기획단에서 그는 낯익은 "편협함"과 부딪치게 되었다. 준비기획단을 이끄는 중심인물들이 보여준 모습은 그가 기대한 모습이 아니었다. 그들은 "어떤 한 사람에 대해서 쉽게 재단하고, 그것의 성격을 규정해놓고, 그것에 의해서만 판단하려고" 했다. 신진수 씨는 공무원과 '운동권 출신'을 대하는 태도의 불공정함을 그 단적인 예로 들고 있다. 똑같은 업무를 해도 자신은 문제가 안되는데 공무원이 하면 "일단 의심을" 하고, 일일이 보고를 하게 했다는 것이다. 그가 생각하기엔 구성원이 200명이나 되는 조직의 의사결정구조는 활동가들이 경험한 작은 운동단체의 의사결정구조와는 분명히 다른 점이 있을 것이고, 더군다나 국가인권위원회는 국가적 책임을 져야 하는 자리였다. 따라서 공무원을 포함해 "많은 사람들을 쫓아다니면서 배우고, 그쪽을 수용하려고 노력을" 할 필요가 있었다. 그런데 배우려고 하기는커녕 의심하고 배제했다. '믿을 수 있는 사람'에게만 일을 맡기다 보니까 한 사람이 여섯 개 업무를 맡는 경우도 있었다고 한다.(신진수 씨가 이런 예를 들면서 "사소한 이야기"라고 하기에 면접자는 그 말을 '중요한 이야기'가 아니라는 뜻으로 잘못 알아들었다. 그러나 사실은 '사소한 사례'라는 뜻이었다. 사소하지 않은 사례에 대해선 그가 말을 아꼈다는 점을 밝혀두어야 할 것 같다.)

'우리 편은 무조건 옳고, 다른 편은 무조건 나쁘다'는 이런 식의 편협함에 실망한 그는 상급자에게 공채에 응시하지 않겠다는 뜻을 밝혔다. 그러자 상급자는 정색을 하고 그를 쏘아보면서 이렇게 말했다고 한다. "배반자!" 그 상급자에게 준비단원들은 절대적으로 올바른 대의를 위해 헌신하는 '전사'였다. 따라서 거기서 빠져나가는 것은 대의를 저버리는 배신행위에 다름아니었던 것이다.

김재일 씨와 신진수 씨의 이야기는 민주화운동의 중심에 있었던 사람들, 그리고 요즘은 진보·개혁 진영으로 통칭되는 사람들 속에 스며들어 있는 "80년대의 병폐"에 관한 문제제기이다. 이 문제의식은 흔히 "군사독재와 싸우다 군사독재를 닮게 되었다"는 말로 표현되곤 한다. 80년대 민주화운동은 군사독재정권의 거대한 폭력에 맞서 스스로를 저항적 폭력으로 조직해야 했고, '국가이익'을 내세운 야만적인 집단주의와 싸우면서 '민주주의'를 향한 또다른 집단주의를 형성했다. 집단주의는 '동질성'에 근거한 결속을 강조하며 '차이'를 억압한다. 이른바 '후일담 문학'은 민주화운동에 참여한 많은 사람들이 그것의 객관적인 성과와는 별도로 상처와 억압의 기억을 간직하고 있음을 보여준다. '차이'를 억압했다는 점에서 민주화운동 진영은 군부독재와 '시대의 한계'를 공유하고 있는 것이다.

태양의 고도가 높을수록 단위면적당 비치는 햇빛의 양이 많아져 기온이 올라가는 것처럼, 흑백논리는 갈등의 폭을 좁힘으로써 갈등의 강도를 높인다. 그러나 '차이'를 억압하는 흑백논리의 결정적인 문제점은 무엇보다도 현실을 실제와 다르게 단순화함으로써 그것을 올바로 표현하는 데도, 바꿔내는 데도 실패한다는 것이다. 신진수 씨는 그 점을 "그러면 진화 내지 발전이 없다"고 표현하고 있다.

***** 농민회 안에서 제일 필요한 게, 완충을 시켜줄 수 있는 어떤 역할을 할 수 있는 사람들이 있어야 된다고 저는 생각하거든요? (…) 농민회 안에서 계시던 분들이 정부와 그런 통로를 열거나, 또 아니면 정책대안을 제시할 수 있는 쪽으로 가면 농민회를 배신한 것처럼 느껴진다고. 그냥 감으로……. 그런 것들이 지금까지 여기 있는 거 같아요. 어쩌면 우리 스스로 내부적으로 솔직하지 못한 게 아닌가 하는 그런 생각을 가져요. 솔직하게 있는 현실을 현실대로 놓고 내부적인 아픔을 서로 진짜 솔직해야 되는데 그렇지 않은 것 같아요. 내가 문제가 많은 건지……. 회의를 할 때는 아까 말씀하신 것처럼 '결사반대'인데 현장에 오면 결사반대할 여건이 아니라는 걸 스스로 안단 말이에요. 스스로, 우리 스스로. 그러면 그거는 잘못된 거 아닌가……. 잘못된 거 같아요. 그러면 현실적 대안을 찾아야 되는데, 그걸 찾는 게, 제안할 수 있는 게, 농민회 안에서 제안할 수 있는 거는 이상만을 제안하는 거지 현실을 제안하면 아주 이상한 현상이 되어버리니까. 회의 속에서 이야기할 수 있는 사람은 한정적이에요. 많지 않아요. 사쿠라…… 〔라는 말을 들으니까〕. 이상으로 가지 않으면, 또 이상적인 방법들을 제안하지 않으면 운동성이 떨어지는지, 또 당위성이 떨어지는지……. 문제들은 있죠. 그래서 그걸 **이상으로 가는 어떤 집단이 있고, 현실에 맞추는 집단이 있고, 정책대안을 할 수 있는, 그걸 완충시켜주는 어떤 집단이 있어야 되는데 흑이거나 백이거나만 하니까.** (최동규, 31~32면)

최동규 씨는 정부와 대화의 통로를 마련하거나 좀더 현실적인 정책대안을 세우려는 노력을 일종의 "배신"으로 여기는 분위기가 전농 내부에 있음을 지적하고 있다. 농민회는 외부의 "교수님들이나 전문가들"을 일단 인정하지 않을 뿐 아니라 농민회 출신이라고 해도 '결사반대' 이외의 의견을 내비치는 사람들에 대해선 마치 조직을 배신한 것 같은 거리감을 느낀다. 그런데 그는 회의를 할 때는 '결사반대'를 다들 외치지만 "현장에 오면 결사반대할 여건이 아니라는 걸" 누구라도 알 수 있을 것이라고 한다. 민주화 이후 농촌현장에도 권위주의 시절과는 다른 변화가 일어나고 있는데, '결사반대'로는 변화된 구체적인 현실에 대응하기가 힘들다는 것이다. 그렇다면 최고 수준의 목표에 맞추어 '결사반대'만 고집할 것이 아니라 "현실적인 대안을 찾아야" 한다. 농민회 내부에서 그런 정책이나 대안을 마련할 능력이 모자라면 전문가든 단체든 외부의 도움도 받아야 하고, 필요하면 그런 사람을 "모셔와야 한다"고 생각한다. 그는 자신처럼 생각하는 사람이 적지 않을 것이라고 말한다. 그러나 회의에서는 그런 말을 솔직하게 하기가 힘들다. 타협이나 절충을 금기시하는 '결사반대'의 강경한 입장이 회의 분위기를 주도하고 있어서 잘못하면 "사쿠라" 소리를 듣기 때문이다.

최동규 씨의 말처럼 어떤 사회에나, 또 어떤 조직에나 "이상으로 가는 집단"도 있고, "현실에 맞추는 집단"도 있고, "그걸 완충시켜주는 집단"도 있는 게 자연스럽다. 군부독재 시절이라면 모를까 더이상 흑이거나 백만으로 현실을 파악하고 발전시키기는 어렵다. 그는 "현실을 제안하면 아주 이상한 현상이 되어버리는" 지금의 농민회 안에는 특히 "완충을 시켜줄 수 있는 역할을 할 수 있는 사람들"이 제일 필요하다고 느낀다. 말하자면 '사쿠라'가 필요한 것이다.

적과 동지가 뚜렷이 구분되었던 흑백의 시절에 '회색분자' '배반자' '사쿠라'는 확고한 신념 없이 이쪽과 저쪽을 기웃거리는 '기회주의자', 명명백백한 적을 앞에 두고 쓸데없는 고민과 문제제기로 아군의 전열을 흩트리는 '내부의 적'을 가리키는 말이었다. 그러나 말은 넘쳐나지만 소통은 잘 이루어지지 않고, 민주화는 되었지만 민주적 가치는 충분히 사회화되지 못한 지금의 우리 사회에서는 '회색분자' '배반자' '사쿠라'가

새롭게 정의되어야 하는 건지도 모른다. 오해와 비판을 무릅쓰고 양쪽을 오가는 '회색분자', 절대적이라 간주되는 것들을 향해 이의를 제기하는 '배반자', 목적을 같이하면서도 다른 방법론을 주장할 수 있는 '사쿠라'는 억압된 '차이'를 드러냄으로써 현실의 다양한 모습을 반영하는 주체이다. 흑백의 경계를 허무는 '회색분자' '배반자' '사쿠라'가 더 많아져야 갈등의 폭이 넓어지고, 극단적 대립이 줄어들며, 소통의 공간이 넓어질 수 있다.

운동단체 내부의 민주주의

2005년 2월 초 언론에 보도된 민주노총 임시대의원대회의 모습은 많은 사람들에게 충격을 주었다. 이날의 대회는 '사회적 교섭(노사정 대화 체제 복귀)' 안건을 다룰 예정이었으나 안건 상정 자체를 반대하는 쪽이 단상을 점거함으로써 파국으로 끝났다. 반대파는 의사봉을 빼앗고 의자를 집어던지고 소화기를 뿌리며 의사진행을 폭력적으로 저지했고, 심지어 시너병까지 등장했다. 이 일로 집행부가 사퇴했으나 이후 새 집행부 선출을 둘러싸고도 정파 간의 내부 갈등이 그대로 노출되었다. 사태가 이렇게까지 된 원인이 무엇인지, 어떤 정파의 견해를 지지하는지는 사람에 따라 다르겠지만 욕설과 폭력으로 얼룩진 대회의 모습은 적어도 한 가지 사실을 확인해주는 데는 부족함이 없었다. 이름 앞에 '민주'라는 수식어를 붙이고 있다고 해서 어떤 조직이나 단체가 민주적인 것은 아니라는 것이다.

꙼ 하부구조가 그러다보니까 상층도 토론문화가 없어져버린 거예요. 하부가 그러니까. 그러니까 뭐냐, 내 개인적인 생각만 가지고 오다보니까 여기서 독선과 아집이 생기는 거예요. 그나마 상층에서도 이것들이 앉아가지고 충분하게 토론되고 이렇게 하다보면 어떤 구조들이 가능한데 상층에서마저도 그런 토론문화가 상실돼 있단 말이에요. 그러다보니까 서로 실제 토론이 돼서 '아, 그래. 저놈은 저렇게 생각하니까 어느 정도까지 우리가 이것을 감싸안고 가야 된다.' 이것들에 대해서 상대방의 생각들을 확인하지도 못하고, 확인하는 절차도 없거니와 그러다보니까 극단적으로 갈 수밖에 없어요. '아, 저놈은 무조건 사회적 교섭으로 가려고 해.' 그런데 실제 애네들도 얘기 들어보면, "야, 우리가 무조건 가자는 것은 아니다. 최소한 노동관계나 노사관계를 복원한 다음에 이것대로 간다." 얘기 들어보면 실제 큰 차이는 없어요. 내가 봤을 때는. 그냥 무조건 무턱대고 우리는 노사정위에 참여하겠다는 게 아니란 말이에요. (…) 그런 의사소통 구조가 없다보니까, 확인절차가 없다보니까 오면 무조건 부딪히는 거예요. 그 절차가 완전히 무시됐다 이거죠. 그 절차가, 그런 절차가. 예전 같으면 논쟁이 붙으면 '야, 어디 인문사회관으로 와라' 해가지고, '쎄미나 하자' 해가지고 서로 발표는 누가 하고……. 이제는 뭐냐, 끼리끼리 모인다 그거죠. 정파구조끼리. 논의구조가. 서로 실제 물밑에서 조율해가지고 이런 구조가 아니라 이게 완전히 다 달라졌어. 우리는 우리끼리 모여서 우리 입장 정리해서 가고, 애네는 애네 입장 딱 정리해서 가고. 그러다보니까 조율하거나 하는 소통구조가 완전히 단절돼버렸어. 심각한 게 뭐냐면 실제 이런 구조들이, 우리가 흔히 민주주의라는 것들이 '소수의견도 인정을 해야 된다'. 그런데 실제 어떻게 되냐. 내가 집행부 한번 잡으면, 잡았다 그러면 예를 들어가지고 큰 조직들이 있어요. 돈 많이 내는 조직들. 몇개 조직들. 여기 구조를, 집행부를 바꾸려고 해요. 자기중심으로. 바꿔내서 대의원들을 다 바

꿔요. (조영훈, 22~23면)

조영훈 씨는 이런 극단적 갈등이 '의사소통구조의 붕괴'에서 오는 것이고, 그 근본적인 원인은 '하부구조', 즉 민주노총의 주력사업장인 대기업 노조의 민주적 토대가 약화된 데 있다고 본다.(2장 참조) 이를테면 대기업 노조 내부에서 '사회적 교섭' 안건이 토론에 붙여지고 그에 따라 노조의 공식적인 방침이 결정되면 대의원들은 그 결정을 가지고 대의원대회에 참석해야 한다. 그런데 조합원들의 보수화와 무관심 때문에 토론이 제대로 이루어지지 않아서 대의원들은 개인적인 견해를 가지고 회의에 참석하거나, 아니면 아예 참석조차 하지 않는다. 민주노총은 일년에 몇 차례씩 대의원 대회를 연다. 그런데 조영훈 씨에 따르면 몇년 전부터 정족수가 안되서 대회가 늘 무산된다고 한다. "딱 한번, 위원장 선거할 때만" 정족수가 되고, 2005년 사업을 결산하고 2006년 사업계획과 예산안을 승인하는 회의조차 정족수 부족으로 무산되었다. 어렵게 대회가 열릴 경우에도 '조직의 견해'를 대표하기보다는 "위원장 혼자, 아니면 집행간부들 몇 사람의 생각"에 의거해 결정을 내리기 때문에 결정된 사항이 집행이 안되는 일이 많다. 예를 들어 2005년 2월 대의원대회에서 비정규직 문제를 해결하기 위해 50억원의 기금을 조성하기로 결정했으나 1년이 지나도록 5분의 1도 모으지 못했다.[4] 사전에 충분히 토론을 못한 탓에 집행부가 안건을 내놓으면 조합원들은 "그걸 왜 우리가 내냐?"고 반대하고, "설득을 해낼 구조"도 없다.

조영훈 씨는 하부가 그렇다면 "그나마 상층에서라도" 토론이 되면 좋은데 상층마저 그렇지 못하기 때문에 결국은 "소통구조가 완전히 단절"되어버렸다고 말한다. 그러나 70만 명이 넘는 조직원을 가진 조직에서 '하부'의 민주주의 없이 '상층'(은 언제나 관료화되기 쉽다)이 견제되기란 힘든 일이다. 상층 중심이 되다보니까 관료화되고 독선으로 흐르고, 거기에 정파 문제까지 더해져서 "노동운동이 사회변혁운동이 아니라 헤게모니 싸움으로 자꾸 변질"되어간다. 집행부가 바뀌면 대의원을 자기 정파 중심으로 물갈이하려는 양상은 민주노총 중앙만 그런 것이 아니라 대기업 노조도 마찬가지이다. 대기업 노조 내부에도 계파가 있어서 대의원들은 정확히 계파별 세력 분포에 따라 구성된다.

많은 대의원들이 '조직의 결정 방침'이 없거나 '우리 문제'가 아니라고 생각해서 불참하니까 중앙의 회의는 정파 소속 대의원 중심으로 이루어진다. 예전처럼 사전에 의견을 조율하는 구조마저 무너져버렸기 때문에 내연(內燃)하던 갈등은 대의원대회 단상에서 폭력적으로 터져나온다. 그런데 현장에 있는 조영훈 씨 같은 사람이 들어보면 정파들 간의 주장이 그렇게 "큰 차이"가 있는 것 같지도 않다. 그가 전하는 민주노총 내 정파들 간의 소통불능 상태는 김재일 씨가 시민사회 일반에서 느끼는 소통 부재 양상과 비교해서 더했으면 더했지 조금도 나을 것이 없다. 서로에게 '딱지'를 붙이고 뼈다귀 같은 '요지'만 서로 주고받는다. 대화와 토론, 회의는 서로 다른 주장을 충분히 주고받고 어렵게나마 합의를 찾아나가려는 장이 아니라 '절대적으로 올바른' 내 의견을 관철시키는 장에 불과하다.

민주노총 대의원대회 폭력 사태가 벌어진 후 마련된 어느 좌담회[5]에서 민주노총 이석행 사무총장과 조승수 민주노동당 의원은 사태의 원인 중의 하나로 '민주주의 훈련이 덜 된' 것을 꼽았다. 이석행 사무총장은 "1987년 한꺼번에 노조가 3,000여개가 만들어지면서 말은 민주인데 이를 실천할 수 있는 소양은 체계적으로 쌓지 못한 부분이 다소 있었다"며 노조간부들이 아래로부터 의견을 수렴하는 민주적 절차를 소홀히 한 점을 지적했다. 조승수 의원은 "그래도 우리 사회에서 노조만큼 민주주의를 기본적으로 성실하게 실천하는 데도 드물다"며 그보다는 노동운동의 뿌리 깊은 '도덕적 우월주의'를 지적했다. 노동운동의 도덕적 우월주의는 '자본주의 사회에서 가장 고통받는 계급은 노동자이며, 가장 고통받는 자가 가장 올바르다'는 인식에 바탕을 두고 있다. 따라서 '비타협적으로 노동자의 이익을 지키는 것'이 가장 도덕적인 행위가 되어 절차적 민주주의를 무시하게 된다는 것이다. 실제로 대의원대회를 폭력으로 무산시킨 반대파는 '사회적 교섭'을 '야합'으로 규정하고, "폭력 이외의 방법으로는 자신의 의사를 표현하고 관철시킬 수 없는 조건"을 들어 자신들의 행위를 정당화했다. 근본주의적 노선이 가장 도덕적이며 그 외의 견해는 모두 불철저하고 비도덕적이라는 생각 앞에서 '절차'는 부도덕을 감추려는 한낱 위선이 되고 마는 것이다.

강조점에는 차이가 있지만 두 사람은 모두 '민주주의가 훈련을 필요로 한다'는 생각을 보여준다. 우리가 민주주의자라면 우리는 민주주의를 '지지'하거나 '주장'하는 것을 넘어 그것을 '실천'해야 한다. '실천적 원리'로서의 민주주의는 민주주의를 위해 투쟁하는 것만으로는 성취되지 않는다. 자신이 틀릴 수도, 모자랄 수도 있다는 가능성을 열어두는 '훈련', 명백히 부도덕하거나 그릇되어 보이는 견해를 가진 사람과도 대화하고 토론하는 '훈련', 사회 진보를 더디게 하고 역사를 정체시킬 게 분명해 보이는 안과도 타협하는 '훈련'을 해야 한다.

이런 관점에서 바라볼 때, 민주노총 내의 간부들을 포함해 민주화운동의 중심에 섰던, 이제는 사회 각 분야에서 '중견'의 자리에 있는 40대들은 민주주의를 위해 싸우기는 했을지언정 민주주의를 충분히 '훈련'하지는 못했다. 그들은 맹목적 반공주의를 교육받은 채 대학에 들어와서 세계관의 급진적인 전복을 경험하고 '군부독재'라는 '절대 악' 앞에서 모든 '차이'를 뛰어넘어 결속했다. 그 과정에서 앞서 말한 것처럼 '군부독재를 닮은' 많은 비민주적 습속을 지니게 되었다. 도덕적 우월주의, 흑백 논리, '차이'를 억압하는 집단주의가 모두 그런 것들이다. 심지어 존경하는 정치 지도자 앞에 엎드려 큰절을 하는 봉건적 습속까지 내보일 때도 있다. 그래서 "현재 40대가 된 386세대가 막강한 정치적 영향력을 행사하는 한국사회는 정확하게 386세대의 정체성만큼만 민주화가 진행됐다."는 분석이 나오기도 한다.[6]

조영훈 씨는 민주노총의 상황을 두고 "더 바닥으로 가야, 썩어문드러져야 해답이 나온다. 지금 구조 속에서 어설프게 해봐야, 누가 나서는 놈도 없고 나서봐야 욕만 먹는 구조"라며 "많이 포기하고 산다"고 대답했다. 그러나 그는 일이 이렇게 된 데 대한 민주노총의 '책임'을 묻는 질문에는 이렇게 답했다.

***** 노동운동이 자생적으로 확대 발전할 수 있는, 내용적으로 풍부할 수 있는 그런 것들을 기회를 만들어줘야 되는데 기회조차도 안 만들어주면서 무조건 강요한다는 것들도 큰 문제라 이거에요. (…) 노동운동 진영이 나름대로 그 민주적인 질서를 회복할 수 있는 시간과 여유를 줘야 된다 이거죠. 그런데 계속 어쨌든 정권과 자본은 몰아치기만 하면서 "니네들은", 어쨌든 "이거 봐라. 하는 짓, 꼬라지 봐라. 돈이나 받아처먹고. 민주노총 부위원장이 돈 받아처먹고, 허구헌날 각목 들고 싸움박질 하고." 비난만 한다 이거죠. 비난만. 물론 노동조합에서 그런 부분들에 대해서 비난받아야 될 부분은 마땅히 받지만 이쪽도 체질개선을 할 수 있는 뭔가를 줘야 되는 거 아니냐 이거죠. (조영훈, 13면)

그는 '인정한다. 그러나'의 어법으로 "정권과 자본의 몰아치기"를 비판했다. 한마디로 그때그때 닥치는 일에 대처하는 것만으로도 힘에 부쳐 내부 민주주의를 추스를 여력이 없었다는 것이다. 모든 것을 조건과 상황 탓으로 돌리고 주체적인 책임은 성찰하지 않는 것처럼 들리기도 한다. 그의 분석에 따르면 이 모든 사태의 근원에는 '하부 민주주의의 붕괴'와 연대정신의 상실이 가로놓여 있다. 그렇다면 왜 대기업 노조는 보수화되었고 연대정신을 잃게 되었을까? 다른 규모, 다른 업종에 비해 상대적으로 임금과 근로여건이 좋아지면 보수화되는 게 당연한 것일까? 조합원들이 자기 공장 울타리 안으로 후퇴하는 동안 조합 집행부는 무엇을 했고, 상급조직인 민주노총은 무엇을 했을까? 하지만 조영훈 씨에게 그것을 따져묻기는 어려웠다.

조영훈 씨는 몇시간만 얘기를 나누어도 '위험한 상태'에 있음을 알 수 있는 사람이다. 오랜 활동으로 몸이 너무 망가져서 그의 몸 상태는 60대에 가까웠다. 어느 날 길거리에서 쓰러질지도 모른다는 걱정이 들 정도였다.

***** 제가 잠을 하루에 거의 3시간에서 3시간 반 정도 자요. 보통 돌아다니고 그렇게 하다보면, 사람들 만나고 뒷정리하고 또 술 한잔 먹고 이런 저런 얘기 듣고 그러면 새벽 3시, 3시 반 돼서 자면 아침에 습관이 돼가지고 한 7시 전에 꼭 깨요. 그렇게 자고, 뭐 자료 만들고, 교육 매일 하랴 **여태까지 거의 10년 동안 책을 한 권도 못 읽어봤어요.** 유치장에 잠깐 들어갔을 때 책 본 거 이외에는. **따로 고민할 시간적 여유가 없는 거예요.** 이게 지금 민주노총 내의 활동가라고 하는 사람들한테 모두 걸리는 하중이에요. 거의, 그야말로 똥오줌을 못 가린다는 표현을 하는데 일주일이 어떻게 흘러가고 한 달이 어떻게 흘러가는지를 도저히 알 수가 없어요. 그러니까 일정이, 회의가 하루에 네다섯 개 왔다갔다 하고, 심지어 요새는 비행기도 어떤 때는 4번까지 타봤어요. 하루에. 이러다보니까 그런 것들에 대해서 고민하고 대안 마련도 하고 토론도 한

번 해보고 그런 게 아예 완전히 붕괴가 되어버렸어요. (조영훈, 44~45면)

그의 일상을 듣고 있으면 자신의 팔목으로 둑을 틀어막고 있는 '네덜란드의 소년'이 떠오른다. 사회적 약자를 지키려는 민주노총의 민주주의, 그것을 주요한 구성물로 하는 한국의 민주주의가 그의 고단한 일상으로 겨우 지켜지고 있는 게 아닐까 하는 생각이 들었다.

✻ 저희는 일반 회사가 아니고 운동단체기 때문에 "함께한다"는, 그래서 **관료라든가 상사로서의 이런 상하관계의 직원 개념이 아니어야 되는데 시민단체도 별 수 없는 것이 부서장, 국장, 또 이렇게 오래 있다보면 이렇게 관료화되는……** (…) 물론 이제 그 자리를 오래 있다보니까 훨씬 더 조직을 보호해야 되는, 조직의 더 많은 부분을 고려해야 하는 그런 사고나 그런 고민들이 그렇게 흘러가는 것 같고, 그러다보니까 좀 거기도 자유롭지 못한 부분들이 있게 되는 거죠. 그러다보면 선배라고 얘기하는 실·국장의 태도가 굉장히, 만약에 어떤 사안에 부딪혔을 때 같은 동료의 입장에서 고민을 하기보다는 "아니야. 그건 네가 그렇게 생각하면 안돼"라며 그것을 계속 무마하려고 한다든가, 아니면 계속 이렇게 변명만 하려고 한다든가. "아, 그래? 그거 참 문제지. 우리 그럼 같이 그걸 어떻게 해볼까"가 아니라 오히려 일종의 대변자 역할을, 대리자로서의 그런 역할만을 자꾸 하려고 하는 모습들을 자꾸 반복해서 보게 되는 거죠. 그것뿐만 아니라 대화조차도 안 열리고 그냥 일방적으로 결정을 해서 "너는 그냥 그 일만 무조건 군소리 말고 따라 해"라는 개념으로 가다보니까 조직 안에서 예전에 무슨 문제가 생기면 항상 "실·국장들이 어떻다"라고 얘기하는 게 가장 큰 것 중에 하나였구요. (…) 일단은 직접적으로 부딪히는 대상자는 실·국장이기 때문에 실·국장들에 대한 문제제기를 했지만 사실상을 놓고 보면 **조직 안에서, 조직이 의사결정을 하고 있는 그 과정들이 묻는 절**

차나 이런 과정 자체가 사실상 거의 없이 이루어지다보니까 자신들이 갖고 있는 문제의식이라든가 이런 부분들이 해소가 안된 채 계속해 누적이 되어 있었던 거죠. 그게 조금 더 가게 되면 사안에 따라서 상집위원회, 상집위원장 이런 부분에 대한 문제, 불만으로 가기도 하지만 거기는 상근자들이 직접 그렇게 바로 맞상대할 수 있는 대상이 아니고 그러니까 결국은 실·국장들이 표적이 될 수밖에 없는 거죠. (김경진, 25~26면)

김경진 씨가 속한 시민단체는 1, 2년 전만 해도 내부소통 문제로 큰 갈등을 겪었다. 시민단체는 "일반 회사가 아니라 운동단체"로서 "생각들을 많이 쏟아내야 하고, 많은 논의와 토론을 해야 하는" 조직이다. 따라서 상근 간사와 실·국장의 관계도 일반 회사에서처럼 "상하관계"가 아니어야 한다. 그런데 "시민단체도 별 수 없는 것이 오래 있다보면 관료화되어" 상하관계가 형성된다. 상근간사들이 어떤 사안에 대한 조직의 공식 입장이나 결정에 반발하면 실·국장들은 "같은 동료의 입장에서 고민을 하기보다" "무마"하거나 "변명"하고, 때로는 일방적으로 '명령'하고 '지시'한다. 그래서 상근간사들은 실·국장들을 "일종의 대변자, 대리자"로 느끼게 된다.

그런데 김경진 씨는 표면적으로는 상근간사와 실·국장이 부딪치지만, 갈등의 근본적인 진원지는 다른 데 있음을 지적한다. "조직이 의사결정을 하는 과정"에서 조직 구성원들의 의사를 "묻는 절차"가 없었다는 것이다. 문제의 근원은 조직의 의사결정이 사회적 영향력이 큰 상층의 유력인사들에 의해 좌우되어 구성원들 간의 소통이 제대로 이루어지고 있지 않은 데 있지만, "거기는 직접 맞상대할 수 있는 대상"이 아닌 까닭에 실무라인이라 할 수 있는 실·국장과 상근간사들 사이에서 갈등이 발화된다는 것이다. 대개의 시민단체들은 사회적 명망가들이나 전문가들로 구성되는 상급단위조직과 분야별 위원회, 실·국장, 상근 활동가로 이루어지는 수직적인 조직체계를 가지고 있다. 이들 조직 단위의 역할과 책임을 분명하게 명시하고, 단위와 단위 사이의 상시적인 소통이 가능한 통로가 마련되지 않으면 김경진 씨의 지적대로 시민운동단체도 '관료주의'나 '상하관계'에서 자유로울 수 없게 된다. 물론 시민운동단체라고 해서 크고 작은 모든 문제에 대해서 항상 조직구성원 전체의 의견을 아래로부터 모아야 하는 것은 아닐 것이다. 그러나 조직의 정체성이나 비전, 정책방향 같은 중요한 문제, 또는 사회적으로 중대하고 의견이 엇갈릴 수 있는 민감한 사안에 대해서는 적어도 전체 구성원들의 의견을 모아야 하고 결정을 공유해야 한다. 자신의 견해를 밝히고 반영할 수 있는 통로가 없다면 활동의 일선에 있는 상근 활동가들은 말단의 '집행자'에 불과하게 된다.

김경진 씨가 속한 단체 내부의 해묵은 불신과 갈등은 지금은 많이 좋아졌다고 한다. 인용문에는 드러나 있지 않지만, 특별한 제도나 씨스템이 도입되어서 그런 것이 아니다. 사무국과 실·국의 지도적 위치에 있는 사람 몇몇이 바뀐 게 가장 큰 이유라고 한다. 그 이전에 이런 저런 매뉴얼과 제도를 도입해도 나아지지 않던 문제가 사람이 바뀌면서 자연스럽게 해소되기 시작했다. 이는 조직의 지도적 지위에 있는 사람의 민주성이 조직 전체의 민주성에 큰 영향을 미친다는 사실을 말해준다. 높은 지위에 있는 사람에게는 높은 책임이 따르고 이것은 조직 내부의 민주주의에 관해서도 예외가 아니다. 구성원들의 의사를 묻는 절차와 구조가 형식적으로 마련되어 있더라도 지도적 지위에 있는 사람이 구성원들 간의 민주적인 소통을 실제로 얼마나 소중하게 생각하느냐에 따라 그 효용과 결과는 매우 다르게 나타난다. 더욱이 지금은 무지하거나 무능한 사람이 결정권을 행사하는 자리에 앉아 있는 경우는 드물다. 시민단체의 지도적 지위에 있는 사람들은 대개 능력이나 헌신성에서 모자람이 없다. 그러나 조직을 민주적으로 운영하는 것은 그것과는 '다른 이야기'이다. 누구보다 헌신적인 지도자가 밑에서 결집되어 올라온 의견을 뒤집는 일도 있고, 누구보다 유능한 지도자가 '정답'이 제시되어 있는 상태에서 회의를 열기도 한다. 그래서 헌신성과 능력이 때로는 지도적 위치에 있는 사람의 비민주성을 덮어두거나 합리화하는 방어기제로 작용하기도 한다. 그러나 그가 아무리 헌신적이고 아무리 유능하더라도, '그럼에도 불구하고' 민주주의는 관철되어야 한다.

한국의 언론은 민주주의에 기여하는가

** 처음에는 언론을 믿었죠. 순진한 생각인가 사회목탁이란 것도 믿고. (…) 언론인들은 다 정의감 있고, 그 다음에 공부도 많이 했기 때문에 사회를 재는 어떤 잣대가 일정할 것이다. 그걸 믿고 저도 언론에 〔정보를〕 제공하고 그랬지 않습니까? 그랬는데 **그거를 언제부터 느끼기 시작했냐 하면 일단은 언론들이 경찰을 대하는 태도를 보니까요**, 그 사람들은 돈 봉투 받아먹으면 안되잖아요. 그런데……. 〔잠시 침묵〕 경찰서 두세 군데마다 기자실 마련해주죠. 경찰청에도 제일 좋은 자리에다 마련해주죠. 그 경비, 경찰에서 추렴하는 거예요. 예산이 어디 있습니까? 그것뿐입니까? 제주도 여행시켜주지. 3차까지 갑니다, 3차까지. 그런 것을 보고 있으면서……. 그리고 또 깔 때는 멀쩡하게 까요. (…) 그러면서 옆에서 보도하는 걸 보니까 이거는 완전히, 그러니까 실수하는 게 아니라 곡해를 해가지고 쓰기 시작하는 거예요. 우리한테 불리한 것뿐만 아니라 어떤 업체가 이렇게 사건이 났는데, 이상하게 약간 꼬아서 쓴다든지, 하여튼 그런 거 보면서 '아, 사회가 이렇구나!' (…) 내가 결정적으로

느낀 게 서울청 기획부서에서 일할 때 그 친절봉사 운동. 아무 생각 없이 띄워주는 거예요. 자기들은 "빨아준다"고 얘기하죠. (이병준, 87~88면)

경찰관 이병준 씨는, 어떤 사실을 두고 논란을 벌이다가도 "그거 신문에 났던데?"라는 말이 나오면 논란을 마무리하는 많은 시민들처럼, 언론은 진실을 보도하는 '사회의 목탁'임을 믿어 의심치 않았다. 그런데 그는 기자들을 가까이에서 접하게 되면서부터 자신이 "순진"했음을 깨달았다. 사회의 부패를 비판하는 기자들이 돈 봉투를 받고, "3차까지" 가는가 하면, 사실을 곡해하기도 하고, 아무 생각 없이 "빨아주는" 기사를 쓰기도 하더라는 것이다. 그가 '언론을 그대로 믿으면 안되겠구나' 하는 걸 깨달은 결정적인 계기는 이른바 '친절봉사 운동' 보도 태도를 보고 나서였다.

서울경찰청이 '친절봉사 운동'이란 것을 대대적으로 펼친 적이 있었다. 당시 기자들은 "파출소에서 우산 빌려주고, 기동대 버스로 대학생들 통학시켜주고, 파출소 허물어서 그 안에다 공부방 만들어주는" 식의 친절봉사 사례를 "막 띄워"주었는데, 그는 생각이 달랐다. 그런 전시성 이벤트가 아니라 민원인들의 이야기를 잘 듣고, 맡은 업무를 빨리, 친절하게 처리해주는 것이 "진짜 친절봉사"였다. 게다가 그의 눈에는 그런 이벤트 때문에 "부패가 막 흘러들어가는" 게 뻔히 보였다. 가령 파출소 허물어서 공부방 만들려면 예산이 필요한데, 그의 경험으로는 통상 거기에 들어가는 비용의 10배쯤이 지역유지들한테서 나오기 마련이었다. 그래서 출입기자들을 따로 만나 그런 식의 보도가 어떤 문제를 간과하고 있는지를 설명했으나 그 말에 귀를 기울이는 기자는 없었다. 이후 그는 마치 권력자처럼 행세하는 기자들의 횡포, 사실과 다른 기사가 여론을 오도하는 일들을 직접 경험하면서 언론사와 소송을 벌이게까지 되었다.

이병준 씨가 언론에 대해 "그거"를 느낄 수 있었던 것은 그가 언론이 "걸핏하면 두드려패는" 경찰, 그중에서도 가까이에서 기자를 접할 수 있는 위치에 있었기 때문이었다. "그거"란 언론에 보도되는 것이라고 다 사실은 아니고, 기자라고 다 정의롭고 균형 잡힌 시각을 가진 것도 아니며, 기자와 언론은 '접대받는' 강자라는 등의 인식을 두루 포함하고 있다. 언론의 자유는 소중하지만 그것이 곧 현실의 언론이 공평하고 정의롭다는 것을 뜻하는 것은 아니라는, 미디어 수용자로서의 비판적 관점을 가지게 된 것이다.[7]

언론은 '제4의 권력'으로 일컬어진다. 언론은 사회적 의사소통의 매체이다. 언론을 통하지 않으면 사건도, 소식도, 견해도, 주장도 제대로 알려지지 않는다. 언론의 '권력'은 바로 거기에서 나온다. 모든 권력이 그렇듯이 언론권력도 감시받고 비판받고 견제받아야 한다. 그러나 언론의 잘못된 보도로 직접 피해를 입는 경우가 아니면 시민들은 "그거"를 느끼기 전의 이병준 씨처럼 언론도 '감시받아야 할 권력'임을 거의 느끼지 못한다. 현대 민주주의에서 언론의 영향력은 점점 더 커지고 있다. 세계적으로 언론사는 신문과 방송, 통신을 결합하는 거대한 복합기업으로 성장하고 있고,[8] 언론이 정치를 주도하는 현상에 대한 우려도 심각하게 나오고 있다. 하지만 다른 세 개의 전통적인 권력, 곧 행정부, 입법부, 사법부에 견주어 언론을 감시하고 견제하는 수단은 별로 없다.

***** 또 하나는 저는 언론이, 예를 들면 참정연 하면서 그런 걸 많이 겪었거든요. "언론에 보도된 것만 보면", 저 보고, "김정희 대변인님 완전 뿔 달린 악마 같은데 실제로 보니까는 말도 바보같이 하고 좀 이상하네?" 막 이러고 농담들을 해요. (…) 무슨 생각이 들었냐면 '혹시 사람들이 알고 있는 참정연이 내가 아는 참정연이 아니듯이, 우리가, 내가 알고 있는 민주노총이나 전교조

도, 문제가 물론 내부에 있기는 하지만, 이게 어떤 한 측면으로 부각돼서 언론에 자꾸 보도되는 건 아닐까?' 하는 생각이 들더라고요. 그 사람들 내부에 민주주의가 안된 부분이 하나가 있다면 또 하나는 **우리가 지금 네트워크로 수평소통을 못하는 사회에서 이거를 언론이 과도하게 권한을 쥐고 있는……. (…) 그래서 갈등을 언론에서 증폭시키는.** 그래서 전농의 그 시위를 보면서도 두 가지가 결합된 거라는 생각이 드는 거예요. 저렇게 폭력시위를 선정적으로 보여주는 언론, 그거를 활용하는 내부 조직가들, 그리고 다시 그것을 비방하는 언론. 그래서 전농이 원래 하고자 하는 주장이 소통되지 않는. (김정희, 44면)

김정희 씨는 우리 사회의 갈등이 자꾸 극단적인 양상으로 치닫는 데는 언론에도 큰 책임이 있다고 생각한다. 그는 언론에 의해 생산된 '자신의 이미지'가 실제의 자신을 규정하는 경험을 하면서 "내가 알고 있는 민주노총이나 전교조"도 혹시 실제의 민주노총이나 전교조와 다른 게 아닐까 하고 의심해보게 되었다. 예를 들어 전농의 시위를 보도하면서 '폭력성'만을 선정적으로 부각시키면 "전농이 원래 하고자 하는 주장"은 소통되지 않고 갈등만 증폭된다. 정치 관련 보도도 마찬가지이다. 자극적이고 원색적인 용어로 상대방을 비난하는 선정적인 행위를 언론이 자주 보도하면, 아예 안 나는 것보다는 나쁜 일로라도 언론에 거론되는 걸 더 좋아한다는 정치인들은 "보도가 되려고" 그런 언행을 자꾸 더 하게 된다. 말하자면 언론이 만든 틀에 스스로를 맞추는 것이다.

언론의 가장 기본적인 역할은 사실을 보도하고 여론을 형성하는 것이다. 그런데 언론은 공평무사한 '진실기계'가 아니다. 이병준 씨가 지적하는 것처럼 보도하는 사람의 관점에 따라 '사실'은 얼마든지 재단되거나 곡해될 수 있다. 이는 언론의 '관점'에 따라 여론이 조작될 수도 있다는 말이고, 실제로 언론의 역사에서 우리는 이런 예들을 흔히 찾아볼 수 있다. 언론이 '관점'을 지니고 있다는 것, 다시 말해 사실을 해석하고 보도할 때 언론사의 '논조'가 반영된다는 것 자체는 새로운 사실도, 위험한 일도 아니다. 수용자들이 그 '논조'를 감안해서 보도를 수용할 수 있도록 하면 된다.

*＊ 일선에서 만나면 〔활동가들이〕 하는 얘기들이, "기자들이 요구사항이 뭐고 이것에 대해서는 관심이 전혀 없다." 질문 자체를 안하니까. "이게 민주노총 선도투쟁, 앞장서는 거냐?" 그 다음에 "언제 차량 상경투쟁을 하고, 언제 타워크레인을 점거를 할 거냐?" "그거 팩트 따게, 사진 잘 나오게 해달라", 그 다음에 또 요구하는 부분들이, 특히 공중파 쪽에서 요구하는 건데 "중학생 수준의, 중학생 정도가 알아들을 수 있는 그런 요구사항으로 얘기를 해 달라." 하여간 공중파는 딱 정해져 있어요. 항상 "중학생 수준의…" 실제 노동문제 얘기 나오면 파견법이 어떻고 뭐가 어떻게 되고 이런 문제에 '국민들이 그런 것 관심 없다' 이거에요. **중학생 수준에서 알 수 있는 부분들, 그런 거 얘기해. 복잡하게 얘기하지 말고.**" 이렇게 해서 실제 기사로 나가게 되면 중학생 요구사항 수준의, 그나마도 안 나온다는 거죠. 차 갖다가 여기서 점거해가지고 경찰하고 막 붙는 거나, 쇠파이프 든 거나, 점거하는 거나. 사진합성 딱 나와가지고 밑에 몇줄 딱 나와가지고 "점거했습니다" 이거에요. 실제 이런 식의 보도들을 하다보니까 결국 가면 사설이고 뭐고 '이 어려운 경제난국에 노동자가 웬 파업 하냐' 해가지고 뒤통수치는 것 이외에는 전혀 보도가 안된다는 거예요. 그러다보니까 언론에 대한 불만이라는 것은 이루 말할 수가 없죠. 결국 하는 일이, "광고 받아 처먹으니까 어쨌든 뭐 기업 입장 써줄 수밖에 없다" 해가지고 아예 팽개쳐버리는 그런 부분이 있는데. (조영훈, 38면)

조영훈 씨도 김정희 씨처럼 언론이 우리 사회의 소통에 도움을 주기는커녕 오히려 갈등을 증폭시킨다고 비판한다. 그는 언론이 사회적으로 중요한 사안을 미리 발굴하고 보도함으로써 시민들을 고민하게 만들고, 고민의 결과가 여론으로 응집되게 하고, 그 여론이 제도에 반영될 수 있도록 하는 역할을 해야 한다고 생각한다. 그런데 발굴은커녕 문제가 곪아터져서 극대화된 현장에서도 기자들은 노동자의 요구 사항에 대해서는 "관심이 전혀 없다." "중학생〔이 이해할 수 있는〕 수준"으로 요구 사항을 요약해달라고 하고, 폭력적이고 과격한 장면을 잡는 데만 신경을 쓰는 것처럼 느껴진다. 어떻게든 자신들의 요구를 전달하고 싶어 애써 취재에 응해도 '경제난국에 웬 파업' 같은 사설로 "뒤통수"를 칠 뿐이다. 그가 느끼기엔 노동자들의 주장은 '아예 보도가 안되거나 왜곡되거나' 두 가지 경우뿐이다.

조영훈 씨의 이야기에는 언론에 대한 두 가지 문제의식이 섞여 있다. "사진 잘 나오게 해달라"는 말로 상징되는 '선정성', 그리고 노동운동에 '폭력·과격'의 이미지를 씌우는 '편파성'이 그것이다. 경찰관 이병준 씨는 극단적이고 자극적인 장면을 선호하는 언론의 선정성을 비판하면서 이런 경험을 이야기했다.

***** 내가 8·15 때 무엇까지 당해봤냐 하면, 서대문에서 시위대를 막고 있었는데 경찰들한테, 누가 주문을 했는지 모르겠지만, 침하고 먹물인가요? 이렇게 던지는 것. 이것하고 모래를 던지자고 이야기가 되었나봐요. 그래서 있는데 한번 탁 던지더라고요. 그랬더니 기자 한 명이 나와서 "다시 한번 갑시다" 이러는 거예요. 그러니까 사람들이 또 주섬주섬 모래 줍고 침 뱉을 준비, 가래침 이렇게 하고. (이병준, 77면)

시위대가 경찰들한테 침을 뱉고 먹물을 던졌는데, '그림'이 잘 안 잡혔는지 기자들이 다시 한번 '연출'을 부탁했다는 것이다. 그런데 이런 선정성조차도 '편파성'을 띄고 있다. 기자들은 경찰들한테 진압봉 내려치는 모습을 연출해달라고 하지는 않는다. 조영훈 씨가 제기하는 문제의 핵심은 '선정성'의 방향까지도 결정하는 이 '편파성'이다. 앞서 말한 것처럼 모든 언론사는 자사만의 고유한 '관점'을 지니고 있다. '관점'을 가진다는 말은 사실은 '편파성'을 가진다는 말에 다름아니다. 따라서 모든 언론은 편파적이다. 흔히 신문을 '보수지' '진보지' '중도지' 또는 '좌파 성향'이니 '우파 성향'이니, '자유주의 성향' 등으로 구분하는 것은 그 편파성을 불가피한 것으로 받아들인 결과이다. 민주주의 국가에서는 특정 언론사의 '편파성'은 또다른 언론사의 '편파성'으로 보완된다. 이를테면 친기업적인 '보수지'가 있으면 친노동자적인 '진보지'도 있어서 시민들은 양쪽의 '관점'을 비교하고 선택할 수 있다.

그런데 한국의 언론은 지나치게 한쪽으로 몰려 있다. 조영훈 씨는 거의 모든 언론이 기업 편이라고 느낀다. 다시 말해 편파성 자체가 아니라 편파성이 압도적으로 한 방향으로만 나타난다는 데 심각한 문제가 있다. 신문을 예로 들면 이른바 조중동, 즉 『조선일보』『중앙일보』『동아일보』가 전체 일간지 시장의 70% 이상을 점유하는데, 노동운동에 관한 한 이들의 논조는 거의 구별하기 힘들 정도로 보수적이다. 보수적 논조의 신문이 여론시장의 70% 이상을 독과점한다는 것은 이들의 '편파성'이 보완되지 못한다는 뜻이고, 여론이 왜곡될 위험성이 그만큼 크다는 뜻이다.

***** 제가 ○○○에 1년 동안 있었는데, 외국 언론들은 좀 그런 면이 적어요. 그러니까 시민들을 선동하거나 아니면 그 신문사에서 원하는 쪽으로 정치적으로 이끌어가려는 게 있긴 있거든요? 있긴 있는데, 우리나라만큼 심하지는 않은 것 같아요. 정말 한 나라 대통령을 올렸다 죽였다 하고, 어떤 일을 했을

때 그 언론사의 시각이 신문에 담겨서 시민들이 그걸 보고 그쪽으로 따라가게 하잖아요. 우리나라 같은 경우는. 그런데 외국에서는 그런 면이 적거든요? 중립적이고 해당 사안을 설명하고 거기에 대해서 국민들은 판단할 수 있게, 그렇게 하는 면이 많은데 우리나라에서는 좀 그런 게 없는 것 같아요. 그리고 그 조중동 문제 같은 경우도 정말 돈으로 뭐 이렇게 자전거 주고, 뭐 주고 그러면서 발행부수만 늘리잖아요? 그러니까 이제 정말 다른 생각 있는 그런 신문사가 나오기도 힘들고. 유지를 할 수 없으니까. (…) **우리나라 민주주의에 있어서 가장 큰 문제는 언론 같아요.** 언론에서 민주주의를 역행하고 있는 것을 많이 본 것 같아요. 언론이 사회를 많이 움직이는 것 같아요. (최현우, 8면)

대학원생인 최현우 씨는 우리나라 언론이 "신문사에서 원하는 쪽으로" 시민들을 이끌어가려 한다고 비판한다. 교환학생으로 유럽 어느 나라에서 1년 동안 경험한 바에 따르면 외국 언론들도 그런 면이 있긴 있었다. 그러나 "우리나라만큼 심하지는" 않다. 우리나라 언론은 '여론형성의 권력'을 매우 공세적으로 행사한다는 뜻이다. 이어서 그는 "다른 생각"을 가진 신문사가 나오기 힘든 신문구독시장의 구조적 문제를 지적한다. 조중동 같은 거대 언론사들이 자전거 따위를 얹어주는 불공정 거래 행위로 독점적 지위를 유지하기 때문에 자본력에서 뒤지는 언론사들이 생겨나기도, 유지되기도 힘들다는 것이다. 그러면서 그는 "우리나라 민주주의의 가장 큰 문제는 언론"이라고까지 덧붙인다. 언론이 "민주주의에 역행"하는 것을 많이 보는데, 그 언론이 사회를 움직이고 있는 것처럼 보이기 때문이다.

언론이 한국사회를 움직인다는 최현우 씨의 말은 그다지 과장이 아니다. 민주화 이후 여론시장에 일어난 중요한 변화 가운데 하나가 보수적

인 거대언론사들의 영향력이 대단히 커졌다는 것이다. "예전에 권위주
의 국가가 하던 일을 이제는 보수언론이 하고 있다"는 진단까지 나온다.[9]
김대중 정부 시절, 대통령자문정책기획위원장이었던 최장집 교수의 '사
상'을 문제 삼아 결국 물러나게 한 것은 국정원이 아니라 『조선일보』였
다. 국회의원들은 국회에서 각종 '의혹'을 폭로할 때 주로 보수지의 기사
를 근거로 제시한다. '북한 퍼주기' '세금폭탄' 같은 자극적인 용어를 생
산해 유행시키는 것도 보수언론이다. 한 신문사의 간부는 사석에서 '우
리가 대통령을 만든다'는 자부심을 발설하기도 했다. 보수언론들은 대통
령과 장관도 '흔들고', 외교정책이나 경제정책도 '흔들' 수 있다. 정치적
영향력을 놓고 보면 한국의 보수언론은 '언론'이라기보다는 거의 '정치
세력'에 가깝다.

　시민사회의 이런 비판에 대해 보수언론사 내부에서 일하는 기자는 어
떻게 생각할까? 강석현 씨는 조중동에 속하는 한 신문사의 기자이다. 면
접자가 다른 구술자들이 언론에 대해 비판한 내용을 들려주며 견해를 묻
자 그는 "나는 이미 물이 들어버린 사람"이라고 '한계'를 인정하면서도
진지하게 나름의 생각을 들려주었다.

＊ 기자가 인제 한쪽으로 좀 쏠린 것 같다, 그것은 참, 신문사 채용 씨스템
의 문제일 수도 있거든요? 저는 개인적으로는 다양해야 된다고 생각하는데
요즘 서울에 있는 신문, 방송사 중에서 지방대학이나 뭐, 지방대학 출신을 뽑
는, 아마 뽑히는, 또는 뽑는 경우가 잘 없을 거예요. 주로 서울, 그중에서도
강남 출신들이 많이 뽑히거든요. 왜냐하면 영어시험 보지, 뭐 예를 들면 해외
연수 이런 게 그 전형과정에서 플러스로 잡히기 때문에요. 그거를 참……. 저
는 〔기자의 인적 구성이〕 다양해져야 된다, 개인적으로는 그렇게 생각합니
다. 그래서 이게, 강남 8학군 출신들이 많이 들어오는 것은 그리 썩 바람직스

럽지 않다. 그런데 지금의 이 전형방법, 채용방법에 있어서는 앞으로도 계속, 그런 위험성이 사실은 내포되고 있습니다. 그러니까 그런 친구들의 생활 경험이나 이런 거가 나중에 기자생활을 하는데 그대로 우러날 수밖에 없는데, 그러면 예를 들어서 우리 소수자에 대한 관심이라든지 저 지방에 대한 관심이라든지 뭐 여러 가지 그러니까 마이너리티에 대한 관심, 그것은 그 사람의, 그 기자의 어떻게 보면 밑바탕, 거기에 안 들어오는 거죠. 사실은. (…) 내가 만약 신문사의 CEO라면 그런 게 있겠죠. '우리 기자들이 어디 나가서도', 뭐 예를 들어서, '꿀리지 않게' 그런 면. 좋은 대학 나온 학생들을 뽑고 싶고, 또 경험도 풍부한 그걸 뽑고 싶고 그런 건 있을 겁니다. 예를 들어서 우리 사회가 학벌 따지고 그러잖아요. 그런데 뭐 참, 그런 데서 그냥 보이지 않게 불이익을 받고 싶지는 않은. (강석현, 26~27면)

강석현 씨는 사회적 약자보다는 강자를 주로 대변한다는 '편파성'의 문제를 "기자가 한쪽으로 쏠린" 문제로 바라보았다. 지금의 기자 채용방법으로는 "강남 8학군 출신들"이 많이 채용될 수밖에 없다. 그러다보니 일부러 외면하려고 해서가 아니라 정말 잘 모르기 때문에 "소수자에 대한 관심, 지방에 대한 관심"이 적어질 수밖에 없다는 것이다. 그의 논리에 따르면 언론사의 편파성은 기자의 편파성이고, 기자의 편파성은 기자들의 계층적 특성에서 말미암는다. 기자의 계층적 쏠림 현상만으로 편파성을 설명하려는 것은 물론 무리이다. 하지만 어쨌든 그것도 편파성에 영향을 미치는 요소임에는 분명하므로 언론의 공공성, 다시 말해 시민사회 내에 존재하는 다양한 여론을 전달해야 할 언론의 책임을 의식한다면 언론사의 경영진은 그러한 현상을 당연히 위험하다고 생각해야 하고, 대책을 세워야 할 것이다. 강석현 씨도 그렇게 생각한다. 그런데 그는 가정법을 써서 그러한 현실이 쉽게 변하기 어려울 것이라는 생각을 내비친다. 언론사 CEO들은 자사 기자들이 어디 나가서도 "꿀리지" 않기를 바란다. 꿀리지 않는다 함은 일단 학벌이 번듯해야 폼이 난다는 '상징자본' 차원의 만족감도 있겠지만, 더 중요하게는 그것이 취재능력을 좌우하는 '사회자본'이기 때문이다. 우리나라 같은 학벌주의 사회에서는 '학연'이 사회적 주류의 연결망 속으로 들어가는 티켓이다. 학벌 좋은 기자는 '고급정보'에 쉽게 접근할 수 있고, 취재원을 더 잘 섭외할 수 있으며, '선배'한테서 특종 정보를 따낼 수도 있다.

> ** 여론을 독과점한다는 그런 측면, 그것도 일정 부분만 일리가 있는데, 요즘에 와서야 많이 해소가 됐죠. 조중동, 조중동 그러지만 조중동 말고도 볼 거 많잖아요. 인터넷도 많고. 그런데 그것도 저는 그렇게 생각합니다. 시장이 평가하는 게 아닌가. 시장이. 또 한 가지는 요즘은 상호작용의 방법이 많이 있잖아요. 옛날에 비해서. 그런 식으로 지금 다양하게 의견을 피드백할 수 있잖아요. 그죠? 그런 측면에서는 변화될 가능성이 열려 있죠. (강석현, 29면)

보수지가 여론시장을 독과점하는 문제에 대해서 강석현 씨는 "시장이 평가할" 것이라고 말한다. 독자들이 선택할 문제라는 뜻이다. 자신이 구독하는 신문이 마음에 안 들면 구독자는 그 신문을 끊고 다른 신문을 보면 된다. 구독자가 줄면 신문사는 원인을 찾을 것이고, 그 원인이 '관점'라면 신문사는 자사의 '관점'을 고칠 것이라는 게 '시장논리'이다. 또 그는 요즘은 매체가 다양해지고 독자의 의견을 반영할 수 있는 방법도 많아져서 예전에 비해서는 '독과점' 문제가 많이 해소되었다고 생각한다. 매체가 다양해져서 여론 독과점의 문제가 어느정도 완화된 것은 사실이다. 그러나 '시장이 평가할 것'이라는 논리는 심각한 허점을 지니고 있다.

시장논리에 의하면 조중동이 신문판매시장의 70% 이상을 점하는 지금의 현실은 구독자의 선호를 반영한 자연스런 상태일 뿐이다. 그래서 신문법[10]을 비롯해 여론시장의 다양성을 확보하기 위한 어떤 시도에 대해서도 조중동은 '언론의 자유'를 내세워 격렬히 반발한다. 그러나 앞서 최현우 씨가 지적했듯이 신문판매시장은 자유로운 경쟁이 이루어지는 정상적인 시장이 아니다. 한국의 신문판매시장은 유가 판매부수가 공개되지 않는 불투명한 시장, '지국을 통한 전국적인 배달체계'로 신규 경쟁자의 진입을 차단하는 '경쟁제한' 시장이며, 무가지와 경품으로 독자를 '사는' 불공정 거래 행위가 일상화되어 있는 비정상적인 시장이다. 공정한 경쟁을 구조적으로 제한하는 이런 문제점들을 고치지 않는 한 '시장이 평가한다'는 논리는 정당성을 얻기 힘들다.

***** 일정 부분, 신문보도라는 게 선정적일 수밖에 사실은 없습니다. 그걸 예를 들어서 "제거해라"는 것은 이 속성을 모르고 하는 거예요. 인제 신문도, 방송도 마찬가지고 뭔가 좀더 자극적인 장면, 자극적인 문장, 독자의 눈을 끌 수 있는. 어떻게 보면 수요에 굉장히 충실한 거죠. 속성이 좀 그렇습니다. (…) 예를 들어서 조용한데 "지금 이게 문제가 되고 있다" 그러면, 기사 쓰려고 그러면, "너 그거 왜 쓰는데?", 어? "왜 쓰는데?" 사실 그런 질문을 저도 우리 후배한테 하거든요. 참, 이거 어렵습니다. 이게. 신문의 속성상. 미리 치유하고 해결하고 했으면 좋겠지만. 그것[기획기사 같은 것]도 어느정도 가시권에 진짜 들어와야 돼요. 조금 있으면 진짜 불 붙을지 모른다 했을 때 되지, 예를 들어서 여기 있으면 관심을 안 주는 거죠. 그건 뭐냐면 우선 독자의 눈길을 끌지 못한다고 판단하는 거죠. (강석현, 27~28면)

'선정성', 또는 사회적 갈등을 불러일으키는 사안을 미리 발굴하지 못하고 늘 뒷북이나 친다는 비판에 대해 강석현 씨는 미디어의 '일반적 속성'을 설명했다. 그는 신문사 내부의 의사소통 과정이라든지, 뉴스 가치를 결정하는 기준 같은 문제에 대해서도 '논의는 활발히 하되 결정은 따라야 한다'든지 '시의성, 재미, 균형, 신문사의 방향 등 여러 가지가 있다' 같은 일반론으로 답했다. 여기서 인상적인 것은 답변의 내용이 아니라 답변의 방식이다.

비판자들은 '민주화 이후의 한국사회'라는 구체적인 맥락 속에서 문제를 제기했다. 조영훈 씨의 비판을 예로 들면 그는 노동자들을 배제해온 한국 민주주의의 특성, 기업 혹은 '가진 자'의 입장만 과잉 대변되는 한국 언론의 구조적 편파성, 갈등을 수렴하는 씨스템을 제대로 마련하지 못한 현재 한국사회의 취약점 같은 밑그림 위에서 '선정성'을 이야기한다. 미디어의 속성에 관한 일반론에 따르면, 어떤 사진기자가 정치적 의도 없이 그저 "독자의 눈길을 끌 만한" 장면을 잡겠다는 '순수한' 의도로 쇠파이프를 내리치는 어떤 노동자를 찍을 수도 있을 것이다. 그러나 밑그림 위에 그 사진을 올려놓으면 '순수한' 의도는 완벽하게 '정치적'인 것이 되고 만다. 조영훈 씨가 듣고 싶어하는 답변은 어떤 밑그림 위에 놓아도 상관이 없는 '일반론'이 아니다. 그는 밑그림 위에 놓인 그 '순수한' 사진의 '실천적' 결과가 무엇인지를 과연 고민하느냐고 묻고 있는 것이다. 밑그림 위에 놓으면 그 사진은 노동운동에 대한 편견을 강화하고, 강자를 편들고, 갈등을 증폭시키는 결과를 낳는다. 이것이 한국 민주주의가 지금 맞닥뜨리고 있는 문제를 풀어나가는 데 어떤 도움이 될까?

앞서 언급한 '편향된 편파성', 과도한 정치성, 여론시장의 독과점에 대한 비판과 답변도 사실은 같은 구도 위에 놓여 있다. 그에 대한 비판과 답변은 밑그림, 곧 '현재의 한국 민주주의'라는 화용론적 맥락을 빼면 아무런 실천적 의미가 없다. 비판자들이 한국 언론에 기대하는 것은 한국

민주주의가 어떤 길을 걸어왔는지, 지금 어디에 와 있는지, 무엇이 넘치고 무엇이 모자라는지를 '사회의 목탁'으로서 고민하고 행동해달라는 것이다. 시위의 '폭력성'을 문제 삼더라도 '노동운동은 이래서 문제다'는 수준을 벗어나달라는 것이고, '왜 민주화 이후에도 폭력시위가 사라지지 않는가?' 고민해달라는 것이고, 폭력적 대결을 줄이기 위해서 어떤 사진을 싣는 것이 좋을지를 판단해달라는 것이다.

＊＊ 지금 광고영업 때문에, 저도 후배들하고 그런 이야기를 자주 하는데, "언론기업으로서 먼저 안정적으로 되어야지 뭔가 할 수 있는 게 아닌가", 이야기 할 때가 참 많습니다. 독립운동을 하듯이 하는 게 맞는지. 예를 들면, 비유가 어떨지, 이런 예를 들어서 어떨지 모르겠지만, 자, 한겨레신문이 다 좋은데 언론기업으로서는 어떤가? (…) 한겨레가 작년에 구조조정을 심하게 했죠. 그러면 한겨레는 좋은 언론기업입니까? 이런 이야기, 사실 후배들하고 이야기 많이 하거든요? 그래서 저는 이런 말씀을 드리면 참, **언론도 현실적인 기업이다' '기업의 하나다', 이런 측면이 있다는 걸 말씀드리고**. 저는 한겨레 CEO에 대해서는 '저러면 안된다'는 생각을 사실 개인적으로 하거든요? 기업의 CEO는 고용을 확대하는 게 굉장히 사회적으로 크게 기여하는 것 아닙니까? 그 반대로 고용을 유지하지 못하면 CEO로서는 문제가 있는 것 아닙니까? 기업이 사회적으로 기여하는 게 굉장히 큽니다. 고용의 측면에서 볼 때. 그러면 한겨레 CEO는 뭔가 잘못했다, 언론을 떠나서. (강석현, 31~32면)

강석현 씨는 "신문사가 아주 독야청청한 것처럼 생각하는" 사람들이 많은데, 사실은 "언론도 기업이라는 사실"을 환기시킨다. 그는 언론의 모순된 '존재조건'을 지적하고 있다. '언론'은 민주주의를 지키는 '공적' 역할을 한다. 그러나 '언론사'는 '기업'이다. 기업인만큼 언론사도 다른 기업처럼 이익을 많이 남기고, 경쟁력을 높이고, 브랜드 가치를 올리고, 효율성을 추구해야 한다. 언론으로서의 공공성과 기업으로서의 영리성은 서로 충돌하는 가치이다. 예컨대 조영훈 씨의 인용문에 나오는, "광고 받아 처먹으니까 기업 입장 써줄 수밖에 없다"는 인식은 기업으로서의 속성 때문에 언론으로서의 공공성을 저버린다는 불신을 반영하고 있다.

실제로 한국의 언론들은 자사의 이익과 관련된 사안에 대해서는 '기업'으로서의 속성을 강하게 드러낸다. 불리하면 아예 보도를 않고 옹호할 필요가 있으면 지면을 도배하다시피 과잉 보도를 한다. 군부독재 시절, 언론사 경영진들이 '보도지침'을 별다른 저항 없이 수용하고 각종 특혜를 받은 것도 '기업'으로서의 속성에 충실했기 때문이다.

강석현 씨는 "독립운동을 하듯이" 공익만을 생각할 수 없는 언론사의 고충을 토로하지만, 미디어 수용자의 입장에 서면 그의 이야기는 역설적인 경각심을 일깨워준다. '언론의 자유'는 자칫하면 '언론사의 자유'와 혼동될 수 있다. 특히 중앙일간지 몇개가 시장을 독과점하고 있고, 구독료가 아니라 광고비가 주된 수입원이고[*], 사주가 신문 편집에 큰 영향력을 행사하는 한국적 특수성을 고려하면 기업으로서 사익을 추구하는 동기가 언론으로서의 공익적 역할을 제한할 가능성은 더욱 커진다. 이 가

---

[*] 한국 신문사들의 총 운영비 중 구독료와 광고비의 비율은 20 : 80 정도로 알려져 있다. 그러나 언론 관련 시민단체들은 판촉비용을 감안하면 실제로는 10 : 90, 또는 거의 100% 광고에 의존한다고 보고 있다. 또한 미디어경영연구소가 2006년에 신문원가를 조사한 바에 따르면 종합일간지 1부당 제조원가는 550원으로 판매가격인 500원보다 더 높다. 원가보다 낮은 가격으로 상품을 판매하고 있는 셈이다. 게다가 언론재단 통계에 따르면 전체 발행부수 가운데 절반 정도가 돈을 받지 않고 주는 무가지라고 한다. 발행부수를 이렇게 늘리는 이유는 발행부수를 근거로 광고비가 책정되기 때문이다. 광고에 대한 수입의존도가 높을수록 광고주의 영향력이 커질 수밖에 없어 광고의존도는 언론의 공영성을 가늠하는 주요한 지표가 된다. 참고로 프랑스 『르 몽드』지의 경우 구독료와 광고비의 비율이 45 : 50인데, 그 비율을 50 : 50으로 하는 것이 목표라고 한다.

능성을 감시하고 비판하고 견제할 책임은, 다른 권력의 경우와 마찬가지
로 시민들에게 있다.

8장

정당정치와 지방정치

그는 〈중앙〉과 가까운 사람/항상 그는/그것을 〈중앙〉에 보
고하겠소/그것을 〈중앙〉이 주시하고 있소/그것은 〈중앙〉이
금지했소/그것은 〈중앙〉이 좋아하지 않소/그것은 〈중앙〉과
노선이 다르오/라고 말한다//〈중앙〉이 어딘가?/〈중앙〉은 무
엇이고 누구인가?/(…)//우리가 사는 곳에서 아주 먼 곳에/
〈중앙〉은 있다고/명령은 우리가 근접할 수 없는 아주/높은
곳에서부터 온다고/그는 말한다(…)//그러나 십년 세월이 가
도/〈중앙〉은 그를 부르지 않는다/(…)

—장정일 「〈중앙〉과 나」(『길 안에서의 택시잡기』, 민음사 1997)

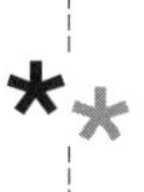

정당은 견해를 대표하는 체계이다

민주주의는 서로 다른 견해와 이해관계를 합리적으로 조절하는 체계
이다. 작은 규모의 조직이라면 당사자가 직접 자신의 견해와 이해관계를
드러내고 주장할 수 있다. 하지만 모인 사람의 수가 수백 명 정도만 되어
도 이런 식의 직접 민주주의는 불가능해진다. 한 사회 안에는 첨예한 이
해대립과 갈등이 상존하며, 입장과 처지에 따라 수없이 다양한 견해가
존재한다. 정당은 바로 전체 사회 단위에서 서로 다른 견해와 이해관계
를 대표하는 체계이다. 정당은 시민사회 내에 존재하는 갈등을 정치의
장으로 가져오고, 지지층의 견해를 대표해 정책대안을 세우고, 선거를
통해 그 대표성을 검증받는다. 정치적 경쟁을 통해 민주주의를 실천하는
것이다. 말하자면 정당은 민주주의의 '프로쎄스'(process)를 담당하는 체
계이다. 시민사회에 존재하는 다양한 생각과 요구, 갈등이 정당에 의해

빠짐없이 대표될수록, 정당들 간의 경쟁이 합리적이고 민주적일수록 그 사회 민주주의의 수준도 높아진다. 그래서 우리는 흔히 '정당의 발전 수준이 곧 그 사회 민주주의의 발전 수준'이라고 말한다.

적어도 이 기준에 따른다면 우리 사회의 민주주의는 수준이 매우 낮다고 볼 수밖에 없다. 많은 이들이 한국 민주주의의 가장 큰 취약점으로 '정당체제의 저발전'을 꼽고, 사회집단의 신뢰성을 묻는 설문조사에서 정당은 늘 꼴찌를 기록한다. 한국의 정당은 이념적으로는 '모든 국민'의 이익을 내세우는 포괄정당[1], 조직적으로는 대중적 기반이 허약한 간부정당[2], 이념적 정체성이나 정책이 아니라 선거에서 이기는 것을 기준으로 행동하는 선거전문가정당[3]이란 비판을 받아왔다. 세간에는 심지어 "국회의사당을 폭파해도 한국 민주주의가 돌아가는 데는 별 지장이 없을 것"이라는 우스개가 돌아다닌다.

정당에 대한 비판과 혐오는 넘쳐나지만, 정작 정당 내부에 있는 사람들이 경험하고 느끼는 것들을 솔직하게 들어본 적은 별로 없었기 때문에 우리 연구팀은 '정당의 일상'을 잘 알고 있는 분들에게서 '내부자의 이야기'를 들어보기로 하였다. 정당에 관한 이야기를 들려준 두 구술자 김상태 씨와 김정희 씨는 모두 열린우리당 소속이다. 애초에 의도한 바는 아니었지만 두 분이 같은 당 소속이라는 환경조건은 결과적으로 두 분의 텍스트를 매우 의미 있게 만들어주었다. 이념적 일관성이라는 점에서 볼 때 열린우리당은 한나라당이나 민주노동당에 비해 '잡탕'이라는 평가를 받는다. 정당정치의 역사가 오랜 서구의 기준으로 본다면 다르겠지만, 분단으로 인해 이념지형이 기형적으로 기울어진 '한국적 기준'으로 본다면 열린우리당은 분명히 '중도' 정당이다. 그리고 '잡탕'인만큼 앞으로의 진로를 가늠하기 힘들 정도로 '역동적'이기도 하다. 두 분은 열린우리당 안에 '잡탕'으로 뒤섞여 존재하는, 정당을 둘러싼 '서로 다른 견해와 이해관계'를 풍부하게 보여주었다.

나를 대표해줄 정당은 없었다

김상태 씨는 열린우리당의 고위 당료이고, 김정희 씨는 선출직 중앙위원이다. 김상태 씨는 1983년에 대학에 입학했으나 1학년 말에 시위를 하다 잡히는 바람에 일찍 군대를 다녀왔고, 1986년 2학년으로 복학해 85학번들과 함께 대학을 다녔다. 1986년부터 1988년까지, 민주화투쟁의 절정기에 대학생활을 한 셈이다. 이에 비해 김정희 씨는 현실 사회주의가 몰락하고 '운동권'이 쇠퇴하던 시기에 대학을 다녔다. 1991년 입학한 그는 단과대학의 편집실에서 "80년대 선배들이 축적해둔 커리큘럼"을 학습하며 대학생활을 시작했다. 그가 입학한 1991년은 이른바 '분신정국'이라는 말이 나온 해였다. 그해 4월 말 명지대 학생 강경대가 시위 도중 경찰의 구타로 사망했고, 이후 5월 한 달 동안 재야단체 활동가 김기설 씨를 비롯해 노동자와 주부, 고등학생에 이르기까지 여섯 명이 분신했다. 김기설 씨의 유서를 강기훈 씨가 대필해주었다는 '유서대필 사건', 정원식 국무총리가 학생들에게 밀가루 세례를 받은 사건이 이어지면서 대학가를 중심으로 1987년 6월 항쟁 이후 가장 격렬한 시위가 벌어졌다.

두 사람이 정당활동에 참여하게 된 동기는 대학시절의 시대적 분위기만큼이나 다르다.

** 그때는 서대협 밑에서 연대사업 분과들이 있었는데, 도시빈민분과 뭐 그런 게 많았습니다. 저는 도시빈민분과 쪽에 있었고요. (…) 이렇게 해서 현장에서, 빈민현장에 들어가게 됩니다. 그래서 거기서 조직화를 한 1년 정도

했고요. 저는 노점상 조직을 맡았기 때문에 그렇게 하고, 싸움 크게 벌어지고. 미국에 갈 일이 좀 생겨서. 내부적으로. 그래서 **신분정리를 하기 위해서 사실은 평민당에 들어가게 됩니다. 신분세탁하려고요.** 그래서 그 당시만 해도, 당료라는 외피를 가지고 있으면 좀 이렇게, 대중정당이라고 하기는 우습지만 어쨌든 개량화된 정당에 몸을 담는 것부터 좀 보호는 받는 거니까요. 그러면서 이제 제 본명을 쓰기 시작했고요. (김상태, 3~4면)

김상태 씨가 제도권 정당과 처음 '접촉'한 때는 1989년이었다. 그는 "신분세탁"을 위해 평민당[4]에 입당했다. 당시 몸담은 조직 내부의 사정 때문에 미국에 갈 일이 생겼는데, 신분을 보호하기 위해 정당의 조직원이라는 "외피"가 필요했던 것이다. 당시의 그에게 평민당이라는 정당은 '이용'의 대상일 뿐이었다. 그의 정치적 견해를 대표하는 조직은 따로 있었고, 그것은 정당이 아니라 '운동조직'이었다. 제도권의 정당은 "대중정당이라고 하기"도 우스운, '이용'을 해먹어도 하등 양심의 가책을 받을 필요가 없는 '그들'의 조직이었다. 정당에 입당하면서 그에게 일어난 변화는 "본명"을 쓰게 되었다는 것이다. 이는 그를 둘러싼 두 세계의 차이를 분명하게 가르는 상징이었다. 그의 이념을 대표하는 조직은 가명을 써야 하는 비합법의 세계에 속했고, 그에게 '신분세탁' 편의를 제공한 정당은 본명을 써야 하는 합법의 세계에 속해 있었다. 그리고 이 두 공간은 그의 마음속에서도, 실제로도 분리되어 있었다.

✱ 80년대 선배들이 쭉 축적해둔 커리큘럼이 있어서 **학습강도는 한없이 강해졌는데 실제생활은 그게 아니었거든요. 저는 자꾸 그 괴리가 불편했어요.** 열심히 데모는 하러 다니면서도, 그 물대포까지 학교 앞에 와서 난리를 치는데 실제로 그 이틀 후에, 딱 그게 끝나면 전부 각자의 일상으로 돌아가잖아요. 우

리 또 단어 외워서 시험 보고 옷 사러 백화점에, 그리고 또 다시 며칠 후에 시위가 있으면 붙어가지고. 저는 전경도 오버하고 학생들도 오버했다고 생각하는 게 실제로 각자의 현실이 그렇지가 않은데 어떤 가상의 적을 만들어서 서로 막 싸웠던 것 같아요. 극단적으로. 자꾸 죽음으로 가는 그 과정이 되게 불편했어요, 저는. 그래서 사람이 죽으니까 슬퍼서 울기는 해도 거기에 열사라는 호칭을 붙이면 불편했고. 그래서 그 **브라질 정당 공부를 할 때 매력을 느꼈던 건 '이러면 일상 속의 실천이 가능하겠다'는 생각을 했어요.** 그러니까 중산층이거나 학생인 게 죄가 아닌데 약간의 죄의식을 느껴야 되고 늘 그런 것들이 불편했고. (…) 그러면서 '우리가 좀 이런 정당이 있으면 내가 뭐 통역사가 되든 회사원이 되든 교사가 되든 아니면 그냥 글 쓰는 사람이 되든 아무 직업을 갖지 않든 간에 그 **정당을 통해서 정치활동을 할 수 있다면 좀더 생활하고 밀접한 정치를 할 수 있지 않을까?'** (…) 그런데 개혁당 사람들, '이렇게 해서 이런 당을 한다'는 것을 인터넷에서 처음 딱 봤을 때 그냥 '삐리릭' 하고 "이건 바로 내가 하고 싶었던 정당이야……." (김정희, 4~5면)

김정희 씨는 대학생활 내내 그를 사로잡은 고민을 '괴리'라는 단어로 집약하고 있다. '학습과 실제생활의 괴리', 물대포까지 등장한 격렬한 시위와 그게 끝나면 "단어 외워서 시험 보고 옷 사러 백화점에 가는" 일상 사이의 괴리. 그는 그 괴리가 "자꾸 불편했다."

그도 '분신정국'의 시위대열 속에 있었다. 하지만 그는 "사람이 죽어서 슬퍼서 울기는 해도 거기에 열사라는 호칭을 붙이면 불편했다." 연단에 선 재야단체 지도자들은 "87년이 재현됐다"고, "청와대까지 가야 한다"고 흥분했지만 그는 속으로 이렇게 생각했다고 한다. '분열의 책임은 왜 방기하고, 부정선거였다고 하더라도 지금 어차피 선거 끝난 대통령을 타도하자는 구호를 자꾸 외치는 게 합리적인가?' 김상태 씨와는 달리 그는 운동조직이 자신의 견해를 대표한다고도 느끼지 못했다. "관념적인 학습 프로그램과 우리가 대학생으로서 겪는 것, 일상에서 겪는 것"의 간극을 붙들고 씨름하던 그에겐 오히려 그들의 주장과 투쟁방식이 공허하고 무책임하게 느껴졌다. 요컨대 일상을 설명해주지도, 포괄하지도 못하는 '이념'이 그에게는 "가상의" 어떤 것으로 느껴졌다.

그런데 편집실에서 정당을 공부하다가 그는 브라질의 노동자당*에 대한 자료를 접하게 되었다. 선배들은 "계급정당을 생각하고 가르쳤지만" 그는 노동자당의 '대중성'에 마음을 빼앗겼다. 브라질 노동자당은 한국의 보수정당과도, 선배들이 강조하는 계급정당과도 달라 보였다. 그런 정당이 있다면 "정당을 통해서 정치활동을 할 수" 있을 것 같았다. 최루탄과 물대포에 맞서는 형식이 아닌 다른 형식으로 자신의 견해를 표명하는, "좀더 생활하고 밀접한 정치"를 그는 하고 싶었다.

학내의 운동조직에서 "읽고 주장하는 것이 너무나 현실과 동떨어져 있고, 비합리적"이라는 생각 때문에 "한 발은 걸치고 한 발은 뺄까 말까 망설이다가" 결국 그는 대학원에 진학해 공부하는 길을 택했다. 그런데 박사과정을 마치고 시간강사를 하던 무렵, 그는 인터넷에서 개혁당** 관

* 노동운동을 지지기반으로 하여 1979년 창당된 브라질의 진보정당이다. 1985년부터 시작된 대통령직선제 쟁취운동을 통해 대중적 지지를 얻기 시작했으며, 1988년 지방선거에서 36명의 시장과 1,000명이 넘는 시의원을 배출하며 바람을 일으켰다 1989년 룰라 다 씰바가 대통령선거에 출마하여 근소한 차로 패배했으나 연방의회와 지방자치체에서 영향력을 넓혀 2002년 대선에서 마침내 집권당이 되었다. 정당의 엘리뜨와 지지기반이 의회 외부로부터 형성된 '외생정당'으로서 부패한 기존의 정당과 뚜렷이 구별되는 문화와 규율, 대중참여의 의회정치 모델을 보여주었다고 평가받는다.
** 정식 명칭은 개혁국민정당이다. 2002년 11월 창당되어 2004년 4월 해산되었다. 2002년 노무현 후보가 국민경선을 통해 민주당 대선후보로 선출되었으나 민주당 내부에서 이를 인정하지 않고 후보를 교체하려는 움직임을 보이자 노무현 후보 지지자들이 중심이 되어 만든 일종의 '실험정당'이다. 정책노선은 민주당과 큰 차이가 없었으나 정당조직 노선에

런 논의를 접하게 된다. 노사모를 보면서 '아, 이런 형태의 네트워크 조직이 내가 대학 때 마음속으로 꿈꾸었던 정치조직이었는데'라는 생각을 하던 차였는데, 개혁당 준비그룹이 내세운 정당 모델을 보고 그는 "바로 이거야!" 하고 무릎을 쳤다. 그는 개혁당 발기인으로 참여해 이후 개혁당이 해산할 때까지 열정적으로 활동했다. 비로소 자신의 견해를 대표하는 정당을 가지게 된 것이다.

김상태 씨와 김정희 씨의 경험은 한국의 제도권 정당이 가진 근원적인 결함을 보여준다. '운동권'이었던 김상태 씨는 물론이고, "한 발만 걸친" 운동권이었던 김정희 씨도 당시 존재하던 정당에서는 자신을 대표해줄 만한 모델을 찾지 못했다. 이들은 민주화운동의 중심세력이었던 저항적 시민사회의 일원으로서 대통령을 내 손으로 뽑는 것 이상의 근본적인 개혁을 바랐다. 하지만 그런 견해는 '합법의 세계'에서는 수용되지 않았다. 한마디로 한국의 정당은 이념적으로 일정한 선 이상을 넘지 않도록 "개량화"되어 있었다. 이는 물론 분단과 냉전이 불러온 결과였다. 분단과 한국전쟁 이후 남한에는 국가의 공식 이데올로기인 반공주의에 조금이라도 저촉될 수 있는 견해는 합법적으로 존재하기 어려웠다. '국민'의 이익을 '계급'의 이익으로 나눈다거나, 사회적 갈등을 조직화하는 행

서 '당비 내는 당원이 권한을 갖고 주체적으로 당의 의사를 결정하는 상향식 민주정당'을 표방했다. 발기인으로 10만여 명이 참여했으며, '3개월 이상 월 1만원 이상의 당비를 납부한 자'라는 자격요건을 갖춘 이른바 '진성당원'이 3만 명에 이르렀다. 노무현 후보가 대통령으로 당선된 뒤 2003년 10월 전당원 온라인 투표로 당 해산(75% 찬성)을 결의하고, 열린우리당 창당준비위원회에 합류했다. 그러나 온라인 투표가 현행 정당법상 효력이 없어, 신당 합류를 거부한 당원들에 의해 명맥이 이어지다가 2004년 4·15 총선 이후 정당법이 규정한 요건을 충족시키지 못해 자동 해산되었다. 정당으로서의 평가와는 별도로, 기존의 정치행태와 정당문화에 대한 시민사회의 강렬한 문제의식을 보여주었다.

위 자체가 '친북', 또는 '사회를 불안정하게 하여 북한을 이롭게 하는 이 적행위'로 간주되었다. 따라서 그 견해를 대표하는 정당도 '합법의 세계'에서는 존재할 수 없었다. 한국의 제도권 정당은 50년 가까이 국가가 허락한 이념만을 대표해왔던 것이다.

정당 속으로

김상태 씨는 입당 직후에 미국으로 떠났다가 1996년 말에 돌아왔다. 입당에 도움을 준 운동권 선배와의 인연으로 1992년 대선 때를 비롯해 중간 중간 들어와 선거운동을 돕곤 했기 때문에 실제 미국 체류 기간은 4년 반 정도였다. "그 사람들 문물도 배우고, 공부도 하고, 먹고사는 일에 전적으로 매달리며" 재미 한인민주화운동단체에서 잠깐 활동한 그 기간 동안 그는 적지 않은 변화를 겪었다.

＊ 큰틀이 사실은 미국에서 정리가 되어서 왔었어요. 그러니까 '내가 꿈 꾸던 그런 일들은 더이상 일어나지 않는다'는 이런 생각. 그게 뭐 완전히 전향했다 그런 것은 아니고요. 어쨌든 전체 세계의 흐름과 변화에 맞추어서 내가 갖고 있던 생각들을 좀 이렇게 실현해나가는 게, 혁명을, 예를 들면, 공모하고 이런 것만은 아니다라는 **생각을 거기서 정리한 거예요. 내 스스로, 내 이익에 맞게. 내 처지와 이익에 맞게.** 그러면서 다시 돌아왔는데요. (…) 그런 경험들에서 제가 하고 싶었던 게 소위 말해서 우리나라 이쪽 상부구조의 한, 정치를 움직이고 있는 〔부분〕, 굉장히 많은 다양한 국민들, 민중이라는 표현은 안 합니다, 국민들의 삶과 밀접되어 있는데도 불구하고 전혀 다른 것처럼 생각

되어온 정치권을 움직이는 힘이 뭔가를 좀 보려고 다양한 경험들을 하고 싶었어요. (김상태, 5면)

"내가 꿈꾸던 그런 일들", 곧 '혁명'은 더이상 가능하지 않다는 생각을 가지고 그는 돌아왔다. 그 변화를 그는 "완전히 전향했다 그런 것"이 아니라 "내 스스로, 내 처지와 이익에 맞게" 생각을 바꾼 것이라고 표현하고 있다. 미국으로 가기 전에는 확연히 분리되어 있던 두 세계가 통합된 것이다. 입당 당시 그는 '본명'을 제도권의 보호막을 얻기 위한 '통과절차', 혹은 '비용'으로 여겼을 것이다. 하지만 이후의 행로를 보면 그것이 분리되어 있던 두 세계를 통합하는 단서가 되었음을 알 수 있다. 그의 가명과 본명이 동일한 실체를 가리키고 있었듯이, 분리된 것 같던 두 세계도 사실은 하나의 세계를 보는 다른 체계였던 것이다. '이념'이 아니라 "내 처지와 이익에 맞게" 세계를 재구성한 그는 새로운 목표를 가지게 된다. "국민들의 삶과 밀접되어 있는데도 불구하고 전혀 다른 것처럼 생각되어온 정치권을 움직이는 힘"이 무엇인가를 알고 싶다는 것이었다. 이런 생각은 예전에는 우습게 생각한 제도권 정당이 사실은 현실에 큰 영향을 미친다는 사실을 경험한 데서 비롯된 것으로 보인다. 미국에서의 경험뿐 아니라 일선에서 선거운동을 하면서 보고 듣고 느낀 것도 상당한 영향을 주었으리라 짐작된다.

이후 그는 7~8년간 "운동권 선배부터 김대중 대통령 비서관 출신, 권노갑계, 바깥에서 사업하다 오신 분"에 이르기까지 여러 국회의원 밑에서 보좌관 생활을 했다. "정치권을 움직이는 힘"을 알기 위해선 "다양한 경험"이 필요하다고 생각했기 때문이었다. 보건복지, 문화관광 등 자신이 좋아하는 분야도 거쳤고, "경제 분야, 자본의 흐름 같은 거를 운동권이나 기타 이런 분들이 너무 모르고 있는 것 같아서" 산자위에는 4년 넘게 있었다. 다음으로 그는 재경위로 가서 나라 전체의 예산 짜는 일을 경험해볼 계획이었으나, 2002년 대선을 계기로 생각을 바꾸게 된다.

선거 때마다 선거현장에 파견되어 운동을 지휘한 경험이 있는 그로서도 2002년 대통령 선거는 "굉장히 놀라운 사건"이었다. 기존의 정치공학으로는 설명할 길이 없는 변화의 흐름 속에서 그는 "이게 바로 내가 몸담아야 할 곳이 아닌가" 하는 생각을 갖게 되었다. 그는 보좌관 생활을 청산하고 열린우리당의 창당 과정에 참여하면서 당무를 맡았다. '신분세탁'을 위해 제도권 정당에 입당했던 그가 이제 제도권 정당의 핵심 간부가 된 것이다.

***** 새로운 네트워크 형식의 정당을 하면 뭐 큰 권력을 잡는 정치게임에서는 세력을 못 잡겠지만 적어도 정책을 정할 때 캐스팅 보트는 쥘 수 있지 않을까. 이 정당이 10% 정도의 지지율만 갖고 있으면, 우리나라 대선이 기껏해야 뭐 2~3% 차이로 이기고 지는데, 10% 지지율만 확실하게 가지고 있으면 어느 쪽이든 우리 쪽이 제안하는 정책이나 지향을 받아들이고 협력할 수 있도록 하는 그런 캐스팅 보트 그룹으로도 충분하다, 지금은. 그래서 이게 우리가 시대흐름에 맞으니까 시간이 지나면 우리당이 더 클 거다. 이런 생각을 했었어요. (…) 그래서 막 **정당을 하면서도 내가 출마를 한다거나 정치를 할 거란 생각은 전혀 안했거든요.** 저는 50살 될 때까지 지역 지구당 평당원으로 계속 이렇게 나오다가 50살이 지나고 나서 우리 중에 누가 한 명 지자체 단체장, 그때까지 계속 지역운동 하다가 단체장이 한 명 정도 나오면 참 좋겠다. 그렇게 생각을 했었어요. 우리가 한 20년쯤 계속 이렇게 하면, 시의원 이번에 한 명 정도만 당선시키고 어떻게 그렇게 좀 길게 갈 생각을 했었거든요. (김정희, 6면)

김상태 씨가 "생각을 정리해" 기존의 정당에 들어가는 길을 택했다면,

김정희 씨는 자신이 꿈꾸는 정당을 직접 만들어보려 했다. 그런데 자신이 꿈꾸는 정당의 모습과 비전까지 아주 구체적으로 그리면서도, 또한 "잘될 거라는 확신"을 가지고 있었음에도 그는 "정치를 할 거란 생각은 전혀 안했다"고 말한다. 이때의 '정치'란 '직업으로서의 정치'를 뜻하는 것으로 보인다. 그가 꿈꾸었던 것은 '내 견해와 이상'을 대표해주는 정당, '일상 속의 실천'을 가능하게 해주는 정당, "큰 권력을 잡는 정치게임"에서는 뒤지더라도 이상을 실현하기 위해 나아가는 정당이었다. 그는 그런 정당을 통해 정치적 실천을 하고 싶었다. 예를 들어 그는 지지하는 정당이 여는 반전집회에 당원으로 참석하고 싶었고, '북핵 문제'에 대한 정책을 결정하기 위해서 당이 개최한 당원 토론회에 참석하여 자신의 견해를 주장하고 싶었다. 직업 정치인이 된다는 것은 다양한 정치적 실천의 한 가지 방법에 불과했다. 따라서 자신이 굳이 정치인이 될 필요는 없었다. 그의 목표는 오로지 그런 정당을 만드는 것이었다.

하지만 개혁당은 결국 해산되고 만다. 그의 계획에서는 중요한 변수가 아니었던, 그러나 실제로는 강력한 변수였던 '현실정치의 역학관계' 때문이었다. 개혁당은 짧은 시간에 3만 명의 당원을 모집하면서 인터넷과 젊은 층을 중심으로 신선한 돌풍을 일으켰다. 하지만 개혁당에는 김정희 씨 같은 사람만 모인 게 아니었다. 창당을 주도한 중심세력은 '노무현 후보의 당선과 그 이후의 정당개혁'이라는 큰 그림 속에서 개혁당을 생각했고, 노무현 후보가 당선된 뒤 신당 논의를 진행하면서 기존의 정치세력과 함께 새로운 당을 창당하는 방법을 택했다. 격렬한 논쟁이 오갔지만 결국 '원하는 당원들은 개인 자격으로 신당에 입당한다'는 방침을 정하고 당은 해산되었다. 해산을 주장한 쪽의 근거는 '현실성'이었다. '현실정치를 생각할 때 이대로 당을 유지해서는 의미 있는 역할을 하기가 힘드니까 신당을 만든 뒤 거기서 우리의 구상을 실천하면 된다'는 것이었다.

김정희 씨는 이때 "내가 생각하는 정당은 1991년에만 일렀던 게 아니라 아직도 이른가보다"고 생각했다. 개혁당 활동에 보인 열성을 생각하면 좌절감을 느꼈을 법한데 의외로 그렇지 않았다고 한다. "개혁당만으로 할 수 없어서 이 순간이 오는 거라면, 가서 또 하자. 신당으로 가서도 우린 계속 우리 프로젝트대로 새로운 정당을 하면 된다"고 그는 생각했다. 그래서 그는 '개혁당 그룹'의 일원으로 신당의 창당 과정에 참여했고, 창당 직후인 2004년 1월 중앙위원 선거에 출마해 당선되었다.

정당 내부의 민주주의

김상태 씨는 평민당에 입당할 당시, 재야단체와 접촉하는 창구 역할을 하는 한 위원회에 적을 두었다. 한국의 야당은 주요한 시기 때마다 재야인사들을 '수혈'해 당의 외연을 넓히고 부족한 대표성을 보완하는 '전통'이 있었다. 평민당의 김대중 총재는 1988년 2월, 문동환 목사를 비롯한 100여명의 재야인사들을 한꺼번에 '영입'했다. 이들은 당내에서 이른바 '평민련('평화민주연구회'의 약칭) 그룹'을 이루고 있었다.[5] 김상태 씨는 이 그룹에 속한 선배에게 '신분세탁'을 부탁했고, 재야단체와 접촉하는 위원회는 그런 그에게 마침맞은 자리였다.

** 처음에 갔을 때 제가 본 정당이라는 게 '이게 도대체 민주주의를 위해서 정권을 잡겠다고 하는 조직인가'라는 것에 대해서 굉장히 처음에 회의를 했었어요. 좀 충격을 먹었던 게, 굉장히 훌륭하게 이쪽 바닥에서, 재야 쪽에서 명망도 있고 존경하는 선배들도……. (…) '왜 저 양반들은 회의에 들어가면

전혀 말도 못하고 오히려 나와야 되는가.' 이런 것에 대한 회의가 좀 들기 시작했어요. (…) 그렇게 된 원인의 하나가 저는 김대중 총재가 가지고 있는 카리스마가 있다고 생각해요. 굉장한 카리스마와 그걸 뒷받침하는 굉장히 고급 정보들. 그러니까 그 두 개가 결합되면서 절대적인 어떤 권위를 갖게 된 거고요. 그리고 두번째가 뭔가 하면 **당시에 정치지망생들은, 왜냐하면 정당조직에 몸담았던 사람들의 꿈은 배지 한번 다는 겁니다. 그러다보니까 그 배지를 달기 위한……. 나머지를 대부분은 그냥 견디면서 그 배지를 주시는 분에게만……**. 공천권과 자금력입니다. 돈도 주세요. 예를 들면 재야출신들이 이렇게 "출마하겠습니다" 이렇게 결정이 되면 거기에 지원도 해주었어요. 그러니까 두 가지가 동시에. 그러니까 절대적인 걸 갖고 계시는 거죠. 그리고 거기에 맞춰서 모두 그렇게 움직였어요. 그러니까 그런 것들이, 어차피 활동은 해야지 하니까 자기 신념과 이상을 좀더 많은 국민들 앞에 펼치기 위한 것으로 견디는 것 같더라고요. 다들. (김상태, 6~7면)

김상태 씨가 제도권 정당을 처음 접하고 느낀 감정은 '충격'이었다. 재야에서는 그래도 알아주던 명망가가 "회의에 들어가면 전혀 말도 못하고" 나오고, 작은 단위에서도 얼마든지 결정하고 실행할 수 있는 사안에 대해서도 "총재가 '오케이' '아니다' 이렇게 해야지만 그 다음부터 조직이 움직이는" 모습을 보고 그는 "이게 도대체 민주주의를 위해 정권을 잡겠다고 하는 조직인가" 하고 환멸을 느낀다. 그는 당이 그런 모습을 보이게 된 이유로 첫째 김대중 총재가 가진 절대적인 권위, 둘째 공천권과 자금력을 들고 있다. 그러나 사실 첫째와 둘째는 순서가 바뀐 것으로 보인다. 총재가 공천권과 자금력을 쥐고 있다면, 설혹 그가 카리스마나 고급 정보를 가지고 있지 않다 하더라도, "배지 한번 다는 것"이 꿈인 사람들로서는 절대적인 권위를 부여할 수밖에 없을 것이다. 그 점에서는 재야출신들도 예외가 아니었다. 김상태 씨는 "자기 신념과 이상을 국민들 앞에서 펼치기 위해" 그 비민주성을 "견디는" 것 같았다고 하지만, 기존의 정당구조에 '편입'되었다고 보는 게 타당할 것이다.

그런데 김상태 씨는 2002년 대선을 기점으로 정당조직이 "멀미가 날 정도로" 급속하게 변화했다고 말한다. 그리고 그 변화의 핵심은 "한 사람이 제왕적으로 모든 걸, 조직의 운명까지 결정하는 씨스템"이 "여러 사람이 분담하고, 이제는 조직 구성원 전체가 다" 참여하는 씨스템으로 가는 것이라고 설명한다. 기간당원제를 그러한 변화의 대표적인 예로 들면서 그는 정당 내부 민주주의의 발전을 이렇게 묘사했다.

＊ 예를 들어서 예전 같으면, 당의장이 어떤 결정을 내려요. "이렇게 합시다" 하면 "노"라고 할 수 있는 사람은 아무도 없었어요. 그런데 지금은 가장 밑바닥 단위에 있는 평당원도 "노"라고 하고 대들어요. 인터넷으로, 기타 나머지 자기 자신들이 만든 조직으로, 결사체로 이런 것들이 끊임없이 부딪쳐요. 그리고 공천이나 기타 자금도 마찬가지입니다. 예전에는 한 사람에게 집중되었기 때문에, 정보가 집중되었기 때문에 공천에 집중될 수 있었고 그 집중된 정권을 가지고 자금이나 기타 나머지를 독촉할 수 있었단 말이죠. 그래서 나눠줬어요. 그런데 그렇게 만들 수 있는 구조가, 이미 시대변화가 그걸 용인하지 않고 (…) 이미 사회는 그렇게 만들 수 있는 구조가 아니라는 거예요. 제도적인 뒷받침들이 되어왔다는 거죠. 선거법 개정이나, 정당법 개정이나 이런 걸 통해서. **국민들이 보기는 답답하지만 이 안에 있는 사람으로선 상상할 수 없을 정도예요.** (김상태, 10면)

김상태 씨에 따르면, 예전에는 당의장이 결정을 내리면 누구도 반대 의견을 내놓을 수 없었으나 지금은 "가장 밑바닥 단위에 있는 평당원"도 자신의 의견을 당당하게 밝힌다. 기간당원제가 '당원들의 목소리'를 돌려주었기 때문이고, 그런 제도적 변화는 2002년 대통령 선거과정에서 극적으로 분출된, '정치개혁'에 대한 시민사회의 압력에 힘입은 것이라고 본다. 그가 예전에 목도한 것처럼, 총재가 공천권과 정치자금을 장악하고 당을 제왕적으로 좌우하는 일도 이제는 불가능하다. 선거법과 정당법이 개정되어 사회가 그걸 용인하지 않게 되었을 뿐 아니라 당 내부적으로도 권한이 분산되었기 때문이다. "국민들이 보기는 답답하지만", 예전의 정당 모습을 기억하는 그로선 "상상할 수 없을 정도"의 변화이다. 예를 들어 예전에는 정당조직이 당에 "몸 바치고 돈 바친" 당원들의 "놀이터" 비슷했다고 한다. 지구당 조직은 말할 것도 없고 중앙당사에도 언제나 그런 당원들이 붐볐다. 내부 다툼이 있을 때면 조직적으로 동원되어 "설치고" 다녔고, 심지어 의원을 폭행하기까지 했다. 그러나 요즘은 그런 당원들은 아예 당사에 오지를 못한다. 그들은 "완전히 밀려났다." 또 요즘은 당의장실에서 행사를 하나 기획하더라도 경리부장에게 혹시 선거법이나 정당법에 저촉되는 게 없는지 먼저 확인을 한다. 당원이나 실무자들의 의견도 수시로 보고된다. "안에 있으면서도 어지러움을 느낄 정도"이다.

그러나 김정희 씨의 평가는 다르다.

***** "저 같은 경우는 제가 학교나 가정에서 친구들 사이에서 일반적으로 지켰던 민주적인 원칙도 잘 안 지켜져서 당혹스럽다, 지금 이 정당이. 이 당이 어디에 기준을 둬야 되는가? (…) **다음 세대에 기준을 둬야 된다. 지금까지 정당에 들어오질 않았던 사람들이 어느 정도의 수준이 돼야 이걸 민주적이라고 생각하는지를 봐야지**, 옛날 정당하고 비교해서 민주적이 됐다고 하시면 우리는 계속 도태되는 거다." 그래서 민주노동당 얘기를 막 했거든요. (…) 이제

그때 이후로 계속 그 충돌이었어요. 어떻게 보면 열린우리당 안에서는 민주화된 정당은 어떤 정당인가에 대해서 눈높이가 서로 다르니까. "옛날엔 깡패들 와서 때리고 그랬는데 지금은 누가 때리느냐?"고, "김정희 위원, 거기서 반대의견 얘기하는데 누가 뭐라고 하나?"고, "이렇게 민주화된 정당이 어디 있냐?"고. 그러니까 '저렇게 어린 애가 마음대로 떠들 수 있는……' [그런 눈초리였다.] 그러니까 한참 하는데 그 386의원님들 중에서 몇분들이 나중에 "김정희, 이리 와봐" 그러더니 "우리, 당무위원회 때 구석에서 말도 안하고 있었어, 숨도 안 쉬고 있었어. 김정희 손 들고 막 말하는 거 보니까 우리당 진짜 좋은 당이다." 그래서 '눈높이가 많이 다르구나' 하는 생각을……. (김정희, 17면)

김정희 씨는 중앙당에 처음 갔을 때, "텔레비전에서 보던 사람이 막 왔다갔다하고, 어떨 땐 저녁 뉴스 보면 막 내가 나오고" 해서 무척 신기했다고 한다. 그러다 중앙위원회에 처음으로 참석하고는 '내가 너무 안 맞는 자리에 왔구나'하고 후회를 했다. 중앙위원회가 당내 최고의결기구란 '무게' 때문인지 "중고등학교 조회시간처럼" 국민의례를 하더라는 것이다. 거기에 "적응하는 데 반년"이 걸렸다. 중앙위원회를 비롯해 어떤 자리에서든 그는 당내 민주주의와 절차상 민주주의에 문제제기를 많이 했다. "이게 되지 않으면 열린우리당 안에서 뭔가 새로운 정치를 바라는 사람들이 많이 들어오고 운신할 수 있는 폭이 안 생기고, 그러면 점점 옛날 정당으로 회귀하게 된다는 생각" 때문이었다.

그래서 그는 중앙위원회가 상임중앙위원회에서 넘어온 안건들을 충분한 토론이나 표결 없이 만장일치로 통과시키는 관행에 대해서도 "왜 표결을 하지 않느냐"며 문제를 제기했다. 그러자 재선, 삼선 의원들은 '너같이 어린 애가 마음대로 떠들 수 있는데 무슨 민주주의가 안된다는 거냐'는 눈초리를 보내고, '386의원들'은 그를 따로 불러내 지금의 이 상황이 얼마나 경천동지할 변화인지를 환기시켜준다.

김정희 씨의 표현대로 평가의 차이는 '눈높이'가 다른 데서 온 것이다. 의원들은 '과거'에 비추어 오늘의 변화를 높이 평가한다. 그러나 김정희 씨는 "지금까지 정당에 들어오지 않았던 사람들"을 기준으로 더 변화시켜야 할 점들을 비판한다. 그에게 변화란, 정당을 통해 자신의 견해를 표명할 생각 따위는 해본 적이 없는 사람들이 당원으로 가입할 생각을 할 수 있을 정도의 것이어야 했다. 김정희 씨의 눈높이에서는 의원들의 잣대가 '과거회귀적'으로 보였지만, 반대로 의원들의 눈높이로는 김정희 씨의 잣대가 '현실을 모르는 이상주의'로 보였을 것이다. 김상태 씨는 밑바닥 당원까지 당의장에게 대들 수 있는 변화에 놀라지만, 김정희 씨는 그럼에도 불구하고 결정은 여전히 지도부가 원하는 대로 내려지는 한계에 주목한다.

정치인은 무엇으로 사는가

김정희 씨는 열린우리당 입당 초기의 심경을 "보트 피플 같았다"고 표현했다. '보트'를 타고 제도권 정당에 상륙한 그는 "2004년도는 그래도 '이 당을 새로운 당으로 만들어야 한다'는 마음으로 용기백배해서" 뛰어다녔다. 그러나 2005년 들어서 그는 "나쁜 짓을 못하게 막는 것"으로 목표를 수정했다고 한다.[6] "전당대회 이후로 공공연히 민주당과의 합당 이야기가 나오면서 당내 분위기가 확 보수화로 기울어" 당내 활동이 어려워졌기 때문이었다. "나쁜 짓"이란 정당개혁에 역행하는 정치공학적 행위, 이를테면 자격요건을 완화함으로써 기간당원제의 취지를 탈색시킨다든지, 표를 얻을 목적으로 민주당과의 합당을 추진하는 것 등을 가리킨다. 그의 눈에 비친 현실정당의 모습 가운데 가장 인상적인 것은 구성원들의 맹렬한 '권력추구 의지'였다.

***** 권력을 향한 극도의 애정 같아요. 그래서 당내에서도 끊임없이, 직책이 있잖아요. 끊임없이 최고의 직책으로 올라가려는 과정, 그리고 어떤 자리를 하나 잡으면 그걸 놓으면 안되는 거. 놓으면 나는 잊히는 거니까 여기서 다음 단계로 상승해야 되는 거니까. 이번에 중앙위원을 했으면 다음에 상임중앙위원을 해야 되는 거고, 이번에 지구당위원장, 당원협의회 회장을 했으면 다음에는 뭐 무슨 좀더 높은 당직을 맡아야 되는 거고. 그래서 원내 있는 분들도 원내 부대표를 해야 되는 거고 원내 대표를 해야 되는 거고, 여기서 상임중앙위원, 아니면 조금 재선, 삼선 하신 분들은 내가 당대표를 해야 되는 거고 하는 그런 삼각 피라미드 속에서 끊임없이 권력을 향한 상승욕구가 기본으로 깔려 있다는 생각이 드는 거예요. (…) 그런데 **그 상승효과가 결국은 뭐로 결합이 되느냐면, 정당이 왜 있느냐고 했을 때는 '내가 좀더 높은 정치적 지위로 가는 것을 도와주기 위한 정당'인 거죠.** 저 같은 경우는 새롭게 출현하는 계층의 정치적 욕구가 뭐고 그걸 어떤 형식으로 반영하는가가 가장 저의 원초적인, 제가 제 자신에게 부여한 즐거운 임무라면, 다른 분들하고 얘기하면……. 그건 개혁이나 보수나 상관이 없는 거 같아요. (…) 그래서 그 상승욕구가 계속해서 합당도 아무렇지 않게 생각하게 만드는 거고. '다음번 재선을 위해서라면, 내가 좀더 큰 권력을 갖기 위해서라면.' (김정희, 14~15면)

김정희 씨의 경험에 따르면, 정치인들을 움직이는 가장 중요한 동인은 '권력을 향한 의지'이다. 처음엔 국회의원만 그런 줄 알았는데, 당원들도 비슷했다. 개혁이든 보수든 그 점에서는 별로 다르지 않았다. 그들에게 정당은 '내가 좀더 높은 정치적 지위로 가는 것을 도와주는' 통로이다. 김정희 씨가 어떤 자리에서나 거리낌 없이 자신의 견해를 밝히는 것을 보고 어떤 중앙위원은 "네가 정치지망생이 아니기 때문에 그럴 수 있는 것"이라고 말했다고 한다. 만약 '나도 다음번 총선에 출마해야지' 하는 계획이 있다면 절대 그러지 못할 텐데, 그런 현실적 이해관계가 없기 때문에 이 관계 저 관계 고려하지 않고 말할 수 있는 것이라는 뜻이다. 김상태 씨가 정당을 처음으로 접했을 때와 비교해본다면, "배지 한번 다는 것이 꿈"인 현실은 변하지 않은 셈이다. 달라진 것이 있다면 그때는 '권력의 원천'인 총재의 입만 바라보았으나 이제는 각개약진한다는 정도일 것이다.

개인이 사익을 추구하는 것을 나무랄 수 없는 것처럼 정치인이 권력을 추구하는 것을 나무랄 수는 없다. 문제는 한국의 정당에서는 그것이 정당의 근본적인 역할을 방기하는 수준에서 이루어진다는 데 있다. 이념도 아니고 정책도 아니고 '내가 국회의원이 될 수 있는가, 내가 다음번에 재선할 수 있는가, 내가 원내대표가 될 수 있는가' 하는 게 가장 중요한 판단 근거가 되면, 정당은 '견해의 대표체계'가 아니라 '권력투쟁의 장'이 되어버리고 정치는 정치공학으로 전락한다. 그래서 이 당 저 당 떠도는 '철새 정치인'이 나오고, 무원칙한 합종연횡이 이루어지고, 당 지도부가 바뀌면 사무처와 위원회의 구조도 바뀌고, 유세장에서 버젓이 지역주의를 선동하는 일이 일어난다. 정치인의 발언은 액면 그대로가 아니라 그 뒤에 숨은 개인의 정치적 계산속 안에서 바라보아야 진의가 드러난다.

왜 정당이 이렇게 된 것일까? 우리나라 정치인들이 특별히 권력에 대한 집착이 강한 것일까? 물론 그렇지 않다. 정치적 행위를 결정하는 데 영향을 미치는 다른 요소들이 미약하기 때문에 개별적인 권력추구 욕망만 도드라진다고 보는 것이 타당할 것이다. 일반적으로 정치인들은 이념적 정체성, 당원들의 견해, 그리고 시민사회의 여론에 영향을 받는다. 그런데 한국의 정당은 앞서 말했듯이 이념적 정체성이 약하다. 따라서 정치인들은 정치적 행위를 할 때 이념적 구속력을 별로 느끼지 않는다. 그리고 한국의 정당은 역사적으로 간부정당의 성격이 강했기 때문에 당원들이나 시민사회로부터 견제받고 비판받는 기제를 가지지 못했다. 당원들은 선거 시기에 동원되는 '투표부대'에 불과했고, 시민사회는 선거 때 투표하는 행위 외에는 정당에 영향을 미칠 길이 없었다. 게다가 그 투표란 기성복 시장에서 옷을 고르는 것과 같았다. 내 맘에 꼭 드는 옷이 없어도 최선이 아니면 차선, 그도 아니면 최악을 피해 차악을 찍는 정도의 선택밖에는 할 수가 없었다. 이런 '제한된 조건 아래서의 선택'으로 정당이나 정치인의 행위를 제대로 통제하기란 불가능하다.

물론 선거법이나 정당법 개정으로 정당의 하부조직이나 정당 내부의 민주주의도 예전에 비해서는 많이 좋아졌다. 예전처럼 선거철마다 '종이당원'을 마구잡이로 모집할 수도 없으며, 당내 경선도 이루어진다. 그러나 여기서도 역시 '눈높이'의 문제가 있다. 앞서 김상태 씨는 정당 내부 민주주의의 진전을 높이 평가하며 기간당원제 도입을 대표적인 예로 들었다. 하지만 김정희 씨는 '기간당원제는 실제로 한번도 시행된 적이 없다'고 말한다.

✲ 솔직히 말해 열린우리당은 기간당원제도를 한번도 실제로 한 적이 없어요. 당헌에는 있지만 언제나 유보조항이나 유예조항이 붙었고, 최근까지도 역시 교육연수를 안해도 된다는, 우편물을 통해서 교육연수 대체하는 조항이 통과되면서 사실은 교육연수 조항이 없어진 거나 마찬가지가 되면서 결국 우리가 처음에 하고 싶었던 기간당원제도는 한번도 못한 거예요. (김정희, 50면)

기간당원제도는 '간부정당'에서 벗어나기 위한 제도적 개선책이었다.
당의 대중적 기반을 강화하고, 그럼으로써 당의 대표성과 내부 민주주의
를 강화하자는 것이 기간당원제의 취지였다. 그러나 기간당원의 자격을
놓고 당내에선 끊임없이 논란이 계속되었고, 결국 몇번의 개정을 통해
기간당원의 자격은 크게 완화되었다.[7] 그 차이는 기간당원제의 애초의
취지를 무색케 할 만큼 큰 것이었다. 김정희 씨는 유보조항이나 유예조
항으로 기간당원제가 사실상 무력화되었다고 본다. 그리고 그 원인은 "예
측할 수 없고, 통제할 수 없는 당원들"이 늘어나는 것을 의원들이 달가워
하지 않았기 때문이라고 본다. 이는 김상태 씨의 구술에서도 확인된다.

***** 문제는 그게 현실적으로 권력을 갖고 있다고 상징되어지는 그 지역 국
회의원과 결합하면, (…) 이 사람은 또 자기의 그 다음번 선거를 위한 조직들
의 관리에 들어가야 하는데, (…) 사사건건 따지는 사람들〔젊은 기간당원들〕
을 상대해서 이걸 유지하기는 굉장히 어려워요. (…) "이번에 우리 당원들,
등산대회 한번 합시다" 하면 쫙 모아가고. 그런데 그러면 진짜 양아치거든
요. 그런 데 익숙해져 있어요. 이분들은. 그런데 예를 들면 새로운 친구들은,
새로 등장한 세력들은 "그게 왜 필요하냐?"고, "차라리 그럴 때 봉사활동이나
가자"고, 뭐 "당원 깃발 앞세워 산에 갈일 있냐?"고 이렇게 나온다는 거예요.
그런데 결국은 이게 발전의, 진통의 과정이라고 생각하지만 그럼에도 불구하
고 이런 혼란기 속에 당조직 스스로도 (…) **이중적인 기준이 이 안에도 있다는,
조직 내에서도 있다는 거죠. 이런 거에서 끊임없이 충돌하고 있는 거 같아요.** (김
상태, 12면)

김상태 씨는 정당개혁이나 정치개혁과 관련해서 아쉬운 점을 말해달

라는 질문에 이상과 현실의 충돌, 또는 국민들과 당원들 사이에 존재하는 '가치의 이중성'을 여러 번 강조했다. 인용한 내용은 그 충돌이 당내에서는 어떻게 벌어지는가를 설명하는 과정에서 나온 것이다. 그가 느끼기엔 많은 사람들이 말로는 새로운 가치를 지지하지만, 실제로는 '과거의 관성'에 따라 움직인다. 국민들도 그렇고 당원들도 그렇다. 그래서 과거의 관성은 여전히 현실적 영향력을 가지고 있다. 조직관리를 해야 하는 국회의원은 "사사건건 따지는 사람들"보다는 "양아치" 같더라도 표를 모아오는 당원들을 더 선호할 수밖에 없다.

전후 맥락을 살피면 김상태 씨는 양쪽의 충돌을 '가치중립적' 태도로 바라보고 있다. 그는 예전의 관행을 옹호하지도 않지만, "새로 등장한 세력들"과 자신을 동일시하지도 않는다. 이상적 주장만으로 지금 당장의 현실을 대체할 수는 없다고 생각하는 것이다. '모든 국민은 자기 수준에 맞는 정부를 가진다'는 말은 정당에도 적용된다고 그는 생각한다. 지금의 정당개혁이나 정치개혁이 더디게 느껴진다면, 그것은 '마음 따로 몸 따로'의 현실이 반영된 객관적 한계로 보아야 한다는 것이다.

그에 비해 김정희 씨는 기간당원제를 제대로만 했더라도 당이 지금과는 달라졌을 것이라고 주장했다. 2003년 11월 열린우리당 창당 때 "신문과 TV에 기간당원 모집광고를 대대적으로 냈더라면", 그게 어려웠다면 "2004년 8월〔4·15 총선 뒤의 전당대회 시기〕에라도 정신 차리고 똑바로 했더라면 한국 정치계에서 아주 새로운, 정말 블루 오션의 당원들이 정당으로 들어왔을 것"이라고 그는 아쉬워했다. 그러면 "시민들의 완전히 자발적인 참여에 의한 아래로부터의 정당개혁"이 가능했다는 것이다. 과연 그랬을지는 알 수 없다. 분명한 것은 기간당원제는 일부 제한된 성과를 올리기는 했지만, 한 정당의 구성원들이 이념이나 정책이 아니라 '권력의지'에 따라 행동하는 경향을 제어하는 역할을 하는 데는 실패했다는 것이다. 김상태 씨가 느끼는 것처럼 50년 묵은 '현실'은 결코 녹록하지 않았다.

정당개혁을 위한 과제

정당 내부의 민주주의도 중요하지만, 그보다 더 근본적인 것은 정당이 일상적으로 시민사회와 소통하는 것이다. 정당은 무엇보다도 한 사회의 견해를 대표할 수 있어야 한다. 김상태 씨는 정당조직 안에 있기 때문에 당원들을 통해서든, 항의전화와 여론조사를 통해서든 당의 정책에 대한 시민들의 반응을 접할 기회가 많다. 그는 요즘에 느끼는 어려움을 이렇게 설명했다.

∗ 민주주의 정당 지도자이면서도 불구하고 그분들이 늘 국민이라고 하는, 가치라고 하는 걸 보면서 살아야 되는 거 아닙니까? 어느 날 보리가 누우면, 보리를 일으켜세우든지 아니면 밟아버리든지 뭐 어떻게 해야 되는 거 아니에요? 그런데 그 가치관, 그게 굉장히 다양한 형태로 나타나요. 그 보리가 쓰러진 모습이 한곳으로 쓰러지면, 일으켜세우면 그게 쉽잖아요. 그게 아니고 어느 날은 이쪽으로 바람이 부는 거 같아서 이쪽으로 쓰러질 거 같아요. 그래서 뭔 판단을 해서 결정을 내려요. 그러면, 어느 날은 이쪽으로 막 불어요. 이게 참 굉장히 다양하죠. 어떤 분들은 우리한테, 우리 조직에, "민주주의, 개혁이라든가 기타 미완의 과제들을 해결하는 거에도 앞장서라. 앞장서지 못했기 때문에 너희는 지지를 안 받는 거"라고 주장하는 사람도 있고, 어떤 사람들은, 어떤 보리들은 "경제 살리라고 해줬더니 이 새끼들아 만날 과거사니 개혁이니 지랄하

냐." 이렇게 욕을 하는 게, 이게 엄청나요. (…) 좀 이렇게 사회가 굉장히 이렇게 팍팍 변하면서 몸은 여기에 머리는 저기에 가 있다니까요. "그게 맞아." 〔몸은 의자에 둔 채 머리만 몸 반대편으로 길게 빼서 말함〕 이런 게 충돌되고 있다고 봐요. (김상태, 13면)

그가 느끼는 것은 일종의 곤혹스러움이다. 정당은 국민여론에 늘 신경을 써야 한다. 다시 말해 보리밭의 보리가 어디로 눕는지 봐서 일으켜 세우든지 밟아버리든지 결정을 내려야 한다. 그런데 보리는 어느 날은 이쪽으로 누웠다가, 또 어느 날은 저쪽으로 쓰러진다. "다양한 파도와 바람이 불어오고, 쓰러지는 방향도 서로 다른 이런 구조 속에서" 그는 어느 부분에 맞춰야 할지 명확한 판단을 내리기가 힘들다. 당의 정책에 대한 시민들의 반응에서만 그런 것이 아니라 당 내부의 문제에서도 그렇다. '기간당원에 의한 공천'이라는 원칙과 선거에서 이길 가능성이 높은 '전략공천' 사이에서, 지역주의 극복이라는 과제와 지역 표를 계산하지 않을 수 없는 현실 사이에서 그는 어떻게 해야 할지 곤혹스럽다. 그래서 자신이 느끼는 곤혹스러움 자체가 현실의 반영이라고 결론내린다. 당의 기준과 유권자의 기준이 같으면 좋으련만 그렇지 않은 것, 지역주의 극복에 말로는 다 동의하면서 실제로 투표는 지역주의적으로 하는 현실은 곧 몸은 '과거'에 두고 '머리'로만 "그게 맞아!"를 외치는 시민들의 이중성 때문이기도 한 것이다. "정당은 어쨌든 선거에서 승리해야 하기 때문에" 이런 것들을 "조화롭게 해결해나갈" 수밖에 없다고 그는 생각한다.

그러나 김정희 씨는 정당개혁을 위해서는 바로 그런 생각을 버려야 한다고 말한다. 보리가 쓰러지는 방향에 맞출 것이 아니라 스스로의 이념과 정책에 맞추어 보리밭 위로 불어가는 바람이 되는 것이 정당개혁의 본질이라는 것이다.

***** 그러니까 1차적으로 선거구제가 바뀌지 않으면 정당을 새롭게 하기가 참 어렵다는 생각을 해요. 그러니까 아까 그랬잖아요. 다들 표를 의식한 정치를 한다. 의원들일수록. 그런데 선거구제 개편이 돼야 새로운 표가 생길 수 있다고 생각하거든요. **지금 선거구제로 계속 가면 새로운 표에 대한 마케팅을 이 분들이 다 포기하실 거라고요. 그러면 정당을 바꾸는 게 굉장히 어려워져요.** (…) 두번째는 그것을 전제로 했을 때, 전제를 안해도 할 수 없지만, 저는 네트워크 형식의 정당을 다시 고민해야 된다고 생각하는 게 지금 우리가 선거구제 때문에 이렇게 된 것도 있지만 **선거에서 승리하기 위한 정당으로만 만들다보니까 당원협의회나 의사결정구조가 생활에 밀착되지 못한다는 생각을 해요.** 말로는 생활정치라고 하는데 150명씩 모여서 생활정치를 할 수는 없잖아요. 저는 20인, 30인 커뮤니티 형식으로 다 네트워크화해야 된다는 생각을 하거든요. 그래서 ○○시 당협이 제일 아래 있는 하부조직, 동별 하부조직이 아니라, 그것은 동별 조직 세워서 그 표로 선거 당선되려고 그렇게 한 거였는데 그것만 손에서 탁 놓으면 〔된다〕. 도대체 그렇게 구시대적인 조직구성이 어디 있냐구요. 그러니까 특히 또 우리를 지지해줄 계층은 대부분 자기가 살고 있는 동네에서 별 활동이나 역할을 안하잖아요. 직장별 커뮤니티여도 좋고, 싫으면 누가 "나는 이런 취미를 갖고 있는데 모여라" 해서 모이면 그 커뮤니티도 인정이 되는 거고. 저는 그런 식으로 **개인의 개인성을 인정해주는 네트워크가 아니면 제 세대나 제 다음 세대는 당에 들어올 이유가 없어요. 정치로 출세할 마음을 먹지 않은 이상은 당에 들어올 이유가 없어지는 거죠.** (김정희, 27면)

김정희 씨는 지금의 단순다수제 선거제도[8]를 정당개혁을 가로막는 가장 큰 걸림돌로 지적하고 있다. 지금의 국회의원 선거제도에서는 당선자를 찍지 않은 표는 아무 의미가 없는 '사표'가 되고 만다. 기존 정당 중에서도 규모가 큰 정당, 그리고 현역 정치인들에게 절대적으로 유리한 제도이다. 그리고 특별히 우리나라에서는 지역구도를 고착시키는 역할까지 하고 있다. 따라서 기존 정당과 정치인들은 이 제도를 바꾸려 하지 않는다. 이 제도를 바꿔야만 "새로운 표에 대한 마케팅" 필요가 생기고, 따라서 개혁이 가능해진다. 유권자 입장에서 보면, 지금의 선거제도는 변화를 바라는 층일수록 투표를 포기하게 되는 구조이다. 새로 등장한 정당이나 정치인을 찍어도 사표가 될 것이 뻔하기 때문에 할 수 없이 기존 정당 중에 '차선'이나 '차악'을 골라 찍거나 아니면 아예 투표를 포기해버린다. 김정희 씨는 '고정표'에만 의존해서는 당선이 쉽지 않은 구조가 되어야 '표를 의식하는' 의원들이 변화할 것이라고 지적한다.

두번째로 김정희 씨는 정당 하부조직이 지금과는 다른 방식으로 혁신되어야 한다고 생각한다. 정당이 시민들과 일상적으로 소통하려면 동별 모임과 지구당 조직이 중심이 되는 지금의 구조를 해체하거나 다양화해야 한다는 것이다. 지구당 및 동별 조직은 "표를 의식하는 정치"가 만들어놓은 조직, 다시 말해 "선거에서 승리하기 위한" 조직이며, 당원들을 선거부대로 만들어버리는 핵심 기제이다. 그러면서 그는 이번 지방선거 공천 과정 때 겪은 일을 예로 들었다. 개혁적인 당원들하고 잘 어울렸던 어떤 의원이, 미성년자 고용해서 벌금을 문 전력이 있는 지역인사를 꼭 공천해달라며 로비를 벌이더라는 것이다. "이 사람이 있어야 우리 지역 조직을 지킬 수 있다"는 것이었다. 표를 조직하고 관리하는 데는 주거지별 조직이 유용하다. 하지만 시민들과 소통하기 위해선 다른 형태의 조직이 필요하다. 공통된 생활상의 요구가 발생하는 공간(예를 들어 취미 동호회), 또는 실제생활이 이루어지는 공간(예를 들어 직장)을 중심으로 2, 30명 단위의 커뮤니티를 구성하고 그것을 네트워킹하자는 것이 김정희 씨의 주장이다. 이런 주장에 대해 어떤 의원은 "공당이 그런 취미 동호회가 돼서는 안된다"며 어이없어했다고 한다. 그러나 그 말을 듣고 김정희 씨도 속으로 "굉장히 놀랐다." '취미 동호회를 그렇게 우습게 생각하시는구나. 그게 얼마나 막강한 건데.' 그의 기준은 일관되게 자신의 세대와 그 다음 세대에 맞추어져 있다.

김정희 씨는 "개혁당에서 경험했던 정치문화나 정당문화가 열린우리당을 통해서 더 확산돼가지고 다양한 사회적 문제에 대해서 훨씬 더 보편적이고 민주적인 가치를 가진 그런 정당이 되길" 바라서 열린우리당에 들어갔다. 하지만 지금 그는 그게 "쉽지 않은 일"임을 느끼고 있다. 간혹 그런 고민을 털어놓으면 당장 "니네 그럼 나가서 다른 당 한다는 얘기냐?"는 반응이 돌아온다고 한다. 정치공학 때문에 그의 견해는 곧 그가 속한 '정파', 혹은 그가 속한 정파를 대표하는 '의원'의 '향후 씨나리오'로 해석되고 만다.

하지만 김정희 씨는 "20대들이 가입하는 게 어색하지 않은 정당, 정당이 아닌 네트워크라도 좋으니까 '자기 일상 속의 욕구를 표출하고 관철시키는 방법이 정치'라는 게 어색하지 않은 그런 조직이 있어야 된다"는 생각을 여전히 포기하지 않고 있다. "1991년에 그런 고민을 한 사람이 나 혼자가 아니었을 것이고, 90년대를 거친 사람들 중에 많은 사람들이 그럴 것"이며, 그들의 "정치적 무관심 또한 정치적 의사표현"이라고 믿기 때문이다.

'지방'이라는 식민지

서울·경기·인천을 일컫는 '수도권'은 면적으로 보면 우리나라의 12% 정도를 차지한다. 그런데 전체 인구의 절반 가까이가 그곳에 살고 있다. 금융거래와 조세수입의 70%, 30대 대기업 본사의 88%, 벤처기업의 77%가 역시 수도권에 집중되어 있다. 경제 분야가 이러하다면 정치나 사회, 문화 분야는 굳이 통계를 인용할 필요가 없을 것이다. 시민사회단체나 문화예술단체의 분포 비율, 공연이나 전시회의 점유 비율 등 떠오르는 대로 무슨 항목을 조사하더라도 필시 그와 비슷한 결과가 나올 것이다.

비민주적인 사회의 중요한 특징 가운데 하나가 정치, 경제, 사회, 문화, 교육 등 모든 분야에서 권력이 단일한 중심에 응집되어 있다는 것이다. 민주주의는 중심을 다원화하는 속성을 가진다. 민주적인 나라일수록 도시와 농촌, 지역과 지역 간의 격차가 적다. 중심이 다원화되고, 사회적 자원이 그만큼 분산되기 때문이다. 지방자치가 민주화의 핵심 콘텐츠가 되는 이유도 그래서이다.

***** 우리 사회 같은 경우는 **끊임없이 '내가 이곳을 벗어나야 한다'**는 생각을 하고, 어느 누구도 내가 지금 살고 있는 이곳에서 살겠다고 하는 사람이 없는 것 같아요. 그러니깐 내가 사는, 있는 이곳에서 살고, 그래서 이곳을, 내지는 조금 더 나아가는 사회 범위 자체를 어떻게 변화시켜나갈 것인가라는 생각을 해줘야 그게 **발전을 하는데**, 일본 같은 경우는 되는데 여기는 없더라고요. (…) 일본은 그 면단위에까지 동네 박물관이 있어요. 그런데 우리 꽤 큰 박물관보다 잘되어 있다고요. (…) 학예사가 있고, '한국 고대사와 연관되어져 있으며……' 이런 것까지 다 나와요. 동네 오래된 자료들이 다 되어져 있고. (…) 우리는 사회 자체가 계속 붕 떠 있는 것 같아요. 자기 자리에 뿌리를 안 내리니까. 여기보다 조금 더 저쪽 동네가, 강북에 있는 사람은 강남을 갖다가 이상형을 삼고 강남에 있는 사람은 또 그 안에서도 '우리는 뭐 더……'. (김영미, 33면)

김영미 씨는 한국사를 전공하고 대학에서 시간강사를 한다. 그는 답사하느라 몇차례 다녀온 일본과 비교해 우리 사회의 불안정성과 어수선함을 지적했다. 예를 들어 일본은 우리나라로 치면 면단위에 해당하는 지역에도 박물관이 있는데 우리나라의 도단위 큰 박물관보다도 내용이 더 충실하다고 한다. 그는 그 차이가 '내가 사는 이곳을 어떻게 변화시켜 나갈 것인가' 하는 생각의 유무에서 비롯된다고 본다. 내가 사는 동네, 내가 사는 지역을 "죽을 때까지" 살 곳으로 생각하면 자연히 자기 동네와 지역을 사랑하고 가꾸게 된다는 것이다.

'내가 사는 동네, 내가 사는 지역을 살기 좋은 곳으로 만드는 것'이 지방자치의 핵심이다. 그런데 우리 사회에서는 모두들 지금 사는 동네에서 떠날 생각만 한다. '지방'에 있는 사람은 서울로, 서울 강북에 있는 사람은 강남으로, 강남에 있는 사람은 더 나은 동네, 예컨대 압구정동이나 대치동으로, 나아가선 아예 한국을 떠나 미국으로, '지금 살고 있는 이곳'을 살 만한 곳으로 만드는 것이 아니라 살 만하다는 동네를 찾아 떠다닌다. 그래서 "사회 자체가 붕 떠" 있다. 실제로 한국은 인구이동률이 대단히 높다. 통계에 따르면 2005년 한해 동안 전체 인구의 20% 가까이가 이사를 했다. 원래 살던 곳이어서 지금의 거주지에 산다는 사람의 비율은 15%가 채 안된다.[9] 이는 우리나라 지역공동체의 뿌리가 얼마나 허약한지 말해준다. 가령 우리가 가지는 모임 중에서 출신학교나 직업, 고향, 취미가 아니라 지금 살고 있는 동네나 지역을 정체성으로 하는 모임이 있는지 꼽아보라. 거주 지역을 단위로 하는 사회적 모임은 별로 없을 것이다.

김영미 씨는 그 원인을 "잘못된 근대화"에서 찾았다. 유교적 관료국가였던 조선시대부터 중앙집권의 전통이 내려온 데다 식민지 지배와 군사독재를 거치며 그런 현상이 더 고착되었다는 것이다. 억압적인 통치는 단일한 중심으로 정치권력을 집중시키고, 정치권력의 집중은 필연적으로 사회 모든 분야에서 집중을 낳는다.

＊ 우리나라는 모든 정치적 관심이 중앙정치에 과잉으로 쏠려 있는 거예요. 모든 사람들이 술자리에선 정치 욕하고 그러잖아요. 근데 누구도 지역사회에, 동네 술집에 가보면 "야, 우리 학교가 어떻게 돼야 된다"라든지, "다리를 어디 놔야 된다"든지 〔그런 이야기는 없다〕. 사실 우리 지역에 ○○같은 훌륭한 단체가 있으면 참 자랑이라고 저는 생각해요. 근데 "저 ○○가 잘못됐다." 그런 이야기하는 술자리는 없다는 거예요. **서울에서 제주도까지 술 먹으면 전부 중앙정치 이야기를 하지 생활정치에 대해서 이야기하는 술자리는 없다는 거죠**. 그렇기 때문에 이게 바뀌기가 힘들다. (오원식, 16면)

시민단체 활동가 오원식 씨는 생활세계의 민주주의가 기대만큼 나아지지 않는 이유를 이야기하면서 시민들이 '생활정치'에는 무관심하고 '중앙정치'에만 과도하게 관심을 쏟는 현상을 지적했다. '생활정치'란 일상의 모든 공간에서 작동되는 넓은 의미의 정치를 뜻하는데, 그는 지방정치도 '생활정치'의 범주로 파악한다. '죽을 때까지 이 동네에서 살겠다'는 생각을 할 수 있도록 기반을 마련하는 것은 지방정치의 몫이다. 그런데 사람들은 "서울에서 제주도까지" 모이면 전부 중앙정치 이야기만 한다.

우리는 흔히 '중앙'과 '지방'을 대립어로 쓴다. 지방자치의 관점에서 보면 서울과 수도권도 경상도나 전라도처럼 하나의 지방일 뿐이다. 그런데 서울과 수도권은 '중앙', 나머지 지역은 '지방'이다. 우리 사회에서 '지방'은 '중앙'의 지배를 받는 내부 식민지에 가깝다.

***** 　실제 피부로 정당의 폐해가 이 지역의 살림을 하고, 행정을 하고, 입법을 하는 데 얼마만큼 큰지. 그러니까 내가 생각했을 때 상식적·통념적으로 해도 당에서 반대하면 그게 결국은 다단계로 가는 거죠. 합리적인 결정을 못해요. 정당구조 틀 안에서는. (…) 정당 때문에 안되는 일을 많이 봤어요, 나는. "이게 꼭 돼야 되는데……." 자기네들도 개인적으로 만나보면 찬성하는데, 이거 하면 당에서도 찍히니까. 중앙당의 명령에 꼼짝을 못하잖아. 특히 요즘은 도당의 파워가 세가지고. 공천권 넘어가면서. 그러니까 거수기로 전락하는 거죠. **결국 컨트롤 타워에서 정치는 다 하고 기초의원들은 거수기가 되는 거죠.** (…) 의회에 가서 방청해보면요, 안건 상정하고 토론하잖아요? 그리고 동의하고 재청하고 그러잖아요? 그런데 토론 과정이 없어요. 토론할라 그러면 정회를 해. 난상토론을 한번도 못 봤어. 그러니까 반대하는 의견이 있고, 두 개가 나와서 서로 토론을 해야 되는데. 찬성토론, 반대토론. 그런데 하면 정회를 하고 ○명이 밀실에 들어가. 정회시간에. **그러니까 프레임이 짤려. 속기록만 놓고 보면 꼭 한 부분이 빠진 거 같아요.** 갔다 와서 그냥 통과야. 아무 의견이 없으므로. (송정환, 47~48면)

　지역 인터넷 신문의 기자로 활동하는 송정환 씨는 시의회가 열릴 때면 하루도 거르지 않고 방청석에 앉아 회의진행 상황을 기록하고, 필요하면 그 자리에서 바로 기사를 작성해 온라인으로 송고한다. 지방의회가 중앙당에 의해 지배당하는 현실을 그는 "컨트롤 타워"와 "거수기"에 비유하고 있다. 지역의 입장에서 보면 꼭 해야 할 일이고 개인적으로도 찬성하지만, 중앙당에서 안된다고 하면 시의회 의원들은 꼼짝을 못한다. 당에 찍히면 다음번 공천을 받는 데 지장이 있기 때문이다. 시의원들은 "자기들끼리 해야 되는" 일을 중앙당의 명령에 따라 한다. 그 상황을 송정환 씨는 "프레임이 짤린다"고 표현하고 있다. 제일 중요한 토론 과정, 즉 주장의 근거를 밝히는 부분이 빠지니까 기사의 프레임이 잘리는 것이다. 기자인 송정환 씨의 입장에서 보면, 빠진 그 부분이야말로 시의원들이 '중앙'이 아니라 '지방'의 관점을 가지고 있는지, 지역의 현실을 얼마나 구체적이고 정확하게 파악하고 있는지를 보여주는, 지방정치의 백미인데 말이다.

송정환 씨는 2006년 지방선거부터 시행된 기초의원 정당공천제가 지방정치가 중앙정치의 '지부'가 되고, 지방의원들이 중앙당에 줄서기 하는 현상을 더욱 부채질할 것으로 우려했다. 지역의 현안이 "정당 때문에 안되는" 경우를 속속들이 지켜본 그는 제도권 정당이 기초의원 정당공천제를 도입하면서 내세운 명분, 곧 "정당정치가 지방정치 단위까지 내려가야 책임정치가 이루어진다"는 논리가 "탁상공론에 불과하다"고 비판했다. 중앙정치도 책임지지 못하는 한국 정당의 수준을 고려하지 않은 채 분권자치의 전통이 강한 다른 나라의 제도를 어설프게 흉내내려 한다는 것이다.

진보·개혁진영도 중앙중심적이다

시의회 의원인 김재일 씨 역시 정당공천제를 지방정치를 좌우하는 중앙정치의 횡포로 신랄하게 비판했다. 기초단체장 정당공천제를 취소해도 모자랄 판에 기초의원에게까지 정당공천제를 적용하는 것은 "15년의 지방자치 역사"[10]에서 그나마 얻은 경험과 성과를 원점으로 되돌리는 일이라는 것이다. 또한 그는 진보적이라고 하는 민주노동당과 일부 시민단체까지 여기에 찬성한 것을 두고 "지방자치에 대한 사고나 행태, 정치적 상상력을 보면 진보진영이나 개혁진영도 기존 정당과 하나도 다를 바가 없다"고 비판했다. 진보·개혁진영조차도 "기본적으로 지역상황을 너무 모른다"며 그는 답답해했다.

 지역으로 갈수록 이게 보수적으로 되어버려요. 지역에는. 왜냐하면 투표율도 국회의원 선거 때는 70~80% 되지만 지방선거 때는 40~50% 대란 말이에요. 그러면 결국은 보수적인 투표행태로 나타난다는 거예요.(……) 그 민법이 개정돼서 호주제가 폐지되었잖아요. 그런데 중앙정부의 호주제가 폐지되었는데, 그래도 진보적이라고 하는 K시 의회에 호주제폐지 반대 발의 결의안이 올라오거든요? 뻔히. 그러니까 그 정도로 지역은 보수화되어 있는 거죠. 그렇게 그 자체가, 중앙에서 그렇게 제도를 바꾸더라도 지역은 그렇게 보수화되어 있는데……. (김재일, 24면)

김재일 씨는 '보수성'을 지방정치의 가장 큰 특징으로 꼽았다. 그가 속한 K시 의회는 32명의 의원 가운데 시민단체 출신 의원이 8명이나 되고, 상대적으로 진보적이라는 평가를 받는다. 그런데 그런 K시에서조차 이미 호주제가 국회에서 폐지된 마당에 호주제폐지 반대 결의안이 시의회에 상정된다. 그는 지방정치가 이처럼 보수적인 것은 지역의 대의기관이 보수적인 토착세력들에게 장악되어 있기 때문이라고 본다. 그리고 그 구조를 유지시키는 기제는 지방선거의 낮은 투표율이다. 시민들은 지방정치에는 중앙정치만큼 관심을 가지지 않는다. 그래서 투표율은 떨어지고, 낮은 투표율은 보수성으로 이어진다. 일반적으로 투표율이 낮을 때는 기존 정당의 조직된 유권자 층, 그리고 50대 이상 유권자의 비중이 높아지기 때문이다. 그리고 이러한 보수적인 투표행태는 지역 시민사회와 지방정치의 관계를 "악순환"의 관계로 밀어넣는다.

✶ 　대부분의 지역에서 보면 시민사회가 소통하는 의원 한 명조차도 없는
데가 태반이에요. 그러다보니까 당연히 시민단체는 의회에 대해서 모르고,
부정적이고, 그렇게 돼버리는 거죠. 또 정치구조는 정당정치로 딱 고착화되
어 있으니까 뭐 나가봐야 안되고, 떨어지고. 그러니까 아예 나갈 생각도 안하
고 관심이 없어지는 거죠. 이런 것의 악순환이죠. 그러니까 결국 지역 단체에
있는 사람들의 얘기를 들어도 거의 저희보다도 몰라요. (김재일, 44면)

K시 의회의 경우, 시민후보로 시의회에 진출한 의원들과 지역의 시민
사회단체 대표들이 매년 '의정협의회'라는 걸 열어 시정의 상황, 쟁점,
의제들을 서로 논의하고 역할 분담도 한다고 한다. 그러나 이는 드문 사
례이다. 시민사회와 소통하는 의원이 한 명도 없는 지역이 대부분이다.
그래서 지역의 시민단체는 의회의 내부사정을 잘 모르고, 지방의회를
'지역 토호들의 놀이판' 정도로만 생각한다. 한번 바꿔보자고 출마를 해
도 중앙의 정당정치가 지방정치를 지배하는 현실 때문에 "나가봐야 안
된"다. 진출이 어려우니 사정을 모르고, 사정을 모르니 지방정치에 지역
시민사회가 영향력을 발휘할 수 있는 가능성이 낮아지고, 가능성이 낮아
지니 관심도 떨어지는 악순환이 계속된다. 이 악순환을 누가, 어디서, 어
떻게 끊을 수 있을까?

✶ 　정당정치가, 이게 참 연관되어 있는 건데, 하여튼 거의 중앙화되어 있
어요. 제가 주로 비판할 때는 민노당을 보면서 비판했는데, **지구당에 앉아가
지고 중앙권력 잡을 생각을 하는 거죠, 중앙권력을. 지구당이면 지방권력을 잡
고, 지역을 변화시키고 할 생각을 해야 되는데,** 그게 아니고 어떻게 하면 중앙
권력을, 대통령을, 중앙정부를 잡을까, 국회의원을 잡을까. 이 생각하고 있으

니까. 시민단체의 활동도 거의 그런 차원의 활동이 많죠. (김재일, 41면)

김재일 씨는 악순환을 끊을 책임은 진보·개혁진영에게 있다고 생각한다. 변화는 언제나 변화를 바라는 사람들에게서 시작되기 때문이다. 그런데 민주노동당이나 시민단체가 지역 단위에서 벌이는 활동을 보면서 김재일 씨는 그들 역시 중앙 중심의 사고에 젖어 있다고 느낀다.

민주노동당은 지역의 고유한 의제를 발굴하고 지역 인재를 키우는 데 관심을 기울이기보다는 "지구당에 앉아가지고 중앙권력 잡을 생각"만 한다는 점에서 보수정당과 다를 바가 없어 보인다. 예를 들어 시민후보가 나선 선거구의 경우 지방의회 개혁이라는 공통의 목표를 위해 당선 가능성이 높은 시민후보 쪽으로 힘을 합칠 수도 있는데, 시민후보가 출마한 지역일수록 빠짐없이 후보를 낸다. 후보자를 내야 정당별 득표수를 늘릴 수 있고, 그래야 비례대표 의석을 가져갈 수 있다고 생각하기 때문이다. "지방은 다양성과 상상력의 실험장"이며, "소규모 정치그룹과 지역 특색을 살린 각양각색의 정책들이 싹트는 민주주의의 농장"이라고 생각하는 김재일 씨의 눈으로 보면 중앙정치의 틀에서 조금도 벗어나지 못한 사고방식이다. 지역의 시민단체 역시 중앙의 시민단체들처럼 제도적인 개혁에만 집착하고, 운동방식도 "정치적 상상력이라고는 없이" 단선적이다. "일상적인 정치활동이 어떻게 이루어지고 있는지를 너무 몰라서" 그렇다고 그는 생각한다.

＊ 지방자치나 지방의회는 포지티브하게, 그러니까 운동 자체도 포지티브 운동으로 접근하지 않으면 사실은 상당히 힘들어요. 지역 자체가 상당히 보수화되어 있기 때문에. 그리고 소위 진보와 개혁이라는 진영이 확실하잖아요. 그런데 여기에 이제 네거티브로 접근하면 정말 큰 싸움 벌어지고 담만 점

점 높아지는 거죠. 그래서 저는 시민단체에 계속 주장하는 게 "대안운동 차원으로 가라, 대안운동." **특히 지역은. "이거 잘못됐다" 하지 말고. "이걸 이렇게 바꿔보자" "이 문제를 이렇게 바꿔보자" "이런 대안으로 한번 해보자"라고 가는 게, 그렇게 접근해야 된다는 거죠.** 지역운동은, 특히 지역운동은. 특히 저는 제일 하여튼 무식한 행동이 의원들 해외 이렇게 나가는 거 가지고 데모하는 게 제일 무식하고 정말 단순한 운동이라고 하는 건데. 막 욕하거든요, 저는? 시민단체를 보더라도. 해외연수가 정말, 의원들 보면 물론……〔한심한 면도 있지만〕, 나는 "99% 놀러 가도 보내라" 이거예요. 이게 1년에 135만원 나오는 거를 2년을 모아서 가는 거예요. 270만원 만들어가지고. 135만원이라는 건, 이것도 사실 웃기는 거거든요. 공무원 일개인은 180만원이에요. 직급에 상관없이. 나갈 때. 그런데 기초의원은 135만원이야. 그런데 135만원 가지고 선진국의 견학을 어딜 가? 아무데도 못 가. 동남아나 가면 모를까. 관광을 가더라도 우리나라 외에 다른 나라 문화를 체험하고 익히고 보는 게, 그게 또 틀려져요. 이걸 가지고 그걸 "못 가!" 무식해. 그걸 한다는 거는. 얼마나 할 게 없으면 그런 운동을 하겠냐 이거예요. (…) 그러면 안을 내라 이거야. "이번 우리 시의 현안이 이러이러하니까 이번에 해외연수 기회가 있으면 이런 데 의원들이 갔으면 좋겠다." 그런 의견을. 그런 추천을 해주고, 의견을 내고, 좀 그렇게 적극적으로 하는 게 좋죠. (김재일, 29~31면)

김재일 씨는 지역운동은 포지티브 운동으로 접근해야 한다고 강조한다. 시민단체의 비판을 동료 의원들이 어떻게 받아들이는지를 의회 안에서 지켜보면서 그는 '네거티브 운동은 의원들의 피해의식을 자극할 뿐 설득하지 못한다'는 사실을 깨달았다. 지방의회 의원들의 '관광성 해외연수'는 언론에 자주 보도되는, '두들겨패기 좋은' 사안이다. 그런데 이 사안을 예로 들어 김재일 씨는 시민단체와는 다른 생각을 밝힌다.

"100% 놀러 가도 그래도 나가서 보는 게 좋다"고 그는 생각한다. 어쨌든 사고의 폭을 넓히는 계기가 된다는 것이다. 만약 거기에 문제를 제기한다면 천편일률적인 논조, 곧 '국민세금으로 놀러나 다닌다'는 식의 비판이 아니라 지역현안과 관련해서 가볼 만한 데를 추천하는 식으로 하는 게 좋다. 왜냐하면 지방의회 의원들은 "바깥에서 막 찌르는" 비판에 대해서는 일단 "자기보호 본능"을 발동하기 때문이다.

그의 설명에 따르면 기초의회 의원들의 "자기보호 본능"은 "피해의식"과 짝을 이루는 것이다. 기초의회 의원들은 언론이나 중앙정치인한테도, 지자체의 공무원들한테도 상당한 피해의식을 가지고 있다고 한다. 한마디로, 무시당하고 이용당한다는 피해의식이다. "기초의원 정당공천제 반대한다고 다들 여의도 가서 혈서 쓰고 시위했어요. 그런데 '너네는 떠들어라' 이런 대접밖에는 못 받잖아요. 그리고 돌아와선 공천받으려고 도당과 중앙당에 비비고 다녀야 하니 얼마나 비참하겠어요?" 이런 실정을 고려하면 자긍심을 살려주고 격려하는 방식으로 문제를 제기하는 것이 훨씬 효과적이라는 것이다.

지방정치의 '독립'이 중앙정치를 바꾼다

★★ 정당공천제를 하라 이거에요. 해도 좋은데 인쎈티브를 주지 말라는 거죠, 우리는. 예를 들면 번호를 우선 부여하지 말라는 거. (…) 선거제도도 다 맡겨라, 주민들한테. 정당공천제를 할 건지 말 건지 이것도 주민투표에서 결정하게 하라는 거고, 기호배정도 마찬가지고. 기호를 국회 의석수에 비해서 배려해주는 거는 이거는 말이 안되는 거죠, 지방자치에서는. (…) 그냥 공천하게 하고 번호 그런 거는 돌려서 섞어서 뽑게, 아니면 지역의 정당구조 따라

서 하던가. 예를 들면 우리 시에는 한나라당 의원이 더 많다 그러면 한나라당한테 1번을 주던가. 그거를 왜, 중앙정치를 그대로 이식하다보면 전국이 다 똑같이 돼버리는 거죠. (김재일, 24~25면)

김재일 씨는 막다른 골목에 내몰린 약자가 최후의 요구를 내놓을 때의 절박함을 실어 '정 정당공천제를 해야겠다면 인쎈티브라도 주지 말라'고 주장한다. 정당공천제가 도입되면서 후보자가 소속된 정당의 국회의석 수에 따라 기호를 차례로 배정하는 중앙정치 방식이 지방선거에도 그대로 적용되었는데, 이것만이라도 하지 말아달라는 것이다. 지방이 중앙과 구별되는 독자적인 정치구조를 갖기 위해서는 사실 '번호배정' 수준을 넘어서는 다양한 제도적 개선과 보완이 필요하다. 현재의 엄격한 정당 설립 규정을 고쳐 지방선거에만 참여하는 지역정당도 결성할 수 있도록 한다든지, 지방의회 의원들도 후원회를 열 수 있도록 한다든지, 지방선거 방식 자체를 주민투표에 맡긴다든지 하는 더 중요해 보이는 일을 제쳐두고 그가 '기호배정' 문제를 이처럼 강조하는 이유는 무엇일까. 지방선거에 출마한 후보자들의 기호가 국회의원 후보자들의 기호와 일치하지 않는, 사소하다면 사소한 그 차이가 시민들로 하여금 중앙정치의 틀에서 벗어날 '틈'을 확보해준다고 생각해서 그런 것이라 느껴진다.

중앙과 지방의 번호가 일치하지 않는다면, 단체장, 광역의원, 기초의원 가릴 것 없이 '번호 따라 주루룩 찍고 마는' 유권자들이 한번이라도 더 선거 홍보물을 들여다보게 될 것이고, 그러다보면 '거기서 거기인' 정책과 공약 중에서 자신이 평소에 생각해온 지역적 의제를 진지하게 고민한 공약, 혹은 '그 인물이 그 인물인' 후보들 중에서 낯설지만 참신한 이력을 가진 후보를 접할 가능성도 더 커질 것이다. '번호 따라 주루룩' 찍으면 안되는, 다시 말해 '도민' '시민' '주민'으로서의 정치적 판단력을 가

동시켜야 하는 그 짧은 시간이 유권자들에게는 중앙정치의 틀에서 벗어날 기회, '녹색정치'를 꿈꾸는 김재일 씨 같은 분에게는 지역을 단위로 대안적 상상력을 실험하는 기회를 제공하는 것이다. 그렇게 본다면 국회 의석에 따른 번호 체계는 그런 '틈'마저도 허용하지 않는, '중앙'의 구조를 지역에 '이식'하려는 가혹한 '식민정책'에 다름아니다.

김재일 씨가 어떻게든 '틈'을 만들어보려는 것은 그저 중앙정치에서 '독립' 하기 위해서가 아니다. 지방정치가 중앙정치의 구조와 논리로 용해될 수 없는 독자성을 갖추는 것은 정치의 또다른 '거점'을 만드는 것이고, 이는 중앙정치를 개혁하는 길이기도 하다.

***** 전에는 미술계 전체가 대학구조, 미술계의 가치를 휘두르는 데가 대학 이었는데 **지금은 미술관도 많이 생겼고, 화랑도 있고 분산이 되는 거죠. 학교만 힘을 가지는 게 아니라.** 옛날에는 서울대, 홍대 교수들이 화단을 좌지우지했 죠. 〔지금은〕 미술관, 갤러리, 실제 현장의 미술활동은 학교는 뒷전이 된 거 죠. 그러니까 실제 실력대로. 특히 갤러리 같은 경우는 상업적인 게 안 좋은 지점도 있지만 팔릴 상품이 돼야 이것을 하는 거지 줄 닿았다고 해주는 것은 아니거든. 그러니까 그게 오히려 미술판의 민주화를 준 측면이 있어요. 그 다음에 또 미술을 하는 공간 자체가 옛날에는 서울 하나밖에 없었는데 지금은 안 그렇잖아요. 세계가 열려 있기 때문에 동경에 가서 해도 되고 뉴욕에 가서 해도 되고. 파리 가는 게 뭐 어려워요? 그러니까 정보들이 열려 있기 때문에, 열려 있으면 뭐 여기서 혼자서 이게 최고라고, 혼자 고함 질러봐야 아무도 안 듣는 거죠. (…) 우리 선생님들은 슈퍼맨들이었죠. 권력의 화신. 거기서 잘못 하면……. 그때는 많은 권력을 가지고 있었다는 거죠. 그런데 지금은 실력파, "서울미대 별 거 있어?" 이렇게. 오히려 미술계의 성과를 내는 작가, 프로들 끼리 이렇게 연합하고 일을 만들고 이렇게 하니까. 학교가 완전히 없어진 것

은 아니지만. (신호철, 35면)

　화가이자 대학교수인 신호철 씨는 서울대와 홍대로 나누어진 미술계의 뿌리 깊은 '파벌' 구조가 어떻게 힘을 잃어가고 있는지 설명하면서, 민주주의의 중요한 일반법칙을 보여준다. 예전에는 미술계가 미술대학의 확대 복사판이었다. 대학교수가 화단이며 평단까지 아우르는 유일무이한 권력의 중심이었고, 따라서 미술대학 내의 파벌 구조도 미술계 전체에 그대로 '이식'되었다. 그런데 "팔릴 상품"을 기준으로 작품을 판별하는 갤러리가 생기면서 '파벌'이 통하지 않는 다른 '거점'이 생기게 되었다. 게다가 외국으로 유학을 많이들 가기 때문에 이제는 학맥에서도 '서울미대와 홍대'라는 단순한 구도는 통하지 않는다. 예를 들어 뉴욕이나 빠리의 특정한 대학이나 교육기관에서 공부한 사람들의 동문회 같은 것도 열린다. 또 작품활동 공간도 세계로 넓어져서 실력만 있다면 '선생님들'한테 밉보여도 얼마든지 다른 길을 찾을 수 있다. 대학교수를 채용할 때는 아직도 파벌 구조가 작용하지만, 미술계 전체를 놓고 보면 그 영향력은 미미하다. '거점'이 다원화되면서 "미술판의 민주화"가 이루어진 것이다.

　지방정치는 미술계의 갤러리처럼 정치의 다른 '거점'을 창출한다. 지역의 구체적 현실에 근거한 고유한 의제와 담론을 형성하고, 지역의 특색을 살리는 다양한 대안과 상상력을 실험할 수 있는 '틈'이 넓어질수록 중앙정치의 지배력은 약해지고, 중앙당의 공천이 아니라 풀뿌리 민주주의를 통해 성장한 정치지도자가 많아질수록 중앙정치의 비민주성은 위협받는다. 번호배정 방식이라도 바꿔달라는, 중앙정치의 횡포, 주민들의 무관심, 생활정치 공간의 낡은 습속 안에서 어떻게든 '틈'을 만들어보려는 김재일 씨의 요구에 지방정치뿐 아니라 중앙정치의 개혁을 바라는 모든 사람들이 귀를 기울여야 하는 것은 그래서이다.

9장

성역과 특수구역

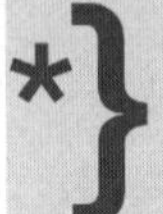

어떤 통치가 노동 현장의 통치만큼 일상생활에 그렇게 커다란
결과를 가져오는가? 어느 곳에서의 독재가, 이보다 더 모르는
사이에 독재의 효과가 생겨나게 할 수 있을까?

— 로버트 달 『민주주의와 그 비판자들』(문학과지성사 1999).

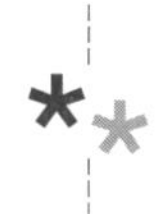

기업—'이윤'이 민주주의보다 중요한 '특수구역'

기업이라고 한다면 실상은 저희 같은 직장인과 회사와의 어떤 계약관계잖아요. (…) 제가 노동력을 파는 거고, 기업 입장에서는 제 노동력을 사는 대신 저에게는 정당한 댓가를 주는 이런 관계인데, 그나마 취업할 당시에는 그런 상호 콘트랙트(contract)가 가능한 거 같아요. 서로 밀고 당기는. 직장인이 가장 자신의 가치를 회사로부터 높이 평가받는 게 바로 그 연봉계약서에 싸인하기 직전인 거 같고요. 그때는 회사를 상대로 네고가 가능한 그런 위치지만 일단 한번 싸인하고 나면 그 뒤로는 상호계약, 서로 일정하게 뭐와 뭐를 주고받는 관계라는 것들이 무너지게 되는 그런 거 같아요. 그것은 가장 기본적으로 직장인의, 어떻게 보면 생사여탈권이라고 할, 직장생활로 친다면 승진이라든가 보상, 평가 이런 것들을 가지고 있고. 그 외에도 그것과 관련돼서 상호 피드백이 안되잖아요. 어떤 평가라고 한다면, 예를 든다면 상사와 저희 직장인이 있

다고 한다면 제가 위를 평가할 수도 있고 위가 아래를, 저를 평가할 수도 있
는 것인데 저는 일방적으로 평가를 당하고 그 과정에서 이것을 이의제기 할
수 있는 제도적 장치는 있지만 그걸 이용하는 사람은 아무도 없거든요. 그렇
게 해서 이긴 사례가 없으니까요. 그러니까 왜 그러냐 하면 그것을 **이의제기
를 해서 수정하는 순간 이 제도 자체가 위험해질 수 있고, 그 다음에 다른 것들을
구인**(鉤引)하게 되는 그런 과정이 되기 때문에. (신진수, 5면)

신진수 씨는 기업 내부에서 의사를 소통하고 결정하는 과정이 어떤지
를 묻는 질문에 회사와 직장인 사이의 '관계의 일방성'을 먼저 설명했다.
그것이 기업 내부의 의사소통 방식이라는 '본론'에 들어가기 전에 반드
시 밝혀두어야 할 '대전제'로 느껴졌기 때문일 것이다. 회사와 직장인의
관계는 "계약관계"이다. 직장인은 "노동력을 팔고" 회사는 "정당한 댓가
를 주는" 상호협약의 관계. 그러나 일견 합리적으로 보이는 이 계약은
"연봉계약서에 싸인"을 하는 순간 "무너진다." 회사가 사실상 "생사여탈
권"을 쥐고 있기 때문이다. 평가와 승진과 보상의 전 과정에서 "상호 피
드백" 같은 것 없이 회사가 일방적으로 결정권을 행사한다. 이의제기를
할 수 있는 제도적 장치는 있지만 아무도 그걸 이용하지 않는다. 이긴 사
례가 없기 때문이다. 이의제기로 결정이 수정되는 순간 "제도 자체가 위
험해"지고, 그렇게 되면 "다른 것들", 즉 평가와 승진 씨스템뿐만 아니라
다른 부분들로까지 연쇄반응이 일어난다고 보기 때문에 경영진이 그것
을 허용하지 않는다는 말이다.

신진수 씨의 이야기는 기업이라는 결사체가 다른 결사체들과 구분되
는 특성을 가지고 있음을 말해준다. 기업이라는 조직은 위가 아래를, 아
래가 위를 서로 평가하는 '민주성'이라든가 상호 피드백 같은 것을 우선
적 덕목으로 여기지 않는다. 기업은 상징적으로나 실질적으로나 자본주

의를 대표하는 조직으로서 '이윤'을 추구한다. 따라서 '민주성'이 아니라 '효율성'을 조직의 최고 덕목으로 여긴다. 효율적으로 이윤을 얻을 수 있다면, 민주성이나 합리성은 희생되어도 괜찮다. 요컨대 기업에서는 '민주적인' 간부가 아니라 '실적이 좋은' 간부가 승진한다.

****** 보통 임원들 같은 경우가 계약직이잖아요. 언제든지 해고가 직원들보다는 조금 더 쉬운. 그렇기 때문에 이제 임원들은 장기적인 플랜은 그렇게 꿈꾸지 않거든요? 대개 보면 디스플레이를 항상 짧게 가져가고, 모든 것들을 당장 보기를 원하죠. 그러니까 계속, 자신의 인사권을 쥐고 있는 사람에게 계속 디스플레이를 할 만한, 그러니까 성과를 나타낼 만한 것들을 끊임없이 양산해내려고 하거든요. 그렇게 되다보면 나타나는 결과가 자신은 성과를 내기 위해서 밑의 사람에게 푸시를 가하게 되죠. 푸시를 가하게 되는데 결국은 문제가 거기서 이제 합리성 등이 조금 더 훼손될 여지들이 있죠. 그렇게 되죠. (…) 그것은 대기업일수록 더 강한 거 같아요. 예를 든다면 **보고는 있어도 의견은 없거든요?** 어떤 회의에 가면 상사가 무엇을 하는지에 대해 적기에 바쁘지 자신의 의견을 얘기를 하지 않아요. (…) 자신의 생각을 어떻게 담을 것이냐라는 거보다 상사의 생각이 어떤 것이냐라는 것에 대한 의중 파악에 더 많은 심혈을 기울이죠. 결국 그렇게 된다면 모든 것이 일방으로 흐르게 되는 거잖아요. 일방으로 흐르는 것은 이제, 저는 **쌍방향 의사소통이 안되는 순간 다른 한쪽에서 어떤 민주주의나 인권은 죽는다는 생각이 드는데, 그런 게 오히려 저는 일반 사회보다 기업 내에서 그런 것들이 더 심하다고 보는데,** 그것에 대해서는 일반적으로는 그냥 당연시해버리니까. (신진수, 8~9면)

기업은 '실적' '성과'로 말하는 조직이다. 신진수 씨는 기업이라는 조직의 이 본질적 특성이 어떻게 내부의 의사소통 방식을 결정짓는지 보여준다. 직장인들은 승진에서 처지지 않으려면, 임원이 되려면, 임원 자리에서 잘리지 않으려면 성과를 통해 끊임없이 자신의 가치를 증명해야 한다. 성과를 위한 "푸시"는 위에서 아래로 전달되며 합리성이나 민주성을 "훼손"한다. 예를 들어 최소한 3주가 필요한 프리젠테이션이 있어도 담당 임원은 성과를 내기 위해 열흘 안에 그걸 하라고 한다. 비용도 깎으라고 한다. 팀 내부 사정을 임원보다는 잘 아는 팀장은 그게 엄청난 무리라는 걸 알지만, 점수를 잃지 않기 위해 팀 내 실무자에게 같은 지시를 내린다. 실무자 역시 그 지시를 거부하지 못한다. 밤샘을 하고 주말 근무를 해서라도 목표를 달성한다. 그렇지 않으면 평가가 나쁘게 날 것이고, 승진에서 처질 것이고, 심지어 정리해고될지도 모른다는 불안감이 그를 지배하고 있기 때문이다.

"보고는 있어도 의견은 없는" 회의 모습만큼 기업 내부의 의사소통 방식을 잘 보여주는 것도 없을 것이다. 기업 내에서는 커뮤니케이션이 "일방으로" 흐른다. 신진수 씨의 지적처럼 "쌍방향 의사소통이 안되는 순간 민주주의나 인권은 죽는다." 그는 일반 사회보다 기업 내에서 그런 것들이 더 심하고, 그것도 대기업일수록 더 심하다고 느낀다. 요컨대 기업은, 자본주의가 그러한 것처럼 민주주의와 잠재적으로 대립하는 조직인 것이다. 기업은 최고의 효율성으로 최대의 이윤을 얻고자 하는, 민주주의의 일반 원칙을 적용하기 힘든 일종의 '특수구역'이라고 할 수 있다.

특수구역이라고는 해도 기업이 민주주의의 치외법권 지역인 것은 물론 아니다. 기업 역시 사회공동체의 테두리 안에서 민주주의의 규율을 받는다. 산업혁명기 영국에서는 세살짜리 어린아이도 현장에서 노동을 했다는 기록이 있을 만큼 노동조건이나 환경이 비참했다. 그러나 기본적 인권에 대한 인식이 확립되면서 기업도 노동 3권 같은 민주주의적 장치들을 받아들여야 했다. 반독점법이라든가 불공정거래처벌법 같은, 시장의 공정성과 투명성을 지키기 위한 여러 가지 법률과 제도들 역시 기업의 이윤추구 행위가 사회 전체의 민주주의적 원칙을 훼손하지 못하도록 하기 위한 통제장치들이다.

한국의 기업문화 — 특수구역 중에서도 특수한

서구에선 일찍이 1950년대 말부터 '기업시민'이란 용어가 등장했다. 기업도 시민으로서 사회적 책임을 지고 있음을 강조하는 개념이다. 특히 최근에는 기업의 사회적 영향력이 커지면서 기업의 사회적 책임이 더욱 강조되고 있다. 우리 사회에서도 민주화 이후 '기업의 사회적 책임'이 중요한 의제로 거론되어왔다.

**** 우리나라 같은 경우는 기업이 원죄적인 게 있죠. 재벌이라든가, 성장과정이라든가 근원적인 그런 원죄의식이 좀 있을 수밖에 없거든요?** 그러기 때문에 국민들은 일반적인 수준보다 더 많은 걸 요구할 수밖에 없는 상황이고, 그 다음에 기업은, 우리나라는 외국처럼 탄탄한 그런 과정을 거치면서 어떤 사회적 책임을 키워온 것이 아니기 때문에 이게 오히려 외국기업보다 그 수준이 낮을 수밖에 없어서 외국보다도 격차가 더욱 더 큰 거 같거든요. 외국 같으면 1조를 내놓는다는 것은 상상을 못하는 수준이거든요. 개인적인 기부는 있어도 기업이. 기업의 사회공헌 비용이 우리나라보다 적거든요? IBM이나 이런 데도 저희보다 적습니다. 그런데 저희는 더 많이 내는데도 불구하고 욕은 훨씬 더 많이 얻어먹는 게 그런 격차가 좀 있다고 보여지는데, 결국은 우리나라가 기업의 성장과정에서 보통은 그런 얘기를 하잖아요. 경제적 책임, 법적인 책임, 윤리적 책임, 사회적 책임, 자선적 책임, 이렇게 얘기를 한다 했을 때 이

토대가 충실히 쌓아져온 게 아니거든요. (…) 그러다보니까, 내부가 아직 충
실히 되지 않는 과정에서 하다보니까 여러 가지 나타나는 그런 문제점들이
있다는 생각이 들어요. (…) 일반적인 CEO들은 '이걸 해야지 기업이 살 수 있
다'는 생각이 어느정도 있는 거 같거든요. '이걸 해야지만, 이걸 디폴트
〔default, 어쩔 수 없는 벌칙〕로 해야만 된다'는 그런 생각들이 있는 거죠. 이게
자발적이라기보다도 디폴트로 '하지 않으면 안된다. 할 바에야 회사의 경영
전략과 맞물려서 하자'라는 수준이고, 그거보다 좀 앞서나가는 회사들이 좀
있는 거 같고요. (신진수, 12면)

대기업의 사회공헌 관련 부서에서 일하는만큼 우리나라 기업의 사회
적 책임의식과 활동 수준을 잘 알고 있는 신진수 씨는 우리 기업의 사회
공헌 활동을 '외부적인 요구에 의해서 시작했기 때문에 여러 가지 문제
가 있기는 하지만 최근 들어 많이 좋아지고 있다'고 평가했다. "외국처럼
탄탄한 과정을 거치면서 사회적 책임을 키워온 것이 아니기 때문에" 드
러나는 문제로 그는 기업의 사정에 따라 언제든지 정책이 바뀔 수 있고,
"발을 뺄 준비를 태생적으로 하는" 양상을 예로 들었다. 기업의 사회적
책임을 '철학'의 수준으로까지 소화하고 있다면, 형편이 좋을 때 많이 떼
두었다 형편 나쁠 때 쓸 수도 있다는 것이다. 그런데 "좀 앞서나가는 회
사들"을 빼고는 아직은 대부분 "디폴트로 하지 않으면 안된다"는 인식에
머물러 있다.

기업 차원의 사회공헌 비용이 외국에 비해 적은 것이 아님에도 시민
들의 평가가 그에 미치지 못하는 "격차"를 설명하면서 그는 "재벌이라든
가, 성장과정이라든가"의 "원죄"를 언급한다. 외국의 경제학자들은 한국
의 재벌을 지칭할 때 음역해서 'jaebol'로 쓴다. 의료계에서 홧병을
'hwa-byung'으로 음역해서 쓰는 것과 같은 이유 때문인데, 한국에서만

볼 수 있는 독특한 현상을 가리키는 개념이라 외국어에는 그에 상응하는 단어가 없어서이다. 재벌은 6, 70년대의 고도성장 시기에 국가의 일방적 지원과 특혜를 업고 성장했다. "재벌은 국가 목표를 위탁받은 수탁자였고, 사적 영역에서 국가의 경제계획을 수행했던 대행자였다."[1] 국가와 재벌은 권위주의적 산업화의 양대 축이었다. 억압적인 정치권력의 엄호를 받으며 독점적인 경제권력으로 성장하는 과정에서 재벌은 정경유착, 특혜, 노동자탄압 등 많은 "원죄"를 저질렀다. 사회공헌 활동에서 우리 기업들이 느끼는 "디폴트"의식은 그 "원죄"와 조응하는 것이다. 우리나라 기업이 성장해온 방식은 사회공헌 활동에서뿐만 아니라 경영씨스템과 기업문화에도 짙은 그림자를 남겼다.

김인경 씨는 ISO 인증 심사원이다. ISO는 품질, 환경, 안전 등 기업이 고려해야 할 주요한 가치를 중심으로 표준적인 목표와 기준을 만들고, 작업내용과 방식, 흐름 등 업무 전반이 이러한 목표와 기준을 충족시킬 수 있게 씨스템화되어 있는지를 심사해 인증을 발급한다. 예를 들어 어떤 기업이 품질경영씨스템 인증인 ISO 9001을 획득하려면 생산현장의 말단 조직에서부터 최고경영자에 이르기까지, 또한 단계별 작업공정뿐만 아니라 공정 간의 의사소통방식까지 세세하게 ISO가 요구하는 표준을 만족시키고 이를 검증받아야 한다. 따라서 인증을 땄다는 것은 '품질에 관한 한 이 회사는 믿을 만한 씨스템을 갖추고 있다'는 평가를 받았음을 의미한다. 여기서 주의해야 할 것은 심사원은 생산된 '제품의 품질'을 심사하는 것이 아니라 제품이 생산되는 전 과정에서 품질이 늘 의식되고 점검되고 있는가 하는 점, 곧 '씨스템의 품질'을 심사한다는 것이다. 씨스템이 갖추어져야 언제 어떤 사람이 투입되더라도 같은 수준의 품질이 보장된다고 보기 때문이다.

　＊　　경영자가 단기성과를 위주로 나가는 많은 조직들에서는 이 부분을 잘
써먹습니다. 단적으로 그 사람, 대표이사 연임을 몇십 년 할 수 있는 건 아니
잖아요. 3년, 성과가 좋았을 때. 이렇게 되면〔목 자르는 시늉〕그 후에는 생각
을 많이 안해요. (…) 제가 10년 정도 해봤기 때문에 **그런 것〔경영진〕이 변화
가 있는 데 가면 폭풍우가 지나간 다음과 같은 상황에.** 그 다음에 어떤 CEO가
오느냐에 따라서 그 조직의 모습은 완전히 달라지더라고요. (…) 또 외국계
얘기를 할 수밖에 없는데, 우리나라는 인증이라든가 이런 어떤 따야 된다는
당위성, 이런 부분들로 모든 것들이 숨죽여지면서 어떤 목표로 나갈 때는 정
말 일사불란한 그런 군대문화의 잔재를 느끼게 하는데 또 이 서양 애들은 인
증이나 이런 부분들에 대한 나름대로 이해가 있기 때문에 이거를 강제하거나
이렇게는 안해요. (…) 그러니까 성숙돼 있다는 거죠. 씨스템을 보고 운영하
는 게 성숙돼 있기 때문에 그런 어떤 위험성이 적은데, 〔한국은〕 섣불리 이
씨스템을 그런 식으로 연결해서 캐칭(catching)은 빠른데 그걸 그렇게 이용
하시는 데들에서는……. 그러니까 쭉 빠져나가고. 그 조직에 그게, 씨스템 운
영에 대한 어떤 노하우라든가 어떤 경험이라든가, 실패든 성공이든 이런 부
분들에 대한 것이 남아서, **씨스템 자체의 목적이 지속적 개선이기 때문에 그
CEO는 가도 그 CEO에서 어떤 업그레이드가 됐다면 그건 남아 있어야 되는데.**
최저수준이 그게 되어야 되거든요. 거기서 또 업그레이드가 되어야 되는데.
쭉 빠지고 나면 우리나라 기업은 쭉 떨어져요. **그게 남아서 문화화되지 않고
어떤 성과로서 그냥 훑어가는 상황이 돼버리는 그게 저는 우리나라의 좀 문제가
아닌가** 싶은 생각도 들고. 기업문화의 어떤 모습이. 그걸 계속 커뮤니케이션
하는 게 필요한데. ISO 요구사항에도 그게 있어요. 가장 중요한 게 뭐냐 하면
고객과의 커뮤니케이션, 내부의사소통에 대한 커뮤니케이션이 요구사항예
요. 그런 부분은 일을 하는 과정에서는 되는데, 그것들이 어떤 기업의 문화로

자리잡고 〔하는 게 안된다〕. (김인경, 7~8면)

　김인경 씨는 인증 심사를 다니면서 느낀 우리 기업의 경영씨스템상의 문제점을 'CEO가 가면 씨스템도 간다'는 말로 요약한다. 인증을 딸 때는 목표를 향해 "모든 것들이 숨죽여지면서 정말 일사불란한 그런 군대문화"를 느끼게 하지만, 일단 따고 나면 "그게 남아서 문화가 되지 않고" 단기적 성과로서 "슉 훑어서 빠져버리고" 만다는 것이다.

　ISO 인증을 포함해 이른바 국제적 표준이라는 것은 미국이나 유럽의 선발 자본주의국가 중심일 수밖에 없다. 따라서 '서구의 표준'이 '국제적 표준'으로 통용되는 데서 오는 문제점도 있다. 가령 ISO 인증 심사의 경우 가장 먼저 '이 회사가 무얼 하는 회사인지, 어떻게 그걸 하고, 어떤 방법으로 하고, 누가 그걸 하고' 하는 식의 엄격한 문서화(documentation)를 요구한다. 기록이나 문서를 잘 남기지 않는 문화를 가진 나라에선 이런 '표준'이 횡포가 될 수도 있다. 수출을 하기 위해서 꼭 그 인증을 따야 할 경우에는 더욱 그러하다. 그럼에도 불구하고 씨스템 구축 자체는 분명히 장점을 가진다. 조직은 자원의 변경이 심하기 때문에 그에 따라 출렁거릴 수 있다. 그런데 씨스템은 그런 굴곡을 막아준다. 가장 기본적인 것들을 중심으로 짜여 '어떤 경우에도 지켜야 할 최소한의 요구'를 충족시켜주기 때문이다. ISO 인증의 경우에도 환경이든, 품질이든, 안전이든 '최저 수준'을 기준으로 제시하고 있으며, 인증을 받은 뒤에 '지속적인 개선'을 하라고 요구한다.

　그런데 작업과 의사소통 과정을 기록하고 문서화하며, 각 업무의 진행 과정을 표준화함으로써 장기적으로 조직의 안정성과 생산성을 높이려는 '씨스템 구축 작업'이 한국 기업에서는 단기적으로 효율성을 극대화하기 위한 수단으로 활용된다. 예를 들어 ISO 규정은 '어떤 조직이 달성해야 할 목표를 정량화해서 각 기능별, 계층별로 제시하라'고 요구한다. 단기적 성과를 올리려고 할 경우, 이 규정은 얼마든지 악용될 수 있다. 실제로 IMF 사태 이후 많은 회사들이 이 규정에 근거해 MBO(Management By Objectives, 목표 관리), BSC(Balanced Score Card, 균형성과기록표)를 도입해 "조직의 최대 역량을 뽑아냈다"고 한다. 그렇게 조직을 '쥐어짜는' 방식으로 씨스템을 도입하다보니, CEO가 바뀌고 나면 "폭풍우가 지나간 다음과 같은 상황"이 벌어진다. 지속적인 개선을 통해 최저 수준을 조금씩 업그레이드해가는 것이 아니라 조직의 에너지를 최고 수준으로 끌어올려 한바탕 소모시킨 다음 다시 원래의 씨스템으로 돌아가는 것이다. 귤이 회수를 건너면 탱자가 되는 격이라고 할 수 있다.

김인경 씨는 위의 인용문에서 귤이 탱자로 변해버리는 원인으로 세 가지를 언급하고 있다. 단기적인 성과 위주로 전문경영인들의 '목'이 왔다갔다하는 현실, 내부의 필요가 아니라 "따야 된다는 당위성"에서 출발하는 현상, 커뮤니케이션의 부재. 이와 관련해 김인경 씨는 다음과 같은 보충 설명을 내놓았다.

＊ 자생적으로 키워지고 자생적으로 걸러지는 과정을 거쳐야 되는데 우리나라는 뭔가 정부 주도적으로 움직이다보니까. 수출해야 된다고 하니까 수출실적이 있고 ISO 인증 받아야 되고. (…) 이 ISO 제도라는 거 자체가, 제 개인적인 생각인지는 모르겠습니다만, 서양하고, 유럽이나 미국하고 비교해봤을 때 개네는 결코 어떤 법적인, 체계적으로야 다르지만 강제하지 않거든요. 그러니까 안되는 사람은 거기에 끼어들 자격이 없는 거예요. **그 기준에 대한 부분은 다 출판하고 다 공개하고 제공하지만, 그 수준을 채우는 거는 각자의 몫이고 조직의 능력에 따라서 하는 것이지** 우리나라처럼 어느 짧은 시간 안에 "요기까지 도달하면 줄게." 어떤 경우에는 "실적을 입증해봐. 그러면 지원

도 해줄 수 있어." (…) 세계적인 경쟁 씨스템에서 본다면 이 ISO 인증이라든
가 이런 부분이 하나의 무역장벽인 거는 확실하거든요. 그렇기 때문에 **그런 면
에서는 정부지원이나 이런 걸 통해서 아주 긴급하게 보육이 된 거죠. 보육되는 과
정에서는 항상 부작용이 있잖아요.** 어떤 적정한 수준에서 가감이 되면서, 상태
를 봐가면서 주어져야 되는데 일괄적으로 실적 위주로 하니까. (김인경, 5~6면)

유럽이나 미국에서는 '기준'은 공개하지만, 그 "기준을 채우는 것"은
어디까지나 기업의 몫이다. 그들은 "자생적"으로 성장했다. 그런데 한국
의 기업은 국가에 의해 "긴급하게 보육"되었다. 자연스러운 성장의 결과
로 씨스템 구축이 필요하다는 걸 느끼는 것이 아니라 밖에서 주어진 '과
제'로 씨스템이 '도입'된다. 그러다보니까 인증을 따는 것도 "적절한 수
준에서 가감이 되는" 것이 아니라 무슨 군사작전처럼 해치우는 현상이
벌어진다는 것이 김인경 씨의 분석이다. 그는 외국계 기업과 한국 기업
이 심사를 받아들이는 태도에서 큰 차이를 보인다고 말한다. 외국계 기
업은 "좋은 지적을 많이 해달라"고 부탁하고 언제 가더라도 자연스럽게
있는 그대로 보여주지만, 한국 기업은 무슨 지적을 하면 "너무 날카롭게
보는 거 아니냐. 꼭 그런 식으로만 보냐"며 거부반응을 보이고, 심사원이
무언가 감추어진 잘못을 들춰내려고 온 것처럼 긴장을 한다. 심사원을
피하려고 출장을 가버리는 일도 있다고 한다. '자생적'으로 성장한 기업
과 '보육된' 기업, 스스로의 "상태를 봐가면서" 목표를 설정하는 기업과
"일괄적으로 실적 위주로" 목표를 설정하는 기업의 차이이다.

***** CEO의 생각을 실제로 많은 직원들하고 공유해야 되는데 안하죠. 우리
나라, 솔직히 말해서 대기업 총수가 머릿속으로 무슨 생각을 하고 있는지는
그 측근들만 아는 거잖아요. 그 **조직의 어떤 그 나가려는 방향, 실질적인, 실제**

로 어떤 진실한 부분에 대한 공유는 아직 없어요. 그런 부분은 사실 "이렇다"라고 문서로 해서, 아까 말씀드린 기록이나 문서로 해서 전달이 될 수도 있겠지만 여러 가지 업무의 과정에서 전달이 되어야 되는데 우리나라 같은 경우는 〔그렇지 못하다〕. (…) 그러다보니까 그 구성원들이 방향을 모르는 경우가 있어요. 저희도 이제 그 심사를 하면서 계속 CEO 미팅 때라든가 하면 그런 거를 어떤 문서로, 씨스템의 목표로 공유하도록 제시하라는 게 ISO 요구사항이에요. 그러니까 이제 외국 같은 경우에 사례를 보면 그게 공유 안되는 것을 전제하지 않고 있거든요. 공유해야 된다고 생각하고서 얘기하는 건데 우리나라는 분리돼 있어요. (…) **그것을 숨기고 표면적으로 나와 있는 어떤, 예를 들어서 우리가 "고객을 만족시키자. 불량률을 줄이자." 이런 목표 쪽으로만 표현이 되다보니까 실제로 그 공감대가 현장에서는 없는 거예요.** "저 사장 다 뒤로, 돈 뒤로 돌리고 있는데" 이런 의식이 피해의식적으로 조직에 남아 있는 게 사실이에요. 그러니까 착취당한다고 생각을 하고 있고. 그러니까는 대화를 하다 보면, 노조라든가 이런 부분이 있으면 현재는 그거에 대해서 민감하게 대응을 하는 것이고. 직원들은, 또 어떤 구성원들은 권리에 대한 부분으로서 굉장히 집착하게 되는 부분이고. **결국 그러면 같이 먹고살아가는 기업이라는 틀이 순간 깨지게 되거든요.** 깨트리는 게 목적이 아니라 그거를 잘 살려서 같이 가야 되는데. (김인경, 26면)

밖으로 내거는 경영철학이나 목표가 조직의 일상과 동떨어진 채 '액자'로만 전시되는 것도 한국 기업의 특성 가운데 하나이다. 기업의 CEO들은 '고객만족' 같은 것만 직원들에게 강조할 뿐 "진실한 부분"은 공유하지 않는다. "대기업 총수가 머릿속으로 무슨 생각을 하는지는 그 측근들만 안다." 그런데 회사의 비전에 결정적인 영향을 미치는 것은 '고객만족'이라는 구호가 아니라 총수의 머릿속에 들어 있는 그 생각이다. 권위주의 시절, 한국 기업에게 중요했던 것은 정부나 관료와의 커뮤니케이션이었지 내부 직원들과의 커뮤니케이션이 아니었다. 총수가 목표를 제시하면, 직원들은 "숨을 죽이고 일사불란하게" 목표달성에 매진하는 관계였다. '성장기'에 형성된 일방적이고 위계적인 소통양식이 지금도 '소통의 원형'으로 작용하며 기업 내부의 의사소통을 방해하고 있는 것이다.

또 한 가지 중요한 점은 "총수의 머릿속"에 있는 생각, 즉 경영전략이 공유되기 위해서는 우선 경영정보가 투명해야 한다는 것이다. 경영진이 내놓는 경영정보를 신뢰하지 못하기 때문에 직원들은 최고경영자가 겉으로 무슨 멋진 말을 해도 "같이 먹고살아가는" 동반자 의식을 가지지 못한다. 몇십, 몇백억의 비자금을 조성해 정치권에 건네주었다는 사실을 언론보도를 통해 알게 되는 상황에서 경영진이 '공식적으로' 내놓는 목표와 비전에 현장조직이 공감하기는 어렵다. "같이 먹고살아가는 기업이라는 틀"이 깨지는 것은 한국 기업들이 걸핏하면 들먹이는 '강성 노조' 탓만은 아닌 것이다. 기업이 경영투명성을 세계적 수준으로 높일 노력을 할 때만 노동시장을 세계적 수준으로 '유연화'하라는 요구도 설득력을 가질 수 있을 것이다.

평가의 절대적 기준은 충성심

이윤과 성과를 가장 중요하게 여긴다고 해서 기업이 민주적 가치를 쓸모없는 것으로 여기는 것은 아니다. 일반적으로 민주주의는 합리성을 높여주고 자발성이나 창의성을 북돋운다. 따라서 기업은 민주적 가치가 더 많은 이윤과 적대적으로 대립하지 않는 한, 이윤을 높이기 위해서라도 내부의 민주성을 높이려는 노력을 한다. 기업 내부의 민주주의는 의

사소통 및 결정방식, 그리고 평가와 보상체계에서 가장 잘 드러난다. 어떤 기업의 의사소통이 쌍방향적일수록, 평가와 보상체계가 공정하고 합리적일수록 그 기업은 더 민주적이라고 말할 수 있을 것이다.

＊ 여러 가지 것들〔평가수단〕을 만들어내요. 기업 입장에서. 그러나 그것은 항상 그런 제도를 무력화시킬 정도로 평가 수준을 낮춘다든가, 아니면 여러 가지 편법들에 의해서 누구나 다 100점을 맞아버린다든가 이런 결과들이 많이 나타나게 돼요. 그래서 그런 수치로 안되고 결국은 팀장이 자신의 어떤 정성적인 거나 이런 거에 의해서……. 이것에 관련돼서 팀장의 권한이 거의 절대적이죠. 팀장이 어떤 인사평가를 하게 되면 거의 그게 그대로 적용이 되거든요. (…) 그러면 **팀장 입장에서는 어떤 판단을 내리게 되느냐 하면 인사를 할 때 '저 사람이 내 사람이냐 아니냐.' 이런 걸로 판단을 내리게 됩니다. 충성심.** 예를 든다면 어떤 일을 떨어뜨렸을 때 이 일을 자신의 개인적인 일정보다도 회사 일정이나 자신의 일정에 맞춰서 해 줄 수 있느냐 없느냐 이것을 따지지 그 사람의 일이 얼마나 퀄리티(quality)가 높으냐, 이런 것들을 그렇게 따지지 않아요. 결정적인 순간에 자신의 편이 되어줄 사람. 그래서 이제 그 사람이 그것에 대한 로열티를 보이면, 팀장에 대한 로열티를 보이면, 그것에 대한 반대급부로 씀씀이라든가 평가라든가 이런 것들이 가게, 보상이 주어지게 되는 것이죠. 그런데 그 과정에서 결국은 밑에 사람들은 줄서기가 가능하고 그렇게 되는데. (…) 그러면 그 안에 일정하게 음영구조가 형성이 되는 겁니다. 그 음영구조가 학연이 될 수도 있고, 지연이 될 수도 있고. (신진수, 6면)

신진수 씨는 자신이 다니는 회사의 경우, 면담 같은 대면접촉 방법이든 수치로 계량화할 수 있는 방법이든 공식적인 평가 씨스템에 의해 평가가 이루어지는 게 아니라고 말한다. 그가 보기에 평가 툴 자체는 외국과 크게 다르지 않다. 그런데 "어떤 정적인 요소라든가" 문화적 차이 때문에 그것이 무력화된다.

　*＊　　예를 든다면 정성적인 평가를 한다면, "이 친구는 뭐가 좋고, 뭐가 좋고, 그런데 다만 이것에 대한 보완을 했으면 좋겠다." 이렇게 에둘러 말하거든요. 그리고 안 좋은 식으로 얘기를 안해요. 왜 그러냐 하면 이것이 기록화되었을 때의 두려움이 있어요. 그리고 그것이 아무리 비밀이 보장된다지만 이게 결국 '누구에 의해서 나왔다'라고 한다면 인간관계가 척지잖아요. (신진수, 7면)

　평가씨스템상의 정성평가는 솔직하게 말했다가 "인간관계가 척지는" 것을 두려워하는 문화 때문에 평가수단으로서의 의미를 잃어버린다. 정량적인 방법도 마찬가지이다. 가령 A팀이 성과를 많이 내고 B팀이 성과를 못 냈다고 할 경우, A팀에서 꼴찌인 사람이 B팀에서는 중간 정도가 된다. 그러나 그런 고려는 불가능하다. 다른 팀이 용납을 안하기 때문이다. 공식적인 평가제도가 무력화되면서, 실제로 평가에 관한 한 팀장이 절대적인 권한을 가지게 된다. 그리고 팀장이 부하 직원을 평가하는 기준은 단호하고 명백하다. '저 사람이 내 사람이냐, 아니냐.' 세 글자로 줄이면 '충성심'. 충성심은 어떤 일을 지시했을 때 "개인적인 일정보다도 회사 일정이나 자신〔팀장〕의 일정에 맞춰" 일을 처리해주는 것으로 측정되며, 필연적으로 "줄서기"를 낳는다. 충성심이라는 기준은 결국 "결정적인 순간에 내 편이 되어줄 사람"을 찾는 기준이기 때문에 자연스레 학연과 지연이 개입될 수밖에 없다. 이런 충성심 경쟁과 줄서기가 팀 단위를 넘어 윗선으로까지 이어짐은 말할 필요도 없을 것이다. 그리고 이런 조직문화는 직장인들의 여흥 공간에도 반영된다.

**　노래방 같은 데 가잖아요? 노래방 같은 데 가보면 저희는 직원들이 자기가 흥에 겨워서 노래를 하거나, 안 그러면 적당히 하거나. 그런데 ○○〔구술자가 다니는 회사의 모기업〕만 하더라도 상사가 나와서 노래를 부른다고 하면 전원이 나와서 막 백 댄서 하고 막……. 거기는 이제 역사가 오래잖아요. △△〔구술자의 회사〕보다도 훨씬 오래고, 위계질서가 정말 낙엽 켜켜이 쌓이듯 차근차근, 켜켜이 쌓여져 있어가지고 어떤 상사에 대한 로열티를 그런 식으로 보이는 경우가 많더라고요. 그래서 대부분 잘 놀아요. 아주 잘 놀아요. 워낙 그런 게 훈련이 되어 있어가지고. 입사 초기부터. (신진수, 23면)

신진수 씨의 이야기를 듣다 보면 우리는 자연스레 우리 사회의 다른 어떤 조직을 떠올리게 된다. 위로부터 목표가 내려오고, 일체의 이의제기 없이, 일사불란하게 목표를 향해 돌진하고, 충성심을 생명처럼 여기고, 위계에 따라 행동하는 조직─군대. 한국의 기업문화는 군대와 매우 비슷하다. 그래서 "박정희 정권의 권위주의는 군부 엘리트를 통하여 전수되는 것이 아니라 재벌을 통하여 전수되고 있다"[2]는 평가가 나온다. 신진수 씨는 "우리나라가 70년대에 군부독재에 의해서, 노동자와 농민의 피땀에 의해서 성장을 했다고 한다면 지금 삼성이 세계적인 글로벌 기업이 된 것은 성과위주로 하는 과정에서 직원들의 어떤 비인권적인 것들이 기반이 됐기 때문에 그렇게 된 것이지 경영전략이 훌륭해서만 그렇게 된 게 아니다"고 말했다. 70년대의 고도성장이 군부독재가 노동자 농민을 억압적으로 동원하여 이루어진 것처럼, 재벌기업들 역시 직원들의 인권을 침해하는 수준의 군사주의적 동원체제로 조직을 운영함으로써 글로벌 기업으로 성장할 수 있었다는 것이다.

**　우리나라 기업문화에서는 개인의 생활을 존중하는, 근무시간 외에 일을 시키는 거에 대해서 좀 미안해하는 이런 것들이 일단 없어요. 대기업일수록 더하고. 일단 없는 게 문제고. 저녁 때 5시에 일을 시켜놓고, "당신이 저녁 때 제사가 있는지 나는 모르겠어. 당신이 감기 걸렸는지 모르겠고, 당신이 야근할 수 있는지 모르겠지만 어쨌든 내일 아침 9시까지 작성해서 와." 이런 것들……. 거기에 다 생략되어 있죠. "당신이 어떤지 모르겠지만"이라는 말 속에는. (신진수, 33면)

"당신이 어떤지 모르겠지만"이라는 말이 "생략"하고 있는 것들, 이를테면 퇴근 시간 이후의 개인생활에 대한 침해는 "술자리 대화나 회식문화가 다양성을 상실하는" 결과로 이어진다. "주제의 빈곤은 생활의 빈곤을 말해주는 것인데", "목적달성 지향적이고, 일을 잘하는 것보다 열심히 하는 것이 평가를 받고, 몸을 던지느냐 안 던지느냐로 사람을 판단하는" 기업문화 속에서 직장인은 '회사인간'이 될 수밖에 없고, '회사인간'에게 다양하고 풍부한 생활은 불가능하다는 것이다. "가족 내 민주주의라든가 남편의 가족 문제 참여"도 힘들어지고, 문화생활을 즐기는 것도, 생활 자치조직에 참여하는 것도, 관심 있는 시민단체의 프로그램에 참여하는 것도 웬만한 의지를 가지지 않고선 불가능하다. 나아가 군사주의적 문화에 적응해야만 살아남을 수 있는 '회사인간'이 다른 공간에서 갑자기 '민주시민'으로 변신할 수 있는 것도 아닐 것이다. 요컨대 기업문화는 기업이라는 범주를 넘어 사회 전체의 문화적 분위기에도 중요한 영향을 미친다고 말할 수 있다.

성역 이데올로기 — "목사에게 대적하면 저주받는다"

전유식 씨는 독실한 기독교 집안에서 태어나 보수교단 소속의 한 교회에서 전도사로 활동했다. "가부장이었고, 성 차별이나 교회 내 차별, 인권이나 교회개혁에 대해서 아무런 문제의식도 못 느끼던 사람"이었던 그는 "몇번의 충격적인 경험"을 겪으면서 교회개혁운동에 나서게 되었다고 한다. 교회 내부의 갈등이 세속의 패싸움과 다를 바 없는 극단적 방식으로 '해결'되는 모습에 충격을 받은 그는 급기야 교단장 선거에 조직적으로 돈이 뿌려지는 모습을 가까이에서 지켜본 뒤 양심선언을 하기에 이른다. 당시 그가 다니던 교회의 목사가 교단장 선거에 출마했는데, 교인들에게는 한 달 전부터 1시간씩 기도 당번을 정해 24시간 릴레이 기도를 시켜놓고 목사는 부목사들을 시켜 투표권을 가진 목사들에게 돈 봉투를 돌렸던 것이다. "교회는 세상 속에 있어야 하지만, 교회 속에 세상의 가치, 세상의 기준, 세상의 유행, 세상의 권력관계가 들어오면 안된다"고 믿었던 그는 이 일을 계기로 "신앙은 상식이 아니지만 상식으로 표현될 수 있어야 한다. 교회는 신앙공동체이지만 그곳도 사람이 모이는 곳이기 때문에 가장 민주적일 때 가장 건강하다"는 생각을 실천하는 일에 뛰어들게 되었다.

****** 목사의 리더십 문제. 그 다음에 목사의 사생활 문제. 그 다음에는 세습이나 교회의, 커다란 교회의 사유화죠. 그 세 가지 문제가 벌어지죠. 그게 가장 큰 교회의 갈등의 요인이죠. (…) 제가 피눈물 나는 그 사람들의 호소를 들은 케이스인데, 자기 아내가 담임목사의 꾐에 빠져서 불륜을 저질렀고 그것을 남편이 알게 되어서 집으로 담임목사를 불러서 추궁을 하니까 "잘못했다. 다시는 안 그런다." 뭐, 한국교회 성도들 착하고 순수하니까 믿었죠. 그런 일

이 세 번 발생을 하고 그래서 세 번 정도 발생하면서 이 여자도 정신을 차리고 '아, 내가 이 남자한테, 이 목사한테 성 노리개 그 자체였구나…….' 결국 남편이 음독까지 했었어요. 그것 때문에 회사에서 잘리고. 그 문제를 그 교회의 목사한테 제기를 했는데 결국은 '목사를 음해하는 교인' 그래가지고 교인들에게 멱살 잡혀가지고 쫓겨났죠. (…) 거의 한국교회가 2000년도 정도까지는 거의 모든 사건이 그런 식으로 해결이 되었었습니다. **문제를 야기한 사람이 쫓겨나고, 혹은 교회 상충부에서 그 사건을 알더라도 쉬쉬해서 덮어버리거나, 조용하게, 그 목사를 조용하게 내보내거나.** 그래도 이 정도는 괜찮은 거죠. 오히려 문제를 제기한 사람이 모든 누명을 덮어쓰고 나가는, 그렇게 되었고요. (…) **이 과정에서 당연히 개입을 해서 지도하고 문제를 해결해줄 상위기관, 교단이 이럴 때마다 목사 편을 드는 거예요.** (전유식, 9~10면)

전유식 씨에 따르면 교회 안에서 벌어지는 갈등은 대부분 '목사의 리더십' '목사의 사생활' '교회 세습이나 교회의 사유화'를 둘러싼 것들이고, 거의 "겹쳐서" 일어난다. 그런데 그런 문제가 불거졌을 때 갈등이 "해결"되는 방식은 거의 비슷하다. 교회 상충부가 "쉬쉬해서 덮어버리거나" "조용하게 그 목사를 내보내거나" 오히려 문제를 제기한 사람이 '목사를 음해한 교인'이라는 "누명을 덮어쓰고 쫓겨나거나". 상위기관으로서 교회 내부에서 나오는 이의제기나 갈등을 슬기롭게 해결할 수 있도록 지도해야 할 교단은 언제나 목사 편을 들 뿐이었다. 교단 내부에서 문제를 해결할 수 있다는 희망이 보이지 않자 교회개혁운동을 하는 단체들은 이 문제를 사회적으로 공론화하기 시작했고, 2000년에는 처음으로 교회 세습 문제를 법정으로까지 가져갔다. 그러나 전유식 씨에 따르면 "교회의 기득권 세력이라는 사람들은 이것을 별로 무서워하지 않는다"고 한다. 교회도 민주적일 때 건강하다는 '상식'을 막아낼 강력한 이데올로기가 있기 때문이다.

> ****** 교회를 개혁해야 한다는 사람들조차도 자기 교회의 목사님에게 문제
> 가 생겨서 교회와 싸움을 시작할 때, 내가 하는 일이 옳다고 생각하면서도 마
> 음 저 밑바닥에는 한국교회에서 100년 이상 받아온 교육, '목회자는 건드리
> 면 안된다' '목회자는 하느님이 알아서 하는 거지 성도들이 그 잘못을 지적하거
> 나 그럴 수 없다' 심지어는 '저주받는다.' 실제로 아직도 한국교회의 여기저기
> 에서는, 목사님들이 자기가 코너에 몰리고 공격을 당하면 거의 보복성 설교
> 를 그렇게 하거든요. 누구 성도를 빗대어놓고 "어느 교회에서 어떤 사람이
> 담임목사한테 대적했다가 그 다음날 교통사고 나서 죽었다"라든지 이런 식
> 의 얘기를 어렸을 때부터 들어왔기 때문에 한국교회 내에서 가장 그래도 양
> 심적이고 깨끗하려고 하는 신도들 마음 밑바탕에도 그러한 두려움이 있어
> 요. '내가 이 일이 옳은 것은 분명한데 이 일을 하다가 벌받는 것은 아닌가.'
> 심지어 이게 대학교수 하시고 그러면서 교회개혁에 실천하시는 그런 분들조
> 차도 실제 문제에 부딪히면 그 부분이 아주 극복되지 않는 경우가 참 많아요.
> (전유식, 4면)

전유식 씨에 따르면 한국의 많은 교회들은 '목회자를 비판하면 (하느
님한테) 벌을 받는다'고 가르쳐왔다. 한국교회만 그런 것은 아니지만 한
국교회가 지나치게 그런 경향이 강하다고 한다. 그 원인을 그는 "기독교
가 한국에 들어오면서 가부장적인 유교문화와 샤머니즘적인 종교성하
고 결합되었기 때문"이라고 분석했다. 어렸을 때부터 '목사님한테 대적
했다가 그 다음날 교통사고 나서 죽었다'는 식의 이야기를 들어왔기 때
문에 교회개혁운동을 하는 교인들조차도 그 두려움에서 자유롭지 못하
다. 논리구조로만 본다면 "목회자는 하느님이 알아서 하는 거지 성도들

이 그 잘못을 지적할 수 없다"는 논리는 봉건시대의 '왕권신수설'과 동일하다. 신이 주신 직분이므로 인간이 왈가왈부할 영역이 아니라는 것이다. 이 논리구조에 따르면 목사를 비판하는 것은 곧 하느님을 비판하는 신성모독이 된다. 모든 비판을 그야말로 원천적으로 봉쇄하는 강력한 차단막이 아닐 수 없다.

교회는 신앙공동체이니만큼 세속의 '상식'으로 논하거나 판단할 수 없는 영역이 물론 존재할 것이다. 그러나 전유식 씨는 "신앙은 상식이 아니지만 상식으로 표현될 수 있어야 한다"고 말한다. 이는 '특수한 가치'와 '보편적 가치' 사이의 관계가 어떠해야 하는지를 우리에게 제기한다. '목회자를 비판하면 벌을 받는다'는 논리는 '잘못을 하면 누구라도 비판받을 수 있다'는 보편성을 거부하는 논리이다. 목회자는 세상의 다른 지도자들과 구별되는 '특수성'을 가지고 있고, 목회자와 교인의 관계는 세상의 다른 관계와는 구별되는 '특수한' 관계라는 것이다.

사실 이런 '특수론'은 우리 사회 도처에서 들을 수 있다. 아내와 남편, 부모와 자식 사이에 벌어지는 심각한 폭력과 억압은 '혈연으로 맺어진' 가족의 '특수성'으로 합리화되고, 교사가 노조를 결성하는 것은 '스승'이라는 '특별한' 신성함을 팽개치는 행위로 비판받으며, 북한과 대립하는 '특수한' 상황 때문에 국가보안법은 유지되어야 한다고들 주장한다. 그러나 '폭력은 나쁘다' '다른 사람에게 자신의 의견을 물리적으로 강요하는 것은 옳지 않다'는 보편적 가치를 가족관계에 적용하는 것, '모든 노동자는 자신의 권리를 보호하기 위해 노동조합을 조직할 수 있다'는 보편적 권리를 교사에게 적용하는 것, '양심과 사상의 자유'라는 민주주의의 보편 가치를 대한민국에 적용하는 것이 과연 가족의 특수성, 아이들을 가르치는 교사의 특수성, 분단국가라는 대한민국의 특수성을 해치는 것일까? '서로를 존중해야 한다'는 보편적 가치를 의식하면 가족은 더 평

등해지며, 단결한 교사들은 학교 현장의 불합리한 제도와 관행을 문제제
기하고 바꾸어나가며, 국가보안법 폐지는 한국 민주주의의 수준을 높일
수도 있다. 민주주의의 보편적 가치는 특수한 가치와 대립하는 것이 아
니라 오히려 특수한 가치의 토대가 된다고 볼 수 있다.

이렇게 본다면, 절실히 하고 싶은 말이 있는데 두려워서 그것을 말하
지 못하는 상황은 가족관계에서 옳지 않듯이 학교에서도 옳지 않고, 공
적 조직에서 옳지 않듯이 교회에서도 옳지 않아야 한다. 엄밀히 따지자면
모든 관계, 모든 조직은 저마다의 특수성을 가진다. 민주적 가치는 그 모
든 특수성을 가로지르며 관계와 소통의 근원적 평등함을 묻는 가치이다.

'특수성 이론'은 '특수 이익'을 지키기 위한 이론

***** 그러니까 신학교 나와서 목사 돼가지고는 아무리 유능해도 중요한 교
회는 갈 수가 없어요. 박사학위를 가져야 돼요. 가짜 박사가 아주 많이 양산
이 됐죠. 80년대부터는 아주 공공연하고, 70년대도 도심의 교회들, 조금 큰
교회는 '그 사람이 박사학위를 받았는가. 어느 학교를 나왔는가'를 따지기 시
작해서 목사를 그렇게……. 그 기준이 중요해지다보니까 지휘자, 교회 지휘
자, 심지어는 반주자까지도 유학을 갔다 오지 않으면 명함을 못 내밀게 학벌
사회가 된 거죠. 이게 학벌사회가 그대로 들어오는 거죠. 그리고 교회가 돈
많은 사람들이 대접받는 것은, 치부가 다 나오는데, 작년에 그 ○○○ 목사. 제
가 거기 4년 있으면서 마지막 양심선언해서 쫓겨났는데요. 그때 장로가 되려
면, 지금도 그렇습니다. 2,000만원을 내야 돼요. 권사 1,000만원, 500만원. 아
주 쉽더라고요. 천만원. 그러니까 아무리 그 교회에서 믿음이 있어도 이 돈을
낼 수 없으면 장로가 안되는 거예요. 교회재정이 어려워지면, 교회가 제가 있

을 당시 한 6,000명 정도 됐거든요? 교회헌금이 궁하면 한 50명 세웁니다. 장로를 한 20명, 30명 세우죠. 그 다음에 안수집사 해서 한 50명 정도 세우면 헌금이 얼마가 들어옵니까? 이렇게 문제를 해결해가고. 직분을 돈으로 사고, 학벌이 없으면 명함 못 내밀고. 뭐 **우리 사회에 〔있는 것이〕 그대로 들어오는 거잖아요.** (전유식, 12면)

전유식 씨는 "직분을 돈으로 사고, 학벌이 없으면 명함 못 내미는" 대형 교회의 모습을 통해 교회 안에도 "우리 사회가 그대로 들어오는" 현실을 지적한다. 학벌주의, 물신주의뿐만 아니라 '큰 교회가 좋은 교회'라는 성장지상주의, "기저귀 찬 여자가 강단에 올라가는 것은 있을 수 없다"*는 가부장적 의식과 문화 등 한국사회의 모든 것들이 교회 안에도 "들어온다." 이를 두고 전유식 씨는 "한국교회의 문제가 곧 한국사회의 문제"이며, 따라서 "교회를 개혁하는 것은 한국사회를 개혁하는 것"이라고 말했다. 한국교회는 한국사회의 구성물이고, 교회 내부의 관계, 소통, 의사결정구조의 민주성은 한국 민주주의의 구성물인 것이다.

예를 들어 전유식 씨는 교회가 우리 사회의 다른 어떤 공간보다도 가부장적인 곳이라고 평가한다. 신도의 70~80%가 여성이지만 여성들의 의견이 반영될 수 있는 길은 완벽하게 차단되어 있다. 일단 여성은 목사와 장로가 될 수 없어서(일부 교단에서 여성이 장로 안수를 받을 수 있도

---

* 대한예수교장로회(합동) 총회장이었던 임태득 목사가 2003년 11월 12일 교단 신학교인 총신대학교 채플시간에 설교를 하면서 한 말이다. "대한민국 어느 교단이든지 여자 목사, 여자 장로 만들어도 우리 교단은 안돼. 그게 보수고, 그게 성경적이고, 그게 신학에 맞는 거야. 여자들이 기저귀 차고 강단에 올라가? 안돼." 한국여신학자협의회를 비롯한 31개 여성신학·사회단체들은 이 발언이 "여성에게 수치심과 모욕감을 불러일으킨 언어폭력"임을 비판하고, "여성안수를 제도적으로 막는 것은 명백한 성차별이며 인권침해"라며 국가인권위에 진정을 냈다.

록 해놓았지만 극소수이다) 교회 내부의 주요한 의사결정구조에서 배제
된다. 중요한 기관장 회의에도 여성이 낄 수 있는 자리가 없다. 대신 여
성들은 교회에서 설거지를 하고, 꽃을 준비하고, 행사가 있으면 여름에
도 한복을 입고 나와 봉사를 해야 한다. 사실 기독교만이 아니라 대부분
의 종교가 그러하다. 종교기관의 가부장성은 한국사회의 가부장성을 구
성한다.

이런 현실에서 교회를 '세속의 가치(물론 민주적 가치도 여기에 포함
된다)로 판단해서는 안되는 성스러운 공간'으로 규정하는 것은 목회자를
하느님의 영역에 속한 사람으로 규정하는 것과 같은 '중세적 비약'이 아
닐 수 없다. 교회 내부의 민주주의에 대한 비판은 '신앙'의 문제가 아니
라 교회 내의 '제도', 혹은 교회 내의 '권력'의 문제인데, 이를 신앙의 문
제로 치환함으로써 비판을 피해가는 것이다.

** 공동의회가 가장 큰 의사결정기관이고, 제직회가 있고, 당회가 있는데
이 당회가 이 두 개의 성도들의 모임을 무력화시켜버리는데, 어떻게 무력화
시키느냐 하면 "우리가 당회에서 기도하면서 이 문제를 충분히 생각했습니
다. 제직회에서 통과시켰습니다. 그러니까 받아주시면 고맙겠습니다." 일년
간 예산을 지출하고 이런 것이 쭉 나오잖아요? 여기에 대해서 거의 의견을 발
표할 수가 없어요. 분위기가 그냥, "보고받고 동의합시다." 그게 은혜로운 거
고 그게 잘 하는 거. 이게 몇십 년 동안 정례화되어 있어가지고. (…) 교회의
의사결정구조라는 것이 소위 "은혜롭게 하자"는 이름 아래, 목사와 장로들이
기도 제일 많이 하니까 "당신들 그냥 믿고 따라오시고 그냥 헌금만 하면 됩니
다." 이것이 아주 한국교회 내의 거의 전통처럼, 전통으로 굳어져버리는 거
죠. **교회의 가장 중요한 의사결정을 무력화시켜놨죠**. 그러니까 각 기관, 조그만
기관에서도 **의견을 많이 발표하고 회의를 길게 하는 것은**, 이것은 그 교회가 건

강하지 못하고 기도 별로 안하고 은혜롭지 못한 증거로 보죠. (전유식, 6면)

전유식 씨의 구술은 '목사님 비판하면 지옥 간다'는 성역 이데올로기
가 정서적으로뿐만 아니라 교회 내의 의사결정구조로 '물질화'되어 있음
을 알게 해준다. 교단에 따라 이름은 다르지만, 교회 내에는 최고의결기
구로서 성도 전체로 구성되는 공동의회가 있다. 공동의회는 예·결산을
비롯해 임직자(안수집사와 권사) 임명, 담임목사 초빙과 해임 등 교회의
주요한 사안을 검토하고 의결한다. 그리고 성도들 가운데 주요한 직분을
맡은 사람들로 구성된 제직회는 일종의 간부회의로서 평소 현안에 대한
견해를 나누고 공동의회 때는 의안을 미리 검토하고 조율한다. 그러나
사실상 결정권을 쥐고 있는 곳은 목사와 장로들로 구성된 당회이다. "회
의를 길게 하는 것은 교회가 건강하지 못하고, 기도 별로 안하고, 은혜롭
지 못한 증거"라는 전통적 인식 때문에 제직회나 공동의회가 당회가 결
정한 사항에 이의를 제기하거나 뒤집는 일은 거의 일어나지 않는다. "목
사와 장로들이 기도 제일 많이 하니까" 믿고 따라오면 된다는 것인데,
'기도 제일 많이 하는 사람의 판단이 가장 옳다'는 논리 역시 '목회자는
하느님이 판단하실 일'이라는 논리의 자장 안에 있다. 이렇게 되면, 가령
결산보고서에 의혹이 있어도 그것을 검증할 씨스템이 사라지게 되며, 목
회자는 '견제받지 않는 권력'이 되고 만다.

* 특히 한국교회 내에 임금이나 임용에 관한 말도 안되는 관행들이 많거
든요. 자기가 그런 희생자였음에도 불구하고 자기가 목사가 되고, 담임목사
가 되면 똑같이 답습하는 거죠. 이 부분이 아주 한국교회의 건강성을, 관계성
을 가장 심각하게 저해하는 근본적인 암적인 존재인 것 같아요. (…) 끊임없
이 담임목회자와 부교역자들, 부목회자들 사이에, 여기서 심각한 차별과 임용에

관한 전횡 이런 것들이 끝없이 확대재생산되면서 그것들이 교회의 관계성을 절
박하게 해치는……. 교회 크기에 따라서 다르긴 하겠지만 결국은 그 전도사나
부목사들이 실질적인 것을 움직여볼 수밖에 없는데, 이 사람들이 자기 임기
가 보장되지 않고 언제든지 담임목사 맘에 안 들면 내쫓을 수 있는 여건이 마
련돼 있고, 그렇게 일이 벌어졌다 할지라도 이것을 호소할 수 있는 데도 없
고. (…) 그러니까 **목회자와 목회자 사이에서 모든 갈등이 벌어지는데 이 부분
을 호소하거나 해결할 수 있는 제도적 장치가 없다는 것이죠.** 여기서 사람들이
이렇기 때문에 '내가 조금 더 앞으로는 교회를 건강하게 키우겠다.' 이런 꿈
을 갖기보다는 길들여지겠죠. 길들여지고 '내가 빨리 담임목사 된다.' '치사
하고 더러워서 빨리 담임목사가 된다.' 그리고는 답습을 하는 거죠. (전유식, 5
면)

전유식 씨는 "한국교회의 문제 90%"는 목회자의 문제라고 말한다. 대
부분의 문제가 목회자가 독점적으로 결정권을 행사하는 데서 나온다는
뜻이다. 목회자는 '성역 이데올로기'에 기대어 견제받지 않는 '권력'을
행사한다. 그래서 금란교회 김홍도 목사[3]처럼 회계장부를 조작해 공금
을 횡령하고, 그 돈으로 교단장 선거에서 봉투를 돌리고, 부인 명의의 아
파트를 사들이고, 간통사건 합의금을 주고, 자신의 비리를 고발하는 시
사프로그램의 방영을 막기 위해 정치권에 로비를 하고, 마침내 대법원에
서 유죄확정 판결이 나자 아들에게 담임목사직을 세습하려는 경우도 생
긴다. 세상의 모든 권력들이 그러하듯이 교회 안에서도 '견제받지 않는
권력'은 부패하는 것이다. 김홍도 목사의 1심 재판이 진행되던 시기, '한
국기독교교회수호대책위원회'는 재판부에 탄원서를 제출했는데, "목사
는 곧 교회이며, 교회의 재정관리는 성역 안에서 이루어지는 일이므로
수사권이 미칠 수 없는 대상"이라며 김목사의 기소가 헌법이 보장하는

종교의 자유를 침해하는 행위라고 주장했다. 이들의 주장은 '특수성'을 강조하며 보편적 가치를 거부하는 이론이 사실은 권력을 가진 사람들의 '특수한 이익'을 지키기 위한 이데올로기에 불과함을 잘 보여준다.

이런 현실을 그래도 비판할 수 있는 사람들은 전도사나 부목회자들인데, 문제는 목회자가 이들의 생사여탈권을 쥐고 있다는 것이다. 담임목사는 "맘에 안 들면" 언제든지 이들에게 불이익을 줄 수 있고, "내쫓을 수" 있다. 그래서 "말도 안되는 관행"이 빚어내는 문제점들을 직접 경험했음에도 불구하고 부목회자들은 "길들여지고", 목회자가 되어서 기존의 관행을 답습한다. 목회자의 부목회자에 대한 '생사여탈권'을 통해 교회 내의 비민주적인 권력구조가 유지·전승되는 것이다. 그리고 목회자와 부목회자 사이에 존재하는 비민주성은 결국 성도와 교역자, 성도와 성도, 교역자와 교역자의 관계로 확대 재생산되어 교회 전체의 건강성과 관계성을 해치게 된다는 게 전유식 씨의 분석이다.

전유식 씨는 '목사·장로 임기제'를 '제도의 민주성 확보' '재정의 투명성'과 함께 교회개혁의 가장 중요한 과제로 꼽는다. 목사·장로 임기제는 담임목사와 장로에 대해 6년에 한번씩 선거를 해서 교인 3분의 2 이상의 찬성을 못 받으면 물러나게 하는 것(지금은 종신제이다)이고, '제도의 민주성 확보'는 당회에 여성, 청년 대표를 들여보내자는 것이 핵심적인 내용이다. 그러나 기독교 윤리를 실천하는 운동, 예컨대 '사회의 음란문화를 퇴치하고 검소하게 살자' '소형차 타고 다니자' '분리수거 철저히 하자'는 정도까지는 "좀 불편해도 받아들이지만" 권력구조 문제, 재정의 투명성 문제를 제기하는 주장은 여전히 "너무 과격한 주장"으로 배척당한다. 교회 안에서도 '핵심을 건드리는' 개혁은 가로막히는 것이다.

민주주의에 대한 몇가지 생각

민주화

　연구의 출발점이 된 문제의식으로 돌아가보자. "민주화가 되었다는데, 왜 일상에서는 민주주의를 느끼기가 힘들까?" 일상의 담화에서 '민주화'는 대개 87년의 6월 항쟁을 통해 확보한 어떤 것을 가리킨다. 그것은 항쟁 당시 가장 널리 외쳐진 구호, 곧 '군부독재 타도'와 '직선제 개헌'으로 집약할 수 있는 것으로, 1948년 제정된 건국헌법에서부터 명시되었으나 한낱 종이 위의 글자덩어리에 불과했던 '주권재민'의 원리를 살아있는 원칙으로 실재화했다. 항쟁 당시의 표현을 빌리면 '대통령을 내 손으로 뽑는 것', 다시 말해 주권자인 국민이 권력을 위임하는 절차와 체계를 확립한 것은 결코 만만한 성취가 아니었다. 국가권력의 상징인 대통령을 내 손으로 뽑는 변화는 정치체제 전반의 민주화로 이어져, '민주화' 이후의 20년 동안 한국사회는 적어도 '민주적 경쟁의 규칙을 확립하는 절차적 최소요건을 갖춘 정치체제'라는 기준에서는 돌이킬 수 없는 수준으로 '민주화'되었다.

그러나 민주주의는 '절차적 최소요건'이나 '정치체제' 이상의 것이다. 이 연구보고서에서 구술자들은 일상적 체험을 통해 '결핍'이나 '부재'의 형식으로 '그 이상의' 민주주의를 '내용증명' 하고 있다. 그들은 경제적 평등, 공정함, 사회정의, 공공선, 사회적 연대의식, 삶의 질, 평등한 관계, 수평적 소통, 다른 주장에 대한 귀기울임, 차이와 다름의 인정 같은 것들의 결핍이나 부재로 인한 고통을 이야기함으로써 그것을 '희망'하고 있다. 이때의 민주주의는 체제나 제도라기보다는 이념과 철학, 가치관과 태도, 관계의 방식, 습속이나 문화에 가까운 것이다. '민주화'가 되었는데도 일상에서 '민주주의'를 느끼기 힘든 것은 '민주화'라는 말에 내포된 '민주주의'와 일상에서 체감하길 기대하는 '민주주의'가 실은 다른 수준, 다른 차원의 민주주의이기 때문이다. 민주주의의 발전이라는 관점에서 보면 전자의 민주주의가 이룩한 성과는 어쩌면 후자의 민주주의에 대한 자각, 즉 민주주의를 이해하는 새로운 지평을 열어주었다는 것일지도 모른다.

이행

나라 안팎에서 한국은 권위주의에서 민주주의로 성공적인 '이행'을 이루었다고 평가받는다. 이제 총칼과 공작정치로 전권을 장악하고, 언론을 탄압해 여론을 조작하고, 국민의 기본권을 투옥과 고문으로 짓밟은 87년 이전의 체제는 다시 출현하기 어려울 것이다. 이러한 이행을 이룩하기 위해 광복 이후 50년 동안 우리 사회가 치러온 고통과 시련, 희생을 생각하면 과연 '민주주의는 피를 먹고 자란다'고 말할 수 있다.

그러나 민주주의는 공동체의 성원들이 평화롭게 공존할 수 있는 사회를 향해 더 넓어지고 더 깊어지며 끝없이 나아가는 것이기도 하다. 구술자들은 '제도적' 이행 이후에 경험하고 있는 혼돈과 갈등, 의문과 회의를 통해 우리 사회가 지금 그와는 다른 차원에서 또다른 이행의 와중에 있음을 드러내준다. 이를테면 군부독재는 타도되었으나 생활세계의 곳곳에서는 여전히 독점적 권력이 행사되고, 정치적 평등은 경제적 불평등에 의해 심각하게 위협받고 있고, 구성원의 의사를 결집하는 기구는 설치되었으나 사적 동기에 의해 굴절되고, 공동체적 가치는 맹렬한 사익 추구에 압도되고, 주장과 비판은 넘쳐나지만 토론과 소통은 잘 이루어지지 않는다. 물론 제도를 더 가다듬으면 개선될 수 있는 부분도 있겠지만 제도는 가치의 최소한을 강제할 수 있을 뿐, 시민들의 내적 판단을 통제하지는 못한다. 민주적 가치에 대한 시민들의 판단과 행위는 오직 시민들 자신의 자율적이고 주체적인 동의에 의해서만 조절될 수 있다.

권위주의체제는 사회적 동의가 아니라 물리적 억압을 통해 세계의 경계를 구획지었다. 억압적 권력은 반공과 용공, 친미와 반미를 간단히 선과 악, 아군과 적군의 경계로 구획했으며, 국가와 국민, 지도자와 대중, 관과 민, 서울과 지방, 상급자와 하급자를 중심과 주변, 위와 아래의 위계로 서열화했다. 민주화운동은 이러한 이분법적 경계를 부수기 위한 투쟁에 다름아니었고, 민주주의로의 이행은 곧 경계를 재구성하는 과정이라고 볼 수 있다. 그런데 '경계의 재구성'으로서의 이행은 제도적 이행이상의 것이다. 그것은 권위주의체제가 만들어놓은 선악, 피아, 주종, 상하의 가치를 단순히 거꾸로 뒤집는 것이 아니라 그와 같은 이분법적 가치기준 자체에 근본적인 질문을 던지는 것이고, 좀더 민주적이고 다양한 가치를 생성하여 그것으로 세계의 경계를 재구성하는 것이다. 이런 관점에서 보면 이행은 대통령을 내 손으로 뽑거나 정치적 견해를 자유롭게 표현할 수 있거나 절차를 제도화하는 것으로 축소될 수 없다. 이행은 자율적 시민들이 소통과 연대를 통해 사회가 지향해야 할 공적 가치에 대한 동의를 이루어가는 과정, 스스로의 내면을 조절할 규범과 준칙을 만들어가는 과정을 포함한다.

구술자들이 전해주는 생활세계의 모습은 권위주의체제는 타도되었으나 그 체제를 유지했던 가치체계는 아직도 완강하게 남아 있음을, 그리고 그에 의해 제도가 굴절되고 소모적 갈등과 혼란이 지속되는 현실을 보여준다. 이에 대한 책임은 '구체제'의 기득세력에만 해당하지 않는다. 물리적 억압의 공포 아래 '어쩔 수 없이' 적응해야 했던 많은 시민들, 그리고 민주화운동을 주도했던 진보개혁 진영도 이분법적 가치체계에서 자유롭지 못하다. 억압자의 이분법은 피억압자의 이분법, 또는 저항의 이분법을 파생시켰다. 자발적인 사회계약이 아니라 강제에 의해 이분법의 세계에 '갇힌' 시민들은 '교과서에나 나오는' 가치와 힘이 지배하는 현실, 무력한 개인과 압도적인 구조로 세계를 이중화하고, 생존의 논리에 의거해 비민주적 습속을 내면화했다. 그런가 하면 민주화운동 진영은 절대적으로 악한 '억압적 권력자'와 언제나 정당한 '피억압 민중'으로 세계를 양분하고, '내부의 이견은 적, 적의 적은 동지' 식의 진영논리를 내면화했다. 요컨대 시민사회 역시 '구체제'의 구성물이었다.

총과 칼, 투옥과 고문의 물리적 억압이 사라졌다는 것, 다시 말해 민주주의로의 정치적·제도적 이행은 제도와 사람, 사익과 공익, 다수자와 소수자, 사상과 일상, 중앙과 지방, 보편과 특수 사이의 상호작용을 물리적으로 단절하고 왜곡했던 절대적 권력자가 사라졌음을 의미한다. 이는 이분법으로 한국사회를 파악하거나 변화시키는 것이 더이상 유효하지도 가능하지도 않음을 뜻하며, 동시에 시민사회가 '자유'와 더불어 스스로를 성찰하고 민주화해야 할 '책임'을 부여받았음을 의미한다. 이제 안과 밖, 위와 아래, 중심과 주변은 관계를 통해 연속된다. 민주주의의 공간은 국회나 청와대를 넘어 가족, 학교, 직장, 마을의 모든 공간으로 확장되며 그 모든 공간에서, 심지어 개인의 내부에서까지 서로 다른 가치가 충돌하고 경합한다. 가치의 충돌은 갈등과 논쟁, 혼돈과 고통을 유발한다. '이식된' 헌법이 50년 가까운 파란만장을 거쳐 시민들 마음속에 살아있는 법전이 된 것처럼, 민주주의가 제도의 차원을 넘어 규범과 문화의 차원으로 나아가는 데도 그만큼의 역사적 비용이 요구된다. 그런 점에서 지금 우리가 겪고 있는 갈등과 대립, 혼란과 고통은 진정한 의미의 사회계약을 체결하는 과정, 시민들이 민주적 가치에 대한 합의를 이루어내고 그것을 내면화하는 역사적 과정이라고 볼 수 있다.

일상의 민주주의

이 보고서에서 구술자들은 가족, 학교, 직장, 마을, 결사체 등 생활세계의 영역에서 체감되고, 이해되고, 가동되는 민주주의의 모습과 수준을 이야기하고 있다. 그리고 그들의 이야기는 생활세계 안에서의 일상체험이 지닌 역사적이고 집단적인 의미를 드러내준다. 구술자들은 일상에서 마주치는 불평등과 불합리, 부정의, 편견과 차별, 집단주의, 적나라한 이기심, 비민주적 습속과 관행, 소통의 어려움 같은 것을 통해 지금 여기 없거나 결핍된 가치, 앞으로 우리 사회가 성취해야 할 가치를 지각한다. 또한 그들이 속한 생활세계에서는 낡은 가치와 새로운 가치가 구체적인 행위로 충돌하며, 구술자들은 이 충돌의 와중에서 때로 좌절하거나 낙담하면서, 때로 체념하거나 타협하면서, 또 때로는 새로운 희망을 가지면서 스스로의 가치를 시험하고 시험당한다. 요컨대 일상은 민주적 가치의 부재가 불러일으키는 고통을 지각하는 통각세포이며, 시민들은 일상의 정치적 고통을 경유하며 민주적 가치를 이해하고, 내면화한다. 이때 일상은 사적인 공간이 아니라 '이행의 현장'으로서의 역사적 공간이 되며, 낡은 가치와 새로운 가치가 부딪치는 이 역사적 현장에서 시민들이 무엇을 고민하고, 어떤 가치를 선택하며, 어떻게 행동할 것인가는 곧바로 한국 민주주의의 진로를 좌우하는 정치적 행위가 된다. 그래서 민주적 가치를 생성하고 내면화하는 이행의 과정에서 일상은 특별히 중요한 의미를 가진다.

'일상의 민주주의'는 비일상적인 본질적이고 거대한 민주주의와 대별되는 작고 사소한 민주주의를 가리키지 않는다. 그것은 민주주의의 개념을 '관계 속에 놓인 양자가 서로를 조절하는 행위'로 넓게 확장하자는 제안이며, 우리가 타인과 맺는 모든 관계, 일상의 모든 공간과 행위양식이 민주주의의 내용을 구성한다는 인식이며, 일상의 가치와 행위규범, 관행과 습속의 차원으로 민주주의를 민주화하자는 주장이다. 일상의 민주주의에서는 모든 시민이 정치인이며, 가치의 충돌이 일어나는 모든 생활공간이 정치적 활동의 장이 된다. 부모로서 자식과 겪는 갈등을 상호존중이나 관계의 수평성이라는 관점에서 바라보는 것, 학부모로서 학교와 겪는 갈등을 '내 아이 보호'의 관점에 가두지 않고 시민의 관점으로 해석하는 것, 노동자들의 파업을 '경제에 미치는 영향'뿐 아니라 '다른 시민의 권리'로 바라볼 줄 아는 것, 오래된 관행에 이의를 제기하는 것 들은 제도나 구조를 비판하는 것, 선거 날 투표하러 가는 것, 정치인과 정당을 욕하는 것보다 훨씬 어렵다. 그것은 고문과 투옥을 무릅써야 했던 군부독재 시절의 비일상적 투쟁만큼이나 우리 사회의 민주주의를 진전시킨다.

희망

　모든 가치가 그러하듯이 민주적 가치도 자명하지 않다. 그것은 불완전한 인간들이 사회를 이루어 살아오면서 제기하고 생성하고 발전시켜온, 집단적이고 역사적인 경험의 축적물이다. 우리 사회가 낡은 가치체계에서 새로운 가치체계로의 이행의 와중에 있다고 할 때, 과연 그 새로운 가치가 무엇이며 어떤 내용으로 구성될 것인지 역시 자명하지 않다. 그것은 전적으로 우리 사회 시민들의 선택과 지향에 달려 있다.

　최근 몇년 사이에 한국 민주주의의 위기와 퇴행을 걱정하는 목소리가 커지고 있다. 우리가 만난 구술자들 역시 성취한 것보다는 아직 모자라거나 부재하는 것들을 더 많이 이야기했다. 그러나 우리는 그 이야기 속에서 오히려 불가역의 희망을 본다. 직무의 현장에서 인권과 시민권을 고민하는 경찰, '회색분자'라는 비난을 무릅쓰고 이쪽과 저쪽을 오가는 지방의원, 다수자를 향해 무엇이 정상이고 무엇이 비정상인가를 되묻는 소수자, 오랫동안 꿈꾸어온 네트워크형 정당을 만들기 위해 정당개혁 운동에 뛰어든 생활인, 일상의 맥락에서 진보와 보수의 변별성을 따져묻는 지식인, 자치조직에 참여하여 낡은 가치와 씨름하는 주부, 조직 내부의 비민주성을 성찰하는 활동가, 낡은 관행에 개인의 단위로 맞서는 회사원……. 이들은 예전에는 볼 수 없던 새로운 시민상을 보여준다. 군부독재 시절의 시민상이 '전사'나 '투사'였다면 이들은 '개척자'들이다. 그들은 일상 저편의 집중된 전선이 아니라 넓게 펼쳐진 일상의 공간에서, 군부독재 타도라는 하나의 목표가 아니라 저마다의 절실한 문제를 붙들고, 비판하고 저항할 뿐 아니라 소통하고 참여한다. 그럼으로써 그들은 낡은 경계를 허물고 새로운 가치를 개척하며, 민주적 가치의 내용을 구성하고 민주주의를 제도에서 문화와 생활방식으로 진전시킨다. 그들을 통해 민주적 가치는 삶으로 살아지는 역사적 육체성을 확보해간다. 한국 민주주의의 미래가 시민들의 선택에 달려 있다고 할 때, 갈등과 혼란이 아니라 그 속에서 돋아나는 새로운 가치와 희망에 주목하는 것, 그것이야말로 가장 중요한 선택일 것이다.

1장 민주주의란 무엇일까?

1 국회운영위원회의 의뢰를 받아 한국정당학회가 여론조사기관 '리서치 앤 리서치'
를 통해 2005년 10월 21일부터 11월 8일까지 전국 성인남녀 1,200명을 면접조사
했다.

2 김지하 시인의 시 「타는 목마름으로」(1975년 발표)에 곡을 붙인 노래임.

3 로버트 달 지음, 장동진 외 옮김 『민주주의』, 동명사 1999, 17면.

4 일반적으로 서구에서는 16~18세기에 등장한 시민계급이 국가에 대항하여 개인
의 권리, 또는 상업의 자유를 주창하는 과정에서 형성된 개념이다. 그런데 한국에
서는 권위주의 정권에 저항하는 과정에서 '시민' '시민사회' 개념이 형성되면서 서
구와는 다른 의미를 내포하게 되었다. 따라서 '국가의 부당한 권력에 대항하여 시
민적 권리와 공공의 이익을 지키는 공적인 공간'으로서의 뉘앙스를 강하게 담고
있다. 여기서는 '국가와 개인 사이에서 자율적인 연결망을 갖추고 자신들의 의견
이나 이익을 반영하려는 사회영역'이라는 사전적 의미로 사용한다.

5 프랑스에서 모든 국민들이 보통선거권을 부여받은 때는 1945년이다.

6 효과적 참여(effective participation), 투표의 평등(voting equality), 계몽적 이해의
확보(enlightened understanding), 의제의 통제(control of the agenda), 성인들의
수용(inclusion of adults), 로버트 달, 앞의 책 58~59면.

7 로버트 달, 앞의 책 120~21면.

8 오도넬(G. O'Donnell)·슈미터(P. Schmitter) 지음, 한완상·김기환 옮김 『독재의 극복과 민주화』, 도서출판 다리 1986.

9 송호근 『정치 없는 정치시대』, 나남출판 1999.

10 신광영 『동아시아의 산업화와 민주화』, 문학과 지성사 1999.

11 일반적으로 권위주의체제에서 민주주의로 이행한 뒤, 민주적 정치체제가 안정적으로 자리를 잡고 지속적으로 유지되는 상태를 일컫는다.

12 최장집 『민주화 이후의 민주주의』, 후마니타스 2002, 11면.

13 뤼시마이어(Rueschemeyer) 외 지음, 박명림·조찬수·권혁용 옮김 『자본주의 발전과 민주주의』, 나남출판 1997.

2장 민주화와 양극화

1 고등교육법상 정년이 규정된 교수, 부교수, 조교수, 전임강사 등 정년제(tenure track) 교원과 달리 정년이 보장되지 않는 교원(non-tenure track)을 말한다. 시간강사와는 달리 전임교원으로 인정되기 때문에, 고용 부담을 줄이면서 교수 대 학생 비율을 높일 수 있어 2000년 이후 사립대학을 중심으로 많이 도입되었다. 대다수 사립대학들이 2년 계약제로 운용하고 재임용을 1~2회로 제한해 최대 6년까지만 임용한다. 방학중에도 급여를 보장받고, 건강보험 등 4대 보험과 퇴직금 지급 혜택을 받는다는 점이 시간강사와 다르다.(『경향신문』 2006년 4월 20일자 참조)

2 통계청 「사회통계조사」.

3 「이 무시무시한 자산 불평등」, 『한겨레21』 2006년 3년 23일자(제602호).

4 2005년 7월 행정자치부가 발표한 토지소유 현황통계.

5 한국은행 자료.

6 배링턴 무어(Barrington Moore Jr.) 지음, 진덕규 옮김 『독재와 민주주의의 사회적 기원』, 까치 1985.

7 립셋, 쉐보르스키, 헌팅턴 등 많은 학자들이 자본주의적 시장경제의 발전이 민주주의를 가능하게 한다는 실증적 연구를 내놓았다.

8 로버트 달, 앞의 책 225면.

9 2003년 말 현재 국내 노조 조직률은 11.0%이다(노동부 자료). 영국과 독일은 2002

년 기준으로 29.0%, 22.3%이다.

10 재정경제부가 OECD 가입 10주년을 맞아 2006년 9월에 발표한 자료에 따르면 우리나라의 국내총생산 대비 복지비용은 8.6%(2005년 기준)로 회원국 평균인 20.9%(2001년 기준)의 절반에도 못 미친다.

3장 제도와 사람

1 윤상철·김정훈·김종엽·박은홍·윤민재·장상철·장세훈·황정미 『민주발전지수 2004~2005 — 평가와 전망』, 민주화운동기념사업회 2006.

2 농림부의 통계에 따르면 문민정부 때 '농어촌 구조개선 대책'으로 42조원 (1992~1998), 국민의 정부 때 '농업·농촌 발전계획'(1999~2003)으로 45조원이 투입되었다. 총 87조원 가운데 지방비와 자부담을 빼면 국고지원금은 68조 8,000여 억원에 이른다. 이와 별도로 1994년부터 2004년까지 '농어촌특별세'를 재원으로 하는 '농특세사업'으로 매년 1조 5,000억씩 15조원이 따로 투입되었다. 국고지원금 68조 8,000여억원의 용도를 살펴보면 경지정리, 배수개선, 경작로 포장 등 '생산기반 정비'에 전체의 32% 정도가 쓰였고, 그 밖에 축산구조개선(10%), 생활여건 개선 및 복지(8.9%), 유통개선 및 수출확대(7.1%), 농업기계화(5.5%), 친환경농업 육성(5.9%) 영농규모화(5.5%), 시설현대화(3.5%) 등에 쓰였다. 그런데 이런 정책 자금이 엉뚱하게 유용되거나 낭비된 사례가 적지 않다. 예를 들어 1999년 감사원이 10조 5,083억원 규모의 농어촌 구조개선 사업 22개를 표본감사한 결과 농업후계자들이 영농자금을 지원받아 단란주점이나 까페, 주유소를 경영한 사례가 드러나 190억 6,000만원을 회수조치하였다. 2000년에도 경기도 내 일선 시군 농가에 지급된 농축어업구조개선사업 지원금 가운데 207여억원이 수영장, 눈썰매장, 공장 등의 개인사업 용도로 전용되었음이 감사원 감사결과 밝혀졌다. 2003년에는 산림조합중앙회가 농어촌 구조개선금 8,814억원을 빼돌려 채권 등에 투자해 155억원의 부당수익을 챙긴 사실이 적발되었다. 이밖에 축산, 화훼, 특용작물 등 이른 바 시설농가가 대규모 시설자금을 지원받아 시설만 번듯하게 지어놓고 망하거나 지원금을 전용한 사례도 많이 보고되었다.

3 농민단체는 크게 정부의 지원금을 받거나 농업기술센터(예전의 농촌지도소)와 연계된 단체(농업경영인협회, 여성농업경영인협회, 농업기술자협회, 생활개선회,

농촌지도자회 등), 전농으로 대표되는 운동단체(가톨릭농민회, 여성농민회, 귀농
운동본부 등), 생산품목별 단체(낙농육우협회, 한우협회, 양계협회, 양돈협회, 쌀
전업농협회 등)로 구분할 수 있다. 농업경영인협회나 농업기술자협회는 이름은
바뀌었지만 뿌리가 오래고 관변단체적 성격이 강하다.

4 나라마다 다른 공업 규격을 국제적으로 조정하고 표준화하기 위하여 1946년 설립
된 국제기구. 우리나라는 1963년에 가입했다. 본부는 스위스의 제네바에 있다.
ISO 9000씨리즈는 품질관리, 14000씨리즈는 환경관리에 관한 규격이다.

5 헨리 데이비드 소로 지음, 강승영 옮김 『시민의 불복종』, 이레 1999, 24면.

6 『논어』 제9편 25절.

7 2006년 7월 대법원은 박모씨 사건에서 "임의동행을 거부할 수 있다는 점을 알려주
지 않았기 때문에 경찰의 행위는 불법체포에 해당한다"는 판결을 내려, 지금까지
의 임의동행 관행에 제동을 걸었다.

8 대통령자문기구로 '일관성 있는 교육혁신 방향정립'을 목표로 2003년 7월 설립되
었다. 위원장을 포함해 모두 23명의 위원으로 구성되어 있다.

4장 사익과 공익

1 A. 토크빌 지음, 이용재 옮김 『앙시앵 레짐과 프랑스혁명』, 박영률출판사 2006.

2 송호근, 앞의 책 42면에서 재인용. A. 토크빌 지음, 임효선·박지동 옮김 『미국의
민주주의 II』(한길사 1997)의 676면 참조. 송호근은 원서에서 해당 부분을 직접
번역하여 인용한 것으로 보인다. 한길사의 것과 비교하면 송호근의 번역이 훨씬
명료해서 재인용했다. 송호근의 인용문에 나오는 문장 하나가 한길사 번역본에는
누락되어 있기도 하다.

3 송호근, 앞의 책 53면.

4 「보수 학부모단체들, '제 자식 상 챙기기' 줄줄이 드러나」, 『오마이뉴스』 2004년
12월 16일자 기사 참조.

5 『한겨레신문』 2006년 12월 11일자 사설 '미래에 대한 성찰 없는 국민연금개혁'에
나오는 구절.

6 고양시 「2005년 주민자치위원 권역별 교육」 자료집 참조.

7 2005년 7월 7일 한나라당 상임운영위원회에서 김영선 최고위원이 이런 발언을 했다.

8 '국민운동단체 3대 특별법 폐지 법률안 검토' 문건,『한겨레 21』제569호 참조.

9『한겨레신문』2005년 6월 27일자 참조.

10 최장집, 앞의 책 제7장.

11『동아일보』2006년 7월 13일자 참조.

12 최장집, 앞의 책 118면.

13 송호근, 앞의 책 제5장; 최장집, 앞의 책 제4장.

14 민주화 이행이 어떤 경로로 이루어졌는지가 민주화 이후 민주주의의 발전에 영향을 미친다는 이론. 오도넬과 슈미터의 앞의 책 참조.

15 통계청「2005 인구주택 총조사」.

16『한겨레신문』2006년 8월 22일자 교육쎅션 참조. 기사에 따르면 프랑스에서는 1990년대 초반, 영국에서는 2001년부터 초·중·고교에 시민교육 교과를 개설했다.

5장 다수자와 소수자

1 2005년 기준 우리나라 장애인수는 총 2,148,700명(재가 장애인 2,101,057명/시설 장애인 47,629명), 출현율은 인구 100명당 4.59%로 추산된다(보건복지부「2005 장애인 실태조사」, 2005).

2 통일부 공식 통계에 의하면 새터민, 즉 북한을 이탈하여 한국에 이주한 주민들의 수는 1991년 9명으로 시작해 현재는 9,000명에 이른다. 이들의 남한 생활에 대해서는 정병호·전우택·정진경 엮음『웰컴 투 코리아──북조선 사람들의 남한살이』(한양대학교 출판부 2006) 참조.

3 채영희 씨는 2005년 자신의 생애와 탈북 체험을 그린 책을 출간하기도 했다.

4 이 견해는 '생물학적 결정론'이라고 볼 수 있다. 생물학적 결정론을 지지하는 연구에 따르면, 유전적 남자 아이(즉 XY 염색체를 가진 태아)는 수태 후 6~8주 사이에 다량의 남성호르몬을 분비하는 특별세포를 발달시킨다. 남성호르몬은 체내를 흐르면서 남성 성기를 형성하고 남성적 특징과 행태를 가진 두뇌를 구축하는 역할을 한다. 그런데 어떤 이유로 남성호르몬의 양이 충분하지 못할 경우, 육체적 성징과 두뇌구조가 일치하지 않게 되어 그 불일치가 동성애적 지향으로 발현된다. 여성동성애자의 경우에는 수태중에 어머니가 어떤 이유로 남성호르몬에 과다하게 노출되었을 때 그런 지향을 가지게 된다고 설명한다. 이 이론은 실천적으로는 동

성애를 '도덕적 타락'이나 '질병'으로 보는 관점을 비판하는 근거가 된다. 그런데 이와 다른 견해도 있다. 동성애에는 생물학적 요인뿐만 아니라 사회화 과정을 비롯해 다른 요소들도 작용한다는 것이다. 이런 견해는 동성애를 '선택'한 페미니스트 레즈비언이 보여주는 것처럼 성적 소수자 안에도 다양한 차이가 있음을 강조한다. 이 견해에 따르면, 생물학적 결정론에 의거해 동성애에 대한 차별을 비판하는 것은 결과적으로 '타고난' 동성애자 아닌 다른 소수자들을 배제하는 논리가 될 수 있다. 구술자인 한성호 씨는 이에 대해 "100% 타고난다"는 견해를 밝혔다. 동성애자에게 '선택'이란 것이 있다면, "동성애자임을 감추지 않고 타고난 그대로를 사회적으로 '선언'하고 살아간다는 의미에서의 '선택'밖에는 없으며, 동성애를 문자 그대로 '선택'하는 게 가능하다고 생각하는 것은 이성애자 중심 사회에서 동성애자로 살아가는 것이 얼마나 고통스럽고 힘든지를 몰라서 하는 말"이라는 것이다. 실제로 게이와 레즈비언 사이에는 이 문제를 두고 상당한 의견 차이가 있으며, 이 때문에 행사를 따로 기획하는 경우도 있다고 한다. 성적 소수자 내부에 존재하는 이런 '차이' 또한 우리가 '차이'를 어떻게 받아들이고 이해해야 하는지를 성찰할 수 있게 한다.

5 2004년 한국갤럽이 실시한 '한국인의 종교·종교의식' 관련 설문조사. 한국갤럽은 1984년 이 조사를 처음으로 실시한 뒤 5~7년 간격으로 동일한 조사를 주기적으로 실시하고 있다. 2006년 5월 31일 발표된 조사결과에 따르면 종교별 분포도는 불교 24.4%, 개신교 21.4%, 천주교 6.7%로 나타났다.

6장 사상과 일상

1 『지식인을 위한 변명』에서 싸르트르가 한 말이다.

2 고려대 인문대 교수들이 2006년 9월 15일 발표한 '인문학 위기 선언'에 나오는 구절이다.

3 프랜시스 후쿠야마는 『트러스트』(구승회 옮김, 한국경제신문 1996)라는 책에서 한국사회를 공동체적 연대가 약한 '저신뢰 사회'로 분류했다.

4 이와 관련해 사회심리학에서는 동아시아처럼 개인주의보다 집단주의가 발달한 문화권에서 일반적으로 원인을 '외부'로 돌리는 경향이 강하다고 분석한다.

1 예를 들어 루션 파이(Lucien Pye) 같은 정치학자는 아시아의 권위주의체제를 분석하면서 유교문화가 권위주의의 사회심리학적 기반이 되고 있다고 주장한다. 서구와는 달리 아시아 권위주의는 물리적인 폭력이 아니라 엘리뜨주의와 가부장제, 지도자우월주의 같은 권위주의적 정치문화를 통해 유지되며, 이의 바탕은 위계를 중시하는 유교적 가치체계라는 것이다.

2 샤츠슈나이더(E. E. Schattschneider)의 말.

3 노사정위원회가 비정규직 특위를 구성해 논의를 시작한 것은 2001년 7월, 노사정위의 논의결과를 반영해 정부가 비정규직 관련 법안을 국회에 제출한 것은 2004년 11월, 국회 환경노동위원회가 법안을 통과시킨 것은 2006년 2월, 법제사법위원회가 법안심사를 시작한 것은 2006년 4월이었다. 환경노동위원회가 법안을 통과시킨 2월부터 법사위가 법안을 심사하기 시작한 4월에 걸쳐 민주노동당은 법안심사를 막기 위해 모두 여섯 차례 관련 회의실을 점거하고 농성을 벌였다.

4 구술자와 인터뷰 당시에는 5억원이 채 안되었으나, 2006년 12월 말 현재 민주노총의 자료에 따르면 15억 2,000만원(30.3%)이 모금되었다.

5 『한겨레신문』 2005년 3월 7일자.

6 남재일 「386세대와 인권감수성」, 『그러나 개인은 진화한다』, 강 2006.

7 『여론조작—매스미디어의 정치경제학』(노엄 촘스키·에드워드 허먼 지음, 정경옥 옮김, 윤선희 감수, 에코리브르 2006)은 언론이 '사실'을 '객관적'으로 보도한다는 신화를 신랄하게 파헤친 책으로 현대 미디어의 속성을 잘 전달한다.

8 예를 들어 미국의 경우 1980년대 초만 해도 50개 기업이 미국 매스미디어 산업을 소유하고 있었다. 그러다 1990년에는 23개 기업, 그 이후로는 9개 기업이 미국 전체 신문·방송·출판 산업을 독점하고 있다. 미국의 타임워너와 월트디즈니, 호주의 뉴스코퍼레이션 등이 신문과 방송, 출판, 인터넷, 영화, 음반 등을 아우르는 대표적인 글로벌 복합미디어 기업이다.

9 최장집, 앞의 책 229면.

10 '신문등의자유와기능보장에관한법률'의 약칭이다. 군사독재 시절의 '언론기본법'이 1987년 '정기간행물의등록등에관한법률'(정간법)로 개정되었고, 이를 2005년 다시 개정한 것이 신문법이다. 신문 공동배달 체계를 위한 신문유통원의 설립, 여론 다양성 확보를 위해 중소신문사를 지원하는 신문발전기금, 시장지배적 사업

자(공정거래법상의 기준인 '1개사 50%, 3개사 합계 75% 이상'을 신문사에도 적용) 지정, 신문사의 방송 겸업 금지, 발행부수와 구독·광고수입 등 경영정보의 공개의무화 조항을 담고 있다. 이에 대해 조선일보사와 동아일보사는 2006년 1월 헌법재판소에 헌법소원을 제기했고, 헌법재판소는 6월 시장지배적 사업자를 지정해 신문발전기금 지원대상에서 제외하는 조항이 위헌이라는 판결을 내렸다.

8장 정당정치와 지방정치

1 특정한 계급이나 계층이 아니라 모든 계층의 유권자에게 지지를 호소하는, 이념적 정체성이 모호한 정당유형을 가리킨다.

2 대중정당과 반대되는 정당유형. 당의 정책이나 후보지명 등 중요한 결정이 소수의 간부나 실력자에 의해 이루어지는 정당을 말한다.

3 선거에서 승리하는 것을 중시해 선거운동 전문가들이 큰 영향력을 발휘하는 정당을 말한다.

4 평화민주당의 약칭. 1987년 대선에서 패배한 뒤 1991년 4월 신민주연합당(약칭 신민당), 같은 해 9월 민주당으로 당명을 바꾸었다. 1992년 대선에서 패배해 정계에서 은퇴한 김대중 전 총재가 정치를 재개하면서 1995년 9월 새정치국민회의(약칭 국민회의)로, 그리고 1997년 대선에서 집권여당이 된 뒤 2000년 1월 새천년민주당(약칭 민주당)으로 다시 당명을 바꾸었다.

5 1987년 대선에서 패배한 뒤 평민당은 '야권 분열'의 책임을 묻는 내외의 비판으로 큰 위기에 빠졌다. 이에 김대중 총재는 1988년 2월 문동환 목사를 비롯해 이른바 '비판적 지지' 그룹을 형성했던 98명의 재야인사를 영입해 당을 재정비했고, 두 달 뒤 총선에서 71석을 획득함으로써 당을 제1야당으로 복귀시켰다. 현재 열린우리당의 임채정, 장영달, 이해찬, 이상수 의원 등이 모두 이때 입당한 정치인들이다.

6 정동영 당의장이 선거운동과정에서의 '노인 폄하' 발언에 책임을 지고 2004년 4·13 총선 직후 중도사퇴한 뒤 신기남, 이부영, 임채정 최고위원이 차례로 당의장을 승계하다가 2005년 4월 전당대회에서 당의 새로운 지도부가 구성되었다. 그런데 이 전당대회를 전후해서 '민주당과의 통합' '기간당원제'를 놓고 당내 다수파와 소수파 간에 갈등이 격화되었다. 김정희 씨가 소속된 참정연은 당내 소수파로서 통합 논의와 기간당원제 자격요건 완화에 반대했다.

7 열린우리당 기간당원의 자격요건이 변해온 과정은 다음과 같다. ① 창당 당헌 (2003년 11월): "권리행사 2개월 전에 입당하여 6개월 이상 당비를 월 2,000원 이상 납부한 자" ② 제1차 당헌개정(2004년 8월): 기존의 자격요건에 "연 1회 이상 당 행사나 교육연수에 참가한 자"를 부가함. 그러나 이렇게 되면 2005년 초에 치러질 전당대회 때 대의원 선출권과 입후보권이 있는 당원은 결국 2004년 8월 기준으로 이미 입당해 있는 자에게만 해당이 되므로 창당 때부터 활동해온 구 개혁당 원들에게 유리하다는 주장이 제기되어 "2005년에 열릴 전당대회에 한하여 권리행사일 기준 1개월 전에 입당하여 2개월 이상 당비를 낸 자"를 기간당원으로 인정하는 부칙 조항을 만든다. ③ 제2차 당헌개정(2005년 12월): 자격요건 중 "권리행사일 2개월 전에"가 "1개월 전에"로 수정된다. 자격요건을 완화하자는 주장이 계속 나왔으나 중앙위원회의 반대로 무산되자 대신 공직후보 선출에서 기간당원들의 권한을 축소했다.(창당 당헌에는 경우에 따라 30~100%까지 가능했던 기간당원의 경선투표 반영비율이 30%로 고정됨.) ④ 교육연수 관련 당헌개정(2006년 2월): 5·31 지방선거를 앞두고 "연 1회 이상 당 행사나 교육연수 참가" 요건을 완화하기 위해 당규를 개정하여 우편교육도 교육연수에 포함시켰다. ⑤ 제3차 당헌개정 (2006년 11월): 5·31 지방선거 이후 구성된 비상대책위원회는 기간당원제 대신 '기초당원제'를 채택했다. 이에 따르면 "권리행사일 1개월 전에 입당하여 3개월 이상 월 2,000원 이상 당비를 납부했거나, 당 행사나 교육연수에 연 1회 이상 참가한 자"는 당원이 될 수 있으며, 나아가 "전체 지역 당원의 15%는 당에 공로가 많은 자로 당원협의회가 자격을 부여"('공로당원')할 수 있는 것으로 되어 있다. 사실상 기간당원제를 폐지한 것으로 볼 수 있다.

8 유권자는 다수의 후보자 중에서 1명을 선택하고 그중 가장 많은 표를 얻는 후보자가 당선되는 선거제도. 정당이 얻은 표수에 따라 의석을 배분하는 비례대표제와는 달리 낙선자를 지지한 표는 사표가 된다. 따라서 규모가 큰 정당에 유리하고 군소정당에 불리하다. 또한 새로운 정당의 출현을 어렵게 함으로써 이미 존재하는 정당체제의 변화를 막는다.

9 통계청 자료. 현 거주지 선택이유는 "경제적 능력에 맞추어서"(48.8%), "직장 때문에"(16.6%), "자녀교육 때문에"(4.6%), "경제적 가치가 오를 것 같아서"(1.1%) 순으로 나타났다.

10 우리나라 지방자치의 역사는 법률적으로는 1948년부터 시작된다. '건국헌법'에 지방자치조항이 들어 있었고, 이에 따라 제헌의회가 1949년 7월 지방자치법을 제정했다. 1952년, 1960년 두 차례 선거가 있기는 했으나 전자는 이승만의 장기집권

을 위하여 편의적으로 치러진 것이며, 4·19 혁명 후 민주당 정권에서 치러진 후자의 선거는 이듬해 5·16 쿠데타가 일어나 부정되고 말았다. 군사독재 시절 완전히 단절되었던 지방자치가 부활한 것은 1989년 여야합의로 지방자치법을 제정하면서부터였다. 이에 따라 1991년 기초의회 및 광역의회 선거가 실시되었다. 김재일 씨가 지방자치 역사를 '15년'이라 표현한 것은 이때를 지방자치의 출발점으로 보아서이다. 그러나 이때의 선거에는 자치단체장 선거가 제외됐으므로, 자치단체장 선거를 포함한 완전한 형태의 지방자치 선거가 실시된 것은 1995년 6월의 지방선거때였다. 광역단체장과 광역의회에만 정당공천제가 적용되다가 2002년 6월 선거때부터 기초단체장, 2006년에는 기초의원들에게까지 정당공천제가 적용되었다.

9장 성역과 특수구역

1 최장집, 앞의 책 100면.

2 최장집, 앞의 책 109면.

3 2003년 교회공금을 횡령한 혐의로 기소되어, 2006년 5월 대법원에서 징역 2년 6개월에 집행유예 3년, 벌금 750만원을 선고받았다. 감리교단 감독회장 선거자금으로 2억 3,000만원, 자신의 비리를 보도한 MBC「시사매거진 2580」방영 저지를 위한 정치권 로비자금으로 5억 5,000만원, 부인 명의의 아파트 분양대금으로 2억 8,000만원을 쓰는 등 1995~2003년 사이에 회계장부를 조작해 총 32억여원의 교회공금을 횡령한 혐의 등으로 기소되었다.

이름(성별, 나이) 직업

강석현(남, 43) 일간지 기자	신진수(남, 42) 대기업 사무직 사원
김경진(여, 42) 시민단체 활동가	신호철(남, 41) 화가, 대학교수
김상태(남, 43) 정당 당직자	안와르 하산(남, 39) 이주노동자
김영미(여, 41) 대학강사	오승균(남, 47) 교육위원
김인경(여, 41) 인증심사원	오원식(남, 32) 시민단체 활동가
김재일(남, 40) 시의원	이병준(남, 43) 경찰간부
김정희(여, 35) 정당인	이현섭(남, 56) 대학교수
김종수(남, 40) 대기업 생산직 사원	임주희(여, 46) 전업주부
김지수(여, 41) 전업주부	전유식(남, 49) 교회개혁 운동가
박영주(여, 40) 특수학교 교사	조영훈(남, 42) 노동운동가
박정길(남, 37) 법원 공무원	채영희(여, 48) 시인, 여성학자
박희철(남, 43) 입법조사관	최동규(남, 47) 농민
서영선(여, 44) 대학강사	최태경(여, 49) 초등학교 교사
성희경(여, 35) 지자체 공무원	최현우(남, 27) 대학원생
송정환(남, 50) 상인, 인터넷 신문 기자	한성호(남, 37) 영화제 프로그래머

희망제작소 프로젝트
우리시대 희망찾기 **01**

우리는 더 많은 민주주의를 원한다

초판 1쇄 발행 • 2007년 6월 30일
초판 4쇄 발행 • 2015년 10월 1일

지은이 • 유시주 이희영
펴낸이 • 강일우
책임편집 • 안병률
펴낸곳 • (주)창비
등록 • 1986년 8월 5일 제85호
주소 • 10881 경기도 파주시 회동길 184
전화 • 031-955-3333
팩시밀리 • 영업 031-955-3399 편집 031-955-3400
홈페이지 • www.changbi.com
전자우편 • human@changbi.com

ⓒ 희망제작소 2007

ISBN 978-89-364-8539-9 03300
ISBN 978-89-364-7984-8 (세트)

* 현장의 목소리를 전하는 '우리시대 희망찾기' 씨리즈는 희망제작소가
  SAMSUNG에서 연구비를 지원받아 집필하였습니다.
* 이 책 내용의 전부 또는 일부를 재사용하려면
  반드시 저작권자와 창비 양측의 동의를 받아야 합니다.
* 책값은 뒤표지에 표시되어 있습니다.